NELSON KOJRANSKI

CONDOMÍNIO EDILÍCIO

Aspectos Jurídicos Relevantes

2ª edição

CONDOMÍNIO EDILÍCIO
Aspectos Jurídicos Relevantes

© NELSON KOJRANSKI

ISBN: 978-85-392-0286-7

Direitos reservados desta edição por
MALHEIROS EDITORES LTDA.
Rua Paes de Araújo, 29, conjunto 171
CEP 04531-940 — São Paulo — SP
Tel.: (11) 3078-7205 — Fax: (11) 3168-5495
URL: www.malheiroseditores.com.br
e-mail: malheiroseditores@terra.com.br

Composição
Acqua Estúdio Gráfico Ltda.

Capa
Criação: Vânia L. Amato
Arte: PC Editorial Ltda.

Impresso no Brasil
Printed in Brazil
02.2015

*À minha Sara,
bem mais do que uma boa esposa,
bem mais do que uma carinhosa mãe,
bem mais do que uma feliz avó,
bem mais do que uma abençoada bisavó.*

"Em nossa civilização de megalópole, a concentração urbana socialmente inevitável e de ordenação administrativa insuficiente enriqueceu o Direito. O condomínio, com suas leis e sua jurisprudência, é produto jurídico da concentração. Este jornal mantém uma coluna permanente dedicada, sempre aos domingos, ao assunto, escrita por Nelson Kojranski, um dos seus grandes cultores nacionais."

"A problemática condominial ressoa nos tribunais em níveis estatísticos muito altos, tão intensa é a fricção (provocadora de atrito) na vida da chamada propriedade horizontal em edificações. As revistas de jurisprudência bem o evidenciam, tanto quanto a coluna de Kojranski, um comunicador impresso de massa."

Walter Ceneviva (*Folha de S. Paulo*, 3.10.1982)

Nota do Autor

A rapidez com que se esgotou a 1ª edição levou-me a pensar na publicação de uma segunda. A própria leitura da obra recomendava a necessidade de acentuar o contraste dos valores jurídico-condominiais entre a década de 1980 (artigos publicados na *Folha de S. Paulo*) e a época atual (publicados na *Tribuna do Direito*).

Com o advento do Código Civil de 2002, o Capítulo VII do Título III do Livro III da Parte Especial passou a desafiar novas reflexões a partir da denominação oficial "edilício" atribuída pelo legislador ao instituto condominial para distingui-lo do condomínio tradicional, que é tratado no capítulo anterior. Até então a denominação variava ao sabor dos juristas, como Caio Mário da Silva Pereira, que preferia "propriedade horizontal", simplificando a designação "condomínio por planos horizontais", ou João Nascimento Franco, que o identificava como "condomínio em edifícios".

Daí ter sido enriquecida esta 2ª edição com estudos mais detalhados e atualizados, com o concurso relevante da interpretação recente dos tribunais.

São Paulo, outubro/2014
NELSON KOJRANSKI

Prefácio da 1ª Edição

Lições em Tempo de Condomínio

O acervo das grandes e muitas transformações do Direito Brasileiro, sobretudo na segunda metade do século XX, de que Nelson Kojranski cuida nesta obra, disse respeito ao condomínio em edificações. Foi estranho ao *Code Napoleon* de 1804 e às disposições suíças e alemãs dos fins do século XIX. Apesar do decreto de 1928, referido mais à frente, sabe-se que a capacitação para grandes construções verticais precedeu o Direito, ou seja, a estrutura física antecipou-se à estrutura jurídica. A Engenharia nacional havia alcançado, em começos do século XX, níveis técnicos suficientes para o erguimento de grandes edifícios, sendo notória em São Paulo a obra que durante anos foi a mais alta do Brasil: o Edifício Martinelli, em plena Rua de São Bento, que liga o Largo deste nome ao de São Francisco.

O Código Civil de 1916 dispôs sobre o condomínio do art. 623 ao art. 645, dedicado o art. 646 ao compáscuo. Omitiu, porém, a regulamentação explícita das relações estabelecidas em edificações de pavimentos sobrepostos, de mais de um proprietário. Regulamentação que se mostrou inadiável no respeitante aos vínculos interpessoais, internos ou externos, dos ocupantes, por titulação diversificada, de seus vários pisos. Pontes de Miranda lhes faz menção qualificada em quase trezentas páginas do t. XII de seu *Tratado de Direito Privado*. Já se percebia a necessidade de estabelecer alguma ordem jurídica a respeito.

A imprescindibilidade de resolver dissidências em prédios de dois ou mais pavimentos era mais premente no Rio de Janeiro, Capital da República, então a cidade mais populosa do País. Crescia rapidamente, exigindo respostas do legislador. Passaram-se 11 anos, desde a vigência do Código Civil, até que fosse editado o Decreto 5.481/1928, emitido pelo Congresso Nacional e sancionado pelo então Presidente da República, Washington Luiz Pereira de Souza.

Predominou na definição legal a divisão dos andares em apartamentos isolados entre si, com pelo menos três peças, destinados a escritórios ou residências particulares. Pontes de Miranda, no *Tratado*, e no mesmo tomo antes mencionado, recorda a dificuldade decorrente da Língua Portuguesa, na qual não havia o vocábulo "apartamento" para caracterizar a parte divisa dos edifícios. O uso consagrou *apartamento*, fazendo sofrer os puristas, pois se tratava de um barbarismo vindo do Francês *appartement*, a definir aposento com divisões internas ou casa.

As exigências técnicas de 1928 limitaram-se ao mínimo de dois andares para "construção em cimento armado ou material similar incombustível", conforme se lia do art. 1º. Este dispositivo foi modificado em 1943 (indicados três ou mais andares), 1948 (dois ou mais pavimentos) e 1953 (dois ou mais pavimentos, sob a forma de apartamentos, cada um com pelo menos três peças). A insuficiência prática se estendia aos 12 artigos do decreto, ante a pluralidade de situações de direito e de fato entre os condôminos, destes e os construtores e de todos em face da vizinhança e do Poder Público.

Caio Mário da Silva Pereira, autor do Anteprojeto da Lei 4.591/1964, disse bem, no "Prefácio" da 2ª edição de seu livro *Condomínio e Incorporações*, da angústia jurídica nessa etapa histórica, na qual "multiplicavam-se os conflitos, que um sistema legal desaparelhado não lograva desatar". Antes e depois do Código de 1916 o Direito nacional não encontrou caminho para superar adequadamente as questões alusivas aos pavimentos superpostos em linhas paralelas, tanto na projeção horizontal quanto na vertical, vácuo insuficientemente preenchido na lei de 1928.

A consolidação surgiu em dezembro/1964, quando publicada a Lei 4.591, área na qual Kojranski, enquanto estudioso e enquanto advogado, alcançou justo destaque, pela qualidade científico-pedagógica de seus estudos. A lei, mesmo tendo sido produto de mais de três decênios de amadurecimento, entre 1928 e 1964, foi marcada, desde sua vigência, por uma dezena de modificações diretas e indiretas, aí incluídas questões atinentes aos registros públicos, antes do Código Civil atual. Ao ser escrito este "Prefácio" são duas as emendas aprovadas no capítulo codificado envolvendo o que veio a receber o curioso apelido de *condomínio edilício*. O acompanhamento das mutações, feito pelo autor deste livro, mostrou-se mecanismo eficaz de esclarecimento.

PREFÁCIO DA 1ª EDIÇÃO

A que vem a preocupação histórica, no "Prefácio"? Explico: o livro de Nelson Kojranski, de quem me gabo de termos sido colegas na Faculdade de Direito do Largo de S. Francisco, da Turma de 1954, compreende textos publicados de 1981 ao presente. Nos mais de 30 anos decorridos, suas vivências mostraram que o escrito de Kojranski tem não apenas o tratamento justo, no nível da doutrina, mas lhe adita a precisa validação do segmento profissional. Engloba merecimentos fartos para sua compreensão no setor das mudanças introduzidas. Compreende todos os aspectos da realidade condominial sob a ótica do Direito. Oferece o que se poderia denominar o acompanhamento ao vivo de todas as mudanças, com a força do sentir a ponderação de cada uma delas, sempre as atualizando e conferindo o desenvolvimento jurisprudencial.

Hoje, a exegese do Código Civil de 2002 deve mergulhar no universo das transformações pelas quais passou a lei brasileira, em ajustes e reajustes nunca terminados, para compatibilizar o condomínio com a realidade social urbana subjacente, transportando seus efeitos para a linguagem do Direito. Neste livro os decênios decorridos entre o primeiro ensaio e o último não quebram a unidade jurídica da avaliação feita. A brevidade de cada texto, tomado individualmente, não prejudica sua relevância para o estudioso, ante o cuidado do autor de preferir a uniformidade temática, ainda que reunindo trabalhos esparsos, criados ao logo dos anos.

Os romanos, que sabiam das coisas, diziam que a vizinhança é a mãe de todas as discórdias (*vicinitas est mater discordiarum*) – no que tinham muita razão. Razão reforçada quando a vizinhança se dá entre planos diferentes de andares sobrepostos (ou sotopostos, conforme o interesse discutido), facilitando a interferência sonora ou de outra natureza física entre ocupantes do mesmo ou de pisos diversos. É de acolher com naturalidade, nessa mesma perspectiva, que o capítulo dedicado pelo autor às despesas condominiais reúna maior número de comentários que qualquer outro, por ser tema mais frequente nas disputas entre incorporadores e adquirentes encontradas na jurisprudência.

O leitor encontrará nos 15 capítulos do livro suficiente amplitude para repassar muitas variáveis temáticas, tornando a leitura fonte de meditação e de reconhecimento de situações encontradas na vida de qualquer condômino. A vantagem adicional encontra-se no desenvolvimento elegante do assunto, por mais complexo que possa parecer, em linguagem que, pela própria natureza, foi destinada não apenas aos especialistas, mas a todos os públicos, conforme são, aliás, as matérias do convívio condominial, só valorizando o contato do leitor com as muitas situações dele decorrentes.

A autoridade de Nelson Kojranski já o credenciou para colaborações em órgãos especializados e na grande imprensa. Aditem-se ao seu conhecimento o equilíbrio e a severidade das avaliações, de modo a comportar, cada segmento individual, uma fonte qualificada de informação.

São Paulo/2009
WALTER CENEVIVA

Prefácio da 2ª Edição

É um prazer prefaciar a excelente obra de Nelson Kojranski, em nova edição atualizada, publicada pela Malheiros Editores, que se tem especializado na divulgação de monografias de grande interesse para o público.

Em primeiro lugar, o autor é um advogado militante que está dando importante contribuição ao direito imobiliário, pela sua prática e pelos seus ensinamentos, além de ter sido um dedicado presidente do nosso tradicional, mas sempre renovado, Instituto dos Advogados de São Paulo/IASP.

Eu tive a alegria de conhecê-lo há cerca de três décadas, quando me pediu um parecer em questão complexa, a respeito da qual tivemos o ensejo de conversar várias vezes. Posteriormente mantivemos essa convivência, em São Paulo, em reuniões do IASP, e pude apreciar a cultura e o entusiasmo de Nelson Kojranski pela Advocacia e pelas grandes causas da nossa profissão.

O direito imobiliário tem hoje imensa importância prática, sem que a doutrina tenha acompanhado o mesmo ritmo quase frenético das construções, que exige imaginação e atualização constante não só dos arquitetos e dos engenheiros, mas também dos juristas. Enquanto àqueles cabe garantir a estabilidade e a segurança das edificações, aos advogados incumbe prever, evitar e resolver os eventuais conflitos entre vizinhos e com a Administração Pública. Assim, podemos afirmar que são poucas as obras que ao mesmo tempo apresentam o estudo teórico e as soluções práticas, a análise do Direito vigente e também sugestões e propostas de sua modificação para atender às necessidades da sociedade brasileira do século XXI.

Se assistimos a uma verdadeira terceira revolução industrial, decorrente em grande parte das novas tecnologias, em matéria de energia e comunicação, mas também da globalização e da urbanização crescente do nosso País, o advogado não pode ignorar essas transformações. Cabe-lhe conciliar os princípios tradicionais do Direito clássico como as novas necessidades, construindo, assim, o Direito do desenvolvimento.

As questões referentes ao condomínio e ao direito de vizinhança, que muitas vezes lhe é adjacente e complementar, exigiam a elaboração de uma nova literatura jurídica, da qual o livro de Nelson Kojranski sobre *Condomínio Edilício* é uma obra pioneira. Efetivamente, há muito tempo que não se publica um trabalho completo sobre condomínio, desde as obras clássicas de Carlos Maximiliano e de Caio Mário, que continuam interessantes mas perderam grande parte da sua atualidade – o que se explica pois a primeira tem mais de meio século e a segunda um pouco menos.

Também o direito de vizinhança não se renovou na doutrina, embora tenha se transformado totalmente na prática, desde a tese de San Tiago Dantas, que já se referia à revolução que estava ocorrendo na matéria, em virtude de estarmos vivendo na "era das emissões".

O direito real de uso, do qual trata minuciosamente o livro de Nelson Kojranski, também não tinha merecido maiores estudos em profundidade desde o excelente *Direito de Construir* e os pareceres do saudoso mestre Hely Lopes Meirelles.

Era, pois, preciso consolidar os ensinamentos existentes e atualizá-los, diante dos imperativos do nosso século e em particular da sociedade brasileira, que tem atualmente como legítima preocupação básica a segurança, tanto material quanto jurídica.

Foi o que fez o livro que temos a honra de prefaciar, não se limitando a um exame exaustivo do condomínio edilício, mas indo além, com sua oportuna proposta de modificação da Lei 6.766/1979, de uma nova regulamentação do "loteamento fechado". É inovação que tem sua justificação no parecer que também consta do livro e que encontra suas bases no capítulo específico que dedica à matéria, comparando o condomínio fechado com o loteamento e analisando o direito real de concessão de uso de terrenos públicos, concepção genial cuja utilização fecunda ainda pode e deve ser ampliada.

Temos, pois, um grande livro de informação e de criação, que atende às necessidades do nosso público; um livro para ser lido e consultado, para auxiliar, nas suas respectivas funções, os empresários, os advogados e até o legislador.

Arnoldo Wald

Sumário

Nota do Autor 5
Prefácio da 1ª Edição (**Walter Ceneviva**) 7
Prefácio da 2ª Edição (**Arnoldo Wald**) 11

Capítulo 1 — Questões Esparsas de Condomínio

1.1 "Edilício": novo nome para o condomínio em edifícios 23
1.2 A compra de apartamento por construir 26
1.3 Incorporação imobiliária sobre terrenos contíguos 28
1.4 A aquisição de imóvel contíguo sem unanimidade 30
1.5 A vila condominial 32
1.6 Fechamento de vilas 33
1.7 Alteração do uso residencial de edifício 36
1.8 Restauração não é o mesmo que reconstrução do edifício 37
1.9 As áreas descobertas também fazem parte da área construída 38
1.10 Se o zelador sai, perde apartamento 40
1.11 Não se move ação de despejo de zelador 42
1.12 O direito de preferência do condômino 44
1.13 Renúncia da propriedade condominial 46
1.14 A cláusula da inalienabilidade no condomínio 48

1.15 A imissão provisória do expropriante diante do direito condominial

    1.15.1 Conceito de condômino na Lei de Condomínio 50

    1.15.2 Efeitos da posse direta na unidade condominial 52

    1.15.3 Efeitos da posse provisória do órgão expropriante 54

    1.15.4 Conclusão 55

1.16 Estado de mancomunhão 56

1.17 A Lei 4.591/1964 é norma de moralidade pública (I) 58

1.18 A Lei 4.591/1964 é norma de moralidade pública (II) 60

1.19 A multipropriedade e a legislação condominial 63

Capítulo 2 — Personalidade Jurídica do Condomínio

2.1 A cobrança de dívida do condomínio 66

2.2 Um dia, nosso condomínio será personalidade jurídica 67

2.3 Condomínio é pessoa jurídica, às vezes 70

Capítulo 3 — Assembleias-Gerais

3.1 Como se calcula a maioria absoluta 73

3.2 Maioria simples é suficiente 75

3.3 Quóruns condominiais 77

3.4 Assembleias e procuradores de condôminos 79

3.5 A ausência de condôminos nas assembleias 81

3.6 Participação de inquilinos na assembleia-geral 83

3.7 Os votos inválidos na assembleia-geral de condomínio 86

3.8 A maioria do art. 1.341, II, do CC 88

3.9 O art. 1.335 do CC e a obrigação "propter rem" 90

Capítulo 4 — A Convenção Condominial

4.1 A abertura das portas do condomínio 93
4.2 Penalidades previstas na Lei de Condomínio 94
4.3 O princípio da igualdade na convenção de condomínio 96
4.4 A convenção e suas lícitas restrições 99
4.5 Quórum do regimento condominial 101
4.6 O comando normativo da convenção 104

Capítulo 5 — Áreas Comuns

5.1 Os apartamentos de cobertura 107
5.2 O uso exclusivo de área comum 108
5.3 Reserva especial de uso de área comum 110
5.4 Mudança de utilização só é possível com consenso 112
5.5 Dois casos na área comum, mas um só direito 114
5.6 O direito de cercar os edifícios 115
5.7 As guaritas. Obras necessárias 117
5.8 Embargo de obra nova entre condôminos 118
5.9 Não há usucapião das áreas comuns 120
5.10 O uso injusto de áreas comuns pelo inadimplente 122

Capítulo 6 — As Despesas de Condomínio

6.1 Necessidade de aprovação prévia 126
6.2 As quotas de rateio são imutáveis 127
6.3 As lojas térreas e as despesas de condomínio 128
6.4 As despesas de conservação do elevador 130
6.5 A antena coletiva e sua controvérsia 131
6.6 Conduta imoral contra o condomínio 133

6.7 O usufrutuário e as despesas de condomínio 135

6.8 O adquirente paga as despesas de condomínio 138

6.9 A multa das despesas condominiais 139

6.10 Despesas de condomínio. Cobrança por letras de câmbio 141

6.11 O protesto das despesas de condomínio (I) 143

6.12 O protesto das despesas de condomínio (II) 145

6.13 Cobrança por condomínios irregulares 147

6.14 Contratação de ônibus particular. Despesa extravagante ... 149

6.15 Rateio das despesas de condomínio segundo o critério da efetiva utilização dos serviços 150

6.16 O inquilino e as despesas de condomínio 153

6.17 Ao inquilino é vedado discutir as despesas de condomínio . 154

6.18 O direito de verificação das despesas por inquilinos 156

6.19 Ao inquilino foge o controle das despesas de condomínio .. 157

6.20 A multa de 2% das despesas de condomínio 159

6.21 "Propter rem" versus hipoteca (I) 164

6.22 "Propter rem" versus hipoteca (II) 166

6.23 Usufruto judicial do condomínio 169

6.24 Fundo de reserva. Poupança do condomínio 171

6.25 Os juros condominiais convencionados 172

6.26 O condômino inadimplente pode ficar sem água 175

6.27 Condôminos ignoram que são credores 177

6.28 A prescrição das despesas de condomínio 179

6.29 A coisa julgada material e a nova ação de cobrança das mesmas despesas de condomínio 182

6.30 A solidariedade e a indivisibilidade das despesas de condomínio 184

6.31 Edital irregular na cobrança de débito condominial 187

6.32 O arrematante e as despesas de condomínio 189

6.33 O STJ e o rateio das despesas de condomínio 192

6.34 Multas e multas sobre despesas de condomínio 195
6.35 Os condôminos inadimplentes e os serviços essenciais 198
6.36 A imissão direta na posse e as despesas de condomínio 200

Capítulo 7 — O Síndico

7.1 A mulher como síndica 204
7.2 Ninguém pode ser obrigado a ser síndico 206
7.3 Casuísmo inadmissível em condomínio 207
7.4 Poder do síndico e subsíndicos 206
7.5 Administrador judicial, nova figura condominial 211
7.6 O administrador judicial supre falta do síndico 212
7.7 Como destituir síndicos 215
7.8 "Flat service" versus administração de condomínio 216
7.9 Legislação é omissa sobre administração do "flat service" ... 217
7.10 Má gestão do síndico e apropriação indébita 220
7.11 O subsíndico é a "outra pessoa" 222

Capítulo 8 — Garagem do Edifício em Condomínio

8.1 Garagem coletiva é do condomínio 225
8.2 Falta de vagas em garagem coletiva 226
8.3 Sorteio periódico de vagas ("venire contra factum
    proprium") 228
8.4 Estacionamento em área de manobra 231
8.5 Nada impede livre acesso à garagem 232
8.6 As manobras do manobrista na garagem coletiva 234
8.7 A locação de boxes gera divergências 235
8.8 Locações de boxes. Novos problemas 237

8.9 A missão impossível de se alienar vaga sem fração ideal autônoma 239
8.10 Uso definitivo de vaga em garagem coletiva 242
8.11 As vagas da garagem e a legislação reguladora 244

Capítulo 9 — Responsabilidade Civil do Condomínio

9.1 Crime de dano de bens do condomínio 247
9.2 Furtos em garagem 248
9.3 Furtos em condomínios e "shoppings" 250
9.4 Prédio pode ser processado por objeto lançado 253
9.5 Os danos causados por objeto caído do prédio 255
9.6 Culpa da vítima em acidentes no condomínio 257
9.7 A responsabilidade civil dos "flats" 258
9.8 Responsabilidade civil do condomínio 260
9.9 Responsabilidade por ato ilícito do condomínio 263
9.10 Execução milionária contra condomínio devedor 265
9.11 Condomínio versus condômino (I) 267
9.12 Condomínio versus condômino (II) 269
9.13 Os honorários no confronto do condomínio com condômino 271
9.14 O dano moral no condomínio 273

Capítulo 10 — Direito de Vizinhança

10.1 Condômino inconveniente 277
10.2 O tormento do condômino nocivo 279
10.3 O caso da proibida instalação de "repúblicas" em apartamentos ... 281
10.4 Vazamento no forro. Problema do vizinho 283
10.5 O condomínio e a locação nociva de condôminos 284

Capítulo 11 — Fachadas

11.1 Quando as fachadas são alteradas 287
11.2 Ar-condicionado. Compromete segurança 289
11.3 As sacadas e o novo Código Civil 290

Capítulo 12 — Animais em Apartamentos

12.1 Cães em apartamentos (I) 293
12.2 Cães em apartamentos (II) 295
12.3 Animais em apartamentos 296

Capítulo 13 — Hidrômetros Individuais em Edifícios

13.1 Faltam hidrômetros individuais em edifícios 300
13.2 O problema da conta de água em apartamentos 302
13.3 A questão da conta de água em apartamentos 304
13.4 Projeto de lei pretende resolver a medição de água 306
13.5 Hidrômetros individuais em edifícios 308

Capítulo 14 — Seguro Obrigatório do Condomínio

14.1 O seguro obrigatório nos edifícios 311
14.2 O seguro facultativo dos apartamentos 313

Capítulo 15 — Condomínio Fechado

15.1 Loteamento fechado 315
    15.1.1 O condomínio especial de prédios urbanos 317
    15.1.2 O parcelamento urbano do solo 321
    15.1.3 O loteamento fechado 324

15.1.4 Conclusão 330
15.2 Condomínio fechado e loteamento fechado 331
  15.2.1 Condomínio fechado 331
  15.2.2 Loteamento 332
  15.2.3 Loteamento fechado 333
  15.2.4 A cobrança das taxas de administração 334
  15.2.5 Conclusão 335
15.3 Loteamento fechado e condomínio fechado
  15.3.1 Introdução 335
  15.3.2 Perfil do "condomínio fechado" 336
  15.3.3 Perfil do "loteamento fechado" 337
  15.3.4 O direito real da concessão de uso 340
  15.3.5 Conclusões 346
15.4 Loteamento fechado: o problema das despesas comuns 348
15.5 A legitimidade do "loteamento fechado" 354
15.6 A falta de previsão legal do "loteamento fechado" e suas consequências
  15.6.1 Introdução 356
  15.6.2 Características básicas do condomínio edilício e do loteamento 358
  15.6.3 O fechamento do loteamento 359
  15.6.4 A administração dos loteamentos fechados 362
15.7 A associação de moradores de loteamento fechado (cobrança da taxa de manutenção – questão tormentosa) ... 366
15.8 A associação de loteamento e o Código de Defesa do Consumidor 370
15.9 "Loteamento fechado": Justificativa de Projeto de Lei 372
  15.9.1 Parecer complementar 374
  15.9.2 Minuta de Projeto de Lei 376

Índice Alfabético-Remissivo 379

Capítulo 1
Questões Esparsas de Condomínio

1.1 "Edilício": novo nome para o condomínio em edifícios. 1.2 A compra de apartamento por construir. 1.3 Incorporação imobiliária sobre terrenos contíguos. 1.4 A aquisição de imóvel contíguo sem unanimidade. 1.5 A vila condominial. 1.6 Fechamento de vilas. 1.7 Alteração do uso residencial de edifício. 1.8 Restauração não é o mesmo que reconstrução do edifício. 1.9 As áreas descobertas também fazem parte da área construída. 1.10 Se o zelador sai, perde apartamento. 1.11 Não se move ação de despejo de zelador. 1.12 O direito de preferência do condômino. 1.13 Renúncia da propriedade condominial. 1.14 A cláusula da inalienabilidade no condomínio. 1.15 A imissão provisória do expropriante diante do direito condominial: 1.15.1 Conceito de condômino na Lei de Condomínio – 1.15.2 Efeitos da posse direta na unidade condominial – 1.15.3 Efeitos da posse provisória do órgão expropriante – 1.15.4 Conclusão. 1.16 Estado de mancomunhão. 1.17 A Lei 4.591/1964 é norma de moralidade pública (I). 1.18 A Lei 4.591/1964 é norma de moralidade pública (II). 1.19 A multipropriedade e a legislação condominial.

1.1 "Edilício": novo nome para o condomínio em edifícios

[Publicado na *Folha de S. Paulo* em 26.10.1981]

Realizou-se há poucos dias, com o Ministro Abi Ackel, da Justiça, a reunião da Comissão de Juristas que, sob a douta supervisão do mestre Miguel Reale, vem examinando, exaustivamente, as sugestões oferecidas ao Anteprojeto do Código Civil, publicado "com nova roupagem" em junho/1974. E, segundo noticiam os jornais, o Projeto daí resultante deverá ser encaminhado ao Congresso ainda este ano, para que, em futuro próximo, substitua o atual Código Civil, editado em 1.1.1916.[1]

A matéria do condomínio em edifícios não era, então, causadora de maior repercussão social. Consequentemente, não sentiu o legislador civil daquela época a necessidade de sua regulamentação. Esse vazio apenas veio a ser preenchido, em 1928, com o Decreto 5.481, que partia de uma situação de fato já consumada, isto é, da existência de um prédio pronto "de mais de cinco andares, construído de cimento armado ou matéria similar incombustível, sob a forma de apartamentos isolados, entre si, contendo cada um, pelo menos, três peças, e destinados a escritórios ou residência particular (...)".

Para que essa legislação de condomínio tivesse ampliada sua incidência sobre os edifícios existentes, o número de pavimentos, ao invés de cinco, foi reduzido, em 1943, para três, e em 1948 para apenas dois. Mas esses prédios só eram alcançados pelo decreto de 1928 se já estivessem construídos e seu proprietário preferisse alienar suas unidades.

Esse novo tipo de condomínio, contendo unidades de propriedade privativa ao lado de áreas comuns, teve, aqui e acolá, as mais variadas designações. Carlos Maximiliano, para distingui-lo do condomínio tradicional (que chamava de "integral"), qualificou-o de "relativo ou moderníssimo".[2] E, sempre com o objetivo de diferenciá-lo do condomínio tradicional, já foi chamado de "condomínio de apartamentos", "condomínio por andares", "condomínio por planos horizontais" ou "condomínio horizontal"[3] etc., refletindo a abundância da nomenclatura alienígena.Com a promulgação da Lei de Condomínio, em 1964 (Lei 4.591), outra vez a questão da designação do novo tipo de condomínio foi despertada. Enquanto Caio Mário da Silva Pereira preconizava a denomi-

1. Pela Lei 10.406, de 10.1.2002, o Projeto foi sancionado, instituindo o novo Código Civil, que entrou em vigor um ano após. A denominação "condomínio edilício" foi oficialmente consagrada no Capítulo VII do Título III do Livro III da Parte Especial (arts. 1.331-1.358), merecendo críticas, entre outras, de João Baptista Lopes (*Condomínio*, 10ª ed., São Paulo, Ed. RT, 2008, p. 52).

2. Carlos Maximiliano, *Condomínio*, Rio de Janeiro, Freitas Bastos, 1956, "Prefácio".

3. Hely Lopes Meirelles, *Direito de Construir*, São Paulo, Ed. RT, 1979, p. 3. [V. 11ª ed., São Paulo, Malheiros Editores, 2013, p. 21]

nação sintética de "propriedade horizontal",[4] outros, como J. Nascimento Franco e Nisske Gondo, chamavam-no "condomínio em edifícios".[5]

Jamais, contudo, foi chamado de "edilício", como recomenda o Anteprojeto do Código Civil, cujas observações preliminares esclarecem: "Este termo mereceu reparos, apodado que foi de 'barbarismo inútil', quando, na realidade, vem de puríssima fonte latina, que é o que melhor corresponde à natureza do instituto, mal caracterizado pelas expressões 'condomínio horizontal', 'condomínio especial', ou 'condomínio em edifícios'. Na realidade, é um condomínio que se constitui, objetivamente, como resultado do ato de edificação, sendo, por tais motivos, denominado 'edilício'".

Ora, o termo "edilício" não tem entre nós o significado proposto pelo Anteprojeto. Os *Dicionários* de Cândido de Figueiredo e Caldas Aulete informam significar "o mesmo que edílico", ou seja, "relativo a edil".[6]

Não há dúvida de que a denominação adotada no Anteprojeto representa inovação não exatamente das mais felizes. E, se a justificativa maior repousa na edificação, como esclarecem as observações preliminares do Anteprojeto, não se pode esquecer que a incorporação há de se subordinar ao regime condominial, como expressamente o reconhece o Anteprojeto (art. 753).

Quer isto dizer que a denominação adotada, em razão do objetivo contratual, restou incompleta. A prevalecer a denominação sugerida quando aplicada à incorporação, deveria, logicamente, ser "incorporação edilícia condominial". Mas, por força inevitável da síntese do seu uso, viria a ser tratada simplesmente por "incorporação condominial", traduzindo expressão já consagrada pelo nosso Direito.

4. Caio Mário da Silva Pereira, *Condomínio e Incorporações*, 2ª ed., Rio de Janeiro, Forense, 1969, p. 56; também Carlos Moreno, *Manual da Propriedade Horizontal*, Lisboa, Livraria Petrony, 1979.
5. J. Nascimento Franco e Nisske Gondo, *Condomínio em Edifícios*, 2ª ed., São Paulo, Ed. RT, 1978.
6. João Baptista Lopes entende que as razões apresentadas na "Exposição de Motivos" do Código Civil de 2002 não são "convincentes", enfatizando: "Além disso, e este argumento nos parece decisivo, a denominação proposta não guarda sintonia com a tradição" (*Condomínio*, 10ª ed., São Paulo, Ed. RT, 2008, p. 53). Contudo, cabe admitir que, decorridos alguns anos de vigência do Código Civil de 2002, o *nomen juris* do instituto do condomínio foi plenamente acolhido pelos tribunais do País.

Se assim é, o Projeto do novo Código Civil deveria se mostrar mais sensível à realidade condominial, ainda que sacrificasse parte da pureza técnica da linguagem jurídica. Em compensação, todos saberiam que se trata do mesmo "condomínio em edifícios", e não de tipo novo de "copropriedade".[7]

1.2 A compra de apartamento por construir

[Publicado na *Folha de S. Paulo* em 19.1.1981]

Bem antes do advento da Lei de Condomínio, editada em 1964, já os incorporadores de edifícios (quando sequer tinham eles definição legal) haviam descoberto a efetiva possibilidade de venderem apartamentos por construir, e não os já construídos. A esse tipo de apartamento por construir os juristas emprestaram do Direito a figura da chamada "coisa futura", que integra a classe de contratos aleatórios ou contratos de risco.

A realidade comercial de vender "coisa futura" não podia ser ignorada pelo legislador de 1964. Até porque representavam (e continuam representando) a modalidade comercial mais frequente no mercado imobiliário. É a forma mais simples de o incorporador custear (total ou parcialmente) a construção de prédio, arrecadando dinheiro do comprador. Não se deve confundir o contrato de venda de apartamento por construir ("coisa futura") com os típicos contratos de construção por empreitada (a preço fixo ou reajustável) ou por administração (a preço de custo).[8]

Embora o contrato que tem por objeto a venda de unidade condominial a construir muito se aproxime do tipo de empreitada a preço fixo ou reajustável, dele muito se distancia no tocante à arrecadação antecipada dos valores da construção e do terreno, à vista das consequências da rescisão contratual. Especialmente quando a rescisão se verifica por

---

7. O Código Civil de 2002, editado pela Lei 10.406, de 10.1.2002, observou a denominação "edilício", sugerida pelo Projeto, e tratou dessa matéria no Capítulo VII do Título III do Livro III da Parte Especial (arts. 1.331-1.358).

8. O art. 43 da Lei 4.591/1964 não foi revogado pelo Código Civil de 2002, que não tratou das obrigações do incorporador e, via de consequência, das obrigações decorrentes da construção do empreendimento.

culpa do adquirente. Como a construção de futura unidade condominial fica por conta exclusiva do incorporador, permite a lei que, "na hipótese de o adquirente atrasar o pagamento de parcela relativa à construção" ou do terreno, seja o empreendedor condominial favorecido com todas as prestações até então pagas pelo comprador faltoso.[9]

Nesta espécie de contrato não se há de aguardar, necessariamente, a falta de pagamento de três prestações, como sugere a lei nas hipóteses dos típicos contratos de construção. Basta que o contrato preveja atraso de tempo menor para que possa ser configurada a infração contratual do adquirente (mora). A caracterização da mora sempre dependerá de notificação concedendo ao devedor o prazo de 15 dias para purgação da mora (pagamento do débito). Este prazo não é o mesmo, de 10 dias, que recomenda a Lei de Condomínio quando se trata de contratos de construção condominial (por empreitada ou por administração).

Enquanto nos contratos de venda de apartamento – "coisa futura" – o incorporador se beneficia com a perda das prestações pagas pelo comprador faltoso, nas outras espécies de contratos de construção o favorecimento, em regra, é do condomínio. Esta é a nítida tendência jurisprudencial, denotando visível preocupação de conferir proteção ao condomínio, ainda que os contratos de incorporação estabeleçam outra consequência da rescisão contratual.[10]

Para tanto, duas ordens de razões, de especial significado, conduzem o entendimento dos Pretórios: a característica eminentemente social da Lei de Condomínio (trata-se de norma de ordem pública) e o fato de o atraso de qualquer adquirente no pagamento das prestações da construção repercutir direta e negativamente sobre a disponibilidade financeira da obra e, via de consequência, causar inadmissíveis prejuízos aos demais comunheiros.

9. Com o advento da Lei 8.078, de 11.9.1990 (Código de Defesa do Consumidor), esta cláusula e outras de semelhante teor são nulas de pleno direito, a teor do art. 51.

10. Neste sentido a decisão da 3ª Câmara de Direito Privado do TJSP relatada pelo Des. Ênio Santarelli Zuliani em 22.8.2000 (cf. *RT* 783/269). Esta orientação foi alterada no STJ, com o advento do Código de Defesa do Consumidor (cf. 4ª Turma, REsp 472.533-MS, rel. Min. Fernando Gonçalves, j. 12.8.2003, que observou, invocando precedentes: "Conforme precedente desta Corte, a aplicação da Lei n. 4.591/1964 aos contratos de incorporação não afasta a incidência do Código de Defesa do Consumidor e dos princípios gerais de Direito que vedam o locupletamento de uma parte em detrimento de outra" – *RT* 819/186).

Sobreleva, ainda, observar que nas espécies típicas de contratos de construção a comissão de representantes tem papel relevante: é ela quem notifica o condômino infrator, e não mais o incorporador, por constituir atribuição intransferível daquele órgão condominial.

Outros aspectos complicados se apresentam a quem pretende adquirir apartamento por construir. É que não tem o comprador comum conhecimento adequado para detectar, equacionar e resolver, com precisão, as questões contratuais. Daí se concluir que, por pertencer o contrato de aquisição de apartamento "coisa futura" à classe dos chamados contratos de risco, o risco efetivamente existe. Não do contrato, mas, sim, do contratante-comprador, de perder as parcelas pagas.[11]

1.3 Incorporação imobiliária sobre terrenos contíguos

[Publicado na *Folha de S. Paulo* em 11.4.1982]

Mesmo quem não seja proprietário de um terreno pode ser incorporador imobiliário de um edifício de apartamentos. A responsabilidade dos incorporadores pode ser assumida pelo compromissário comprador, pelo cessionário, pelo promissário cessionário, pelo construtor ou, mesmo, pelo corretor de imóveis. Como a figura do incorporador imobiliário constitui criação do mercado imobiliário dos anos 1950, a atual Lei de Condomínio, de 1964, achou de definir o incorporador em "artigo quilométrico, de mau entendimento e pouco vernáculo, a ferir, ao mesmo tempo, os ouvidos e o Direito"[12] – como observou, amargurado e com razão, o professor Caio Mário da Silva Pereira, autor do seu Projeto de Lei. Basta conferir. Diz a lei que se considera incorporador imobiliário "a pessoa física ou jurídica, comerciante ou não, que, embora não efetuando a construção, compromisse ou efetive a venda de frações ideais do terreno objetivando a vinculação de tais frações a unidades autônomas, em edificações a serem construídas ou em construção sob regime condominial, ou que meramente aceite propostas para efetivação de tais transações, coordenando e levando a termo a incorporação e responsabilizan-

---

11. Hoje, o art. 53 da Lei 8.078/1990 considera nula a cláusula que estabelece a perda total das prestações pagas em benefício do credor.

12. Caio Mário da Silva Pereira, *Condomínio e Incorporações*, cit., 2ª ed., p. 201.

do-se, conforme o caso, pela entrega, a certo prazo, preço e determinadas condições, das obras concluídas" (art. 29 da Lei 4.591/1964).

O que importa, mesmo, é saber que a condição essencial da incorporação imobiliária determina a subordinação do comprador de fração ideal do terreno à obrigação complementar de concorrer para as despesas de construção, seja a preço fixo ou de custo. Vale dizer que o objetivo principal da incorporação é a construção de um prédio de um ou mais pavimentos, mediante custeio antecipado, parcial ou total, da construção pelos futuros adquirentes de suas unidades autônomas.

A incorporação regular reclama, pois, perfeita transmissão da fração ideal do terreno onde se assentará o prédio. Para viabilizar comercialmente o empreendimento e atender às normas de edificação, frequentes são os casos de anexação de dois ou mais terrenos contíguos para compor a área maior do futuro edifício. Se todos os terrenos pertencerem a um só proprietário, nenhuma dificuldade oferece sua fusão. Mas, se o incorporador ainda não for proprietário, e sim compromissário comprador desses terrenos contíguos, que pertencem a donos distintos, a unificação dos lotes apresenta alguns obstáculos.

A questão ainda é controvertida. Walter Ceneviva, que acaba de ter sua obra *Lei dos Registros Públicos Comentada* consagrada em sua 3ª edição, alerta que o exercício do direito de fusão decorre da propriedade, pelo quê "não se satisfaz com o compromisso de venda e compra".[13]

Há, porém tendência menos rigorosa, no sentido de se permitir ao titular de compromissos de venda e compra a fusão de terrenos contíguos se autorizado expressamente pelos seus proprietários, para fins de incorporação imobiliária. A justificativa consiste em conciliar a faculdade da Lei de Condomínio de permitir incorporação por parte de compromissários compradores com a necessidade prática de anexar vários imóveis para o fim de fazer nascer o terreno indispensável ao empreendimentos imobiliário.

Trata-se de acomodar a flexibilidade da Lei de Condomínio com o rigor da Lei de Registros Públicos. Com isso são favorecidos os investi-

13. Walter Ceneviva, *Lei dos Registros Públicos Comentada*, 3ª ed., São Paulo, Saraiva, 1982, p. 501.

dores imobiliários, mas não os adquirentes das unidades condominiais, que veem um horizonte complicador na transmissão imobiliária do imóvel. Neste passo, em homenagem à segurança imobiliária do comprador de apartamento, mostra-se recomendável a supressão da liberalidade da Lei de Condomínio. Ao menos, assim se protegerá quem realmente carece de proteção.

1.4 A aquisição de imóvel contíguo sem unanimidade

[Publicado na *Folha de S. Paulo* em 4.2.1980]

Uma decisão do extinto Tribunal de Alçada Civil de São Paulo/TACivSP repercutiu intensamente, pelo ineditismo da solução decretada. Reconheceu, então, perfeita e válida a deliberação adotada por maioria de votos, em assembleia-geral de condôminos, autorizando a aquisição de imóvel contíguo, para construção de garagens e outras benfeitorias de uso comum. O julgado do Tribunal paulista justificou o critério ali observado em face das condições especiais do caso, acentuando que, embora pudesse ser criticado o "exagero do empreendimento", se deveria levar em conta a "categoria do edifício".

Ora, a aquisição do terreno vizinho por parte do condomínio e para uso de todos determina uma alteração substancial na coisa comum. Para tanto é indispensável a vontade unânime dos condôminos, não podendo prevalecer qualquer maioria. É, afinal, o que determina a lei. Integrando o novo terreno ao do edifício existente, como ocorreu no caso, resulta – é óbvio – alteração da área do terreno do prédio e, com a construção de garagens, quartos de despejo, piscina etc., sensível acréscimo nas áreas de uso coletivo.[14]

Não consta que o liberal entendimento do antigo TACivSP tenha se constituído em exemplo. Se outras tentativas houve procurando imitar aquele precedente, devem ter sido obstadas pela arguição da tese do direito adquirido dos condôminos discordantes. Nem mesmo a Lei 6.709, de 31.10.1979, demonstrou qualquer preocupação a respeito desse tema, embora cuide das hipóteses de demolição, reconstrução e até da

---

14. O Código Civil de 2002 não prevê, de forma específica, esta situação. A proibição legal, porém, pode, com naturalidade, adotar por fundamento o disposto no art. 1.343.

venda total de um edifício em condomínio mesmo contra a vontade de alguns condôminos. Para tanto, o quórum mínimo de votos deve representar 2/3 das unidades, equivalentes, porém, ao mínimo de 80% do terreno e das coisas comuns.

Frente à redação anterior, a isolada hipótese de "condenação da edificação pela autoridade pública, ou ameaça de ruína", foi enormemente ampliada pela nova lei. Suficientes, agora, são "motivos urbanísticos ou arquitetônicos" (art. 17 da Lei 4.591/1964) e também quando se constatar "desgaste, pela ação do tempo, das unidades habitacionais" (art. 17, § 2º) em relação ao valor global do terreno.

Curioso é que tanto a anterior quanto a atual redação do dispositivo da lei subordinam a demolição e a reconstrução do prédio à deliberação da maioria de 2/3, como se a edificação condenada somente pudesse ruir se atingido esse quórum. Os especialistas, contudo, bem ao contrário da expectativa da lei, sempre afirmaram que um edifício inseguro oferece amplas condições de queda, seja qual for o resultado da votação condominial.[15]

Merece destaque a grande novidade da lei ao permitir que a maioria de 2/3 das frações ideais pode autorizar a venda total do edifício, abrangendo, pois, os apartamentos pertencentes à minoria dissidente, por motivos simplesmente de ordem urbanística ou arquitetônica ou, ainda, quando a construção desgastada se mostrar incompatível com o valor do terreno sobre o qual foi erguida.[16]

Neste caso, caberá a essa minoria se conformar com sua inexpressiva força condominial e participar, na proporção do seu quinhão, do bolo da venda.

É certo que o novo critério legal não se amolda facilmente ao princípio constitucional que assegura o direito de propriedade "salvo o caso de desapropriação". Seria, assim, inconstitucional a Lei 6.709/1979? A resposta cabe aos tribunais, como sempre.

15. O art. 1.357 do CC de 2002 reduziu o quórum para "metade mais uma das frações ideais" se a edificação "for total ou consideravelmente destruída ou ameace ruína".
16. Esse dispositivo não foi acolhido pelo Código Civil de 2002, em respeito ao direito de propriedade, de proteção constitucional (art. 5º, XXII).

1.5 A *vila condominial*

[Publicado na *Folha de S. Paulo* em 14.9.1981]

Quando se fala em condomínio logo se forma a imagem de um edifício vertical de vários pavimentos. Mas a Lei 4.591/1964, em vigor, ampliou sua incidência, e abrange também vilas ou conjuntos de casas. Basta que tenham passagem comum para o acesso das casas, além de outras áreas e coisas de utilização coletiva.

Trata-se de modalidade especial do chamado condomínio horizontal, que, paradoxalmente, não identifica o condomínio de uma *vila* (conjunto de casas térreas ou assobradadas), mas, sim, de uma construção vertical, como o é um edifício de apartamentos. É que, como ensinam os doutos, o edifício vertical é dividido em planos horizontais (andares). Por isso, a denominação mais aceita de "condomínio por planos horizontais" acabou sendo reduzida à expressão condensada "condomínio horizontal".

Mas tanto uma como outra espécie de condomínio (edifícios ou conjunto de casas) constituem produtos gerados pela mesma preocupação: a economia. O melhor aproveitamento do terreno (cada vez mais valorizado) e o barateamento das despesas de construção recomendam esta solução. Ao fator de economia pode-se aduzir outro de igual relevância: a segurança. É que a concentração humana em menor espaço conduz, naturalmente, à homogeneização das necessidades e das conveniências. Nasce dessa aproximação física a força necessária à defesa, à reclamação, à reivindicação. Numa palavra: à proteção comum.

Não se aplica a esta espécie de condomínio a legislação consubstanciada na Lei 6.766/1979, que ficou conhecida como Lei de Parcelamento do Solo Urbano. Esta legislação, mais recente, cuida de propriedade totalmente independente, perfeitamente localizada e com acesso direto à via pública. O efetivo parcelamento do solo deve observar os requisitos de áreas mínimas, metragens de frente e de fundos, instituição de logradouros públicos, implantação de benefícios, de sorte a atender às exigências indispensáveis à formação de um novo núcleo habitacional, por vezes um novo bairro. A mera aprovação do loteamento implica a transferência ao domínio público de todas as vias públicas, praças e demais equipamentos sociais exigidos pela lei.

Nas "vilas em condomínio", porém, as vias de acesso, as áreas de lazer e os pátios de manobras continuam integrando a propriedade particular. Nada passa ao domínio público. São típicas áreas comuns, que sempre pertencerão somente aos condôminos. As casas da vila condominial, embora construídas sobre um lote de terreno demarcado, não passam a pertencer, só por isso, à "propriedade exclusiva" de seu proprietário. Cada casa, como unidade condominial, detém apenas a "utilidade exclusiva" do terreno onde foi construída, pelo quê participa na totalidade do terreno do condomínio tão somente em termos proporcionais.

Como se percebe, tudo acontece como num edifício. A entrada da "vila" é exatamente como a de um prédio de apartamentos. A partir daí não há domínio público sobre as vias de acesso, as áreas de lazer, os pátios, as praças de retorno ou jardins. Todas essas áreas, como os equipamentos que servem ao conjunto dessas casas, pertencem exclusivamente à "vila condominial", a quem cabe, consequentemente, o encargo de sua conservação.

Enfim, tal qual ocorre com os apartamentos dos edifícios verticais, as casas constituem unidades autônomas e se compõem, além da construção, do respectivo lote, que não é independente (como no loteamento), mas, sim, uma fração ideal da totalidade do terreno, indissoluvelmente subordinada à construção. Numa palavra: é o mesmo processo da regularização jurídica do condomínio vertical à versão da vila horizontal.

1.6 Fechamento de vilas

[Publicado na *Tribuna do Direito* 180, abril/2008]

Assegura a Constituição a defesa da vida e do patrimônio do cidadão (art. 5º, *caput*). Diante da violência urbana, que dia a dia assume figurinos mais trágicos, atemorizando a sociedade, espalhando a insegurança e a intranquilidade à população, vem o homem de bem criando artefatos de defesa (blindagem de automóveis, aparelhos de captação de imagem, cercas eletrificadas, controles à distância etc.). Para aperfeiçoar a necessidade de se sentir protegido, o morador de casas de vila ou de ruas sem saída vem, há 20 anos ou mais, promovendo o fechamento das vias de acesso.

Alerte-se, de pronto, que essas vilas não constituem condomínios, implantados segundo o formato do art. 8º da Lei 4.591/1964, mas, sim, em regra, resíduos de antigos loteamentos, cujas vias de circulação pertencem ao domínio público. Suas ruas têm identificação específica e fazem parte do cadastro municipal. Por se tratar de "bem público", a rua enseja o uso comum do povo (*uti universi*), na clássica lição de Hely Lopes Meirelles. *Uso comum do povo* inclui usuários anônimos, gente de bem e gente criminosa (enquanto não está presa); todos, indistintamente, têm o direito de usar, igualmente, os bens de domínio público (princípio da igualdade).

Ocorre que, como ensina a sabedoria popular, a teoria, na prática, é outra. Na medida em que se facilita o acesso, sem controle, do "uso comum do povo" nas vilas, seus moradores ficam à mercê da violência física. Por isso, quando o fechamento das vilas não acarreta prejuízo ao trânsito local de veículos, as Prefeituras, a exemplo da paulistana, têm procurado harmonizar os dois princípios (da proteção à vida e do direito de ir e vir).

Recentemente, em 22.8.2007, foi editado o Decreto municipal 48.638, que consolidou a regulamentação da Lei 10.898, de 5.12.1990, alterada pelas Leis 12.138, de 5.7.1996, e 14.113, de 20.12.2005, bem como da Lei 13.209, de 13.11.2001, revogando outros decretos regulamentadores, todos dispondo sobre o fechamento de vilas e ruas sem saída. Curiosa e desnecessária, por sinal, a distinção que faz a lei de vila e de rua sem saída, na medida em que ambas, para efeitos dessa legislação, são ruas oficiais, de uso exclusivamente residencial e cujo acesso se verifica em uma de suas extremidades, onde se articula com via oficial, não havendo ligação com a malha viária a outra extremidade.

O fechamento – orienta seu art. 4º – "poderá ser realizado por intermédio de portão, cancela, correntes ou similares, no espaço correspondente ao leito carroçável, *devendo ficar aberto*, sem qualquer obstáculo, o espaço destinado às calçadas, permitindo-se o livre acesso de pedestres". E, "quando não for possível identificar o espaço destinado às calçadas, deverá ser deixado aberto espaço com largura mínima de 1,00m (um metro) para o *livre acesso de pedestres*".

Em respeito ao princípio do direito de ir e vir (art. 5º, XV, da CF), o legislador municipal não veda o acesso a pedestres (uso comum do povo), mas, sim, apenas a veículos. Para tanto, o Município tem autorização constitucional de "ordenar o pleno desenvolvimento das funções sociais da cidade" (art. 182 da CF). Nestas condições, cabe-lhe a atribuição de regulamentar o trânsito de veículos em seu território. Ora, o fechamento parcial, como quer a lei, não confere a proteção almejada pelos moradores de vilas, travando sucessivos embates com as Prefeituras, nos quais as imposições restritivas das Administrações Municipais sempre, em regra, têm sido prestigiadas pelo Judiciário paulista.

Tenha-se presente que o fechamento é de natureza "precária e passível de revogação sem maiores dificuldades" (ACi 167.690-5/5-00). E, quando um cidadão residente fora da vila invocou a inconstitucionalidade do fechamento, seu pleito foi rejeitado, uma vez que seu direito subjetivo em nada foi ferido, mas causou "apenas desconforto genérico ao seu direito de circular, e jamais lesão efetiva, específica e anormal", tal qual se verifica com a "limitação da circulação de carros imposta pela Municipalidade de São Paulo, com base no final das placas dos veículos automotores" (ACi 190.159-5/6-00).

Curiosamente, a Prefeitura Municipal de São José dos Campos não permitiu o fechamento de loteamento (AI 330.005-5/3-00), quando é sabido que o "loteamento fechado" vem sendo amplamente aplaudido por todos os tribunais do País. Também aqui em São Paulo o fechamento foi censurado, por se tratar de "loteamento", vale dizer, hipótese que foge ao âmbito do referido decreto municipal. Sob este foco, o recente julgado (novembro/2006) emergente do Tribunal de São Paulo não teve dúvida em aplaudir o exato cumprimento das normas administrativas, em detrimento do argumento da segurança: "Portanto, o ato administrativo está lastreado em legislação municipal perfeitamente aplicável ao caso e visa a coibir irregularidade cometida por moradores de loteamento que, sem autorização ou aviso prévio do Poder Público, obstruíram o acesso a vias públicas, de forma irregular, não se podendo argumentar com eventual área ambiental ou de alta periculosidade" (AI 592.580-5/8-00).

O aparente conflito dos dois princípios fundamentais (direito à vida e proteção do patrimônio, de um lado, e direito de ir e vir, de outro) há de ser equacionado, como ensina o Min. Celso de Mello (HC 82.424-RS), pelo método da ponderação de bens e valores, uma vez que os princípios constitucionais não são absolutos (*RTJ* 173/807). Dessa aferição dúvida não resta de que o postulado mais essencial do direito à vida e da preservação da propriedade é que tem que prevalecer diante do direito (menos essencial) de ir e vir.

1.7 Alteração do uso residencial de edifício
[Publicado na *Folha de S. Paulo* em 5.1.1982]

Mesmo que um edifício tenha sido construído e seja utilizado para fins estritamente residenciais, em fiel observância ao seu "habite-se", nem por isso sua destinação é imutável.

A Prefeitura, a quem cabe disciplinar o uso da cidade, pode alterar (o que acontece com espantosa frequência na Capital paulista) o uso exclusivamente residencial de uma rua, de sorte a lhe atribuir utilização mista (residencial e comercial). Resulta daí que o edifício, antes especificamente residencial, acaba tendo por novos vizinhos prédios inteiramente comerciais, mesclando a primitiva característica habitacional do bairro.

Se a destinação da rua mudou, possibilitando a edificação de prédios comerciais, nenhum óbice administrativo pode haver para que os prédios velhos (somente residenciais) sejam acomodados à nova imagem local.

No plano jurídico a transformação apenas depende do consentimento unânime dos condôminos. Advirta-se que não se cuida, aí, de simples mudança de regra de comportamento, estabelecida em convenção, quando a deliberação de 2/3 dos votos condominiais pode autorizar a modificação. Trata-se de alteração que atinge a própria destinação do prédio (ou só parte dele), o que afronta: (a) o alvará municipal, que especificou o uso; (b) o direito adquirido dos demais condôminos; e (c) às vezes, situações já consolidadas pelo longo decurso do tempo, sem oposição dos condôminos interessados.[17]

Assim, quando uma escola de cursos comerciais passou a atuar no mesmo andar onde já se encontrava instalada uma pequena indústria de confecções, o extinto Tribunal de Alçada paulista repeliu a reclamação da escola contra o excessivo ruído da fábrica de roupas. É que a situação preexistia há mais de 10 anos, o que não mais se podia considerar como ato de "mera tolerância". Criou-se, em verdade, "uma situação de fato consentida pelo condomínio". Esse entendimento, da lavra do douto Des. Batalha de Camargo, voltou a ser lembrado pelo mesmo Tribunal quando se pretendeu romper, depois de 14 anos sucessivos, a utilização comercial de um apartamento residencial.

17. Depende da aprovação unânime dos condôminos a mudança da destinação do edifício, como exige o art. 1.351 do CC de 2002.

Mas, se inexiste situação antiga que tacitamente tenha permitido a cristalização de uso diverso do preconizado em convenção, impõe-se o respeito ao direito adquirido de todos os demais coproprietários. Daí por que a maioria condominial, ainda que superior a 2/3, não tem credencial para permitir a construção de novas unidades privativas em áreas comuns ou a transformação, por exemplo, do apartamento do zelador (área comum) em unidade privativa. A imprescindibilidade do consenso unânime dos condôminos é absoluta, ainda que a modificação pretendida pela maioria tenha merecido aprovação da Municipalidade.

Por isso, só podia lamentar a quase totalidade dos condôminos de um edifício de apartamentos quando apenas dois deles divergiram da sua transformação em prédio de escritórios como condição necessária a viabilizar sedutora e irrecusável transação de venda abrangendo a totalidade do edifício. Os motivos da discórdia desses dois condôminos continuam ignorados. Mas, não podendo ser de ordem comercial ou, mesmo, sentimental, certamente constituem razões de outra ordem. Ou de desordem.

1.8 Restauração não é o mesmo que reconstrução do edifício

[Publicado na *Folha de S. Paulo* em 4.5.1981]

Porque um edifício foi seriamente abalado por recalque de suas fundações, os condôminos se reuniram em assembleia extraordinária que aprovou as obras de restauração. Um dos condôminos (sempre há ao menos um), porém, não aprovou essa despesa extraordinária. Por isso, e pelo fato de pouco depois (nem dois meses) ter sido o prédio interditado por órgão municipal, o condômino dissidente recusou-se a contribuir com sua cota-parte ao seu respectivo custo.

Quando o condomínio lhe cobrou judicialmente esses gastos, prévia e regularmente aprovados em assembleia, redarguiu a inviabilidade da cobrança. Sustentou, em sua defesa, não se tratar de simples despesa de condomínio, mas, sim, de condenação do edifício por autoridade pública. Desta forma, deveria ser obedecido o critério legal de a "maioria adquirir as partes dos dissidentes, mediante avaliação judicial".

Assim, todavia, não entendeu o 1º TACivSP, acentuando que as obras "foram programadas e aprovadas inclusive quanto ao custo por assembleia anterior à interdição". Nestas condições, e considerando, mais, que a interdição do prédio pela Prefeitura não impediu a execução dos trabalhos de restauração (até mesmo já iniciados), cabia ao comunheiro discordante atender ao pagamento, como integrante do condomínio, e não se desligar dele (*JTACivSP* 63/103).

Levou-se em conta, acima de tudo, mais uma vez, a função eminentemente social da propriedade condominial. Se a deliberação conjunta no sentido de restaurar o edifício antecedeu à interdição, considerou o Tribunal paulista que deveria ser preservada a união condominial, a soma de esforços, e não permitir sua evasão. Mesmo porque o interesse coletivo objetivou a recuperação da edificação pela correção do recalque do qual passou a padecer, e não alterar ou substituir o prédio, em sua substância ou destino.

Diferença aguda existe entre reconstrução e restauração de um edifício. Na primeira hipótese pressupõe a lei sua demolição, para que possa ser refeito, enquanto no caso de restauração restringe-se à reparação do defeito, à recuperação da parte afetada. Em suma, corrigir-se o recalque de um prédio não passa de ato de reparação e conservação da estrutura da edificação, exatamente como restou identificado pelo mencionado julgado. Em consequência, o custo decorrente da restauração não pode deixar de ser enquadrado como nítida despesa condominial, a ser necessária e indistintamente rateada entre todos os condôminos.

Dessa sábia decisão judicial, que preservou as condições para a restauração do prédio, deve ser ainda aproveitada a lição de ter sido preservado o próprio espírito social que deve reger a vida comunitária em condomínio.

1.9 As áreas descobertas também fazem parte da área construída

[Publicado na *Folha de S. Paulo* em 11.7.1982]

Com o propósito de frear a licenciosidade que maculou, em recente passado, a atividade da incorporação condominial, sobreveio em 1964 a atual Lei do Condomínio e Incorporações Imobiliárias (Lei 4.591). Entre os mecanismos controladores da incorporação impôs a lei a obrigatoriedade do prévio registro da incorporação como condição indispensável à venda das unidades por construir. Foi a forma que o legislador encontrou para que os adquirentes dos futuros imóveis condominiais conhecessem, de antemão, todas as características do edifício a ser construído. Montou, assim, a lei um escudo protetor contra os maliciosos empreendedores que, através de artimanhas sem fim, enganaram, sem castigo, por longos anos, incautos compradores.

Entre as condições a serem satisfeitas para o registro da incorporação há a relativa ao cálculo das áreas privativas e comuns que correspondem a cada unidade condominial. A soma de ambas indica a área global ou, como é mais popularmente conhecida, a área construída da unidade. Enquanto a área privativa é de propriedade exclusiva do condômino, por constituir o próprio apartamento, conjunto, loja, salão etc., a área comum é inteiramente edificada fora dos limites que isolam as unidades autônomas. À primeira vista, como o cálculo das áreas do edifício por construir deve adotar o respectivo projeto de construção, já devidamente aprovado pela Prefeitura, segue-se que a soma das áreas privativas (das unidades) com as áreas comuns deveria, necessariamente, reproduzir a totalidade da área a ser construída, confirmando a indicação constante do alvará administrativo.

Ocorre, porém, que a Prefeitura não considera como "área construída", para efeito de computação, as áreas descobertas, tais como terraços, jardins, escadas ou rampas externas, *playground* etc. Nem por isso essas áreas deixam de ser efetivamente construídas, e sem dúvida compõem o custo do empreendimento. Se assim é, não há razão para recusar sua integração às áreas comuns, embora a planta de construção, segundo os critérios administrativos que regem a construção, não as considere para fins de aprovação.

Sucede que o mecanismo legal de registro da incorporação instituiu os cartórios imobiliários como guardiões do interesse público do comprador. E, desde que a própria lei, a despeito do interesse social, não distinguiu área comum coberta da externa, não se sentem os cartórios à vontade para permitir a inclusão de áreas descobertas (não computadas pela Prefeitura) na área global da construção.

Como se vê, a questão está a reclamar regulamentação legislativa, de sorte a harmonizar essa divergência de conceituação de área construída, com direta repercussão no efeito comercial do empreendimento condominial. A harmonização, em verdade, é até simples, desde que ditada pelo bom senso, como restou demonstrado em processo de dúvida deslindado por Vara de Registros Públicos desta Capital. Bastou-lhe, para tanto, reconhecer a diferença existente entre dois critérios legais de conceituação de área construída: "coberta" e "descoberta" (*Revista de Direito Imobiliário/RDI* 7/57).

Resta, agora, ampliar e oficializar o caminho aberto por esse precedente. Enquanto isso não acontece, cabe prosseguir nessa mesma trilha, com o quê será crescentemente aviventada.

1.10 Se o zelador sai, perde apartamento

[Publicado na *Folha de S. Paulo* em 25.4.1982]

Vantagem de especial importância representa, sem dúvida, a morada gratuita do zelador em edifício de apartamentos ou de escritórios. Ao edifício, em contrapartida, interessa que o zelador resida no prédio. Afinal, é zelador, e não mero guarda ou porteiro. Dessa forma, o zelador é facilmente alcançado para o atendimento de qualquer emergência. Deve, por isso mesmo, ser apto à pronta solução de numerosos probleminhas e problemões: desde a troca de fusíveis até a correta utilização de equipamento contra incêndio. Isto explica por que o horário de trabalho do zelador também não pode ser observado com o mesmo rigor que o dos demais funcionários do edifício.

Em troca, tem o zelador, graciosamente, local apropriado para sua moradia, cujas dependências, na maioria das vezes, são bem superiores às de muitos apartamentos moderninhos, cuja promoção de venda anuncia a existência de mais um "dormitório opcional", que significa apenas o quarto da empregada.

Não há dúvida, pois, de que a moradia do zelador está direta e intimamente vinculada ao seu emprego. Em consequência, subsiste o direito de ocupar as dependências da zeladoria enquanto vigente o contrato de trabalho, isto é, enquanto zelador do prédio. Segue-se, pois, que, rompida a relação de emprego, cabe ao zelador desocupar sua moradia. Mas, se não o faz, qual o remédio judicial a ser aplicado?

No caso, em face da íntima relação que vincula a função de zelador à residência gratuita, fácil é deduzir que a utilização do apartamento constitui componente de sua remuneração salarial, por força da disposição contida no art. 458 da CLT. Contudo, assim somente poderá vir a ser admitido desde que haja estipulação expressa no contrato de trabalho do zelador, atribuindo-lhe, inclusive, o valor da vantagem residencial.

A segunda alternativa emerge da Lei do Inquilinato, que prevê a ação de despejo "quando houver rescisão do contrato de trabalho e a ocupação do imóvel se relacionar com o emprego" (Lei 6.649/1979, art. 52, VI).[18] Ocorre que o entendimento predominante entre os comentadores da atual legislação se inclina no sentido de inadmitir a residência do zelador sob a proteção da Lei do Inquilinato. É que a preocupação dessa lei especial se dirige, a rigor, para a hipótese em que o empregador alugou moradia destinada à residência do seu empregado, como se dá, frequentemente, com empresas de grande porte. E, quando isto ocorre, patrão e empregado celebram, necessariamente, contrato específico de locação – situação, essa, que não se verifica, em regra, com o zelador de edifícios.

No entendimento do 1º TACivSP, pela adoção de voto do Juiz Paulo Shintate, a moradia do zelador decorre de puro comodato, isto é, do empréstimo gratuito do apartamento do prédio para essa finalidade. E esse comodato, ainda segundo o Tribunal paulista, "não faz parte do contrato de locação de serviços, não integra o seu salário", nem mesmo decorre de um contrato de locação.

Daí por que, se o zelador deixa de prestar serviços ao edifício, "seja por extinção do contrato de trabalho, seja pela sua suspensão, ou mesmo pela sua licença não remunerada a que se refere o art. 476 da CLT", perde o direito de usar o apartamento.

Como se trata de comodato, que vigora por prazo indeterminado, é preciso previamente caracterizar a posse violenta cometida pelo ex-zelador para, em seguida, ser requerida a reintegração liminar do condomínio na posse do apartamento.

Essa fórmula processual é bem mais rápida e eficiente do que a aparente vantagem do procedimento sumariíssimo preconizado pelo Código Civil brasileiro, se concedida for a reintegração liminar. Se não for, continuará o zelador residindo de graça, por tempo indeterminado, no edifício. E, aí, nunca um só pode incomodar tantos por tão longo tempo.

18. A atual Lei do Inquilinato é a Lei 8.245/1991 (v. art. 47, II).

1.11 Não se move ação de despejo de zelador

[Publicado na *Folha de S. Paulo* em 30.11.1981]

Se o zelador de um edifício de apartamentos ou de escritórios tem rescindido seu contrato de trabalho, cabe-lhe restituir, de imediato, as dependências de sua moradia. É que, como afirmam os doutos, a residência do empregado é condição necessária ao desempenho das tarefas que lhe são atribuídas. A questão reclama a análise de duas situações distintas: a de emprego e a de moradia. Mas, juridicamente, a relação a considerar é apenas a de emprego. "A moradia do empregado no prédio é decorrência do exercício do trabalho; só tem existência em função dele."

A distinção torna-se mais facilmente perceptível sob o exame do critério que ousamos chamar de "acessoriedade". O zelador passa a ter moradia no prédio para lhe possibilitar condições de melhor desempenho de suas funções. Por ser zelador, passa a morar no prédio, e não porque mora no prédio é que se torna zelador.

Como se percebe, a relação principal é a de emprego, sendo a moradia relação acessória, decorrente daquela. Sob este mesmo prisma, a questão das locações mistas tem sido sabiamente resolvida pelos nossos tribunais. Assim, quando os locatários de prédios mistos (parte comercial e parte residencial), locados a um só inquilino, pretendem seu enquadramento como locação estritamente residencial (para merecer paternal proteção da Lei do Inquilinato), essa pretensão é equacionada da mesma forma. Se se cuida, por exemplo, de um bar, com moradia nos fundos, a formulação que se impõe é a seguinte: o inquilino mora no imóvel porque sua atividade principal é o bar, ou o mesmo explora comercialmente o bar como consequência de habitar o prédio?

A pesquisa do tema aperfeiçoa-se com o exame dos fatores geradores da situação criada. Assim, terá o inquilino alugado o prédio para destiná-lo, preponderantemente, à exploração do ramo comercial, ou sucedeu exatamente o inverso? Teria o motivo essencial recaído na fixação da residência? Aduza-se, mais, que na aferição dessas "preponderâncias" afigura-se totalmente irrelevante o tamanho das áreas de construção destinadas a uma ou outra finalidade.

Ora, no caso do zelador do prédio esta constatação é bem mais simplificada. Não há dúvida alguma de que a relação empregatícia é a principal, sendo a moradia mera decorrência daquela, como condição necessária ao seu melhor desempenho funcional. Contudo, subsistem algumas dúvidas a respeito.

Foram e continuam sendo alimentadas pelas leis do inquilinato, das quais a última, em vigor (Lei 6.649, de 16.5.1979),[19] conseguiu sobrepujar as antecedentes. É que, não bastasse sua defeituosa técnica redacional, a situação aqui comentada mereceu dois dispositivos, quando, para criar confusão, bastaria um só.

Observe-se o que reza seu art. 8º, com uma das condições "gerais" da locação: "O empregador pode dar por findo o contrato de locação com o empregado, quando houver rescisão do contrato de trabalho e o prédio locado se destinar a moradia de empregado".[20] E, no capítulo que trata exclusivamente das locações residenciais, dispõe o art. 52, que relaciona as várias hipóteses de despejo, em seu inciso VI: "se o empregador pedir o prédio locado a empregado quando houver rescisão do contrato de trabalho e a ocupação do imóvel se relacionar com o emprego".

Enquanto o primeiro dispositivo identifica a relação como "contrato de locação com o empregado", o inciso VI do art. 52 fala em "prédio locado a empregado" – o que pressupõe, necessariamente, um contrato autônomo, específico da locação, independentemente do contrato de trabalho, ainda que lhe seja complementar e simultâneo. Se existe um contrato de locação específico, há estipulação de aluguel, bem como a regulamentação das demais obrigações do locador e do inquilino-empregado.

Mas no caso do zelador de edifícios nada disso acontece. Não há contrato de locação. A única relação é a de emprego. Mesmo que o salário contenha a vantagem da habitação, ainda assim não se configura a existência de uma relação locatícia autônoma, por estar ausente a obrigação onerosa do aluguel e de quaisquer encargos locativos.

O mesmo ocorre com as empregadas domésticas. Nem por isso se aplica a Lei do Inquilinato para a retomada das dependências de moradia das empregadas, dos caseiros, dos choferes ou de zeladores. A medida processual incidente e eficaz é a de reintegração de posse, com ordem liminar de reintegração, uma vez rescindido o contrato de trabalho, pela configuração do esbulho da posse detida pelo zelador despedido.

19. A Lei do Inquilinato atualmente em vigor é a de n. 8.245/1991.
20. A atual Lei do Inquilinato é a Lei 8.245/1991 (v. art. 47, II).

Caso contrário a irrecusável logicidade da lei seria negada. Basta imaginar a perturbação insustentável de um ex-zelador (e sua família) morando (de graça) num prédio enquanto se aguarda o lento desenrolar de uma ação ordinária de despejo. Não há edifício que aguente o incômodo, nem tribunal que dê suporte a tal injustiça.

1.12 O direito de preferência do condômino

[Publicado na Tribuna do Direito 190, fevereiro/2009, sob o título "Um estranho no ninho do condomínio"]

Um bem indivisível pertencente a muitos donos contraria o egoísmo natural do homem. O apego exagerado aos próprios valores colide com iguais valores dos outros. Essa divergência inata, segundo Kant, conduz o dever social da convivência a ficar subalterno ao interesse pessoal, em detrimento do direito moral dos demais. Exatamente por isso, a meu ver, a legislação universal adota regramentos destinados a evitar ou, ao menos, abrandar os embates egoístas. Luiz da Cunha Gonçalves justifica o direito de preferência como forma de "evitar que na comunhão entre, sub-repticiamente, uma pessoa desconhecida, por ventura conflituosa, com a qual os outros coproprietários não se possam a vir se entender".

Entre nós é marcante essa preocupação, que sobressai com total transparência pela simples leitura dos arts. 504, 1.314 e 1.322 do CC e 1.118 do CPC. Todos eles repelem a intromissão do "estranho" no ninho do condomínio.

O novo art. 504 do CC praticamente repetiu a redação do art. 1.139 do Código de 1916. Acrescentou, apenas, que será atingido pela "pena de decadência" "o condômino, a quem não se der conhecimento da venda" ("poderá, depositando o preço, haver para si a parte vendida a estranhos"), "se o requerer no prazo de 180 (cento e oitenta) dias, (...)". Encabeça o artigo a advertência: "Não pode um condômino em coisa indivisível vender a sua parte a *estranhos*, se outro consorte a quiser, tanto por tanto".

A polêmica instaurada em nossos tribunais concentra-se especialmente na viabilidade de se alargar o direito de preferência às coisas em estado de indivisão mas passíveis de serem divididas. Em memorável v.

acórdão da lavra da Min. Nancy Andrighi, proferido em outubro/2004 no REsp 489.860-SP, o conceito da indivisibilidade de bens para fins do exercício do direito de prelação destoou do sustentado pela colenda 3ª Turma do STJ. Com efeito, enquanto o Min. Eduardo Ribeiro entendia, em perfeita observância à restrição contida no ant. 1.139 do CC (atual art. 504), que não incidia o direito de prelação em imóveis divisíveis, embora indivisos, a colenda 4ª Turma, na esteira de julgados relatados pelos Mins. Sálvio de Figueiredo Teixeira, César Asfor Rocha e, por fim, Nancy Andrighi, apregoa que, "na hipótese de o bem se encontrar em estado de indivisão, seja ele divisível ou indivisível", o condômino alienante "deve obrigatoriamente notificar os demais condôminos, para que possam exercer o direito de preferência na aquisição".

Não se trata de checar a definição impecável de bens indivisíveis adotada pelo art. 87 do CC, mas, sim, de examinar a abrangência da incidência do direito de prelação, que tem o declarado propósito de afastar *estranhos* do ninho condominial. De fato, permitir ao condômino de um imóvel divisível, mas em estado de indiviso, a venda de sua fração ideal a um *estranho*, sem conceder aos demais condôminos a oportunidade do exercício da prelação, é contribuir para o que Carvalho Santos chama de possibilitar a "intrusão de condômino novo, hostil a algum dos consortes, ou destes não desejado, por qualquer outro motivo". Pela mesma razão, também os direitos sucessórios, quando destinados à cessão, dependem do consenso dos demais herdeiros (cf. REsp 50.226-BA, rel. Min. Sálvio de Figueiredo Teixeira). E, assim, com muito maior razão enquanto ainda não judicialmente definidos os quinhões dos herdeiros. Não é à toa que o condomínio é considerado um instigador de discórdia, uma vez que, em regra, seus componentes não foram previamente escolhidos, mas impostos por circunstâncias várias. Até mesmo na hora do leilão de parte ideal o *estranho* cede lugar ao condômino quando este se antecipa à assinatura do auto de arrematação, em consonância com o preconizado no art. 1.118 do CPC.

É preciso, ademais, ter em linha de conta que o art. 504, em exame, exige perfeita conciliação com os arts. 1.314 e 1.322 do CC, na medida em que os dois últimos priorizam expressamente o direito do condômino ao confrontar com o do *estranho*. Tenha-se presente que a exclusão do direito de preferência em bens ainda não divididos vem na contramão do art. 1.314, que preconiza o necessário consenso dos condôminos para "uso ou gozo de *estranhos*". E esta mesma personagem do *estranho* volta a perder projeção na disputa com o condômino, como preceitua o art. 1.322 também do CC, que diz que, quando os consortes não quiserem adjudicar a coisa a um só, o condômino será preferido ao *estranho* em condições iguais de oferta.

Vale ainda anotar que o *estranho* também não leva vantagem quando são muitos os condôminos, posto que, segundo o comando do parágrafo único do art. 504: "Sendo muitos os condôminos, preferirá o que tiver benfeitorias de maior valor e, na falta de benfeitorias, o quinhão maior. (...)". Foi com base nessa norma que o TJPR anulou venda feita a um condômino detentor de menor fração ideal do imóvel (cf. *Jurisprudência da AASP* 2.596, p. 4917, de 6.10.2008).

Resulta da recomendação legal ser menos arriscado conviver com os condôminos já existentes, cujas qualidades e defeitos já são conhecidos, do que se aventurar com *estranhos* desconhecidos.

1.13 Renúncia da propriedade condominial

[Publicado na *Tribuna do Direito* 172, agosto/2007]

O proprietário de um *flat* cansou de pagar as despesas de condomínio necessárias para suprir o caixa condominial. O *pool* destinado à obtenção de rendimento locativo mostrou-se, durante largo tempo, incapaz de equilibrar as despesas com a receita locativa. Decepcionado, procurou vender a unidade. Não conseguiu. Desiludido, tentou transmitir o *flat*, por doação, a alguma instituição beneficente. Não conseguiu. Desesperado, invocou o inciso II do art. 1.275 do CC, e, por escritura pública, renunciou ao direito real de propriedade. Fez constar dessa escritura de renúncia que se encontrava perfeitamente em dia com o pagamento das despesas de condomínio, escorado em declaração passada pelo síndico.

Em seguida, na conformidade do disposto no parágrafo único do mesmo art. 1.275, submeteu a escritura ao registro imobiliário. O oficial do cartório recusou, porém, o registro, sob o fundamento de que "a renúncia de qualquer condômino aos seus direitos em caso algum valerá como escusa para exonerá-lo de seus encargos" (cf. art. 12, § 5º, da Lei 4.591/1964). Significa que, na visão do registrador, se faz indispensável a comprovação, pelo renunciante, da concordância dos demais condôminos. Vale dizer que, embora a propriedade do *flat* passe a ser de "ninguém", subsiste a necessidade de arrecadar a contribuição do condômino renunciante para atender ao pagamento das despesas condominiais.

Se o condômino tem o direito de "usar, fruir e livremente dispor de suas unidades" (CC, art. 1.335, I), e se resolve se demitir do direito real de propriedade através da renúncia (CC. art. 1.275, II), não deixa de ser estranha a negativa do registrador somente porque a renúncia incide sobre unidade condominial. A controvérsia abre ensejo a uma série de considerações, a começar do questionamento da vigência do próprio § 5º do art. 12 da Lei 4.591/1964. Com efeito, o tema das despesas de condomínio ocupa o Capítulo III do Título I da Lei 4.591/1964 – matéria, essa, que veio a ser tratada no art. 1.336 e seus §§ do atual CC, que não repetiu essa norma, embora exaurisse a matéria. Perfeitamente defensável, assim, a interpretação de que se verificou a ab-rogação de todo o art. 12 da Lei de Condomínio. Mas, ainda que assim não fosse, a doutrina não subordina o registro da escritura à concordância da comunidade condominial. Caio Mário da Silva Pereira, desde a 1ª edição do seu clássico *Condomínio e Incorporações*, sempre alertou que a responsabilidade do renunciante se limita aos *ônus pretéritos*, e não aos futuros. "Ninguém podendo ser compelido à titularidade de um direito contra a vontade, os coproprietários podem opor-se a que aquele se liberte quanto aos *ônus pretéritos*, porém não lhes é lícito obrigá-lo a continuar no condomínio, e, se não lhes convier a situação, poderão expor a parte do renunciante à aquisição por outrem."[21] Assim, se o renunciante promover o pontual pagamento das despesas de condomínio, não pode a massa condominial deixar de assentir à renúncia. Nesta mesma direção é a lição de Pontes de Miranda ao alertar que "o comunheiro que renuncia à propriedade do apartamento não se furta às despesas, até esse momento, inclusive às despesas de conservação já tornadas necessárias".[22]

A doutrina que antecedeu o Código Civil de 2002 não entendeu que "a renúncia de qualquer condômino aos seus direitos", mencionada no § 5º do referido art. 12, abarcaria o "direito de propriedade". Na legislação

---

21. Caio Mário da Silva Pereira, *Condomínio e Incorporações*, cit., 2ª ed., p. 181, e 10ª ed., São Paulo, Saraiva, 2002, p. 223.

22. Pontes de Miranda, *Tratado de Direito Privado*, t. XII, Rio de Janeiro, Borsói, p. 417.

condominial "direitos do condômino" não implica a renúncia da propriedade da unidade. Ali, como ensina Caio Mário, "não é lícito, por exemplo, que o proprietário do apartamento dos pavimentos mais baixos desista de servir-se dos elevadores, para não pagar a quota de seu custeio (...)". Ou deixe de se banhar com a água aquecida pelo tambor de óleo do prédio. Ou, mesmo, pretenda ser liberado da totalidade das despesas porque esteve no Exterior. A inviabilidade dessa pretensão reside na circunstância de que "a contribuição do condômino não é a contraprestação do serviço recebido", porém a obrigação de contribuir com a sua quota-parte nas despesas somente porque integra a comunidade condominial. Tanto explica por que o Código Civil não abre a mínima perspectiva para qualquer redução do valor das despesas de condomínio.

A recusa do registro imobiliário da escritura de renúncia de unidade condominial cria uma situação de perplexidade. De um lado, o ex-condômino não se vê obrigado a continuar pagando as despesas de condomínio, uma vez que deixou de ser proprietário da unidade. De outro, o próprio condomínio tem dificuldade de justificar a legitimidade para cobrança do renunciante. Numa palavra: um não paga, e o outro não tem como lhe cobrar. Daí ser razoável que o impasse seja solucionado pela aplicação do critério preconizado pelos dois §§ do art. 1.316 do CC, que cuidam do condomínio tradicional. Se assim não for será implantado o caos tão somente porque a exegese do registrador diverge dos mais doutos.

1.14 A cláusula da inalienabilidade no condomínio

[Publicado na *Tribuna do Direito* 199, novembro/2009]

Ao se admitir a incidência de cláusula de inalienabilidade em imóvel condominial (a teor dos arts. 1.314 e ss. do CC), tem-se que o imóvel há de ser, evidentemente, de propriedade comum a dois ou mais titulares. Cláusula de inalienabilidade é a restrição imposta pelo doador ou pelo testador ao retirar da transmissão gratuita da propriedade a faculdade de alienar. Significa que a transferência da propriedade imobiliária, recebida por liberalidade com a cláusula de inalienabilidade, somente faculta o uso e o gozo do imóvel, mas não o direito de dispor. Como se vê, trata-se de propriedade "limitada".

Na dicção do art. 1.911 do CC, a inalienabilidade imposta implica a impenhorabilidade e a incomunicabilidade, por óbvia razão. Com efeito, se o imóvel recebido em doação passa a constituir bem fora do comércio, não se pode admitir que por meios criativos, nada elogiáveis, ocorra a transmissão do bem a terceiros. Para tanto bastaria que o bem doado fosse objeto de penhora por dívidas forçadas ou fantasiadas, para que não vingasse o motivo fundamental da restrição imposta pelo doador, qual seja, o de garantir o domínio pelo donatário (ainda que limitado) durante o prazo previsto na liberalidade (vitalício ou temporário). E não se permite a comunhão do bem por força de laço conjugal pela mesma preocupação do doador de preservar, nos limites da lei, o patrimônio imobiliário do beneficiado.

Por isso mesmo, a doação ou o legado deveriam, sempre, ser feitos livres e desembaraçados de ônus. Mas, se o doador agrega à doação dívidas pessoais, a impenhorabilidade presumida torna-se vulnerável. Se ainda vivo for, a doação é ineficaz perante terceiros credores. Se falecido, a inalienabilidade apenas incide sobre a parte isenta de encargos, pelo quê pode o donatário recusar o "brinde". Recusando a doação, o imóvel se transmite aos demais legítimos herdeiros do *de cujus*. A lei apenas abre exceção à hipótese de desapropriação por interesse público ou por conveniência econômica (de interesse privado, por meio de autorização judicial), como ocorre na hipótese de o donatário ter de suportar tratamento de doenças de alto custo.

Diante das restrições legais, a construção pretoriana valeu-se da "salomônica" equidade para autorizar a sub-rogação de parte ideal de imóvel comum e indivisível. Doado para dois irmãos com a cláusula vitalícia de inalienabilidade, um deles veio a falecer. Restou, assim, extinta a restrição no tocante à metade ideal do irmão morto. Seus herdeiros, embora habilitados a vender a metade do imóvel, ficaram impossibilitados de fazê-lo pela óbvia razão de que, em regra, ninguém tem interesse em substituir, por meio de compra onerosa, um condômino que tem como parceiro proprietário da outra metade ideal inalienável.

Transferido o exame da questão para a seara do Direito, depara-se uma situação jurídica antagônica: de um lado, a vedação de alienação da metade vinculada (art. 1.911) e, de outro, o direito da metade desonerada de "exigir a divisão da coisa comum" (art. 1.320), ou seja, de extinguir o condomínio. O v. acórdão, da lavra da Min. Nancy Andrighi, observou, com precisão, que "coexistem duas situações jurídicas aparentemente incompatíveis: a possibilidade legal de disposição do bem para os recorridos e a vedação, também legal, de alienação do bem para a recorrente".

Diante dessa incompatibilidade legal, a extinção do condomínio apoiou-se no critério de equidade, que forneceu meios de harmonização das posturas legais conflitantes. Socorrendo-se de precedentes que autorizaram, em situações extremamente relevantes, substituir o bem imobiliário por outro imóvel de valor equivalente ou por recursos financeiros de forte controle judicial, permitiu-se a sub-rogação da metade ideal vinculada à inalienabilidade na mesma proporção do produto obtido com a venda da totalidade do imóvel.

"Na linha desse entendimento, a alienação judicial do imóvel, e a sub-rogação da cláusula de inalienabilidade em relação à recorrente, não apenas é possível, como se mostra instrumento capaz de harmonizar os interesses, ambos legalmente alicerçados, o que demonstra o acerto do acórdão recorrido", proveniente do Tribunal de Justiça daqui de São Paulo (REsp 729.701-SP, *RT* 847/183). Aos merecidos aplausos do STJ juntamos os nossos.

1.15 A imissão provisória do expropriante diante do direito condominial

[Publicado na *Revista do IASP* 10/144, julho-dezembro/2002]

1.15.1 Conceito de condômino na Lei de Condomínio

No contexto da chamada Lei de Condomínio (Lei 4.591, de 16.12.1964), a denominação de "condômino" não significa apenas o titular da propriedade registrada do imóvel, a teor do conceito do art. 530 do CC. Ensina J. Nascimento Franco que, "em princípio, aos condôminos compete a eleição do síndico. Ocorre, porém, que, no seu art. 9º, a Lei 4.591 praticamente equiparou ao condômino o compromissário comprador, o cessionário e o promitente cessionário *de direito que estiver investido na posse da unidade autônoma*, de sorte que, podendo praticar atos muito mais importantes, como elaborar a convenção e o regulamento interno do edifício, implicitamente estão eles credenciados para deliberar sobre a escolha dos seus órgãos administrativos".[23]

---

23. J. Nascimento Franco, *Condomínio*, 2ª ed., São Paulo, Ed. RT, 1999, p. 25.

O mesmo renomado autor, ao cuidar da obrigação de pagamento das despesas de condomínio, torna a enfatizar que a Lei 4.591/1964 "considera como 'condômino' a pessoa que se vincula a uma unidade autônoma ainda em construção, o que mostra a flexibilidade do conceito de 'condômino' em tais negócios jurídicos. Por isso é que o art. 12, § 4º, define como responsáveis pelas despesas os proprietários, ou titulares de direito à aquisição das unidades".[24]

Justifica-se: os promitentes compradores, cessionários ou promitentes cessionários objetivam efetivar a aquisição da propriedade, pelo quê ficam autorizados a exercer a posse direta da unidade autônoma, por título próprio, em caráter permanente e/ou definitivo. Mas a posse direta do locatário ou do comodatário (subordinada à provisoriedade do prazo contratual) é exercida em nome de terceiros.

Excluído o proprietário, que já detém a titularidade definitiva do domínio da unidade, há um denominador comum entre ele e as figuras relacionadas no referido art. 9º. É que todos estes (promitentes compradores, cessionários ou promitentes cessionários) são contratantes que objetivam efetivar a aquisição da propriedade, pelo quê ficam autorizados a exercer a posse direta da unidade autônoma condominial, por título próprio, em caráter permanente e/ou definitivo. Sob a ótica do direito de propriedade não há como se possa confundir a posse direta do locatário ou do comodatário (subordinada à provisoriedade do prazo contratual), que a exercem em nome de terceiros, ou seja, em nome daqueles proprietários ou de titulares de direito de aquisição. Neste caso, a relação jurídica da posse é explicada pela "exteriorização material da conduta do *dominus*".[25]

À vista deste conceito, cabe confrontá-lo com a redação do § 2º do art. 1.334 do novo CC, que dispõe: "São equiparados aos proprietários, para os fins deste artigo, salvo disposição em contrário, os promitentes compradores e os cessionários de direitos relativos às unidades autônomas". De pronto se percebe que não reproduz, por inteiro, o art. 9º da Lei 4.591/1964. Exclui a figura dos "promitentes cessionários", mas contém uma ressalva: "salvo disposição em contrário" – o que autoriza

---

24. Idem, p. 216.
25. Caio Mário da Silva Pereira, *Condomínio e Incorporações*, cit., 10ª ed., p. 172.

a conclusão de que a menção restrita a "promitentes compradores e cessionários" não constitui *numerus clausus*, já que não repudia outras figuras contratuais, como os comodatários, os usufrutuários, os fiduciários e os expropriantes. Por sinal, como vem dito no art. 1.333 do novo CC, os titulares das frações ideais, ali legitimados, não são subordinados a prévio registro imobiliário, bastando que sejam "titulares de direito sobre as unidades".

É de se convir, porém, que o § 2º do art. 1.334 do novo CC, de redação enxuta, embora tenha regulado a mesma matéria da qual se ocupa o *caput* do art. 9º da Lei 4.591/1964, não se mostra com ele incompatível ou estabelece comando legal conflitante com a disposição anterior. Releva notar que a nova redação desse § 2º em nada modifica a anterior, que regula, em seus três parágrafos, várias situações condominiais ignoradas pela nova lei, como o modo de escolher o síndico e eventual remuneração de suas funções. Verifica-se, assim, *in casu*, a hipótese da derrogação (e não da total revogação) do art. 9º da Lei 4.591/1964, posto que a alteração legislativa se cingiu ao *caput* do art. 9º, não alcançando as demais disposições normativas.

1.15.2 Efeitos da posse direta na unidade condominial

Dentro dessa perspectiva, a posse direta, de caráter provisório, concedida liminarmente em ação de desapropriação (cf. art. 15 do Decreto-lei 3.365, de 21.6.1941) muito se assemelha às categorias indicadas no referido art. 9º da Lei de Condomínio, que, a meu ver, não encerram *numerus clausus*. Basta recordar que o próprio Nascimento Franco argumenta com as figuras de usufrutuário e do fiduciário.[26] Neste passo, vale recordar que a imissão provisória do órgão expropriante constitui etapa que antecede o declarado objetivo de ser efetivada a *aquisição de imóveis*. Registre-se, demais disso, que, se a desapropriação tem por objetivo, "em caráter irrevogável e irretratável, ser deferida ao órgão expropriante a propriedade definitiva do imóvel, a imissão provisória concedida liminarmente se afeiçoa ao tradicional compromisso de compra e venda com imissão do compromissário na posse precária do imóvel".

---

26. J. Nascimento Franco, *Condomínio*, cit., 2ª ed., p. 26.

De outra parte, impende levar em linha de conta que, se é certo que o efetivo exercício da posse constitui condição suficiente para a atribuição da responsabilidade de pagamento das despesas de condomínio, também é certo que a falta de registro imobiliário do título legitimador e o exercício da posse direta não desqualificam o possuidor como integrante da comunidade condominial.

Com efeito, "constituiria raciocínio ilógico pretender que o promissário comprador, o promissário cessionário ou o cessionário de direitos de aquisição, desprovidos de registro dos títulos em cartório imobiliário, fossem obrigados a pagar as despesas de condomínio e, em contrapartida, *não* merecessem o reconhecimento da condição de 'condôminos'". É de se reconhecer que a mesma titularidade que credencia sua condição de possuidores diretos também lhes confere legitimidade para sua qualificação como titulares de direitos e obrigações condominiais.

A caudalosa corrente jurisprudencial afirma e reafirma a sintonia desse binômio. E o egrégio STJ já sedimentou esse entendimento:

"A jurisprudência desta Corte inclina-se no sentido dos quatro acórdãos trazidos a confronto. REsp ns. 119.624 (*DJU* 2.8.1999) e 164.774-SP (*DJU* 8.6.1998), da relatoria do Min. Eduardo Ribeiro, e 136.562-DF (*DJU* 1.3.1999) e 211.871-SP (*DJU* 2.8.1999), de que fui Relator (Min. Sálvio de Figueiredo Teixeira), com estas ementas, no que interessam, respectivamente:

"'Condomínio – Cobrança de despesas condominiais – Promitente comprador – Compromisso não registrado. É o promitente comprador responsável pelo pagamento de despesas condominiais, mesmo que não registrado no cartório de imóveis o compromisso de compra e venda – Recurso especial conhecido e provido'.

"'O promissário comprador, investido na posse do imóvel, responde pelas despesas de condomínio, independentemente de ainda não ter sido feito o registro'" (*RT* 785/206).

O Min. Aldir Passarinho, a seu turno, já teve oportunidade de enfatizar: "De efeito, a exigência de se efetivar o registro da escritura de compra e venda não tem o condão de afastar a relação obrigacional que se instaura, de imediato, entre o condomínio e os novos adquirentes, pela manutenção das partes comuns e o funcionamento, de modo geral, do edifício onde os últimos passam a habitar".

Pertinente a observação do Min. Cláudio Santos no REsp 40.263-RJ, *litteris*: "Na verdade, a questão de registro da escritura no cartório de imóveis somente tem relevo como condição para instituir direito real oponível a terceiro no caso de alienação do bem e assegura a plena disponibilidade da coisa imóvel. A formalidade do registro destina-se a resguardar direito do promitente comprador na eventualidade de o promitente vendedor alienar o imóvel a outrem, hipótese diversa da versada nos autos" (3ª Turma, v.u., *DJU* 12.9.1994).

Assevera, então, o Min. Aldir Passarinho Jr.: "De outra parte, o condomínio também pode ter constituído por 'promitentes-compradores, cessionários ou promitentes-cessionários', por expressa previsão do art. 9º do mesmo diploma legal, de sorte que não necessariamente por detentores do domínio. E, *se condôminos podem ser e são, compete a eles a responsabilidade pelo pagamento das despesas, ex vi* do art. 12" (*RT* 788/219-220).

No egrégio 2º TACivSP de há muito se cristalizou igual entendimento, como demonstra o Juiz Palma Bisson. Aderindo ao pensamento de Nascimento Franco, enfatiza ser "a posse direta do apartamento que torna o compromissário comprador responsável pelas despesas de condomínio (...)", e não o seu registro imobiliário (*JTACivSP* 184/283, rel. Juiz Ribeiro da Silva, e *JTACivSP* 189/406, rel. Juiz Norival Oliva).

Converge também neste exato sentido o entendimento do egrégio TJRJ: "É parte legítima para figurar no polo passivo de ação de cobrança de despesas condominiais o promitente comprador, imitido na posse do imóvel, ainda que a escritura de promessa de compra e venda não tenha sido registrada em cartório" (*RT* 785/359).

1.15.3 *Efeitos da posse provisória do órgão expropriante*

Eventual recusa a essa postura pretoriana contrastaria, gritantemente, o inaceitável raciocínio de que o decreto judicial, ao mesmo tempo em que concede imissão provisória ao órgão expropriante de unidades condominiais, não confere o direito de voto em assembleias condominiais. Tão equivocado entendimento mais se agigantaria quando se constata a íntima semelhança que guarda a desapropriação ainda não definitivamente ultimada com o compromisso de venda e compra não registrado.

Esta situação está a permitir, por isso, igual tratamento pretoriano, em perfeita consonância com o entendimento consagrado na *Súmula 476 do STF*, que à espécie se aplica por irrecusável analogia: "Desapropriadas as ações de uma sociedade, o poder desapropriante, imitido na posse, pode exercer, desde logo, todos os direitos inerentes aos respectivos títulos".

Adaptando-se, analogicamente, ao caso de desapropriação de imóveis, pode-se afirmar, com serenidade: *desapropriadas as unidades condominiais de um edifício, o poder desapropriante, imitido na posse do imóvel, pode exercer, desde logo, todos os direitos inerentes aos respectivos títulos.*

1.15.4 Conclusão

Conclui-se desses apontamentos pela indissolubilidade do binômio que, ao admitir o direito à posse direta por título próprio, mas não registrado no cartório imobiliário, do promissário comprador, do cessionário, do promissário cessionário, do usufrutuário, do fiduciário e até do expropriante, também confere a esses titulares o direito de serem equiparados ao proprietário de apartamento *ut condominus*. Dessa premissa segue-se, necessariamente, a consequência de que qualquer deles tem o dever de responder pelas despesas de condomínio, mas, em contrapartida, traz o direito de ser equiparado a "condômino", participando de assembleias-gerais e exercendo, sem restrição, o direito de voto.

Se assim não fosse, a ruptura da relação jurídica seria inevitável, *ex vi* da mera constatação de uma situação em que, de um lado, seria exigido o cumprimento da obrigação de responder pelas despesas de condomínio e, de outro, o absoluto desprezo ao direito condominial.

Em suma: se o poder desapropriante pode exercer a posse direta do imóvel condominial, a teor da permissão prevista pelo art. 15 do Decreto-lei 3.365/1941, sendo, pois, obrigado ao pagamento das despesas condominiais, a mesma titularidade emergente da desapropriação faz com que seja equiparado a "condômino" para os efeitos da Lei 4.591/1964. Caso contrário o desapropriante, futuro adquirente da unidade autônoma do edifício, deveria ser isentado do pagamento dessas despesas.

1.16 Estado de mancomunhão

[Publicado na *Tribuna do Direito* 206, junho/2010]

No corpo do REsp 983.450-RS, relatado no início deste ano pela Min. Nancy Andrighi, restou consignado que "o TJRS tratou a questão sob o viés do *estado de mancomunhão*, que somente cederia lugar ao *estado de condomínio* depois de operada a partilha dos bens do casal". Tratou-se de questão em que, após a separação do casal, o ex-cônjuge exigiu do outro, que se encontrava na posse e uso exclusivos de um imóvel, lhe pagasse, a título de indenização, parcela correspondente à metade da renda de um presumido aluguel.

A tese adotada pelo Pretório gaúcho fundamentou-se no fato de que, embora consumada a separação do casal, não sobreveio a partilha dos bens comuns. Continuaram, assim, pertencendo a ambos os ex-cônjuges em "estado de mancomunhão", por imperioso efeito de sua indivisibilidade. O estranho termo "mancomunhão" advém do Direito Alemão, que criou a "propriedade de mão comum" (*Gemeinschaft zur gesamten Hand*). Explica Carlos Maximiliano que se trata de um tipo especial de copropriedade em que não existem cotas ou partes ideais suscetíveis de alienação e oneração em separado. Os participantes constituem "uma pessoa única", sendo "impedidos de dispor de sua parte enquanto não se dissolve a comunhão".[27]

Luiz da Cunha Gonçalves sustenta que a noção de "copropriedade" chega a coincidir com a indivisão. E exagera: seus titulares, "em vez de *coproprietários*, deveriam ser designados como *indivisários*". Na concepção romana, "cada um dos compartes" pode alienar ou onerar sua parte ideal. Desse modo – arremata –, "temos uma propriedade a um tempo *individual* e *plural*". "Este contrassenso foi evitado na Alemanha com a propriedade de mão comum" (*gesammte Hand*), "na qual não existe aquele estado de transitória indivisão". Define, então, que "a propriedade de mão comum é *coletiva* e não *individual* ou *plural*; é uma espécie de patrimônio autônomo: nenhuma parcela, ainda que ideal, dos bens comuns figura nos patrimônios pessoais de cada um dos coproprietários, que não podem onerar nem alienar seu direito, nem pode este ser executado pelos seus credores".[28]

---

27. Carlos Maximiliano, *Condomínio*, cit., p. 9.
28. Luiz da Cunha Gonçalves, *Tratado de Direto Civil*, vol. XI, t. 1, São Paulo, Max Limonad, § 1.658, p. 296.

A teoria alemã da "propriedade da mão comum" não foi recepcionada pelo Direito pátrio. Dispõe o art. 1.320 do CC: "A todo tempo será lícito ao condômino exigir a divisão da coisa comum, (...)" – indicando que a indivisão tem limite no tempo, já que os condôminos não podem convencionar a permanência do estado de indivisão por mais de cinco anos (§ 1º), nem pode ser estabelecido prazo superior pelo doador ou testador (§ 2º).

Releva realçar que no Direito pátrio a instituição dos bens comuns em condomínio vem prevista no art. 1.791 do CC, cujo princípio também rege o art. 1.314, ao declarar que mesmo no estado de comunhão cada condômino pode defender sua posse, alhear a respectiva parte ideal ou gravá-la. Isto porque cada condômino exerce o direito de propriedade sobre a totalidade do bem comum, constituindo sua parte ideal apenas a dimensão dos frutos e deveres que dele resultam.

Daí ser perfeitamente compatível com nosso Direito o entendimento proclamado em referido recurso especial no sentido de que, "cessada a comunhão universal pela separação judicial, o patrimônio comum subsiste sob a forma de condomínio, enquanto não ultimada a partilha", e não de "mancomunhão". Com efeito, embora o decreto de separação judicial não seja gerador do comando de, por si mesmo, determinar ao cartório imobiliário as transmissões da propriedade comum, integral ou parcialmente, contém, de pronto, a definição de sua participação condominial. É como se fosse uma escritura de divisão do bem comum sem registro imobiliário. Este efeito da separação judicial não se compatibiliza, todavia, com a figura da "mancomunhão", cuja estrutura resiste aos efeitos da divisão, ainda que seja meramente virtual.

Tanto explica a remissão que o acórdão faz ao art. 1.319 do CC para justificar a obrigação de cada condômino "pelos frutos que percebeu da coisa". Ora, se apenas um dos cônjuges reside no imóvel, na condição de condômino, inaugura-se o direito à indenização, cuja medida, nos termos dessa decisão, foi estabelecida "mediante o pagamento de valor correspondente à metade do valor estimado do aluguel do imóvel", ainda que não partilhado.

O contraste do estado de comunhão e do estado de condomínio fica ainda mais nítido quando se examinam os fundamentos alinhados para justificar a mancomunhão: inexistência de auferibilidade de renda pelo cônjuge residente e ausência de resistência à divisão do patrimônio. De fato, na expressão de Wilson de Souza Campos Batalha: "Dizer que alguém é proprietário de uma fração ideal de terreno ou de edifício é forçar uma expressão para dizer coisa completamente diversa. Cada condômino tem direito de propriedade sobre toda a coisa, e não sobre uma fração ideal da mesma".[29] Neste passo, se é certo que o cônjuge residente exerce o direito de proprietário sobre a totalidade do imóvel, também é certo que deve responder pelo respectivo aluguel incidente, na proporção da participação na propriedade do outro condômino. É a força cogente da lei brasileira, e não do Direito Alemão.

1.17 A Lei 4.591/1964 é norma de moralidade pública (I)

[Publicado na *Tribuna do Direito* 201, dezembro/2010]

Nestes últimos tempos tornou-se bem mais visível a imoralidade pública em todos os setores de atuação humana. A depravação dos bons costumes e o desprezo ao interesse público tornaram-se corriqueiros, como nunca antes se viu na história deste País. Os empreendimentos imobiliários subordinados ao império das leis de condomínio ou de parcelamento do solo constituem atração irresistível à prática da burla dessa legislação imperativa. Certamente porque os verdadeiros condomínios horizontais (cf. art. 8º da Lei 4.591/1964) se assemelham aos chamados "loteamentos" (Lei 6.766/1979), quando "fechados" por permissão de Prefeituras.

Ocorre que tanto a legislação que dispõe sobre o condomínio e as incorporações imobiliárias como a que comanda o parcelamento do solo constituem normas de ordem pública, destinadas a preponderar e proteger os fundamentos morais e econômicos da vida comum, em detrimento dos interesses individuais.[30] Ensina Caio Mário da Silva Pereira que a finalidade social é protegida por um feixe de princípios que regulam, de forma imperativa, as relações dos particulares, sob o comando estatal. Por isso "se denominam leis ou princípios de ordem pública, inderrogáveis pela vontade das partes, e cujos efeitos são insuscetíveis

---

29. Wilson de Souza Campos Batalha, *Loteamentos e Condomínios*, 2ª ed., vol. II, Rio de Janeiro, Freitas Bastos, 1959, p. 54.

30. Miguel M. de Serpa Lopes, *Curso de Direito Civil*, 2ª ed., vol. I, Rio de Janeiro, Freitas Bastos, 1957, p. 56.

de renúncia".³¹ O saudoso Goffredo Telles Jr., ao eleger o critério da imperatividade para divisão das leis, denominou-as de "leis impositivas" (imperatividade absoluta) e "leis dispositivas" (imperatividade relativa), realçando que as leis impositivas são as normas de ordem publica, que ordenam ou proíbem de maneira absoluta. Em arremate a esses conceitos, alerta que "estas leis não deixam margem para o arbítrio das pessoas".³²

Tanto explica por que sempre que o *arbítrio pessoal* desobedece aos dispositivos cogentes da norma de ordem pública a divergência é punida com a nulidade. Caio Mário, em mais de uma oportunidade, com a autoridade de quem elaborou o Projeto da Lei de Condomínio, verberou contra o "mau incorporador, irresponsável e inconsequente", para estruturar uma legislação capaz de reprimir os abusos praticados pelos empreendedores imobiliários. Destacou a inderrogável obrigação de construção das unidades, regulamentando, especificamente essas obrigações. Inseriu a expressa "punição penal", prevista no artigo que integra a Lei 4.591/1964, ao catalogar no art. 65, em manifesta proteção do interesse social, como "crime contra a economia popular", entre outras infrações, "a afirmação falsa sobre a constituição do condomínio, alienação das frações ideais do terreno ou sobre a construção das edificações". E, a demonstrar a absoluta intolerância na desobediência à ordem pública, seu art. 66 configura entre as contravenções relativas à economia popular, puníveis na forma do art. 10 da Lei 1.521, de 26.12.1951, a omissão pelo incorporador de declarar o montante do orçamento atualizado da obra.

Convém realçar que a diferença fundamental entre o popularmente chamado "condomínio fechado" (conjunto de casas – cf. art. 8º da Lei 4.591/1964) e o "loteamento fechado" (parcelamento do solo em lotes – cf. Lei 6.766, de 19.12.1979) reside, certamente, na "obrigação de construir". A "obrigação de construir" é inerente ao primeiro. Constitui condição própria da incorporação imobiliária, enquanto no loteamento fechado inexiste a obrigação. Por isso, não se concebe incorporação condominial desatrelada da obrigação de construir. Ou, como enfatiza

---

31. Caio Mário da Silva Pereira, *Instituições de Direito Civil*, 5ª ed., vol. I, Rio de Janeiro, Forense, 1980, p. 29.
32. Goffredo Telles Jr., *Iniciação na Ciência do Direito*, São Paulo, Saraiva, 2001, p. 155.

Caio Mário: "A lei exige a construção sob a forma de unidades autônomas. Esta é uma *conditio legis*".[33] "Trata-se de uma presunção irrefragável, *praesumptio legis et de lege*, que não pode ser ilidida por prova em contrário, porque instituída em lei para defesa dos adquirentes."[34] J. Nascimento Franco e Nisske Gondo igualmente asseveram: "O objetivo principal da incorporação imobiliária é, segundo o parágrafo único do art. 28, a promoção e construção de uma ou mais edificações compostas de unidades autônomas, para alienação total ou parcial".[35]

Diante desse cenário, não há como deixar de classificar a Lei de Condomínio e a Lei de Parcelamento do Solo como normas de ordem pública. Ambas constituem leis imperativas ou leis cogentes, visando à tutela do bem coletivo, sendo inderrogáveis pela vontade das partes. Têm por missão manter a ordem social, pelo quê repelem o arbítrio das partes, sob pena de acarretar consequências danosas à sociedade. De fato, se a incorporação imobiliária exige a fiel observância da lei para que seja assim admitida, e se o desrespeito a essas regras imperativas conduz a sanções penais, a ordem pública das normas legais emerge com força inderrogável.

Daí, a todo e qualquer disfarce, a toda e qualquer camuflagem, a toda e qualquer burla, elaborados por incorporadores inescrupulosos, sobrevém a nulidade inexorável do empreendimento. É a matéria da qual se tratará no próximo artigo.

1.18 A Lei 4.591/1964 é norma de moralidade pública (II)

[Publicado na *Tribuna do Direito* 213, janeiro/2011]

No artigo imediatamente anterior restou demonstrado que a Lei de Condomínio e a Lei de Parcelamento do Solo se enquadram na categoria de normas de ordem pública. E com este galardão constituem normas imperativas ou leis cogentes, visando à tutela do bem coletivo, sendo inderrogáveis pela vontade das partes. Por isso, qualquer ato de transgressão à lei cometido pelo incorporador ou loteador é fulminado pela nulidade do empreendimento.

33. Caio Mário da Silva Pereira, *Condomínio e Incorporações*, cit., 10ª ed., p. 69.
34. Idem, p. 249.
35. J. Nascimento Franco e Nisske Gondo, *Incorporações Imobiliárias*, 2ª ed., São Paulo, Ed. RT, 1984, p. 11.

Ora, bem sabido é que, por incidência do art. 22 da Lei 6.766/1979, o mero registro do loteamento determina a integração ao domínio do Município das vias de circulação, das áreas destinadas à implantação de equipamentos públicos. Por força desse processo de desafetação, ficam criadas as chamadas "áreas públicas", cuja dimensão não pode ser "inferior a 35% (trinta e cinco por cento) da gleba", como é exigido pelo § 1º do inciso IV do art. 4º da Lei de Parcelamento do Solo. É ainda bem sabido que as "áreas públicas" constituem "bens de uso comum do povo", uma vez que integram o patrimônio público (art. 99 do CC), sendo inalienáveis "enquanto conservarem a sua qualificação" (art. 100 do CC).

Salta aos olhos, portanto, que a observância rigorosa da Lei de Parcelamento faz o loteador honesto "perder" 35% da sua anterior propriedade privada, além de transformar o uso blindado de sua gleba em área de acesso ao homem comum do povo, através das vias de circulação. Estes dois custos (a desafetação de 35% da gleba e a inexorável utilização das áreas públicas pelo homem comum do povo) instigam os maus empreendedores a fraudar a lei. A elaboração da fraude não requer complexidade, mas, sim, acintosa imoralidade.

A Corregedoria-Geral da Justiça do TJSP já detectou ao menos dois casos de indesculpável fraude à Lei de Parlamento do Solo Urbano. O primeiro em 8.6.2001 (Processo CG-2.588/2000), onde a burla foi descrita como ato em que o verdadeiro loteador "dá ao parcelamento a roupagem de condomínio"; "denomina as parcelas do imóvel de frações ideais, partes ideais, quotas sociais ou apenas quotas, quando, de fato, cada uma dessas porções é na verdade um lote, com localização exata na gleba", cuja posse direta e exclusiva é conferida ao adquirente. Para tanto, as medidas e a numeração desses lotes são indicadas nos respectivos instrumentos particulares. Com a conivência de Prefeituras, até a construção de casas é contemplada com autos de conclusão ("habite-se"), que servem de averbação na matrícula-mãe dos ofícios imobiliários. Constou do referido processo que fosse determinado em caráter normativo (a) que os notários e registradores comunicassem ao Juiz Corregedor Permanente, bem como ao Ministério Público e à Prefeitura, quaisquer indícios de tentativa de parcelamento irregular e (b) que os tabeliães de notas se abstivessem de lavrar atos notariais "que tenham por objeto negócios jurídicos de alienação de frações ideais" sempre que sua análise revele a ocorrência de fraudes. E, se as partes insistirem na lavratura, deverá o notário inserir na escritura que o negócio ali tratado "não implica a alienação de parcela certa e localizada de terreno" (*RDI* 51/358).

Ainda assim, dois anos após, a mesma Corregedoria-Geral apreciou outro caso que se serviu do mesmo artifício fraudulento, frisando que "é bastante comum o expediente de se constituírem chácaras de recreio, sob a forma aparente e simulada de condomínio edilício, para contornar as exigências da Lei n. 6.766/1979". Neste episódio o falso incorporador condominial previu no memorial a construção, em terrenos de mais de 5.000m, de casas com menos de 30m de construção. Anotou o acórdão, com precisão cirúrgica: "Ganha-se, com o condomínio, a privacidade das vias de circulação", "ao mesmo tempo em que fica permitida a construção de casas (...) fora do padrão e de acordo com a vontade de cada adquirente. Aí está a burla" (*RDI* 56/311). Com efeito, quando se trata de loteamento, o adquirente de lote constrói sua casa se quiser, como quiser e quando quiser; mas no condomínio horizontal o incorporador edilício projeta e executa a construção de todas as unidades imobiliárias em estrita obediência à planta, que, necessariamente, é arquivada no ofício imobiliário, com o memorial de incorporação. Logo, qualquer casa edificada em desconformidade com o projeto aprovado é insuscetível de ser chancelada pela Prefeitura, e muito menos de ser acolhida pelo cartório imobiliário.

Observando estes mesmos parâmetros, a 9ª Câmara de Direito Privado vem de anular contrato particular de compromisso de venda e compra de fração ideal de terreno que, perante a Prefeitura, foi transfigurado em "lote", com identificação numérica, metragem e confrontação específica. Ainda assim, a Prefeitura, embora emita levianamente "autos de conclusão", não encontra respaldo para proceder ao desmembramento das supostas "unidades condominiais". Nem o ofício imobiliário se atreve a abrir matrícula própria. É a fraude, a burla, o logro, como meio de surripiar do Município a área de 35% do terreno, que a moralidade da norma de ordem pública proíbe.

Em decorrência, atinge em cheio o incauto adquirente, que fica desprovido de um título regular, por impossibilidade jurídica de ser contemplado com uma matrícula imobiliária própria.

1.19 A multipropriedade e a legislação condominial

[Publicado na *Tribuna do Direito* 227, março/2012]

Entre as modalidades de condomínio destacam os doutrinadores a espécie denominada *multipropriedade imobiliária*, que foi definida em 1993, por Gustavo Tepedino, como "a relação jurídica de aproveitamento econômico de uma coisa móvel ou imóvel, repartida em unidades fixas de tempo, de modo que diversos titulares possam, cada qual a seu turno, utilizar-se da coisa com exclusividade e de maneira perpétua".[36] Sustenta, ainda, o mesmo autor que a multipropriedade, muito embora não conceda ao seu coproprietário uso exclusivo continuado do imóvel, deve ser agasalhada pela legislação do condomínio edilício,[37] por ser produto de direito real e, via de consequência, merecedor de registro imobiliário,[38] com efeito *erga omnes*.

Trata-se de um empreendimento implantado pela primeira vez na França e disseminado por vários Países da Europa. Nos Estados Unidos é conhecido pela expressão *time-sharing*, em razão de o uso do imóvel ser compartilhado pela unidade *tempo*. Por isso, há quem denomine essa espécie condominial de "condomínio do tempo". A multipropriedade constitui produto de incentivo do mercado de turismo destinado a possibilitar, especialmente pela classe média, o uso e gozo, por algum tempo do ano, de uma unidade condominial em região aprazível. Assim, em vez de adquirir em definitivo uma unidade imobiliária num condomínio edilício tradicional, situada na praia ou no campo, o coproprietário, por economia, prefere uma fração do empreendimento. Paga menos e, evidentemente, se beneficia com menos.

Serve de exemplo um prédio situado no Litoral contendo apenas 20 apartamentos, construído, porém, com o concurso de 50 coproprietários. O incorporador fraciona a propriedade em 50 partes ideais, cabendo a cada condômino 1/50 do empreendimento. Concluída a construção, a edificação é averbada no ofício imobiliário, acompanhada da "discriminação e individualização das unidades", com "a determinação da fração ideal a cada unidade", informando inclusive a destinação das unidades,

36. Gustavo Tepedino, *Multipropriedade Imobiliária*, São Paulo, Saraiva, 1993, p. 1.
37. Idem, p. 110.
38. Idem, p. 58.

em perfeito cumprimento ao art. 1.332 e seus três incisos do CC. Não promove, porém, a divisão do prédio, atribuindo os apartamentos a seus proprietários, pela óbvia razão de que todos os condôminos são proprietários de todas as unidades, na proporção de sua participação no empreendimento. A instituição em condomínio, outrossim, também atende ao exigido no art. 1.334, por integrar no seu requerimento a convenção, que indica "a quota proporcional e o modo de pagamento das contribuições", "sua forma de administração", "a competência das assembleias", "as sanções" e "o regimento interno". Contudo, no que toca à utilização, a convenção regulamenta a periodicidade do seu uso, em regra de duração semanal. Esclareça-se que, tratando-se de um condomínio *pro indiviso*, onde não se admite a divisão – ou seja, inexiste parte de propriedade exclusiva localizada –, fica vedada, expressamente, a extinção do condomínio por iniciativa de um ou mais condôminos. Pela mesma razão, fica vedada qualquer alteração interna do apartamento. Releva, porém, observar que as despesas de condomínio são rateadas entre os 50 condôminos, e não na proporção das 20 unidades autônomas.

Entre nós a multipropriedade não teve, até hoje, muito sucesso. Talvez porque em nossa cultura continua muito arraigada a concepção do absolutismo da propriedade. Para nós o objeto da propriedade deve ser perfeitamente definido e localizado, e seu titular deve exercer com exclusividade o direito de uso, de gozo e de disponibilidade da coisa (art. 1.228 do CC). Demais disso, a multipropriedade carece de legislação específica, subsistindo expressiva corrente doutrinária que apregoa a impossibilidade de registro imobiliário, por lhe faltar o uso exclusivo e contínuo do imóvel. A partir daí, sustentam seus opositores que o contrato, consubstanciado na convenção condominial, não passa de autêntico pacto de obrigação pessoal. Numa palavra: não se cuidaria de direito real, mas, sim, meramente pessoal, sendo justificada a rejeição de registro pelo ofício imobiliário.

Cotejando-se a instituição de um condomínio edilício "puro" com o da multipropriedade, é inegável, a meu ver, que a legislação daquele abrange esta, não havendo, assim, motivo para recusa. Os adeptos do formalismo registral sustentam que a multipropriedade não atende ao princípio do *numerus clausus*, por ser estranha à Lei 6.015/1973. Verifica-se, a rigor, bem ao contrário, exagerado apego ao formalismo, que desrespeita a livre manifestação de vontade de seus integrantes, sem que se detecte qualquer desrespeito à lei especial.

Este último entendimento foi prestigiado pela 30ª Câmara de Direito Privado do Tribunal paulista ao decidir a ACi 992.06.066340-4, cujo acórdão, relatado pelo Des. Edgard Rosa, reconheceu a subsistência de controvérsia, mas observou: "Não se desconhece a controvérsia em torno da natureza do instituto do *time-sharing* e da consequente possibilidade de ser regido pelas disposições da Lei n. 4.591/1964, dada a semelhança com o condomínio edilício. Contudo, merece prevalecer a tese de que a limitação temporal no exercício do direito de uso da unidade pelos seus proprietários não chega a desnaturar as regras de condomínio".

Enfim, se a legislação condominial existente não conflita com o instituto da multipropriedade imobiliária, não cabe sua rejeição, nem por cartórios imobiliários, nem por empreendedores. A classe média agradece.

Capítulo 2
Personalidade Jurídica do Condomínio

2.1 A cobrança de dívida do condomínio. 2.2 Um dia, nosso condomínio será personalidade jurídica. 2.3 Condomínio é pessoa jurídica, às vezes.

2.1 A cobrança de dívida do condomínio

[Publicado na *Folha de S. Paulo* em 2.11.1981]

Por ter um condômino deixado de pagar as despesas condominiais lhe foi dirigida ação de cobrança. Alegou, em defesa, que o condomínio era juridicamente inexistente, já que não tinha registrada sua convenção. Essa situação irregular fora gerada, por sinal, por "dois grupos enliçados, exercendo funções de administração", sendo impossível, naquela demanda, identificar qual desses grupos teria legítima representação. Em consequência, o condomínio inexistente foi vencido em sua pretensão, sendo condenado nas custas e honorários.

Promoveu, então, o condômino vitorioso a execução da condenação imposta. Mas, não podendo assestá-la contra o condomínio, por ser "inexistente", dirigiu a execução contra as pessoas físicas que na ação anterior se apresentaram como síndicos do condomínio e nesta qualidade subscreveram a respectiva procuração. Em garantia da execução, foi a penhora efetivada em bens particulares de um desses síndicos. Mas o deslocamento da responsabilidade do condomínio inexistente para as pessoas que o representaram processualmente foi reprovada pela Corte paulista. É que na ação vencida pelo condomínio foi declarado devedor da condenação imposta o condomínio, e não seus representantes. Em suma, como enfatizou o Des. Garrigós Vinhaes, quando integrante do 1º TACivSP, "se a ação exequenda não cogitou de condenar aqueles que se apresentaram como representantes do condomínio, descabe execução contra eles com base no título existente" (*JTACivSP*-Lex 38/205).

Suponha-se, todavia, que o condomínio-devedor estivesse regularmente constituído e, obstinadamente, se recusasse a atender à execução. Nesta hipótese, viável seria a cobrança. Mas quais bens seriam atingidos pela penhora da execução?

Excluído o patrimônio pessoal dos condôminos, resulta, claramente, que a penhora deveria recair em bens do condomínio, ou seja, de propriedade comum. Ainda que seja controvertido o tema (realmente sedutor) de o condomínio por unidades autônomas ser ou não pessoa jurídica, dúvida nenhuma subsiste quanto ao fato de poder ser parte em processos, quer como autor, quer como réu. Basta que o interesse material seja da coletividade condominial. Nem mais se afigura discutível a possibilidade de o condomínio ser titular (proprietário) de patrimônio próprio, inteiramente distinto e inconfundível com os bens particulares de seus condôminos.

Se assim é, as dívidas de responsabilidade específica do condomínio hão de ser garantidas por bens de sua propriedade exclusiva, ou seja, exatamente aqueles de natureza comum. Mas, já que o condomínio não desenvolve qualquer atividade negocial (por isso mesmo não é considerado pessoa jurídica para efeitos fiscais), as dívidas de sua responsabilidade são, em regra, de pequena monta, bastando à penhora a incidência sobre a conta arrecadadora das despesas condominiais. O procedimento imita o critério que se observa ao se penhorar aluguéis de locadores insolventes, intimando-se da constrição judicial seus inquilinos, quanto ao suprimento da garantia judicial.

Como se vê, o condomínio em edifícios é entidade *sui generis* do universo do Direito, com personalidade jurídica própria, que não se confunde com as dos seus condôminos integrantes. Nem por isso se pode ignorar ou negar sua personalidade jurídica. Só lhe falta o batismo legal, que o futuro Código Civil poderá conceder, se antes outra lei não suprir essa relevante omissão.

2.2 Um dia, nosso condomínio será personalidade jurídica

[Publicado na *Tribuna do Direito* 256, agosto/2014]

O Conselho Superior da Magistratura do Tribunal paulista, ao julgar a ACi 795-6/9, em fevereiro/2008, consagrou três novos aspectos que abrandam o rigorismo formal que deriva da fria exegese da inexistência de personalidade jurídica no condomínio: (a) admissibilidade de adjudicação, pelo condomínio, de imóvel de propriedade de condômino inadimplente; (b) decisão unânime de assembleia-geral, assim considerada a deliberação dos condôminos presentes (e não da totalidade dos condôminos do condomínio); e (c) adjudicação obrigatória da unidade condominial do inadimplente (e não de outro imóvel do devedor).

Até então era permitida ao condomínio somente a adjudicação na hipótese prevista no § 3º do art. 63 da Lei 4.591/1964: "No prazo de 24 (vinte e quatro) horas após a realização do leilão final, o condomínio, por decisão unânime de assembleia-geral, em condições de igualdade com terceiros, terá preferência na aquisição dos bens, caso em que serão adjudicados ao condomínio". Essa permissão, porém, estava condicionada à configuração da inadimplência, à falta de pagamento, "por parte do adquirente ou contratante, de 3 (três) prestações do preço de construção (...)" (art. 63). Significa que a adjudicação ao condomínio somente era viável durante a construção do empreendimento (por isso a denominação "adquirente ou contratante", e não "condômino") – antes, portanto, de ser expedido o "habite-se" e definitivamente instituído em condomínio. Nem por isso o condomínio passou a ser membro da nobre família das "pessoas jurídicas" (v. art. 44 do CC). Neste caso, como esclarece João Batista Lopes, o direito real concedido ao condomínio não passa de hipótese especial, "para atender a razões de conveniência ou praticidade".[1]

A vivência diária dos condomínios regularmente instituídos demonstrou, contudo, que nos casos de cobrança de despesas de condomínio a restrição aquisitiva, por via da adjudicação em leilão, era incorreta, se não injusta e até incoerente. Se o condomínio era dotado de legitimidade postulatória para cobrar judicialmente seus créditos condominiais, constituía flagrante incoerência legislativa o impedimento de se valer da adjudicação do imóvel para refazer o caixa condominial. a obstrução manifestava-se em dois momentos relevantes: no registro imobiliário da carta de adjudicação e na posterior venda da unidade adjudicada. O fundamento da recusa registrária apoiava-se, legal e permanentemente, na inviabilidade de o condomínio ser titular de direito real, por não ostentar personalidade jurídica. Desprovido dessa titularidade, não lhe era

---

1. João Batista Lopes, *Condomínio*, 10ª ed., São Paulo, Ed. RT, 2008, p. 61.

lícito nem adquirir nem vender bens imóveis. Diante desse impasse, ou se muda a lei, ou se cria permissibilidade legal, pela via da interpretação inteligente.

Como observaram, com precisão, Carlos Alberto Dabus Maluf e Márcio Antero Motta Ramos Marques, logo após a edição do Código Civil de 2002: "A nova lei civil perdeu a oportunidade de dar personalidade jurídica ao condomínio, tão necessária a esse instituto, que dela precisa para poder interagir com maior desenvoltura no mundo jurídico".[2] Mantida, assim, a desqualificação do condomínio, coube à jurisprudência "socializar" o preceito contido no referido art. 63, § 3º, da Lei 4.591/1964. Foi levado por essa aura socializante que o Conselho Superior da Magistratura alargou, por analogia, a incidência dessa norma, com a seguinte ressalva: "Outrossim, nada obstante a ausência de personalidade jurídica do condomínio, é de se admitir – por exceção, com respeito ao entendimento diverso de tempos anteriores e frente à evolução jurisprudencial de adequação às necessidades da vida social hodierna (cf. a boa síntese histórica exposta por Ruy Coppola sobre a questão, "Arrematação pelo condomínio de unidade autônoma", in *Condomínio Edilício*, coord. de Francisco Antônio Casconi e José Roberto Neves Amorim, São Paulo, Método, 2005, pp. 345-368) – o registro de título aquisitivo de unidade autônoma pelo condomínio (em situação de satisfação de débito condominial), por aplicação analógica do art. 63, § 3º, da Lei n. 4.591/1964, para o qual não faltam, também, precedentes do colendo Conselho Superior da Magistratura (ACi ns. 253-6/6, 273-6/7, 256-6/0, 257-6/4, 357-6/0, 363-6/8 e 469-6/1)".

Na citada obra coletiva, editada em 2005, tanto Ruy Coppola quanto Egídio Jorge Giacoia, valendo-se da experiência auferida quando Juízes do extinto 2º TACivSP, censuraram, nos artigos ali insertos o impedimento ditado pelo exagerado formalismo que inibe o condomínio do exercício do direito real. Enquanto este último Magistrado, alicerçado no estudo feito, prognostica a "proximidade de evolução de nossa legislação para de modo definitivo reconhecer a personalidade jurídica dos condomínios, solucionando de vez a questão", aquele conclui que: "Não há mais como se sustentar a orientação de que o condomínio não pode

---

2. Carlos Alberto Dabus Maluf e Márcio Antero Motta Ramos Marques, *O Condomínio Edilício no Novo Código Civil*, São Paulo, Saraiva, 2004, p. 12.

adquirir direito real". Neste último trabalho mereceu amplo destaque a postura doutrinária e jurisprudencial assumida pelo eminente Des. Venício Antônio de Paula Salles quando em exercício na 1ª Vara de Registros Públicos desta Capital. Em memorável e emblemática sentença, ali transcrita, rebate todos os argumentos contrários à corrente que nega personalidade jurídica ao condomínio. Assevera que seu reconhecimento não provoca riscos ou prejuízos a terceiros. Demais disso – enfatiza –, "não há "burla legal" ou qualquer outro desvio ou irregularidade, sendo "lícita a interpretação que reconhece aos condomínios 'personalidade jurídica' para atuarem nos limites de seus regimentos e regulamentos, atendendo sempre às determinações das assembleias".

Moral da história: se a lei não muda, recomenda a marcante e sábia decisão a lição de Carlos Maximiliano: "Se as normas positivas se não alteram à proporção que envolve a coletividade, consciente ou inconscientemente a Magistratura adapta o texto preciso às condições emergentes, imprevistas". É o que aguardam as comunidades de todos os condomínios.

2.3 Condomínio é pessoa jurídica, às vezes

[Publicado na *Tribuna do Direito* 256, agosto/2014]

Não há como deixar de se admitir que condomínio edilício e associação constituem duas entidades jurídicas que apresentam muita semelhança. Basta atentar para os requisitos indispensáveis às associações, relacionados no art. 54 do CC, e confrontá-los com a legislação condominial. Assim é que:

- Se o inciso I exige a "denominação, os fins e a sede da associação", o condomínio edilício também o faz (art. 1.332 do CC).
- Se o inciso II exige os "requisitos para admissão, demissão e exclusão dos associados", a convenção de condomínio também atende, igualmente, a essas condições (art. 1.333 do CC).
- Se o inciso III aponta "os direitos e deveres dos associados", também a convenção previne os condôminos de iguais direitos e deveres (arts. 1.335 e 1.336 do CC).
- Se o inciso IV reclama a indicação das "fontes de recursos para sua manutenção", a convenção de condomínio também declina expressa-

mente os meios necessários ao atendimento de seus compromissos (art. 1.336, I, do CC).

• Se o inciso V exige a observância do "modo de constituição e de funcionamento dos órgãos deliberativos", a convenção de condomínio também prevê expressamente este requisito (art. 1.347 do CC).

• Se o inciso VI prevê "as condições para a alteração das disposições estatutárias", a convenção de condomínio também atende, expressamente, a esta formalidade (art. 1.351 do CC).

• E, finalmente, se o inciso VII reclama a consignação expressa da "forma de gestão administrativa e de aprovação das respectivas contas", também a convenção faz iguais exigências (art. 1.348, VIII, do CC).

Cabe observar que a reunião dos integrantes do condomínio edilício, a exemplo do que estabelece o art. 53 do CC, também se organiza "para fins não econômicos", muito embora subsistam entre os condôminos direitos e obrigações recíprocos, o que não anuvia a nitidez de sua semelhança com os associados.

Contudo, a despeito dessa estreita similitude, as associações integram a nobre classe das pessoas jurídicas (art. 44, I, do CC), enquanto os condomínios foram marginalizados pelo legislador. A partir daí, os Pretórios exercem verdadeiro contorcionismo jurídico para compatibilizar a realidade do condomínio edilício com a omissão legislativa que deixou de qualificá-lo, expressamente, como pessoa jurídica.

Com efeito, se o legislador conferiu ao síndico o direito de "representar, ativa passivamente, o condomínio" (art. 1.348, II, do CC), deveria, em perfeita consonância lógica, também lhe conferir o galardão de "pessoa jurídica". Sobrou, então, à jurisprudência a necessidade de atribuir ao condomínio, em perfeita sintonia com o § 3º do art. 63 da Lei 4.591/1964, o direito real de adjudicar o imóvel em pagamento da dívida cobrada ao inadimplente executado, conforme restou apontado no item 2.2, acima.

Neste passo, vale lembrar que entre as incumbências que competem ao síndico figura, necessariamente, a admissão e a demissão de funcionários. Vale dizer que o condomínio assume a posição de empregador, cabendo-lhe o recolhimento de todos os encargos trabalhistas, como ocorre com qualquer outra empresa. Se o síndico, por qualquer razão, deixa de efetuar, regularmente, o recolhimento desses encargos, coloca o condomínio em posição de inadimplência em face da Receita Federal. Daí por que determinado condomínio, com o propósito de sanar a irregularidade, invocou a Lei 11.941, de 27.5.2009, denominada de "Novo REFIS", para requerer à Receita Federal o parcelamento do seu débito. Apegada a cômodo e repetitivo formalismo, a Receita negou-lhe o direito de se beneficiar do "Novo REFIS", ao fundamento de que não ser "pessoa jurídica".

A questão foi enfrentada e sabiamente resolvida pelo STJ ao julgar o REsp 1.256.912-AL, relatado pelo Min. Humberto Martins. De partida, foi fixado o debate no exame da controvérsia sobre "saber se condomínio edilício é considerado pessoa jurídica para fins de adesão ao REFIS". A incoerência da Receita avultou nesse julgamento, ao ponderar que o condomínio é obrigado a se inscrever no CNPJ (art. 11 da Instrução Normativa RFB-568/2005), além de ser considerado "empresa, para fins de cumprimento de obrigações previdenciárias" (art. 3º, § 4º, III, da Instrução Normativa RFB-971, de 13.11.2009). Ora, se "os condomínios são considerados pessoa jurídica para fins tributários, não há como negar-lhes o direito de aderir ao programa de parcelamento instituído pela Receita Federal".

Em complemento, observa a mesma decisão que, "embora o Código Civil de 2002 não atribua ao condomínio a forma de pessoa jurídica, a jurisprudência do STJ tem lhe imputado referida personalidade jurídica". Trata-se de verdadeiro exemplo de contorcionismo jurídico praticado pela jurisprudência, com claro efeito normativo. Diante da resistência da lei civil, que, neste caso, revela estar distante da realidade, verifica-se o suprimento jurisprudencial para sanar a imperfeição da lei, que passa a constituir "apreciável força supletiva do Direito", na visão de Vicente Ráo, que alerta: "E por mais esta razão do juiz se exige tanta virtude quanta sabedoria".[3]

---

3. Vicente Ráo, *O Direito e a Vida dos Direitos*, 2ª ed., vol. 1, São Paulo, Resenha Universitária, 1976, p. 306.

Capítulo 3
Assembleias-Gerais

3.1 Como se calcula a maioria absoluta. 3.2 Maioria simples é suficiente. 3.3 Quóruns condominiais. 3.4 Assembleias e procuradores de condôminos. 3.5 A ausência de condôminos nas assembleias. 3.6 Participação de inquilinos na assembleia-geral. 3.7 Os votos inválidos na assembleia-geral de condomínio. 3.8 A maioria do art. 1.341, II, do CC. 3.9 O art. 1.335 do CC e a obrigação propter rem.

3.1 Como se calcula a maioria absoluta

[Publicado na *Folha de S. Paulo* em 20.4.1981]

Diz a Lei de Condomínio que, se um edifício for vítima de sinistro que o destrua em mais de 2/3, "seus condôminos reunir-se-ão em assembleia especial e deliberarão sobre a sua reconstrução ou venda do terreno e materiais, por quórum mínimo de votos que representam metade mais um das frações ideais do respectivo terreno". Reclama, pois, a condição legal, para validade da deliberação, a concordância dos condôminos (no sentido de reconstruir o edifício ou no de vender seu terreno e materiais) que representem a maioria absoluta do condomínio.

Supondo-se que, independentemente da dimensão das frações ideais do terreno de um prédio, a cada uma delas corresponda um voto, segue-se que a maioria absoluta sempre há de corresponder à metade mais uma, como diz a lei. Assim, se houver 18 apartamentos, a maioria absoluta só será atingida por 10 votos (9 + 1), já que, tratando-se de maioria absoluta, é de se calcular todos os votos do condomínio, e não apenas os votos dos presentes à assembleia.

Quando, porém, o assunto permite a deliberação apenas dos condôminos presentes, prevalece o critério da maioria simples, também chamada "relativa" ou "ocasional". Nesta hipótese, a questão a ser apreciada é considerada como de importância menor (por exemplo, aprovação de orçamento das despesas de condomínio), bastando, por isso, a manifestação reduzida dos comunheiros presentes à reunião.

Não se dá assim no atinente à destruição do edifício, cujas consequências (reconstrução ou venda) devem ser determinadas pelo consenso da maioria absoluta (quórum legal). Ocorre que nada obsta à fixação, no estatuto condominial, de outra maioria. Assim como pode ser estabelecida a unanimidade dos condôminos componentes do condomínio, também será legítima a fixação, para esse tema, da maioria qualificada ou especial, de 2/3 de todos os votos do condomínio.

Dificilmente, contudo, as convenções condominiais se preocupam em regulamentar a questão do quórum de forma diversa da preconizada pela lei no caso de ocorrência de sinistro. Em regra, quase sempre prevalece a deliberação por maioria absoluta. Mas, se dificuldade alguma há na apuração dessa votação quando o condomínio tem número par de votos, dúvidas podem existir quando os votantes são em número ímpar. É que, nesta hipótese, o critério legal (metade +1) não tem como possa ser literalmente aplicado, desde que inadmissível meio voto. Assim, se o número total de votos for 11, a maioria absoluta seria representada por 6 votos iguais? O próprio STF, nos idos da década de 1940, decidiu que o pronunciamento da inconstitucionalidade de lei dependia da maioria de seus 11 ministros, mediante a convergência de entendimento de 7 votos. Contra a argumentação de que "a maioria absoluta do tribunal constituído de 11 não pode ser igual à maioria absoluta de um tribunal de 10 juízes", contraditou o saudoso Seabra Fagundes, afirmando que, "sendo 7 a maioria de 11, essa maioria não será igual à de 10, mas o será à de 12".

A partir daí, o conceito de maioria absoluta parece ter encontrado aceitação pacífica. O Des. Batalha de Camargo, quando integrante do antigo Tribunal de Alçada, teve oportunidade de definir a maioria absoluta de uma Câmara Municipal de nove vereadores como sendo cinco, e não seis. Já então alertava Hely Lopes Meirelles que "erroneamente se diz que é 'a metade mais um'", já que "tal afirmativa só é válida para os totais pares, não o sendo para os ímpares. Nestes, a maioria absoluta é representada pelo número inteiro imediatamente superior à metade".

Se assim é o clássico entendimento nos anais forenses, não deveria a Lei de Condomínio adotar defeituoso conceito de maioria absoluta como sendo "metade mais um". Isto porque, em verdade, esta maioria se completa pelo número equivalente a mais de metade dos votos componentes do edifício. Quando a metade aritmética de um número ímpar de votos recai, inevitavelmente, em meio voto, a maioria absoluta (mais da metade) se consegue com o "número inteiro imediatamente superior à metade".

Sem dúvida, esta é a opinião não só da maioria absoluta, mas até da maioria qualificada dos estudiosos.

3.2 Maioria simples é suficiente
[Publicado na *Folha de S. Paulo* em 18.5.1981]

Oito de 37 condôminos de um edifício de apartamentos compareceram a uma assembleia e decidiram alterar o uso do apartamento do zelador, para destiná-lo a locação. O propósito evidente foi o de obter, em proveito do condomínio, o aluguel dessa área comum, para redução das despesas condominiais. Por isso, o apartamento passou a ser utilizado não segundo o fim previsto na convenção, mas, sim, por um locatário. Depois de muitos anos (parece que 12 ou mais) a assembleia de condôminos voltou a se reunir, e com a presença de 9 deles decidiu, à unanimidade, retomar o apartamento locado, para possibilitar sua ocupação pelo porteiro do prédio. Sua moradia, aliás, tinha sido improvisada em pequeno compartimento na área de serviço.

Discordando o locatário (por sinal, um dos próprios condôminos) de proceder à restituição espontânea do apartamento, moveu-lhe o condomínio ação de despejo, que restou malsucedida. É que, segundo justificou uma de nossas Câmaras, por maioria de seus juízes, "a aprovação dada por nove condôminos, não reunindo sequer a maioria simples, que seria de se exigir, para se haver como obrigatória a decisão tomada pela assembleia de condôminos não representa, necessariamente, a vontade soberana do condomínio, consubstanciando, antes, a decisão de uma minoria, evidentemente, sem condições de obrigar aos demais condôminos".

Vale dizer que, retirando a eficácia da resolução da assembleia-geral, pura e simplesmente esvaziou a vontade condominial. Residiu a decisão judicial no entendimento de não ter ocorrido maioria simples, a despeito de reconhecer não se tratar, na espécie, de modificação de utilização de coisa comum, ou mesmo da própria convenção condominial.

Daí ser dispensável a maioria especial de 2/3. E arrematou que "a circunstância de ter sido a locação ajustada com o réu fruto de deliberação que também não reuniu a aprovação da maioria dos condôminos não pode socorrer o apelante, sendo, antes, desinfluente para a decisão da presente lide, pois é claro que, de tal fato, não pode o mesmo apelante, a esta altura, retirar efeitos que possam malferir o direito já deferido ao apelado, quando daquela deliberação primeira".

O Juiz divergente dessa decisão, após ressaltar a deliberação anterior do mesmo condomínio "por conveniência momentânea", concluiu que a presença de apenas nove condôminos, "ao contrário do que decidiu a douta maioria, afigura-se da maior importância, usando-se de dois pesos e duas medidas no exame da situação do apelado, cuja posição moral é bastante delicada".

Realmente parece ter-se equivocado o julgado que gerou este comentário. É que, se o número de oito ou nove condôminos presentes não representa, segundo o entendimento daqueles Magistrados, maioria simples, incapaz de representar "a vontade soberana do condomínio", a primitiva deliberação no sentido de alugar o imóvel também continha igual defeito. E, se aquela foi considerada válida, a resolução posterior, reclamando a retomada do imóvel, também deveria sê-lo. Mesmo porque em ambas as assembleias verificou-se, em verdade, a manifestação da *maioria simples* dos condôminos, na medida em que esta representa a manifestação da vontade dos condôminos presentes à assembleia, e não a maioria dos integrantes ausentes do condomínio. Esta maioria, como se sabe, constitui a chamada *maioria absoluta*, porém omissa.

Não importa que esta maioria simples dos condôminos constitua minoria quando cotejada com o número total dos integrantes do condomínio. Basta que a vontade dos condôminos presentes à assembleia seja expressada pela maioria dos votantes, e não dos condôminos existentes no edifício. Por isso mesmo é que, observado o quórum que a convenção fixar, as decisões da assembleia obrigam a todos os condôminos. É como diz a lei, de sorte a alcançar os condôminos ausentes ou apáticos.

Em verdade, a primeira deliberação condominial, ao resolver destinar o uso de área comum (apartamento do zelador) para utilização privativa (de um condômino ou de um terceiro), contrariou proibição expressa da Lei de Condomínio, que reclama unanimidade da vontade condominial ao se pretender implantar uso exclusivo de área ou coisa de propriedade comum.

Mas não é este o aspecto mais relevante na controvérsia julgada. O que mais importa é que a deliberação condominial, manifestada em dois momentos distintos, mereceu apreciações contraditórias, pela sua aferição por "dois pesos e duas medidas no exame da situação do apelado", como enfatizou o voto do Juiz discordante.

Desconhecemos a solução final dessa demanda. Mas, em homenagem à Justiça, é de se acentuar que, em verdade, se trata de visão rara e incomum a respeito de área comum.

3.3 Quóruns condominiais

[Publicado na *Tribuna do Direito* 182, julho/2008]

Por deliberação de *maioria simples* (metade dos condôminos presentes mais um), a assembleia extraordinária aprovou a construção de uma garagem de três pavimentos nos fundos do terreno, em área até então destinada a um pequeno campo de futebol. O debate foi intenso e demorado. Os opositores sustentaram que, dos 24 condôminos do edifício, apenas 14 compareceram; que sequer se atendeu ao *quórum de funcionamento* (parcela mínima de comparecimento para legitimar a reunião), já que a matéria exigia, segundo a convenção, a presença de, no mínimo, 16 coproprietários (2/3); que apenas 11 votaram a favor da construção, ou seja, menos da metade dos componentes do condomínio; que a nova edificação alterava substancialmente a destinação da área (campo de futebol para garagem); que as novas garagens, contemplando o direito de estacionamento de mais três automóveis por unidade condominial, não constituíam benfeitoria indispensável; que cada condômino, ao adquirir a unidade condominial, já tinha conhecimento da disponibilidade reduzida da garagem e concordado com apenas uma vaga por unidade. Não se revestia, pois, de legitimidade a radical alteração na construção do edifício. Enfim, a deliberação da assembleia era nula.

Enquanto a convenção estabelecia que "as coisas e os bens de propriedade comum não poderão ser alterados ou substituídos sem o expresso consentimento de 2/3 (dois terços) dos condôminos", dizia em parágrafo único que "as benfeitorias necessárias poderão ser executadas pelo síndico mediante autorização do conselho consultivo; as úteis, com aprovação de 2/3 (dois terços) dos condôminos presentes em assembleia-geral extraordinária, e as voluptuárias, na conformidade do exigido no artigo".

Ainda que se mostre claro o entendimento decorrente das normas da convenção, necessário se faz evidenciar que o coeficiente de "2/3 (dois terços) dos condôminos", indispensável para obras voluptuárias, significa 2/3 da totalidade dos condôminos que compõem o condomínio (100% dos votos), cabendo a cada apartamento o direito de um voto.

A maioria vitoriosa argumentou com a assertiva que a construção de garagens não constituía melhoramento voluptuário, ditado por razões de ostentação, com propósitos de exibir riqueza e luxo, sem qualquer melhoria em sua utilização. Em verdade, a construção da nova garagem nem benfeitoria era, mas, sim, construção independente (acessão), que se tornou mais do que necessária. Tornou-se de uma utilidade imprescindível. Ressaltou que o edifício fora construído na década de 1960, quando uma família geralmente se contentava com um só automóvel. Nessa época, embora os apartamentos tivessem dimensões avantajadas, com três ou quatro dormitórios, apenas lhes correspondia uma vaga na garagem. Era o quanto se fazia necessário. Neste modelo se enquadrava o edifício em debate.

Sustentava a maioria vencedora que a acessão tinha de ser classificada como de natureza *útil*. O aumento das vagas na garagem permitiria uso mais vantajoso dessa dependência, de sorte a atender à crescente necessidade de espaço para acomodar os carros das famílias. Hoje nenhuma delas possuía menos de três carros, que estacionavam na rua ou alugavam vagas em garagem distante do prédio. Demais disso, o custo da construção valorizaria o edifício, colocando-o em condições de competitividade com outros mais modernos. Assegurava que se tratava de investimento certo. Por isso, como o grupo majoritário atribuiu à obra natureza útil, o *quórum especial* de 2/3 não ficou subordinado à totalidade dos integrantes do condomínio. Via de consequência, a *maioria absoluta* exigida se cingia tão só aos condôminos *presentes* à assembleia. E, como a deliberação adotada foi sufragada por mais de 2/3 dos condôminos presentes, a *maioria absoluta* foi alcançada, como exigido pela convenção. Por isso, não somente a reunião era perfeitamente legítima, como legítima a deliberação aprovada.

Replicou a minoria derrotada que o art. 1.342 do CC exigia a "aprovação de 2/3 (dois terços) dos votos dos condôminos" para "realização de obras, em partes comuns, em acréscimo às já existentes, a fim de lhes facilitar ou aumentar a utilização". Lembrou, ainda, que o artigo seguinte, o 1.343, alertava que: "A construção de outro pavimento, ou, no solo comum, de outro edifício, destinado a conter novas unidades imobiliárias, depende da aprovação da unanimidade dos condôminos". Nessas duas hipóteses legais – aduziam os condôminos vencidos – o quórum dizia respeito à totalidade dos condôminos, e não aos que compareciam às assembleias. E essa pluralidade, quer de presença, quer de votos, não havia sido observada, reforçando a tese da nulidade.

Em verdadeira tréplica, invocou a maioria vitoriosa que os artigos citados não eram aplicáveis, na medida em que o inciso III do art. 1.334 também do CC outorgava à convenção de condomínio o poder de estabelecer o "quórum exigido para as deliberações". E essa disposição não ressalvara a preponderância das regras previstas nos arts. 1.342 e 1.343, invocados pelos condôminos vencidos. Se não ressalvou, inaplicáveis eram as disposições do Código Civil (regra genérica), enquanto a matéria vinha especificamente prevista na convenção (regra específica). Vale dizer que, não estivesse a matéria expressamente prevista na convenção, seria, então, subsidiariamente, aplicável o Código Civil. Demais disso, não se cuidava da construção de "novas unidades imobiliárias" (cf. art. 1.343), mas, sim, de vagas de garagem, dependências acessórias do apartamento (bem principal).

Sucede que a minoria, além de não se conformar com a alegada supremacia da convenção, insurgiu-se tenazmente contra a característica de "utilidade" emprestada à nova garagem pela assembleia. Considerou que a classificação foi deturpada por forte carga de subjetividade. Exigiu que todas as razões de sua discordância fossem registradas na ata da assembleia, destinadas a fomentar a instauração de uma lide, a ser apreciada pela Justiça. Algum dia, quem sabe, se conhecerá o resultado. Por enquanto, prevalece a deliberação da maioria.

3.4 Assembleias e procuradores de condôminos

[Publicado na *Folha de S. Paulo* em 1.2.1982]

Pelo menos quatro projetos de leis em curso (se não estiverem ancorados em alguma gaveta da Câmara de Deputados) se preocupam com a representação dos condôminos nas assembleias-gerais. O mais antigo deles, de autoria do deputado Pacheco Chaves (Projeto de Lei 22.165, de

22.10.1979), é de alcance restrito. Preocupa-se apenas com a assembleia destinada à eleição do síndico, quando a cada procurador seria reconhecido o direito de representação de "somente um condômino".

Na justificação vem dito que "o objetivo da proposição é acabar, de vez, com os síndicos perpétuos que conseguem reeleições seguidas, mediante a utilização do expediente das procurações (...)". Mas, se a prolongada permanência do síndico, por força de pródiga representação de procurações, é direto produto de condôminos apáticos, por que, então, se mostrar o projeto tão tímido? Há outros males, até mais graves, que merecem ser guerreados com adequada munição legal. E tais malefícios acontecem em qualquer assembleia-geral. Aliás, como esse projeto apenas se volta contra a perpetuação dos síndicos, deveria dirigir sua alteração ao art. 22 da Lei de Condomínio, que permite a reeleição indefinida. Seria bem mais objetivo do que limitar a representação para suprir a omissão dos "condôminos descuidados ou desinteressados".

O segundo projeto (observada a ordem cronológica) tem o n. 3.825 e foi apresentado em 11.9.1980 pelo deputado Osmar Leitão. O motivo dessa proposta parlamentar coincide, em termos gerais, com o do projeto anterior. Também se rebela contra os condôminos que são "geridos por empresas especializadas de administração ou por síndicos perpétuos no cargo, em virtude de desinteresse dos proprietários". Mas o principal objetivo que quer alcançar consiste em impedir o efeito desta causa na área de direto interesse dos locatários. Mais precisamente, quer remover a impossibilidade de os locatários poderem controlar os "valores das taxas condominiais decididos nessas assembleias de pouca representatividade".

Daí partir para o extremo injurídico de criar uma espécie de mandado automático, por força do qual "o locatário tem preferência para representar o proprietário ausente à assembleia-geral, mediante exibição do contrato de locação, podendo votar e ser votado, exceto na deliberações que envolvam ônus para o proprietário ou alteração da convenção, hipótese em que se exigirá procuração com poderes especiais". É óbvio que a "preferência" preconizada pelo projeto não se enquadra no conceito jurídico desse instituto, na medida em que o locatário, aí, não disputa a "preferência" de representação com ninguém.

O que esse projeto parece ter querido prever foi mais claramente consignado em outra propositura, bem recente aliás, da lavra do nobre deputado Freitas Nobre (Projeto 5.2287, de 21.9.1981), que sugere solução bem mais ampla e deveras curiosa. Começa que não fica subordinada à condição de locatário, mas sim à de ocupante da unidade a qualquer título. Pretende o projeto que "o ocupante do imóvel ao qual couber o pagamento das despesas de condomínio sub-roga-se no direito de comparecer e votar nas assembleias em que se discuta aprovação de recursos para despesas de condomínio, bem como no de exigir prestação de contas e efetuar verificação contábil de toda a documentação relativa a receita e despesa".

Não se cuida, aí, de representação legal da pessoa do condômino pelo ocupante da unidade. Trata-se – diz o Projeto – de sub-rogação em favor do ocupante, que fica, assim, legalmente credenciado a comparecer e votar nas assembleias. Se assim é, operar-se-ia a substituição compulsória do proprietário pelo ocupante de seu imóvel, de tal sorte que ele, dono, ainda que presente à assembleia, estaria impedido de votar a respeito de matérias atinentes ao condomínio.

Em suma, restaria diminuída a capacidade do senhorio, cujo interesse de preservar o edifício e suas unidades passaria a ser ditado pelo ocupante (transitório) do imóvel, que poderia estar ali residindo até gratuitamente (por força de comodato, por exemplo).

O quarto projeto, apresentado sob n. 4.693, de 29.5.1981, pelo deputado José Frejat, também quer impedir a "acumulação de procurações em poder do síndico ou de outro qualquer gestor do condomínio", pelo quê, simples e diretamente, proíbe que os "síndicos, subsíndicos, administradores, membro do conselho ou empregado do condomínio e seus cônjuges" sejam constituídos mandatários de condôminos "para representação nas assembleias-gerais". Em verdade, visa o projeto a revestir de comando legal uma norma convencional de crescente receptividade, por ser altamente saudável, como o são as restrições quanto à acumulação de procurações, a impedir a concentração de poder eleitoral em alguns "líderes" condominiais.

A panorâmica análise desses projetos demonstra que nossos parlamentares se mostram facilmente sensíveis ao aprimoramento da lei. Dificilmente, porém, o conseguem.

3.5 A ausência de condôminos nas assembleias
[Publicado na *Folha de S. Paulo* em 18.4.1982]

Quando um condômino deixa de comparecer à assembleia-geral fica obrigado, mesmo assim, ao perfeito cumprimento das deliberações adotadas, ainda que contrárias ao seu interesse particular. Para que esse comando imperativo tenha eficácia é preciso, porém, que atenda a três requisitos fundamentais: convocação regular dos condôminos, observância do quórum, de acordo com a natureza da matéria decidida, e perfeita obediência às normas da convenção. São os pressupostos previstos na própria Lei de Condomínio.

Em relação ao condômino faltoso, mais do que ter de aceitar as deliberações assembleares, pode-se afirmar que se trata de verdadeira sanção legal, posto ter aplicação até mesmo quando a convenção é omissa a respeito. É que a legislação reguladora do condomínio, como a do inquilinato, da correção monetária, dos juros e de tantas outras matérias que interessam diretamente à ordem social, pertence à classe das chamadas leis de ordem pública. Como seus problemas são considerados, pelo Estado, de extrema importância à manutenção da ordem social, ficam impermeáveis a qualquer modificação ditada pela vontade particular. Serve como exemplo o quórum legal de 2/3 do total das unidades, equivalente a 80% do terreno, para deliberação sobre a demolição ou reconstrução de um edifício "em razão de sua insegurança ou insalubridade". Assim, se a convenção estipular quórum menor que o estabelecido pela lei, a disposição convencional não gerará qualquer efeito.

Da mesma forma se verificará com a norma convencional que pretender aplicar pena pecuniária ao condômino ausente à assembleia-geral. Aplicar a esse comunheiro outra sanção além da prevista na lei parece colidir frontalmente com a disposição de ordem pública da Lei de Condomínio. A convenção condominial, por constituir expressão da vontade coletiva, tem caráter normativo. É o estatuto disciplinar do condomínio, que estabelece restrições à liberdade de uso não apenas das áreas e bens de propriedade comum, mas até no interior de suas próprias unidades privativas. A obediência às normas convencionais é imperativa, alcançando, praticamente, todos que adentram o edifício, não distinguindo condôminos de meros visitantes.

Contudo, a despeito da força cogente (imperativa) da convenção, esse comando cessa quando ofende preceito legal. Alerta Caio Mário da Silva Pereira, autor do Projeto da Lei de Condomínio, que "nenhuma declaração de vontade pode prevalecer e produzir efeito contra a lei", em virtude do quê "não obriga nem gera consequências".

Ora, se a própria lei se contentou em delimitar a sanção aplicável ao condômino ausente, pela automática aceitação das deliberações adotadas, não pode a convenção acrescentar um segundo castigo. Mesmo porque, como lembram Nascimento Franco e Nisske Gondo, constata-se, aí, "um direito subjetivo do condômino, de ir e vir", que, aliás, é de cunho constitucional. Dizia, a respeito, o saudoso Pontes de Miranda que "a liberdade de ir, ficar e vir fora de casa apresenta-se como princípio não só autônomo como puro".

Se o condômino tem o direito (constitucional) de ficar em seu apartamento, e não no recinto da assembleia-geral, segue-se que não pode ser punido com outra sanção que não a prevista em lei. Mesmo porque a Carta Magna lhe confere a garantia individual de que "ninguém será obrigado a fazer ou deixar de fazer alguma coisa senão em virtude da lei" (art. 5º, II). Em suma, se a lei não estabelece obrigatoriedade da presença, não é a convenção que pode fazê-lo.

A razão inspiradora da fixação de multa aplicável ao condômino ausente encontra explicação, seguramente, na costumeira apatia de que se nutrem os condôminos em relação às assembleias, notadamente quando restritas a tratar de questões de rotina. Mas, ao invés de o síndico se sentir desprestigiado, poderia fazer o "jogo do contente" e interpretar a ausência como sinal de cega confiança em seu desempenho. Contudo, se preferir o aplauso caloroso, direto, sonoro e oportuno dos condôminos, a convenção deveria, em vez de aplicar indevidas multas pecuniárias, oferecer agradáveis momentos aos comparecentes. Para tanto, de boa estratégia seria servir canapés variados e bebidas (mesmo estrangeiras) – à custa, evidentemente, da caixa condominial, se assim tiver sido previamente decidido em assembleia, aproveitando-se da ausência da maioria dos condôminos.

3.6 Participação de inquilinos na assembleia-geral
[Publicado na *Folha de S. Paulo* em 3.8.1981]

Traz a última edição da *Tribuna da Justiça* notícia de que foi apresentado na Câmara projeto de lei dando preferência ao inquilino do imóvel para participar de assembleia-geral de condomínio quando ausente o condômino-locador. O projeto pretende acrescentar ao art. 24 da Lei 4.591, de 16.12.1964, um parágrafo (seria o § 4º), que é proposto à discussão com a seguinte redação: "Não comparecendo pessoalmente o condômino à assembleia-geral do condomínio, tem o seu respectivo locatário preferência para, em pessoa, participar da assembleia-geral do condomínio, mediante apresentação do recibo de quitação do aluguel do último mês vencido, e com poderes para debater, requerer, deliberar e votar, salvo quando se tratar de alienação, doação ou permuta do prédio, parcial ou total".

Exige esse Projeto que o condômino compareça "pessoalmente"; o mesmo acontecendo com o locatário, cuja presença há de ser "em pessoa" – com o quê inadmite a possibilidade de representação por mandatários. Releva observar que a Lei de Condomínio, que o ilustrado Deputado quer aperfeiçoar, não impede aos condôminos que se façam representar por procuradores. Em verdade, nem o poderia. Seria o mesmo que negar a própria existência do instituto do mandato, contrato dos mais usuais e eficientes. Mas, ainda que assim não fosse, como é que se resolveria a situação de condôminos menores ou incapazes, se sua presença física é de todo ineficaz? Indica a experiência dos mandatários serem, em regra, mais habilitados que seus mandantes. Por isso mesmo são contratados, para cuidar de seus interesses.

A proposição parlamentar faz lembrar o art. 26 do Projeto que resultou na Lei de Condomínio em vigor (Lei 4.591/1964) e que foi vetado pelo então Presidente Castello Branco, com a aquiescência do Congresso. Visava esse dispositivo a possibilitar ao inquilino debate, nas assembleias de condôminos, das matérias relativas à conservação e à utilização das unidades. Todavia, conquanto o dispositivo permitisse ao locatário unicamente acesso à discussão desses problemas, sem lhe conferir direito de voto, ainda assim acabou sendo fulminado pelo veto presidencial O que se dizer, então, da violenta proposição parlamentar aqui comentada?

Começa que pretende contemplar com uma esquisita preferência onde não há disputa de prioridades, mas mero comparecimento subsidiário do locatário, na undécima hora, verificando-se eventual (e inesperada) ausência física da pessoa do condômino. Em verdade, como é fácil perceber, não se trata de preferência, cujo significado em Direito não tem o estranho sentido emprestado pelo Projeto.

Aduza-se, mais, que o art. 24 da Lei de Condomínio, que o Projeto pretende ver enriquecido com mais um parágrafo, cuida de assembleia de condôminos, isto é, de proprietários de unidades do edifício. Jogar inquilinos numa reunião destinada a deliberar, anualmente, a respeito das despesas de conservação do edifício e de manutenção de seus serviços é apenas fomentar discussões estéreis e propiciar confrontos (até físicos) lastimáveis, de consequências que desatendem ao interesse social. A prevalecer a proposta parlamentar, tudo concorreria para que os locatários constituíssem inexpressivas minorias nessas assembleias, onde os condôminos sempre estariam presentes, em atenção ao seu maior interesse de preservar o estado e a categoria de sua propriedade. De fato, por ser transitória a permanência do inquilino no prédio, dado ser limitada a duração de sua locação, seu interesse na conservação do prédio é ditado pelo critério econômico do baixo custo. Mas a preocupação primordial e permanente do locador-condômino, bem ao contrário, é defender a melhor qualidade do edifício e o aperfeiçoamento dos serviços que são prestados.

O Projeto não considerou que a Lei de Condomínio não se presta a regular as relações de direito dos locatários de um edifício de apartamentos. Essas relações já têm legislação especial e específica, consubstanciada na atual Lei do Inquilinato (Lei 6.649, de 16.5.1979),[1] cujos arts. 16 e 19 se ocupam da matéria das despesas de condomínio, distinguindo o § 1º as despesas "extraordinárias" das "ordinárias" para o fim de dimensionar, com precisão maior, a responsabilidade do locatário.

Por se tratar de questão que intenta atribuir ao inquilino maior proteção frente à extensão das despesas de condomínio, cabia ao Projeto escolher por alvo a Lei do Inquilinato. Vale dizer que devia prosseguir no aperfeiçoamento da conquista já alcançada pela Lei do Inquilinato, ao restringir aos locatários a responsabilidade do pagamento das despesas, enquanto classificadas como "ordinárias".

E talvez uma das formas para ampliação dessa conquista, isenta, porém, de violência jurídica e desprovida de descrédito dos institutos do mandato e da preferência, resida exatamente na outorga (convencional ou legal) de procuração ao inquilino, para que, em assembleia própria (se permitida sua presença), seja estritamente apreciada a matéria relativa às despesas ordinárias de condomínio.

1. A atual Lei do Inquilinato é a Lei 8.245/1991.

3.7 Os votos inválidos na assembleia-geral de condomínio

[Publicado na *Tribuna do Direito* 205, maio/2010]

Situação inédita foi enfrentada e resolvida pela colenda 3ª Turma do STJ no REsp 1.120.140-MG, relatado pelo Min. Massami Uyeda. Tratou-se de saber da viabilidade legal, após a realização de assembleia-geral, de complementação posterior do quórum previsto no art. 1.342 do CC, que exige a aprovação de 2/3 dos votos de condôminos para execução de obras em áreas comuns. Diante desse cenário, examinou-se a eficácia legal de ratificação da decisão assemblear mediante a adesão posterior de condôminos, para o fim de suprir a falta do quórum, não atingido pela assembleia realizada.

Concluiu-se que a "a exegese que mais se coaduna com o ordenamento jurídico em vigor é no sentido de que o quórum previsto no art. 1.342 do CC" não admite, "para a complementação do mínimo legal, a posterior ratificação". A decisão do STJ é impecável, na medida em que "assembleia" significa a reunião de membros do mesmo grupo para o fim de deliberar sobre tema previsto na ordem do dia. Releva enfatizar que a deliberação se verifica na assembleia. Nem antes, nem depois, nem fora dela. E, quando se trata de condomínio edilício, sua natureza especial cria regras específicas que se amoldam às suas peculiaridades. Na assembleia condominial, observada a exigência do art. 1354 do CC, a deliberação resulta da discussão que se trava entre os condôminos. É a prática do contraditório extrajudicial. Como anota o acórdão, "sob os influxos das ponderações dos condôminos é que se chega àquela deliberação que melhor reflete a vontade geral e, nesta extensão, orienta com mais propriedade as escolhas da vida condominial".

Exatamente por isso não é considerado o voto "por correspondência", uma vez que a antecipação de seu pronunciamento não resulta do "filtro do contraditório e da ampla defesa". Nada impede, porém, que o condômino, impossibilitado de comparecer, como sugere Nascimento Franco,[2] envie ao presidente da assembleia suas ponderações relativas à matéria a ser discutida, para serem lidas na reunião. Mas fica nisso: o condômino ausente pode ponderar, sugerir, exemplificar, mas não pode votar.

---

2. J. Nascimento Franco, *Condomínio*, 2ª ed., São Paulo, Ed. RT, 1999, p. 104.

Se a assembleia condominial é o palco apropriado ao debate oral da matéria arrolada na ordem do dia, mostra-se incompatível a adoção do "voto secreto". A manifestação das opiniões, em alto e bom som, é necessariamente traduzida em voto explícito, de todo indispensável à aferição do quórum legal exigido. O "voto secreto" não é computável. Daí, pela mesma razão, não se mostra admissível aceitar, como neutro, o pedido de "abstenção", que equivale a "voto em branco", como alerta Nascimento Franco. Seja qual for o nome que se dê à falta ostensiva de voto, como "voto secreto", "abstenção" ou "voto em branco", todos são filhos gerados pela mãe "silêncio".

Na área condominial, contudo, o "silêncio" tem significação específica, a partir da exegese que se empresta ao art. 1.324 do CC: "O condômino que administrar sem oposição dos outros presume-se representante comum". Trazendo este conceito para o âmago de uma assembleia-geral, onde a deliberação eficaz depende de ser alcançado o quórum especial, não há como deixar de aplaudir o entendimento de Pontes de Miranda, ao recomendar: "O silêncio opera quando o comunheiro sabia que o seu silêncio se contaria como *tal* declaração, ou comunicação de vontade, ou que a sua ausência não influiria na decisão tomada para invalidá-la".[3]

Ora, se a realização de obras em partes comuns depende da aprovação de 2/3 dos votos dos condôminos, como é exigido pelo art. 1.342 do CC, entende-se que a "manifestação" silenciosa de condôminos outorga mandato tácito à tese majoritária pronunciada pelos demais condôminos. Os votos silenciosos serão acrescidos à corrente condominial que autorizou ou não autorizou a realização de obras em partes comuns. Se forem adicionados esses "votos silenciosos" à corrente da maioria condominial para atingir o patamar legal, o resultado será válido e eficaz. Neste caso, o silêncio é interpretado como autêntica manifestação de vontade, por meio da qual o condômino mudo, tacitamente, endossa a tese da maioria condominial.

Em suma, na assembleia de condôminos o voto computável deve ser claro, sonoro, aberto, sendo inválidos os pronunciamentos sigilosos, indecisos, indefinidos, ausentes, hesitantes, temerosos. Vale dizer: desprovidos de responsabilidade.

---

3. Pontes de Miranda, *Tratado de Direito Privado*, t. XII, Rio de Janeiro, Borsói, p. 392.

3.8 A maioria do art. 1.341, II, do CC

[Publicado na *Tribuna do Direito* 208, agosto/2010]

Inovou o Código Civil ao reproduzir, no âmbito do condomínio edilício, a classificação das "obras" em voluptuárias, úteis e necessárias, como vem previsto no art. 97, onde as "obras" são genericamente denominadas de "benfeitorias". Vale dizer que, para o legislador, as duas expressões são sinônimas, na medida em que ambas significam reparações com o fim de conservar o bem (necessárias), aumentar ou facilitar sua utilização (úteis) e tornar a coisa mais agradável e, via de regra, mais enriquecida, sem melhorar o uso habitual (voluptuárias). E, uma vez que as obras são do interesse coletivo, o art. 1.341 escalonou os respectivos quóruns: para as obras voluptuárias, o "voto de 2/3 (dois terços) dos condôminos"; para as úteis, o "voto da maioria dos condôminos"; e, para as obras necessárias, independentemente de autorização assemblear.

Por depender de definição em assembleia-geral, cumpre evidenciar que sua realização passa por duas etapas: a da instalação dos trabalhos e a da votação dos temas em discussão. A lei não adentra nessa distinção, dada sua obviedade. Se o quórum especial é exigido para deliberar sobre a aprovação de determinada obra, segue-se, a toda evidência, que igual quórum deve ser observado na votação. Ainda assim, sobrevêm, com frequência, interpretações que procuram abrandar a exigência legal, para sustentar ser exigível a obediência do quórum especial apenas na etapa da instalação da assembleia, e não para autorizar a execução da obra. Exemplifico: num condomínio de 100 unidades cujo direito a 1 voto é de cada unidade, compareçam 60 condôminos à assembleia para decidir sobre execução de benfeitoria "útil", mas apenas 40 votam a favor. Não se efetiva, portanto, a maioria exigida pelo inciso II do art. 1.341 do CC.

A corrente que sustenta ser válida a deliberação ditada por votos inferiores à maioria dos condôminos se satisfaz com a presença do quórum especial para instalação da assembleia. Para seus adeptos, satisfeito o quórum de instalação, a assembleia é válida. E, se é válida, suas deliberações também o são. Esse entendimento provém do procedimento geralmente adotado nas sociedades fechadas por ações, como lembra Arnoldo Wald: "(...) a analogia entre o condomínio de apartamentos e as sociedades, olvidando que estas têm como base um contrato *intuitu personae*, ou seja, com pessoa certa e determinada, enquanto o condomínio inclui entre seus membros aqueles que em determinado momento forem proprietários de unidades constitutivas do prédio. Assim, existe uma situação jurídica do condomínio não inerente à sua pessoa, mas vinculada àquele que for proprietário do apartamento".[4]

A meu ver, não basta a instalação regular da assembleia, quer em primeira, quer em segunda convocação. É preciso que "os votos da maioria *dos* condôminos" aplaudam a proposta. Nessa contagem não se computam "votos em branco", ou seja, de abstenção, uma vez que nada dizem, não manifestam a vontade dos condôminos. Estão de corpo presente, mas desprovidos de opinião. Ora, o inciso II, mencionado, reclama manifestação sonora, "voto da maioria *dos* condôminos", e não da maioria *de* condôminos. "Maioria *dos* condôminos" quer dizer os votos da "metade mais um" dos condôminos integrantes do condomínio, e não dos que comparecem à assembleia. "Maioria *dos* condôminos" significa a maioria dos condôminos que integram o condomínio (maioria absoluta), e não "maioria *de* condôminos" presentes à assembleia. Esta segunda hipótese apenas serve para decidir sobre questões e obras de natureza *necessária* (hipótese do § 1º), não se prestando para deliberar sobre matéria de relevância, como, por exemplo, a execução de benfeitorias *úteis*.

Não se confunde o quórum especial da "maioria absoluta", exigida pelo art. 1.341, II, do CC, com a presença de qualquer número numa convocação, cuja matéria (obras necessárias) é decidida pelos condôminos presentes (hipótese do § 3º). Não se confunde, ainda, "maioria simples" (absoluta) de *presença*, para atendimento do quórum, com "maioria simples" de votos, para *deliberação* da matéria. Noutras palavras: a presença da "maioria absoluta" satisfaz o quórum especial exigido pelo art. 1.341, II, do CC para *instalação* da assembleia, mas os votos dos condôminos presentes também devem satisfazer o quórum especial de *deliberação*.

É oportuno, porém, lembrar que o art. 1.334, III, do CC delega à convenção "a competência das assembleias, forma de sua convocação e

---

4. Arnoldo Wald, *Curso de Direito Civil Brasileiro – Direito das Coisas*, 2ª ed., São Paulo, Sugestões Literárias, 1970, p. 153.

quórum exigido para as deliberações". Sendo assim, se a Convenção, por exemplo, prevê que a realização de obras *úteis* pode ser decidida por votação inferior à determinada pela lei ("maioria *dos* condôminos"), prevalecerá o índice da convenção, por constituir regra específica, que prefere à regra geral do Código Civil.

Mas, se a convenção for omissa no que toca aos quóruns previstos no art. 1.341, a matéria passa a ser regida, subsidiariamente, pelos coeficientes ali exigidos.

3.9 O art. 1.335 do CC e a obrigação propter rem
[Publicado na *Tribuna do Direito* 254, junho/2014]

O direito do condômino de "votar nas deliberações da assembleia e delas participar, *estando quite*", é assegurado pelo inciso III do art. 1.335 do CC. Esta norma condominial não traz qualquer dificuldade na sua aplicação enquanto a única pessoa do condômino é proprietária de uma única unidade autônoma. Nem se complica quando o condômino é proprietário de várias unidades cujas despesas de condomínio estão perfeitamente liquidadas. Mas quando, à luz do mencionado inciso III, nem todas as unidades *estão quites* com a caixa condominial o direito do condômino passa a desafiar alguns entraves.

A dificuldade começa pela condição contida em referido artigo, "estando quite", que perde o vínculo pessoal com o condômino, para dar lugar à natureza *propter rem* da taxa condominial. Com efeito, pelo exame mais acurado desse dispositivo percebe-se que o mesmo se desdobra em duas partes: uma de caráter nitidamente pessoal, enquanto se refere aos direitos do condômino, como entidade que exerce e goza dos seus direitos: usar de sua unidade (inciso I), usar das partes comuns (inciso II) e participar e votar nas assembleias; e outra de caráter real ou semirreal (na expressão de Planiol), consistente na natureza *propter rem* da unidade, como geradora da obrigação de quitar as despesas condominiais.

Na visão moderna da *obligatio propter rem*, ensina Caio Mário da Silva Pereira que "constitui uma espécie peculiar de ônus real, gravando a própria unidade, uma vez que a lei lhe imprime poder de sequela".[5]

---

5. Caio Mário da Silva Pereira, *Condomínio e Incorporações*, 10ª ed., São Paulo, Saraiva, 2002, p. 189.

Muito embora a obrigação de quitar as despesas condominiais não seja reconhecida como direito real puro,[6] o fato é que o direito de sequela se faz atuante na hipótese de alienação da unidade, como vem previsto no art. 1.345 do CC. Verifica-se, assim, uma sub-rogação legal automática na pessoa que se torna novo adquirente da unidade condominial, que passa a responder pelas despesas condominiais, inclusive as vencidas.

Essa distinção foi muito bem evidenciada no REsp 1.375.160-SC, relatado pela Min. Nancy Andrighi, ao apreciar uma situação peculiar: determinada empresa era proprietária de várias unidades e deixou de pagar as taxas condominiais de algumas. Por isso, ao pretender participar da assembleia-geral, na condição de proprietária de outras unidades cujas taxas se encontravam perfeitamente quites, foi obstado seu direito de voto sob a alegação de que as taxas condominiais de todas as suas unidades não se encontravam "quitadas". Não vingou seu argumento de que o "direito de voto" se cingia exclusivamente às unidades com taxas quitadas, e não, indistintamente, a todas de sua propriedade.

O condomínio, ao invocar o inciso III do art. 1.335 do CC, "direcionou a penalidade de não participar das assembleias à pessoa do condômino, e não à unidade imobiliária" – destaca o acórdão, que complementa: "Assim, se o condômino que é proprietário de diversas unidades autônomas possui um débito em aberto referente a uma dessas unidades, não teria direito de participação e voto nas assembleias condominiais". Como se vê, na concepção do condomínio a figura pessoal do condômino mereceu realce predominante, enquanto o fator físico da unidade restou inteiramente desqualificado. Neste ponto o acórdão adota, em benefício da *obligatio propter rem*, uma postura racional incensurável, em perfeita consonância, aliás, com a legislação que regula o condomínio edilício: "A partir de uma interpretação sistemática e teleológica dos dispositivos que tratam do condomínio edilício, é possível depreender que a figura da 'unidade isolada' constitui elemento primário de formação do condomínio, o qual se sujeita a direitos e deveres, que devem ser entendidos como inerentes a cada unidade. Tanto assim que a taxa condominial, como é sabido, é obrigação de natureza *propter rem*".

Com efeito, na medida em que o objetivo da incorporação condominial tem "o intuito de promover e realizar a construção para alienação

---

6. Cf. Orosimbo Nonato, *Curso de Obrigações*, vol. I, pp. 44-47.

total ou parcial de edificações ou conjunto de edificações compostas de unidades autônomas" (art. 28 da Lei 4.591/1964), o caráter primário e pessoal do incorporador do condomínio edilício (não confundir com o condomínio tradicional) perde influência em favor do surgimento das unidades autônomas.

Ora, se a taxa condominial constitui obrigação *propter rem*, segue-se que esse encargo se encontra inseparavelmente acoplado à unidade, e não ao seu transitório proprietário. Por isso, observa o referido julgado: "Note-se: a dívida é garantida pelo imóvel, o que indica a estrita vinculação entre o dever de pagar a taxa e a propriedade do bem".

E, desde que a dívida está atada à unidade, não importa se seu titular é devedor de despesas condominiais relativas a outras unidades. O que importa é o respeito que merece seu direito de participar e de votar nas assembleias-gerais, nos limites que lhe conferem as unidades com despesas quitadas. É como se as unidades quitadas pertencessem a outro condômino – o que o condomínio não conseguiu entrever.

Capítulo 4
A Convenção Condominial

4.1 A abertura das portas do condomínio. 4.2 Penalidades previstas na Lei de Condomínio. 4.3 O princípio da igualdade na convenção de condomínio. 4.4 A convenção e suas lícitas restrições. 4.5 Quórum do regimento condominial. 4.6 O comando normativo da convenção.

4.1 A abertura das portas do condomínio

[Publicado na *Folha de S. Paulo* em 9.5.1982]

Permite a lei que o síndico transfira algumas funções, de caráter nitidamente administrativo, a empresas especializadas, de sua exclusiva confiança e sob sua inteira responsabilidade. É a forma que a lei faculta para que o síndico, via de regra condômino, seja um tanto poupado. Nesta hipótese, reserva para si o exercício direto dos demais atos que lhe competem, quer por atribuição da lei, quer pela convenção.

Que o desempenho das funções do síndico é espinhoso, todos o sabemos. Já é espinhoso sem que o mesmo dê margem a surgimento de novos problemas. Basta a normal e escorreita atuação para que mereça a inimizade de uns, a indiferença de outros e a crítica (muitas vezes gratuita) de quase todos. Contudo, a despeito desse inglório quadro, síndicos há que acham, ainda, de complicar sua administração, semeando desnecessariamente conflitos e colhendo, em consequência, explosivos resultados. A essa apreciação sem esforço se chega quando se depara (e até se deplora) com o fato de um síndico ter determinado o fechamento de uma porta, impedindo os condôminos no pavimento térreo de ter acesso ao elevador de serviço. Daí resultou trabalhoso processo, que, por força de dois recursos extraordinários, chegou a ser julgado, inclusive, pelo Pretório Excelso.

Esse custoso precedente serve, porém, para dele se extrair vários ensinamentos. Juridicamente, válida é a lição do Min. Soares Muñoz ao enfatizar o direito convencional do condomínio, no sentido de que "o modo de usar as coisas e serviços comuns" não pode se sobrepor à regra geral de que cada condômino tem o direito de "usar livremente da coisa conforme seu destino" (*RTJ* 95/1.160). Ora, se a porta é de propriedade comum e foi instalada para abrir, não pode o síndico, ou a convenção, resolver que a porta não mais se abra. Cabe ressaltar, como consta do julgado, que: "A sugestão de que a mesma [*porta*] ficasse fechada com chave e fosse entregue uma chave a cada condômino – esse ponto é capital – não foi aceita".

Não é só. Pondera, mais, como razão de decidir, que "não vale argumentar com o fato de o porteiro ter uma chave, pois sujeitar o condômino a procurar o porteiro para que este autorize o uso da porta, abrindo-a, equivale, através desse expediente vexatório, a proibir-lhe o uso da porta".

Enfim, o STF, encerrando a árdua controvérsia, determinou que a porta se abrisse, sem autorização ou dependência do porteiro ou do síndico. E que se abrisse, sem necessidade de chaves, quando o condômino assim o quisesse. Que se abrisse sempre, posto que, se assim não fosse, estar-se-ia embaraçando o uso da porta, que é de todos, e não apenas do síndico ou do porteiro.

A controvérsia, hoje, dificilmente chegaria a ser examinada pela Suprema Corte, em face do óbice de seu novo Regimento. Aos recursos que invocam violação de lei federal suas portas estão, praticamente fechadas. Os advogados, desesperados, estão tentando encontrar as chaves da abertura – o que, cabe reconhecer, não está nada fácil...

4.2 Penalidades previstas na Lei de Condomínio

[Publicado na *Folha de S. Paulo* em 17.7.1981]

De forma exemplificativa, adverte a lei sobre algumas das proibições que os usuários de um edifício em condomínio devem respeitar. Assim, alterar a fachada ou a cor das esquadrias externas, utilizar as unidades do prédio inobservando sua finalidade própria ou dando-lhe destino nocivo, em prejuízo da saúde ou da boa fama de seus moradores, ou, ainda, dificultar ou, mesmo, impedir o uso de áreas e coisas comuns são algumas das infrações que merecem frontal repúdio legal.

O transgressor – aduz, ainda, a lei – "ficará sujeito ao pagamento da multa prevista na convenção ou no regulamento do condomínio" (art. 10, § 1º, da Lei 4.591/1964), "sem prejuízo da responsabilidade civil ou criminal que, no caso, couber" (art. 21 da lei). De duas ordens são, pois, as penalidades previstas: a pecuniária (multa) e a obrigacional (desfazer, refazer, abster-se da prática de ato ilícito).

É de se ter presente que a Lei de Condomínio foi editada em 1964. Não havia, então, expressa permissão legal para se cobrar multa "por dia de atraso" enquanto não se verificasse o cumprimento de obrigação, como atualmente acontece. Fosse hoje promulgada, certamente o legislador teria optado pela "multa diária", chamada *astreinte* ("constrangimento") pelo Direito Francês. Vale ponderar que a força coercitiva da multa diária é bem mais poderosa do que a da pena pecuniária fixa. Mas, se restou prevista em convenção a multa de valor fixo, inviável é a pretensão de substituir pela aplicação da multa diária.

Nem por isso se deve concluir, por outro lado, que, inexistindo na convenção catalogação expressa de multas específicas para infrações determinadas, prevaleceria, por inspiração do direito penal, o clássico princípio "sem lei expressa, não há pena" (*nulla poena sine lege*). Talvez por essa razão já se decidiu que não se aplica multa alguma a condômino por manter cão em apartamento ainda que essa proibição constasse da convenção, mas não a respectiva penalidade.

Em verdade, não se pode pretender que se institua um catálogo condominial de penalidades, já que a própria lei é de caráter geral, quando abrange "a violação de qualquer dos deveres estipulados na convenção". Daí ser frequente a adoção pelas convenções do sistema de graduação das multas, a critério do síndico, possibilitando-se recurso (na esfera doméstica) ao conselho de representantes e à assembleia-geral, ou apenas à última, como tentativa arbitral de evitar intervenção jurisdicional. E, realmente, assim ocorre, com surpreendente êxito. Porém, se a convenção omitir a dimensão da pena, nem por isso deverá sobrevir a impunidade. Caso contrário o estímulo ao desrespeito e ao desregramento da vida condominial acabaria com toda a segurança jurídica indispensável ao convívio em edifícios. Daí serem inteiramente aplicáveis as normas do atual Código Processual Civil que admitem a multa "por dia de atraso" sempre que se pretenda coagir alguém ao cumprimento de uma obrigação. Não se trata de reparar os prejuízos ocasionados, mas, sim, de instar o infrator a cumprir com sua obrigação até que resolva lhe dar cumprimento.

Assim, quando um condômino se obrigou a restaurar o uso residencial de dois apartamentos transformados em restaurante, a multa diária constituiu remédio próprio e eficaz para que a condenação judicial fosse obedecida. Mesmo porque, não tendo essência indenizatória, apenas objetiva fazer com que o infrator cumpra a obrigação, e não que substitua seu cumprimento.[1]

Mostra-se oportuno recordar a advertência de Josserand: "Não há fortuna que possa resistir a uma pressão contínua e incessantemente acentuada; a capitulação do devedor é fatal; vence-se a sua resistência, sem haver exercido violência sobre sua pessoa; procede-se contra seus bens, contra sua fortuna, contra seus recursos materiais". Noutras palavras: é a consagração da força do Direito, e não do Direito da força.

4.3 O princípio da igualdade na convenção de condomínio

[Publicado na *Tribuna do Direito* 202, fevereiro/2010]

Encontra-se definitivamente consagrado entre nós o entendimento defendido por Caio Mário da Silva Pereira no sentido de que a convenção de condomínio constitui ato-regra, ato normativo, e, via de consequência, dotado de força cogente. Embora gerada por um acordo de vontades, "ultrapassa as pessoas que assinaram sua constituição", e atinge qualquer pessoa que adentra o território condominial. Trata-se de lei interna que obriga condôminos e visitantes. Todos devem se comportar com respeito e obediência, sendo a convenção obrigatória "para os titulares de direito sobre as unidades, ou para quantos sobre elas tenham posse e detenção" (art. 1.333 do CC). A modificação de suas normas deve ser adotada em assembleia extraordinária, observando quórum especial (normalmente de 2/3) e outros requisitos (art. 1.351 do CC) que protegem o bem comum. Ao mesmo tempo em que são repudiáveis condições que atentam contra direitos individuais, a convenção tem a finalidade de estabelecer um clima de convivência harmônica, sob os auspí-

---

1. O Código Civil de 2002 não adotou a penalidade das chamadas *astreintes*. Optou pela condenação em perdas e danos, mais demorada em ser aferida e menos convincente na aplicação.

cios dos princípios constitucionais da igualdade, dos direitos individuais, da liberdade de expressão, de culto e de privacidade.

O princípio da igualdade comanda os direitos e os deveres dos condôminos, observadas as proporções de sua participação no condomínio. A nenhum condômino é dado alterar unilateralmente as regras cogentes da convenção, cujo império apenas fica subordinado à deliberação extraordinária de assembleia-geral ou decisão judicial específica para anular normas que agridem, por exemplo, o direito individual. Fora disso, até a autoridade judiciária lhe deve obediência.

Não se confunda o comando convencional com a legítima apreciação judicial de rever o dispositivo de convenção quando, por exemplo, fica demonstrado que as lojas térreas não se beneficiam dos préstimos do elevador, da limpeza interna do prédio, da energia elétrica ou do consumo d'água. Mas delas se exige que suportem as despesas cegamente distribuídas em correspondência às frações ideais do terreno, com flagrante desprezo ao princípio da contrapartida dos serviços prestados. Noutras palavras: se a administração não lhes prestou serviços, não se justifica a paga respectiva. Verifica-se, aí, manifesta desigualdade, sendo impositiva a obediência à velha máxima de se tratar desigualmente situações desiguais.

Se a convenção de um edifício de 30 apartamentos, distribuídos 2 por andar, sendo 1 de frente para a rua, pouco maior que o situado nos fundos, estabeleceu que as despesas condominiais devem corresponder a 1/30 para qualquer tipo de unidade, não pode o tribunal alterar essa proporção. Significa que, independentemente da sua fração ideal, a regra estabelecida na convenção é cogente, cabendo a cada apartamento contribuir com uma quota de 1/30 das despesas condominiais. Noutras palavras: essa regra é impermeável, e repele qualquer decisão judicial que pretenda impor rateio diverso. Assim, quando um proprietário de dois apartamentos do mesmo andar procede à sua unificação, mediante projeto aprovado pela Prefeitura e posterior averbação no cartório imobiliário, terá criado, na realidade, um só apartamento. Evidentemente, o oficial do registro imobiliário somará as frações ideais das duas unidades componentes. Surgirá um novo apartamento, único no andar, que continuará, porém, sendo identificado pelos números das duas unidades que lhe deram origem, em respeito à especificação condominial.

Mas se passou a existir um só apartamento no andar e se a convenção estabelece que cada apartamento responde por uma só quota das despesas condominiais, seu proprietário poderia vir a sustentar que lhe caberia contribuir com apenas uma quota de 1/30. Mesmo que, por lapso improvável do cartório imobiliário, viesse a lhe conferir nova matrícula, jamais a nova configuração administrativa do apartamento (aprovação da Prefeitura e registro do cartório imobiliário) teria o poder de alterar a regra convencional. Significa que esse condômino deveria continuar contribuindo com 2/30, como procedia antes da unificação. Caso contrário a administração passaria a recolher de todos os condôminos somente 29/30 avos, em inadmissível favorecimento a um condômino "esperto".

Igual raciocínio aplica-se a loteamentos fechados, onde o rateio das despesas de condomínio desconsidera as áreas dos lotes, mas leva em linha de conta sua individualidade jurídica, representada pela matrícula imobiliária. Assim, se um proprietário de dois lotes contíguos resolve unificá-los, mediante aprovação da entidade municipal, verificar-se-á, inexoravelmente, a supressão das matrículas originais, que serão substituídas por uma nova. E, então, seu proprietário, atento à disposição convencional de que cada lote responde por uma só quota, também poderia vir a sustentar que lhe cabe o direito de contribuir com apenas uma única quota. A partir daí, igual raciocínio passaria a ser aplicável a quem unificasse três, quatro ou mais lotes contíguos. E o caos seria geral.

O absurdo imoral salta aos olhos. Basta considerar que, se outros condôminos ou proprietários de lotes também se valessem do mesmo artifício, a administração, progressivamente, teria uma arrecadação menor. E, para reequilibrar, deveria dividir as quotas em frações de 29 avos, em vez de 30, em benefício dos "espertos unificadores". Ocorreria insolente atentado ao instituto da convenção. Nosso Direito atual repudia manobras golpistas, em homenagem aos princípios da probidade e da boa-fé, consagrados no art. 422 do CC. Demais disso, tratando-se de uma comunidade que se reuniu sob a égide da harmonia e do respeito ao direito igual dos demais, consubstanciados em regras previamente estabelecidas e expressamente aceitas, a pretensão, além de imoral, é sumamente desleal.

4.4 A convenção e suas lícitas restrições

[Publicado na *Tribuna do Direito* 218, junho/2011]

Os arts. 1.332, 1.333 e, especialmente, 1.334 do CC em nada se desviaram dos ensinamentos consagrados na doutrina, quer nacional, quer alienígena, quanto à natureza jurídica da convenção de condomínio. A doutrina condominial, construída através dos tempos e dos mundos, a despeito de explorações quanto à predominância deste ou daquele instituto, jamais desprestigiou a convenção de condomínio como autêntica lei interna da comunidade condominial. Na esteira dos ensinamentos de Caio Mário da Silva Pereira, já tive oportunidade de ressaltar que a convenção de condomínio constitui ato-regra, ato normativo, e, via de consequência, dotado de força cogente.[2] Quando o art. 1.333 adverte que a convenção "torna-se, desde logo, obrigatória para os titulares de direito sobre as unidades, ou para quantos sobre elas tenham posse ou detenção", está afirmando sua natureza cogente, que se reveste, inclusive, de efeito *erga omnes*, assim que registrada no cartório imobiliário. Vale dizer que os dispositivos do Código Civil em nada afetaram o perfil doutrinário consubstanciado nos revogados arts. 9º, 10 e 11 da Lei 4.591/1964. Bem por isso, na concepção de João Baptista Lopes, "a convenção de condomínio tem caráter predominantemente estatutário ou institucional, por isso que alcança não só os signatários, mas todos os que ingressarem no universo do condomínio".[3] De fato, mesmo que a convenção não seja transcrita no título de transmissão, o novo adquirente é obrigado a respeitar o ato-regra. Também lhe devem obediência seus serviçais, parentes, amigos, visitantes, fornecedores – ou seja: qualquer cidadão que adentre o território privado do condomínio.

Nem por isso a convenção, destinada a regulamentar a conduta de cada condômino e de terceiros, é desprovida de freios ou limites. É que ela não se reveste de comando absoluto. Como ressalvei em referida obra, a convenção tem a finalidade de estabelecer um clima de convivência harmônica, sob os auspícios dos princípios constitucionais, entre os quais destaco, para os fins deste estudo, o objetivo fundamental de não promover quaisquer formas de discriminação (art. 3º, IV, da CF).

---

2. V., acima, o item 4.3.
3. João Baptista Lopes, *Condomínio*, 10ª ed., São Paulo, Ed. RT, 2008, p. 87.

Esta *Tribuna do Direito*, em sua edição de março/1996, p. 14, publicou artigo do advogado Paulo Eduardo Fucci, que, ao comentar a lei municipal que regulamentava o uso de elevadores particulares, sublinhou que a cláusula da convenção que proíbe o uso dos elevadores sociais por parte de empregados, entregadores e operários não está discriminando essas pessoas "em virtude de sua condição social, mas simplesmente disciplinando o uso de uma parte do edifício". Diz, mais, que "a discriminação que neste caso se faz é genérica e impessoal. Não se funda em qualquer critério racista ou recriminável".

A matéria, ao ser examinada pelo TJRJ, este analisou a proibição da entrada de empregada doméstica através do portão principal do edifício. Nesse julgado ressaltou que as partes comuns do edifício constituem propriedade privada, pelo quê a convenção tem o direito de estabelecer normas disciplinares de uso de suas áreas comuns. E, "embora a Constituição Federal (arts. 3º, IV, e 5º, I) vede todo e qualquer preconceito de origem, raça, sexo, cor, idade ou quaisquer outras formas de discriminação, a Lei n. 4.591/1964 permite que a utilização de áreas comuns de edifício de apartamentos seja exercida de acordo com suas normas internas" (*RT* 757/298).

J. Nascimento Franco anota que as restrições da convenção constituem disposições *interna corporis*, respaldadas no direito que os integrantes de um edifício têm necessidade de implantar, segundo suas conveniências específicas. Lembra que: "No mundo inteiro há elevadores destinados ao uso exclusivo de algumas pessoas e até em locais públicos" – a exemplo do que se constata em hotéis, teatros, tribunais etc. Neste passo, impedir o uso de elevador social para quem está com traje de banho ou o uso de piscina para quem não é condômino, ou, como anota Carlos Maximiliano, "impedir que atirem no átrio, pátio, jardim ou quintal água servida, cisco e objetos imundos ou inúteis", ou "obstar a que se faça da portaria ponto de palestra ou reunião demorada",[4] são restrições de ordem administrativa, que não se confundem com os direitos fundamentais do cidadão.

Não será exagero, portanto, assemelhar a convenção à Carta Magna das Nações, na medida em que "na formação de uma coletividade está

---

4. J. Nascimento Franco, *Condomínio*, Rio de Janeiro, Freitas Bastos, 1956, pp. 242-244.

implícita a necessidade da disciplina", como apregoa Marcello Caetano: "Há assim uma *norma fundamental* em cada sociedade que autoriza esta a definir as normas de conduta de seus membros em tudo que interessa à conservação dessa sociedade e à realização de seus fins comuns".[5] É exatamente o caso da comunidade condominial.

4.5 Quórum do regimento condominial

[Publicado na *Tribuna do Direito* 247, novembro/2013]

Dispunha o revogado art. 9º da Lei 4.591/1964 que os adquirentes ou promissários compradores de unidades autônomas "elaborarão, por escrito, a convenção de condomínio e deverão, também, *por contrato ou por deliberação em assembleia, aprovar o regimento interno da edificação ou conjunto de edificações*". Em complemento, explicava seu § 2º que se considerava "aprovada, e obrigatória" para todos os proprietários "atuais e futuros, como para qualquer ocupante, a convenção que reúna as assinaturas de titulares de direitos que representem, *no mínimo, 2/3 das frações ideais que compõem o condomínio*".

E, no atinente à modificação da convenção, alertava o parágrafo único do art. 25 da Lei 4.591: "Salvo estipulação diversa da convenção, esta *só poderá ser modificada em assembleia-geral extraordinária, pelo voto mínimo de condôminos que representem 2/3 do total das frações ideais*".

Da análise conjunta desses dispositivos resulta que a chamada Lei do Condomínio e Incorporações exigia, para a aprovação da convenção, *2/3 das frações ideais do terreno*. Mas para a aprovação do regimento *bastava simples deliberação de assembleia*, sendo que a aprovação "por contrato" observava a modalidade de adesão, quando da primeira aquisição da unidade. Ressalvada disposição convencional diversa, também 2/3 das frações ideais do terreno eram exigidos para *modificação* da convenção. E como para a *aprovação* do regimento suficiente era a *deliberação em assembleia*, igual deliberação assemblear era bastante para alterar suas normas. Nenhuma maior discrepância se detectava na aplicação desses dispositivos. Não se confundia, pois, o quórum especial da convenção com a maioria simples do regimento.

5. Marcello Caetano, *Direito Constitucional*, Rio de Janeiro, Forense, 1977, p. 19.

Sucede que na edição do CC de 2002 o *art. 1.351* passou a regular inteiramente a matéria tratada no referido art. 9º e especialmente no parágrafo único do art. 25 da Lei 4.591/1964 (a teor do art. 2º, § 1º, da Lei de Introdução), adotando a seguinte redação: "Depende da aprovação de *2/3* (dois terços) dos votos dos condôminos a *alteração da convenção e do regimento interno*; a mudança da destinação do edifício, ou da unidade imobiliária, depende da aprovação pela unanimidade dos condôminos". Significa que, enquanto a aprovação ou a alteração do *regimento interno* dependia, *antes*, de simples deliberação de assembleia, o art. 1.351 passou a exigir *2/3 das frações ideais*. Vale dizer que a convenção e o regimento interno foram legalmente equiparados, como se ambas as figuras fossem de igual equivalência jurídica, quer sopesadas pelo critério da doutrina, quer classificadas pelo critério da hierarquia. O flagrante equívoco legislativo era patente, e foi corrigido pela Lei 10.931, de 2.8.2004, que deu nova redação ao art. 1.351, pela mera supressão da expressão "e do regimento interno".

Como assinalei no livro *Condomínio Edilício*,[6] está consolidado o entendimento de Caio Mário da Silva Pereira no sentido de que a convenção constitui ato-regra, ato normativo, e, via de consequência, dotado de força cogente. Embora gerada por um acordo de vontades, ultrapassa as pessoas que a assinaram e atinge qualquer pessoa que adentra o território condominial. Trata-se de verdadeira lei interna que obriga condôminos e visitantes, tendo por finalidade estabelecer e manter um clima de convivência harmônica. E, uma vez que a convenção é "lei interna", *o regimento é seu regulamento*, que propicia à convenção a aplicação de suas regras.

Com efeito, na definição de Hely Lopes Meirelles,[7] o regimento é um ato administrativo, de natureza normativa, que se destina a reger o funcionamento *interno* de órgãos colegiados. Por isso, é dirigido aos que devem executar o serviço. Constitui modalidade diversa dos *regulamentos externos* e produz efeitos mais restritos que os regulamentos. Enquanto os *regulamentos externos* emanam do *poder regulamentar*, os regimentos provêm do poder *hierárquico* do Executivo, razão pela qual só se dirigem aos que se acham sujeitos à disciplina do órgão que

---

6. V., acima, nesta 2ª ed., o item 4.3.
7. Hely Lopes Meirelles, *Direito Administrativo Brasileiro*, 40ª ed., São Paulo, Malheiros Editores, 2014, pp. 198-199.

os expediu. Este conceito é confirmado pelas lições de renomados administrativistas, como Diógenes Gasparini[8] e José Cretella Jr.[9] Daí por que tão só em homenagem à ênfase utiliza-se a denominação "regimento interno" e "regulamento externo", eis que todos os regimentos são internos e todos os regulamentos são externos.

Essas considerações foram despertadas pelo estudo desenvolvido no REsp 1.169.865-DF pelo Min. Luís Felipe Salomão ao enfrentar a deliberação de assembleia-geral que adotou o quórum simples para apreciação de matéria de ordem regimental, e não de natureza convencional. Tratou-se ali do "procedimento e locais para instalação de ar-condicionado" – o que, à obviedade, não constitui questão de ordem estatutária. Muito ao contrário, trata-se de apreciação de problema disciplinar interno, que orienta especificamente os condôminos a não interferirem com o projeto arquitetônico da fachada. Em suma: a definição da forma e dos locais de instalação de ar-condicionado constitui matéria de natureza regimental, pelo quê a simples decisão em assembleia, pela sua maioria, confere legitimidade à deliberação.

Por sinal, bem lembra o v. acórdão que, "ao optar por morar em um condomínio edilício, o indivíduo espontaneamente se sujeita a normas mais rígidas, devendo sempre agir dentro dos limites dos seus direitos, tendo uma atuação refletida, que leve em consideração os interesses dos demais moradores e do condomínio, prevenindo a indesejável quebra da harmonia naquele agrupamento". Contudo, também na esfera condominial há limites para o aproveitamento de gozos e privilégios particulares. Se, de um lado, verificam-se significativas limitações ao direito de propriedade, de outro lado, a autonomia privada de cada condômino subsiste e se manifesta nos limites das peculiaridades de sua propriedade condominial. A mais expressiva dessas manifestações volitivas está consubstanciada nas normas do regimento, que não se confundem com as da convenção, até porque não as contrariam, nem as suplementam.

Não há, pois, como deixar de aceitar as decisões adotadas por maioria simples e não por quórum especial, como, primitiva e equivocadamente, dispunha o art. 1.351 CC, antes de ser corrigido.

8. Diógenes Gasparini, *Direito Administrativo*, 4ª ed., São Paulo, Saraiva, 1995, p. 105.

9. José Cretella Jr., *Curso de Direito Administrativo*, 14ª ed., Rio de Janeiro, Forense, 1995, p. 236.

4.6 O comando normativo da convenção

[Publicado na *Tribuna do Direito* 259, novembro/2014]

No estudo da natureza jurídica da convenção de condomínio não se detecta discordância entre os doutos quanto à premissa enunciada por Caio Mário: "Dada a sua própria natureza, as regras de comportamento de cada edifício têm sentido normativo". Seguindo a lição do Mestre mineiro, já tive oportunidade de anotar que a convenção de condomínio constitui *ato-regra*, dotado de força cogente. Gerada por acordo de vontades, "ultrapassa as pessoas que assinaram sua constituição" e atinge qualquer um que adentra o território condominial. A convenção subsiste incólume mesmo após o desligamento dos seus autores, salvo eventual alteração por aprovação de 2/3 dos votos de todos os condôminos (art. 1.351 do CC).

O magistrado José Roberto Neves Amorim, noutras palavras, definiu que "convenção condominial é o conjunto de normas, criadas e impostas pelos próprios condôminos, regulamentadoras do comportamento e da conduta das pessoas que vivem numa comunidade determinada ou nela estejam, ainda que temporariamente, sujeitando-se às sanções em caso de violação, mas sempre de acordo com as leis emanadas do Poder Público".[10]

Entre os comandos cogentes da convenção merece especial destaque o dever de "contribuir para as despesas de condomínio na proporção das suas frações ideais, *salvo disposição em contrário na convenção*" (inciso I do art. 1.336 do CC). Assim, se uma convenção adotar, no rateio das despesas condominiais, a mesma proporção atribuída às frações ideais, estará em perfeita consonância com a primeira parte desse inciso. Nada impede, porém, ao condomínio que seja alterado o critério legal, atribuindo a determinadas unidades condominiais proporção diversa da respectiva fração ideal. É o caso, sempre lembrado, das lojas térreas que têm acesso direto pelas ruas e não pela entrada principal do edifício. Demais disso, essas lojas não se beneficiam do uso dos elevadores, da limpeza de suas áreas comuns, nem se valem do consumo de água ou de energia elétrica do prédio. Elas têm medidores próprios. Numa palavra: a utilização dessas lojas é completamente independente.

---

10. In José Roberto Neves Amorim e Francisco Antônio Casconi (coords.), *Condomínio Edilício – Aspectos Relevantes*, São Paulo, Método, 2005, p. 186.

Continuam, porém, vinculadas ao condomínio, por integrarem sua edificação e participarem da sua segurança estrutural. Daí nem sempre coincidir o percentual atribuído à sua fração ideal de unidade autônoma com a quota de participação no rateio das despesas de condomínio.

Esse tema já foi amplamente debatido pelas nossas Cortes de Justiça sob a bandeira da convenção condominial, que tem a finalidade de estabelecer um clima de convivência harmônica, sob os auspícios dos princípios constitucionais da igualdade dos direitos individuais, consoante já ficou por mim ressaltado.[11]

Recentemente, porém, essa questão foi reativada em acirrado debate na 4ª Turma do STJ, cujos Ministros divergiram entre si, quando do julgamento do REsp 784.940-MG. Na condição de Relator originário, o Min. Raul Araújo sustentou que a pretensão judicial se reveste de legitimidade para alterar a norma convencional pela *via judicial*, em oposição à resistência da maioria condominial: "O que objetiva é isentar-se da participação das despesas que são de interesse dos demais condôminos e de nenhuma utilidade para a unidade imobiliária pertencente à promovente". Para tanto, louva seu voto nos entendimentos especializados de renomados autores e de julgados, para concluir: "É correta, portanto, a solução encontrada pelo v. aresto recorrido, ao modificar interpretação a ser dada à cláusula 40 da convenção de condomínio, ajustando-a ao razoável, evitando uma interpretação literal que leva à injustiça, por privilegiar os demais condôminos em detrimento da promovente-recorrida, sem perder de vista que no condomínio em edifícios é necessária a conjugação de esforços e a participação de todos nas despesas de interesse e utilidade geral".

Sucede que o fulcro da controvérsia não se situa, essencialmente, no reconhecimento, ou não, na aferição das despesas segundo os princípios da utilidade e da igualdade. O que importa é o comando *cogente* da norma convencional. O que importa é interpretar a norma da convenção segundo dois vetores legais: o inciso I do art. 1.336 do CC, que salvaguarda "disposição em contrário na convenção", e o art. 1.351, que exige o quórum especial de 2/3 dos votos dos condôminos *para ser alterada a convenção*. Vale dizer que o poder jurisdicional não ostenta autoridade para contrariar declaração de vontade da convenção condominial,

---

11. V., acima, nesta 2ª ed., o item 4.3.

por se tratar de *ato-regra*, de pleno e prévio conhecimento do proprietário da loja térrea. Foi neste rumo que os demais Ministros da 4ª Turma do STJ decidiram no referido recurso especial, prestigiando o voto condutor do Min. Marco Buzzi, que enfatizou: "... a força cogente da convenção condominial encontra-se lastrada não apenas no fato de esta refletir a vontade dos particulares que integram o correlato condomínio, mas, principalmente, porque a lei assim a reconhece".

Reconhece o v. Julgado ser "salutar" "que os custos de determinados despesas devem, em tese, ser atribuídos apenas aos comunheiros que se beneficiam, direta ou indiretamente, dos serviços prestados pelo condomínio. *Não obstante, a convenção condominial é soberana para definir parâmetro diverso do ora apontado*".

A meu ver, o acórdão, relatado pelo Min. Marco Buzzi e sufragado pela divergência, deverá ser rotulado de emblemático, na medida em que se submete ao *comando normativo* da convenção e se comporta segundo os dispositivos aplicáveis.

Capítulo 5
Áreas Comuns

5.1 Os apartamentos de cobertura. 5.2 O uso exclusivo de área comum. 5.3 Reserva especial de uso de área comum. 5.4 Mudança de utilização só é possível com consenso. 5.5 Dois casos na área comum, mas um só direito. 5.6 O direito de cercar os edifícios. 5.7 As guaritas. Obras necessárias. 5.8 Embargo de obra nova entre condôminos. 5.9 Não há usucapião das áreas comuns. 5.10 O uso injusto de áreas comuns pelo inadimplente.

5.1 Os apartamentos de cobertura
[Publicado na *Folha de S. Paulo* em 25.2.1980]

Cresce no mercado imobiliário a preferência pelos "apartamentos de cobertura", assim chamados porque ficam localizados no derradeiro andar do prédio. Enganam-se, contudo, seus compradores quando presumem que são plenos, amplos e irresistíveis proprietários de todas as áreas desses apartamentos. Via de regra ditas áreas (de uso evidentemente exclusivo) se distribuem entre dois pavimentos, dos quais um deles (o do plano inferior) constitui área efetivamente de propriedade exclusiva, enquanto o outro (conhecido como "andar de cobertura") não é suscetível de alienação, por se tratar de área, sem dúvida, de propriedade de todos os condôminos.

O legislador não usou a expressão "andar de cobertura", criada pelo mercado imobiliário, para valorizar o produto. Preferiu a tradicional denominação de "teto", advertindo, de forma clara, que essa área, por ser de natureza irreversível como de "condomínio de todos", não pode ser utilizada com exclusividade por qualquer condômino. Nesse exato sentido sempre foi a orientação clássica dos comentadores, salientando que a mudança da destinação de área comum, para uso privativo de um só condômino, representa falta dupla: altera a característica de uso coletivo de uma área, bem como infringe o princípio de igualdade dos condôminos perante a coisa de propriedade de todos.

Frente a tão expressa proibição legal, como ficam os proprietários dos chamados "apartamentos de cobertura"? Ficam até muito bem. Mesmo porque estão "lá por cima". Como não podem adquirir a área inalienável do condomínio, efetivamente não a compram. Apenas são contemplados com o direito de uso das dependências localizadas no andar de cobertura. Propriedade mesmo, apenas a podem ter das outras áreas, não abrangidas pelo domínio comum. Daí ditos apartamentos terem dois componentes distintos: o apartamento propriamente dito (de propriedade plena e exclusiva) e áreas destinadas ao lazer (piscina, salão de festas, salão de jogos etc.), cuja titularidade se limita ao direito de uso, e não ao domínio pleno e absoluto.[1]

Ainda assim, dois cuidados devem ser necessariamente observados: ou a convenção de condomínio previu e reservou o direito de uso exclusivo do andar de cobertura, ou dependerá de consentimento unânime dos condôminos a permissão dessa regalia em favor de alguém que quer ficar "por cima". Vale dizer que na concessão desse benefício sempre há de concorrer o consentimento unânime – por adesão ou por manifestação de vontade.

Além dessas duas alternativas, o Direito puro desconhece outros meios de conservar o que está "por cima". E precisa?

5.2 O uso exclusivo de área comum

[Publicado na *Folha de S. Paulo* em 29.8.1982]

Enquanto a regra geral do art. 628 do CC [*de 1916*] diz que "nenhum dos coproprietários pode alterar a coisa comum, sem o consenso dos

---

1. O Código Civil de 2002 inovou duplamente ao admitir a propriedade do terraço de cobertura. Não somente distingue o "terraço de cobertura" do "telhado" propriamente dito (cf. § 2º do art. 1.331), como permite que o terraço de cobertura constitua propriedade exclusiva de condômino, se assim for previsto no instrumento de constituição do condomínio (cf. § 5º do mesmo art. 1.331). Se o terraço de cobertura pode ser de "propriedade exclusiva" (art. 1.344), com maior razão pode ser permitida a utilização exclusiva dessa área. Aliás, mostra-se supérflua a menção ali feita no sentido de que incumbe responder pelas despesas de sua conservação, tratando-se de "proprietário". Essa obrigação, contudo, passa a ter sentido quando a utilização do terraço de cobertura se dá em razão de mera "posse precária".

outros", regulamenta, especificamente, a Lei de Condomínio que o condômino "poderá usar as partes e coisas comuns de maneira a não causar dano ou incômodo aos demais condôminos ou moradores, nem obstáculo ou embaraço ao bom uso das mesmas partes por todos" (art. 19).[2]

Dessas normas legais decorre ser necessário o consenso unânime dos condôminos para que seja alterada a coisa comum (*RT* 368/135, 533/210 e 552/80). Principalmente quando essa alteração gera incômodos, obstáculos ou embaraço aos demais condôminos. É o caso que serviu de tema ao artigo da semana anterior. Tratou-se de um condômino que construiu em parte da área comum do pavimento térreo pequenos cômodos que são de sua exclusiva utilização.

Desde que não houve, segundo o leitor consulente, prévia autorização do condomínio, flagrante é a irregularidade praticada. Em verdade, a irregularidade é dupla: em relação ao condomínio, por falta de concordância, e em relação à Prefeitura, por ter ocorrido edificação sem prévia aprovação de planta.

Esta última circunstância (ausência de alvará de construção) possibilita ao condomínio que represente à Prefeitura, informando-a dessa edificação irregular, para que determine simplesmente sua demolição. Caberá, então, à Municipalidade a iniciativa da ação demolitória, à qual o condomínio poderá aderir, como interessado direto na obtenção de seu resultado.

Mas se a Prefeitura não reagir convenientemente ao impulso condominial, deixando de atender, ou demorar em se definir (na prática, é o mesmo), o condomínio, ou mesmo qualquer condômino, pode reclamar a demolição das dependências particulares indevidamente construídas. Basta demonstrar que se verificou alteração na coisa comum. Isto é: modificou-se o uso que lhe foi primitivamente destinado, alterando sua essência ou transformando sua natureza.

A ordem judicial de demolição da construção irregular também resolverá, automaticamente, a posse dessa parte como usurpada, cujo exercício voltará a ser efetivado diretamente pela comunhão.

Todavia, ao invés da demolição, poderá interessar ao condomínio preservar a situação, explorando vantajosamente sua utilização privati-

2. O art. 628 do CC de 1916, revogado, foi reproduzido no parágrafo único do art. 1.314 do CC de 2002.

va, mediante aluguel. É de se ter presente que se trata de área e coisa de propriedade coletiva, cabendo, portanto, à comunidade ser beneficiada com seu rendimento.

Nesta direção se têm encaminhado muitos condomínios que, sempre por deliberações unânimes, resolvem, por exemplo, alugar as áreas de manobra das garagens a condôminos, para estacionamento de automóveis.

A condição da total concordância dos condôminos no destinar parte comum para uso exclusivo está diretamente ligada à ideia do prejuízo, consistente nos incômodos obstáculos ou embaraços de que fala a lei.

Daí ser precária a concessão condominial de utilização particular de áreas ou coisas pertencentes à comunhão. Mesmo quando a área comum é destinada pela própria convenção condominial ao uso privativo, ainda assim a permissão há de ser condicionada à inexistência de prejuízo ao uso e gozo dos demais condôminos.

Assim, uma pequena área de acesso a apartamento que não serve de comunicação a qualquer parte de uso comum dos condôminos teve reconhecida a legitimidade de seu uso exclusivo pelo Tribunal de Justiça da Guanabara/TJGB. Da mesma forma entendeu o 2º Tribunal de Alçada paulista no tocante a uma área situada nos fundos de uma loja, que só poderia ser alcançada através dessa unidade térrea.

Nem por isso deixa de ser menos verdadeiro o preponderante entendimento de nossos Pretórios, inclusive do STF, no sentido de inadmitir o uso e o gozo de coisa comum sem indenização aos demais parceiros – o que é dimensionado pela renda que poderia proporcionar (*JTACivSP* 35/369).

É natural que todos queiram tirar vantagem. E o condomínio não é exceção.

5.3 *Reserva especial de uso de área comum*
[Publicado na *Folha de S. Paulo* em 24.11.1980]

Quando um incorporador de prédio em condomínio acha de reservar o uso e gozo das partes comuns em proveito pessoal, nem por isso o benefício está suficientemente protegido contra sua eventual anulação. É que esse privilégio não se compatibiliza com a expressa proibição legal de utilização exclusiva, por qualquer condômino, de áreas e coisas de propriedade de todos.[3]

A questão, contudo, não tem sido apreciada de modo uniforme pelos tribunais do País. Deve-se ter em conta que a legislação específica que regula a matéria de condomínio integra as chamadas "normas de ordem pública", que não admitem alterações ditadas por interesses particulares. O interesse social do condomínio tem prioridade absoluta e prevalece sobre as vantagens individuais. Ocorre que esse interesse social vem merecendo tratamento menos extremado por alguns pretórios, que levam em conta duas circunstâncias de especial significado: (a) a manifesta aceitação dos condôminos quando resolvem aderir ao condomínio; e (b) a ausência de qualquer ofensa ou prejuízo ao direito dos demais coproprietários do edifício. Ademais, como já foi observado em expressivo julgado paulista, "o Direito não pode tutelar poderes inativos, que impedem de preencher as suas funções. O desperdício de riqueza não se harmoniza nem com os fins individuais, nem com os sociais (...)" (*JTACivSP* 35/369) Para se chegar a essa conclusão o elemento ético também se faz presente: se os condôminos não podem alegar surpresa a respeito da reserva especial – já que anteriormente a aceitaram – e se o privilégio não ocasiona à comunhão do edifício qualquer prejuízo, a tardia discordância corre o risco de ser interpretada como atitude meramente caprichosa. E isto porque a oposição dos condôminos objetivaria apenas causar prejuízos a outrem, sem tirar para si qualquer proveito.

Sob este enfoque, inegavelmente mais liberal, têm sido admitidas algumas exceções bastante significativas de utilização exclusiva de áreas comuns, como aquelas que somente podem ser atingidas pela passagem obrigatória de unidades privativas. Por isso mesmo é que se tornou frequente nos chamados *apartamentos de cobertura* o uso privativo de área certa (cercada e até coberta) no telhado do prédio (andar de cobertura). Também dessa forma se explica o reconhecimento judicial de uso exclusivo de áreas localizadas nos fundos de lojas ou armazéns, apenas possíveis de serem alcançadas através de obrigatório ingresso nessas lojas. E, ainda sob esta ótica, também se compreende por que também já se reconheceu ao incorporador o direito de se utilizar de área

---

3. Afrânio de Carvalho, "O condomínio no registro de imóveis", *RDI* 2/38.

de acesso ao subsolo quando continua detendo a exclusiva propriedade desse pavimento (TJRJ, 1º Grupo de Câmaras, RT 484/196).

A tônica permanente dessas especiais concessões sempre consiste na inexistência de prejuízo ao condomínio. Mas se o proveito deixa de ser específico, isto é, se o privilégio pode beneficiar a todos, desaparece a característica emulativa do capricho. Aí, então, não há como justificar a vantagem exclusiva, por ser egoísta e ofender igual direito dos demais condôminos.

De fato, enquanto a utilização (coletiva) do andar de cobertura pouco ou nada acrescenta aos condôminos de apartamentos localizados nos pavimentos inferiores e enquanto nenhuma expressão maior representa o uso privativo de áreas comuns (ao nível do pavimento térreo ou não), desde que apenas acessíveis pelas próprias unidades beneficiadas, o mesmo não se pode dizer quando se verifica que o proveito é ou pode ser traduzido em vantagem pecuniária. São exemplos dessa espécie a locação de paredes laterais de edifícios para exploração publicitária e a locação de partes do andar de cobertura para colocação de anúncios luminosos (TACivSP, 4ª Câmara, RT 419/211).

Nestes casos é evidente que a reserva especial de uso traduz inadmissível privilégio de um, em direto detrimento do direito de participação dos demais sócios condominiais. Ora, se os lucros sociais devem ser repartidos proporcionalmente entre os sócios, renunciar a parte deles, ainda que pequena, chega até a constituir homenagem à especial reserva de vivacidade do empreendedor condominial. Será que ele merece a homenagem?

5.4 Mudança de utilização só é possível com consenso

[Publicado na *Folha de S. Paulo* em 6.6.1982]

Já alertamos, nesta mesma coluna, quanto à imprescindibilidade do consenso unânime dos condôminos para que possa ser alterada a destinação primitiva das áreas comuns. Até ilustramos com a hipótese de construção de novas unidades privativas nessas áreas, mesmo quando precedidas de regular aprovação do projeto de construção pela Prefeitura. Mas somente porque o exemplo se ateve à área comum isto não quer dizer que a unanimidade de consentimento condominial deixa de ser exigível quando se trata de modificar a utilização de unidades privativas em desconformidade com o "habite-se".[4]

A manifestação de concordância dos condôminos deve ser total, não se podendo distinguir se a área é de propriedade coletiva ou privativa. Basta que haja desvio da sua destinação inicial. E assim é por ser inderrogável o respeito ao direito adquirido dos condôminos, que não podem ser surpreendidos com alterações introduzidas no edifício.

Se é certo que a modificação nas obras de construção ou a reforma do prédio dependem, necessariamente, de prévia autorização da Prefeitura (através de alvará), a recíproca não é verdadeira. Ainda que a modificação pretendida tenha sido permitida pela Administração Municipal, nem por isso se torna mais viável sua execução no edifício se a totalidade dos comunheiros não a permite. Tenha-se em conta que a Prefeitura examina a alteração sob o ângulo estritamente técnico (e urbanístico), segundo as normas regulamentadoras da construção, sua localização no bairro etc. Satisfeitas as chamadas "posturas administrativas", o projeto é aprovado.

Essa permissão administrativa, por si mesma, porém, não é suficiente para viabilizar a execução. Basta apenas um condômino ser contrário para que seja obstada a alteração de uso do edifício, mesmo que circunscrita à área de propriedade exclusiva. Esta recusa nem precisa ser motivada, isto é, ao condômino não cabe justificar sua discordância. Não precisa demonstrar que tem razão em divergir. Basta que divirja.

Nesta hipótese – volta-se a enfatizar – impõe-se o respeito ao direito adquirido de todos os coproprietários. Não prevalece, pois, a vontade da maioria, ainda que absoluta, dos condôminos, como expressão capaz de autorizar a realização da pretendida alteração. O direito adquirido de um isolado condômino divergente é protegido pelo escudo da garantia constitucional, que veda qualquer vazamento de legislação hierarquicamente inferior.

Essa perfeita impermeabilização constitucional do direito adquirido do condômino tem impedido até mesmo que se obtenha, subsidiariamente, o suprimento judicial de sua recusa. Explica-se: o suprimento

4. Dispõe o art. 1.351, segunda parte, do CC de 2002 que "a mudança da destinação do edifício, ou da unidade imobiliária, depende da aprovação pela unanimidade dos condôminos".

judicial ocorre sempre que se defrontam pessoas incapazes de manifestar sua concordância, mas não neste caso, quando se trata de livre manifestação de vontade, assegurada por lei, mas que é reclamada para a validade do ato.

Exatamente por isso é que se compreende a enorme decepção – e as apreciações impublicáveis – da quase totalidade dos condôminos quando não conseguem, por exemplo, convencer um último condômino a permitir que a área privativa de amplo pavimento comercial se transforme em vários apartamentos residenciais, um dos quais passaria a ser de propriedade do próprio condomínio. Nem por isso se torna possível suprir judicialmente seu consentimento, "pois ninguém é obrigado a praticar ato jurídico ou contratar contra sua vontade".

É certo, porém, que o responsável por esse voto divergente não terá propriamente, daí em diante, aprazível vida em comum com os demais condôminos.

5.5 Dois casos na área comum, mas um só direito

[Publicado na *Folha de S. Paulo* em 15.12.1980]

Recentemente foi noticiado por publicação especializada o teor de decisão do 1º TACivSP que determinou a reconstrução de pequeno jardim em área situada à frente da janela de apartamento térreo. E assim concluiu porque, antes das reformas feitas, no local "havia canteiro e uma cerca viva, que impediam a aproximação de veículos, mantendo-os a uma distância de 3m afastados da janela. Havia também uma árvore, de tal forma que o quarto não ficava devassado" (1º TACivSP, rel. Juiz Vieira Manso, *JTACivSP* 61/153).

Porém, da alteração introduzida, que teve por finalidade ampliar a área de estacionamento de automóveis, resultou o evidente incômodo de a metro e meio da janela do apartamento passar a existir garagem para carros. Tem mais: a reforma provocou constrangimento dos seus moradores, em virtude de a intimidade do apartamento ficar exposta à curiosidade pública.

Este caso logo faz recordar outro, exatamente por se tratar de hipótese semelhante, porém ao reverso. Cuidou-se, então, de pedido de demolição de obra que visava a impedir o estacionamento de automóveis em área sempre destinada a esse fim. E, como no caso recente, também se localizava na parte do recuo frontal do edifício. Diferenciava-se, contudo, por não se tratar de apartamento, mas, sim, de lojas. E em consequência da modificação feita na área de recuo, dando lugar a jardim protegido por muretas, "alterou-se profundamente o potencial de aproveitamento das lojas de um modo genérico, impedindo, por exemplo, o comércio de veículos, em face da situação das muretas que vedam o ingresso de autos nas lojas". Por isso, resolveu o 2º TACivSP ordenar a demolição das muretas e a reconstrução do piso, de sorte a voltar a ser utilizado como área de estacionamento das lojas (rel. Juiz Lair Loureiro, *RT* 486/123).

Longe de incoerências (mesmo aparentes) ou da aplicação condenável de dois pesos e duas medidas, os dois casos mereceram perfeito tratamento pelos tribunais. Realmente, apresentam eles evidente denominador comum: em ambas as hipóteses as reformas ocasionaram inaceitáveis embaraços à utilização das unidades condominiais. No primeiro, gerados pela retirada do jardim; e no segundo, pela implantação do jardim. É que tais questões, como tudo (ou quase tudo) quanto ocorre no mundo do Direito, hão de ser analisadas pelo critério da relatividade, que o abalizado Caio Mário da Silva Pereira (autor do Anteprojeto da Lei do Condomínio), para facilitar o entendimento, assim exemplifica: "O que, em apartamento de luxo, em bairro residencial, constitui incômodo e é repelido, em edifício de condições mais modestas, em bairro comercial ou industrial, é tolerado".

Como se vê, na procura da verdade, quer científica, quer jurídica, tudo é relativo.

5.6 O direito de cercar edifícios

[Publicado na *Folha de S. Paulo* em 28.1.1980]

A colocação de grades cercando o terreno de um edifício de apartamentos pode até influir em sua aparência ou até mesmo ameaçar a pureza de sua concepção arquitetônica. Nesta hipótese verificar-se-ia ofensa à Lei de Condomínio, que proíbe a alteração da forma externa da fachada?

A indagação, por constituir novidade, ainda não mereceu apreciação específica dos tribunais, particularmente quanto à necessidade do consenso unânime dos condôminos para autorizar modificações de áreas de uso e propriedade comum.

Trata-se, neste caso, do que os doutrinadores chamam de "direito de cercar", por razões de segurança e conveniência, cujas despesas deverão, necessariamente, ser suportadas por todos os condôminos, ainda que discordem dessa deliberação.

A solução desta questão, como tantas outras, certamente há de ser adotada pela imposição da regra de conduta, de inspiração eminentemente democrática, que fixa o limite da proibição no interesse coletivo. Neste exato sentido já se manifestou o TASP, em grau de embargos infringentes, ao condensar na respectiva ementa: "A proibição genérica inserida nas convenções condominiais não pode ser entrevista como um veto desarrazoado, insuscetível de adequação e elastério quaisquer que sejam as circunstâncias. Os casos concretos, em sua infinita gama, terão de ser apreciados segundo as suas peculiaridades, resguardando-se toda forma de proibição, quando a inovação afete pretensão legítima de outro condômino ou do condomínio".[5]

Essa decisão, relatada em 1973, mostra-se atualíssima, por conter sábia orientação a prevalecer frente a eventual objeção à implantação da cerca de grades destinada a conferir proteção contra a "escalada da violência", que nos vem intimidando progressiva e inexoravelmente. Ora, ninguém pode ficar insensível aos constantes apelos da própria Polícia, recomendando medidas de resguardo contra os assaltos que se dirigem contra todos e em qualquer lugar, mesmo à luz do dia.

Deve-se, por outro lado, considerar que a questão da inalterabilidade da fachada vem sendo apreciada com certa liberalidade pelos tribunais, com o propósito de possibilitar aos condôminos melhores condições de utilização do edifício, desde que não ofendam direitos de terceiros. Por isso é que tem sido tolerada a instalação de aparelhos de ar-condicionado, exaustores, antenas de televisão etc.

Tais ponderações reclamam, por conseguinte, uma revisão na aplicação da norma legal quando exige unanimidade dos condôminos nas

---

5. A resistência à implantação das grades logo cedeu à escalada da violência. Hoje, nos projetos de construção de edifícios já vêm previstas não somente a implantação de grades, como a própria guarita. Releva, outrossim, ponderar que essas construções em áreas comuns não são "suscetíveis de prejudicar a utilização das partes próprias, ou comuns", a teor do disposto no art. 1.342 do CC de 2002.

deliberações que poderão modificar a fachada dos prédios. É que, a despeito do princípio da inalterabilidade da fachada, não se pode desconhecer a dura realidade da violência. Não é só: há de se levar em conta que a restrição legal se preocupa, especialmente, com modificações de fachada introduzidas pela conveniência restrita e isolada de um proprietário de unidade condominial, enquanto a cerca do terreno do edifício interessa à coletividade que nele habita.

É lícito, assim, concluir que inexiste impedimento jurídico capaz de obstar à implantação de grades cercando o terreno do prédio, ainda que implique alguma mácula à harmonia arquitetônica de sua fachada, determinada por deliberação tão só de maioria dos condôminos.

5.7 As guaritas. Obras necessárias

[Publicado na *Folha de S. Paulo* em 17.3.1980]

A escalada da violência tem determinado um comportamento de crescente resguardo por parte dos que habitam as grandes cidades. Não só novos e sofisticados mecanismos de alarme são lançados no mercado, como a conduta psicológica dos cidadãos vem sendo profundamente alterada. O aprimoramento da proteção contra a violência em edifícios de apartamentos está sendo traduzida na implantação de grades no alinhamento fronteiriço à via pública e na construção de guaritas, de onde é acionada, eletricamente, a abertura das portas.

Ocorre que a construção dessas guaritas acarreta modificação da natureza da área comum do edifício, e pode até implicar alteração da fachada do prédio. Nesse sentido já um Tribunal paulista assim decidiu, afirmando a ilegitimidade de uma assembleia que não obteve a concordância unânime dos condôminos... Atendo-se fielmente à letra da norma condominial (quando a violência ainda não havia atingido o atual nível de periculosidade), a Justiça paulista achou mais importante determinar a estrita observância à restrição legal do que possibilitar sensível melhoria no sistema de guarda e de proteção do edifício (*RT* 492/153).

Hoje, certamente, outro seria o tratamento do tema, a começar pela postura do próprio condomínio, que àquela época entendeu desnecessária a construção de guarita. O tema, como sempre, há de ser analisado sob o crivo do bom-senso. A questão é saber, dentro do atual contexto social, se a construção da guarita é, ou não, obra necessária. Esta deve ser a medida de aferição pelos tribunais, tendo em conta que a alteração da área de uso comum, mesmo sem o consenso unânime, tem por objetivo relevante interesse coletivo.

Não se trata, como já foi debatido em memorável caso apreciado pelo STF, de benfeitoria meramente útil. E muito menos passível de classificação como voluptuária, ou seja, aquela que se destina tão só ao mero deleite, ou que torna mais agradável o uso do imóvel.

A guarita não pode ser equiparada à construção de capela, piscina, pavilhão de festas ou enfermaria. A conscientização do caráter necessário da guarita, para melhor controle da portaria, é hoje inquestionável. Em consequência, tudo leva a crer que o tema dificilmente terá oportunidade de ser outra vez examinado em juízo. Para tanto, necessidade haveria de que o condômino, no discordar da deliberação por maioria dos demais, se sentisse suficientemente protegido pelo sistema já existente do prédio. Mas, se a construção de uma escolinha e biblioteca para as crianças do edifício já foi considerada obra útil, não resta dúvida de que a guarita, pela mesma medida de graduação do interesse social, é de ser enquadrada como obra necessária. A guarita, bem mais do que uma escolinha e biblioteca para crianças, confere tranquilidade social aos moradores do edifício. E não se pode dizer que altera a destinação de uso do prédio. Afinal, o condômino decidiu residir em edifício porque este tipo de moradia lhe confere maior proteção, física e patrimonial. Acaba, pois, se constituindo em inadmissível paradoxo se, a pretexto de alteração de parte de área de uso comum, discorda da implantação de obra que objetiva o aperfeiçoamento do sistema de proteção.

Onde o bom-senso? É evidente que não está protegido pela guarita!

5.8 Embargo de obra nova entre condôminos

[Publicado na *Folha de S. Paulo* em 4.7.1982]

Difere o condomínio em edifícios do condomínio tradicional. Neste a copropriedade abrange a totalidade do imóvel, enquanto naquele coexistem a propriedade exclusiva das unidades imobiliárias (apartamentos, conjuntos, salões, lojas etc.) e a das áreas comuns (jardins, vestíbulos, escadas, corredores, telhados, apartamento do zelador etc.). Por isso é que, em face da autonomia da propriedade exclusiva, os apartamentos, salões ou lojas são considerados unidades autônomas. Mas como, ao mesmo tempo, têm essas unidades participação na propriedade das áreas comuns, "nenhum dos coproprietários pode alterar a coisa comum, sem o consenso dos outros" (art. 628 do CC [de 1916]).[6]

Este consentimento há de ser, necessariamente, unânime, já que se trata de alterar coisa que pertence à comunidade. A manifestação da concordância tem de ser colhida através de assembleia-geral especialmente reunida para deliberar a respeito desse tema, como órgão soberano que é. Se assim não for observado, isto é, se a alteração na área comum for executada sem assembleia regular que a autorize, qualquer condômino (quando não o próprio condomínio) poderá embargar a execução da obra "com prejuízo ou alteração para a coisa comum", valendo-se da ação de nunciação de obra nova. Reclama esta ação de embargo que a obra tenha sido iniciada, mas não concluída. É frequente a concessão do embargo da obra nova logo na instauração do processo (embora em caráter provisório), por constituir medida eficaz a impedir a concretização de abusiva alteração na coisa comum (*JTA* 16/120 e 17/37; *RT* 443/234, 486/123. 510/106 e 554/202).

A partir da vigência do novo Código de Processo Civil, de 1973, que prevê expressamente esta hipótese, não mais se discute a admissibilidade da ação de nunciação entre condôminos. Daí se mostrar cada vez mais frequente a aplicação desse remédio processual sempre que se queira impedir a conclusão de modificação irregular de área comum.[7] Assim, possível é o embargo se se trata de alteração de área de acesso à loja térrea em jardim; de transformação de vagas de garagem coletiva em estúdio de som; de transformação de pérgola em apartamento; de cercar vestíbulo comum de acesso a elevadores, para uso privativo de um deles; de cercar parte de área de recuo do prédio, para uso exclusivo; de implantação de piscina em andar de cobertura – e assim em diante.

Não é só: segundo nosso entendimento, perfeitamente viável é o embargo de obra nova até quando a alteração ocorre no interior da unidade, com o propósito de se mudar sua destinação própria. Realmente,

6. O art. 628 do CC de 1916 corresponde ao art. 1.314, parágrafo único, do CC de 2002.
7. Ernane Fidélis dos Santos, *Comentários ao Código de Processo Civil*, vol. VI, Rio de Janeiro, Forense, n. 168, pp. 179-180.

não se pode obstar à aplicação desse poderoso antídoto processual quando apartamentos residenciais querem ser transformados em lojas comerciais, em clínicas ou escolas. Essa proibição também vale em sentido contrário, posto que sempre encerra um desvio da utilização primitiva do edifício, traindo uma situação originária por todos aceita.

Mas se a modificação, ainda que irregular, já se encontra ultimada, a ação de nunciação é imprópria. Nesta etapa nada há a embargar. Nem por isso deve remanescer e frutificar a nocividade implantada. Neste caso o remédio processual é outro, e tem efeito mais retardado. Tão retardado quanto a reação tardia dos condôminos.

5.9 Não há usucapião das áreas comuns

[Publicado na *Folha de S. Paulo* em 22.8.1982]

Conta-me um leitor que há 20 anos o proprietário de um apartamento térreo construiu em parte da área comum desse pavimento "um quarto e sanitário para empregada e um outro quartinho que funciona como despensa". Explica que "a construção foi feita sem planta da Prefeitura, ou venda da área comum. Enfim, tudo foi irregular". Diz também que esse condômino nem paga a "fração ideal correspondente às despesas de condomínio", salientando, por fim, que nesses 20 anos nada se faz contra essa situação, concluindo que "o condômino sabe que está errado, mas, como até hoje nada foi feito, ele acomodou-se".

Antes de se abordar a apropriação de área comum para uso exclusivo, deve-se considerar o longo prazo da construção sem qualquer oposição. E 20 anos de inércia conduzem, necessariamente, à averiguação da prescrição do direito de agir, isto é, se o condomínio ainda pode reclamar contra a situação apontada.

No Direito Brasileiro, Carlos Maximiliano adotou a tese de Butera no sentido de que as áreas comuns constituem partes acessórias das unidades condominiais, de propriedade exclusiva. Em consequência, não se admite usucapião de coisas comuns, isoladas, porquanto seriam "acessórios sem principal".[8]

    8. Carlos Maximiliano, *Condomínio*, Rio de Janeiro, Freitas Bastos, 1956, p. 133.

Não se pode esquecer que áreas comuns de um edifício são indivisíveis; e, segundo Brenno Fischer, enquanto perdurar essa situação de indivisibilidade "não se pode falar em prescrição" – com o quê concorda Serpa Lopes, para quem é "irretorquível a impossibilidade de uma aquisição por usucapião contra os demais condôminos, enquanto subsistir o estado de indivisão".[9]

Mais recentemente, Caio Mário da Silva Pereira, o autor do Projeto de Lei do Condomínio, respondeu negativamente a essa questão. E justifica, na esteira de outros advogados, que "não pode ocorrer prescrição aquisitiva enquanto perdurar o estado de comunhão".[10]

Essa posição doutrinária é seguida pelos nossos tribunais. Já em 1944, o atual Tribunal de Justiça, que tinha o nome de Tribunal de Apelação, alertava que "não é admissível a prescrição aquisitiva entre condôminos" (*RT* 156/211; *RJTJSP* 68/64). O Tribunal de Alçada do Estado da Guanabara/TAGB, em julgamento ocorrido em 1972, apreciou o caso de um condômino que usou indevidamente uma "laje sob o telhado do prédio, acima do próprio apartamento", transformando a unidade de cobertura em apartamento *duplex*. O Tribunal observou que, se fosse admissível a prescrição aquisitiva, o condomínio perderia "a propriedade de partes comuns, o teto do prédio, na sua parte superior ao apartamento", com o quê seria contrariado, inclusive, o próprio título do condômino infrator (*RF* 248/282).

Esta situação (de um condômino frente ao condomínio) não pode ser confundida com a hipótese do "estranho" ao condomínio. Assim, se esse "estranho" ocupar pelo tempo de 20 anos um cômodo de depósito, vão de escada, alojamento de empregada, sótão etc., aí, sim, neste caso, verifica-se a prescrição aquisitiva. É que o silêncio dos condôminos frente a esse "estranho" caracteriza a omissão da entidade condominial completa. E de sua área comum poderá ser destacada a parte atingida pelo usucapiente (o beneficiário do usucapião).

Mas em qualquer dos casos parece evidente que a utilização exclusiva da área comum é sempre desprovida de boa-fé. Por isso, quando se

9. Brenno Fischer, *A Prescrição nos Tribunais*, vol. I, t. II, Rio de Janeiro, José Konfino, 1957, p. 498.

10. Caio Mário da Silva Pereira, *Condomínio e Incorporações*, 2ª ed., Rio de Janeiro, Forense, 1969, p. 94.

intenta o reconhecimento do usucapião há de ser, indispensavelmente, do tipo "extraordinário", onde não se indaga a existência de boa-fé.

Como se vê, acomodar-se resulta em vantagem desde que o condomínio permaneça inerte ante a irregularidade, que pode ser coibida através de atos judiciais próprios.

5.10 O uso injusto de áreas comuns pelo inadimplente
[Publicado na *Tribuna do Direito* 229, maio/2012]

Enquanto o art. 1.335 do CC assegura os direitos de "usar, fruir e livremente dispor de suas unidades" (inciso I), de usar das partes comuns (inciso II) e de votar nas assembleias, "estando quite" (inciso III), determina o artigo seguinte que, entre outros, é dever do condômino pagar as despesas condominiais. Se não pagar, diz seu § 1º que "ficará sujeito aos juros moratórios convencionados ou, não sendo previstos, os de 1% (um por cento) ao mês e multa de 2% (dois por cento) sobre o débito".

É a única sanção legalmente prevista, posto que a multa equivalente a cinco contribuições mensais, prevista no § 2º do art. 1.336, não somente depende de previsão na convenção, como é restrita às infrações referidas nos incisos II e IV desse artigo. Também não se aplica ao condômino inadimplente a multa prevista no art. 1.337, por ser específica ao condômino de "reiterado comportamento antissocial" (parágrafo único).

Ora, na medida em que a multa de 2% deixou de ser uma penalidade inibidora, a inadimplência de maus pagadores avultou, estimulados pela morosidade da Justiça. Diante desse cenário, os condomínios procuram aplicar ao infrator outras sanções, como aquela de suprimir o fornecimento de água, nos edifícios tecnicamente equipados com esse controle, cuja legalidade foi demonstrada no artigo publicado neste jornal no mês de abril/2011. Outra sanção, desde que expressamente prevista na convenção, consiste em estabelecer juros moratórios acima de 1% ao mês em caso de inadimplemento, cuja legalidade também foi demonstrada no artigo publicado nesta *Tribuna do Direito* no mês de março/2011.

Com o foco sempre voltado a impedir a protelação do pagamento das despesas de condomínio, subsiste controvertida a questão da proibição de uso de coisas ou serviços de natureza não essencial, como a utilização de piscina, salão de festas, churrasqueira ou sala de ginástica, de que são dotados os modernos edifícios. O debate é antigo. O Código Civil de 2002 poderia ter encerrado a controvérsia, estabelecendo para o inciso II do art. 1.335 a mesma condição que inseriu no inciso III: "estando quite". Não o fazendo, continua a controvérsia, quer na doutrina, quer na jurisprudência.

Roberto Barcelos de Magalhães, ainda em 1966,[11] já advertia: "Além das penas pecuniárias previstas, nenhuma outra que importe privação de direitos condominiais pode ser estabelecida em convenção ou aplicada pelo condomínio ao faltoso" – como a supressão "de voto de assembleias-gerais". Esse entendimento foi contrariado por Nascimento Franco, "porque não é justo que o condomínio tenha de custear serviços de que se servem também os condôminos faltosos (...)".[12] João Baptista Lopes sustenta que "tais restrições entram em conflito com o sistema legal", "não se admitindo interpretação extensiva, por se tratar de norma restritiva de direitos". Por isso, enquanto a lei não é alterada, admite a injustiça, e sugere: "*De lege ferenda*, porém, reconhecemos a validade da tese contrária, presentes os fins da propriedade horizontal e os interesses da maioria".[13] Rubens Carmo Elias Filho, a seu turno, conclui seu estudo para afirmar que "nada se verifica de irregular na restrição de uso das áreas comuns e na supressão de fornecimento de serviços essenciais, quando possível".[14]

Se os doutrinadores condominiais estão divididos, é compreensível a falta de entendimento convergente dos julgados. O extinto 2º TACivSP, em julho/2002, por unanimidade, admitiu a interrupção do abastecimento de gás e de sinal de TV a cabo, "por não serem serviços essenciais", e por maioria, contra o entendimento do então Juiz Relator, Gilberto dos Santos, proibiu-se o uso da piscina ao fundamento de que "para a sua utilização é imprescindível, é claro, tratamento, limpeza e manutenção", "além de se constituir em equipamento supérfluo" (AI 728.668-00/2). Já,

---

11. Roberto Barcelos de Magalhães, *Teoria e Prática do Condomínio*, Rio de Janeiro, José Konfino, 1966, p. 128.
12. J. Nascimento Franco, *Condomínio*, 2ª ed., São Paulo, Ed. RT, 1999, p. 50.
13. João Baptista Lopes, *Condomínio*, 10ª ed., São Paulo, Ed. RT, 2008, p. 98.
14. Rubens Carmo Elias Filho, *As Despesas do Condomínio Edilício*, São Paulo, Ed. RT, 2005, p. 195.

em abril/2003 a 3ª Câmara de Direito Privado do TJSP admitiu ao condômino inadimplente que concorresse ao sorteio de vagas de garagem, embora a convenção proibisse sua participação em assembleias-gerais (*JTJ*-Lex 282/44). Recentemente (março/2012), porém, a 6ª Câmara de Direito Privado do Tribunal de Justiça paulista não hesitou em classificar como lícita a deliberação de um condomínio da cidade do Guarujá de restringir a um condômino faltoso os serviços de praia, posto que "geram despesas que devem ser rateadas entre os condôminos (...)" (ACi 0000645-60.2008.8.26.0223, rel. Des. Roberto Solimene).

Desse panorama aflora com nitidez a omissão do legislador do estatuto substantivo, que assegurou ao condômino o direito de usar das partes comuns (art. 1.335, II) mas não condicionou o exercício desse direito ao dever de pagar pontualmente as despesas condominiais. Daí ser indispensável, *de lege ferenda*, como aconselham João Baptista Lopes e o bom-senso, que seja urgentemente aprimorado o referido inciso II, de sorte a se evitar a inadmissível prática de injustiça.

Mas, enquanto *legem non habemus*, cabe aos tribunais corrigir a omissão apontada, especialmente nos casos em que o condômino faltoso abusa da morosidade da Justiça, desdenhando o "empréstimo compulsório" dos demais condôminos. Numa palavra: entende o esperto inadimplente que pode se valer dos mesmos direitos, mas não dos mesmos deveres.

Capítulo 6
As Despesas de Condomínio

6.1 Necessidade de aprovação prévia. 6.2 As quotas de rateio são imutáveis. 6.3 As lojas térreas e as despesas de condomínio. 6.4 As despesas de conservação do elevador. 6.5 A antena coletiva e sua controvérsia. 6.6 Conduta imoral contra o condomínio. 6.7 O usufrutuário e as despesas de condomínio. 6.8 O adquirente paga as despesas de condomínio. 6.9 A multa das despesas condominiais. 6.10 Despesas de condomínio. Cobrança por letras de câmbio. 6.11 O protesto das despesas de condomínio (I). 6.12 O protesto das despesas de condomínio (II). 6.13 Cobrança por condomínios irregulares. 6.14 Contratação de ônibus particular. Despesa extravagante. 6.15 Rateio das despesas de condomínio segundo o critério da efetiva utilização dos serviços. 6.16 O inquilino e as despesas de condomínio. 6.17 Ao inquilino é vedado discutir as despesas de condomínio. 6.18 O direito de verificação das despesas por inquilinos. 6.19 Ao inquilino foge o controle das despesas de condomínio. 6.20 A multa de 2% das despesas de condomínio. 6.21 Propter rem versus *hipoteca (I)*. 6.22 Propter rem versus *hipoteca (II)*. 6.23 Usufruto judicial do condomínio. 6.24 Fundo de reserva. Poupança do condomínio. 6.25 Os juros condominiais convencionados. 6.26 O condômino inadimplente pode ficar sem água. 6.27 Condôminos ignoram que são credores. 6.28 A prescrição das despesas de condomínio. 6.29 A coisa julgada material e a nova ação de cobrança das mesmas despesas de condomínio. 6.30 A solidariedade e a indivisibilidade das despesas de condomínio. 6.31 Edital irregular na cobrança de débito condominial. 6.32 O arrematante e as despesas de condomínio. 6.33 O STJ e o rateio das despesas de condomínio. 6.34 Multas e multas sobre despesas de condomínio. 6.35 Os condôminos inadimplentes e os serviços essenciais. 6.36 A imissão direta na posse e as despesas de condomínio.

6.1 Necessidade de aprovação prévia

[Publicado na *Folha de S. Paulo* em 1.12.1980]

Duas boas razões para justificar recusa de pagamento de condomínio são: a falta de prévia aprovação anual do orçamento por regular assembleia-geral e a falta de convenção condominial.

A primeira delas, bem mais frequente do que a segunda, tem sido invariavelmente sufragada pelos tribunais. Isto porque, devendo constar da convenção disposições regulamentadoras no tocante à realização da assembleia anual, há de constar, necessariamente, de sua ordem do dia a aprovação da previsão anual das despesas. Deixando de anteceder a despesa a correspondente deliberação quanto à receita, faltará ao condomínio legitimidade para reclamar sua cobrança dos condôminos. Somente a assembleia anual pode conceder a autorização dos gastos de administração do prédio (despesas ordinárias), bem como a indicação das datas de seu recolhimento. A deliberação orçamentária deve ser aclamada pela maioria dos votos fixada em convenção, como condição indispensável à sua exigibilidade.

Mas, e se não existir convenção? Aí, a questão se complica. Tanto é irregular o condomínio jamais contemplado com o estatuto da convenção como o é aquele que nunca o registrou no cartório imobiliário. Em ambas as hipóteses verifica-se a irregularidade legal na sua organização. Essa situação irregular provoca, por sua vez, dois desdobramentos. Quando inexiste convenção, consideram os especialistas que nem sequer se verificou a instituição do condomínio, isto é, não se admite sua existência condominial. Neste caso, não há representante legal do condomínio. Tratar-se-ia de mero agrupamento de pessoas que teriam em comum um patrimônio imobiliário, sem expressão ou personalidade jurídica. Não existindo condomínio, como entidade integrante do mundo jurídico, não se lhe reconhece o direito de litigar. Segue-se que o condômino devedor não pode ser compelido a pagar sua quota-parte nas despesas de administração.

Porém, quando a convenção foi expressamente aceita pelos condôminos, é de se reconhecer que existe um estatuto disciplinar. Pode ocorrer que terceiros, por não terem diretamente participado de sua elaboração, neguem até sua existência, por falta de registro imobiliário. Mas dúvida não resta de que essa convenção é eficaz frente aos que concordaram com sua criação e aceitaram, pessoalmente, as regras de comportamento ali estabelecidas.

Neste caso, diante da falta de publicidade *erga omnes* (terceiros quaisquer), a cobrança das despesas de condomínio, antes de pertencer ao mundo jurídico, pertence ao mundo moral. O 1º TACivSP já, de certa feita, acentuou: "Negar-se o condômino de pagar as despesas condominiais, nesse período de transição, além de infração à lei, é pretender auferir as vantagens da copropriedade sem lhe suportar os encargos, locupletando-se à custa alheia". E arrematou: "A convenção, na hipótese, não empresta existência ao condomínio, mas este àquela" (*RT* 471/140).

Vale dizer que até um mau pagador depende de um bom motivo para não ser alcançado pela Justiça.

6.2 As quotas de rateio são imutáveis

[Publicado na *Folha de S. Paulo* em 23.3.1981]

As quotas de rateio, para divisão de despesas de condomínio, repetem, praticamente sempre, a proporcionalidade da fração ideal do terreno de cada unidade, por evidente inspiração do critério supletivo da Lei de Condomínio.

Como essa fórmula, todavia, não é de caráter impositivo, claro é que outros modos de divisão das despesas condominiais podem ser adotados. É que o critério da efetiva utilização de serviços e de materiais sempre foi considerado o mais justo para reger a distribuição dos gastos do prédio. Evidentemente, dificuldades insuperáveis impedem a correta aferição dos benefícios desiguais. Quando o Poder Público, como é notório, deixa de prover os edifícios condominiais com hidrômetros individuais, convergindo em apenas um deles a consumação global de todo o prédio, difícil é a apuração correta da parte efetivamente devida de cada unidade.

Decorre dessa situação que o critério meramente matemático da proporcionalidade das partes ideais no terreno acaba prevalecendo sobre todos os demais. E, desde que assim instituído, torna-se imutável a quota-parte de cada unidade condominial. Nem mesmo a manifestação de condôminos que representam 2/3 das frações ideais de terreno (coeficiente que pode bastar para modificação das normas da própria convenção) pode alterar o rateio. É que o sistema implantado gera direitos subjetivos dos condôminos, fazendo com que a modificação desses direitos (já então adquiridos) dependa da vontade unânime de seus titulares, e não da maioria condominial. Mas, querendo-se alterar apenas os coeficientes do rateio, conservando as mesmas frações do terreno, nada há que impeça.

Cumpre anotar que é considerado perfeitamente válido e eficaz o modo que estabelece quotas desiguais de rateio para frações iguais do terreno. Como é correta e legítima a situação exatamente inversa: quotas perfeitamente iguais de rateio para frações desiguais de terreno.

A condição para se mudar o rateio não exige, portanto, absoluta coincidência das proporções do rateio com as do terreno. O que se faz indispensável – isto, sim –, quer quando da implantação do sistema de rateio, quer quando se pretenda alterar seus percentuais, é a unanimidade da vontade dos condôminos.

Tão inabalável posicionamento não obsta, contudo, a que um condômino responda pelo uso abusivo que cometer. Assim, ao ocasionar prejuízos à comunidade por se recusar a reparar vazamentos de água, nem por isso é preciso que se lhe imponha a alteração da proporcionalidade da partilha das despesas comuns. Essa alteração, se amigável, dependeria de seu consentimento, o que, normalmente, não sucede. E, se judicial, ainda que viesse a ser imposta, acabaria "oficializando" a infração cometida, em vez de reprimi-la.

O mal do uso abusivo e do desperdício deve, sim, ser tratado com outros remédios, de essência indenizatória e cominatória. Afinal, diz o Governo, o momento é de poupança...

6.3 As lojas térreas e as despesas de condomínio
[Publicado na *Folha de S. Paulo* em 10.3.1980]

De que cada unidade deve concorrer para o pagamento das despesas de condomínio dúvida alguma há. A controvérsia, contudo, subsiste quanto ao critério a ser observado na divisão dessas despesas sempre que não se verifica, pelos condôminos, igual uso das coisas comuns. A vacilação, tanto na doutrina quanto na jurisprudência, embora ainda presente, demonstra ser cada vez mais reduzida.

A indefinição decorre da circunstância de que o rateio preconizado pelos tribunais (nos casos de prédios antigos, que não têm convenção condominial) conflita com a forma legalmente prescrita. Como é sabido, a Lei de Condomínio apenas recomenda (mas não impõe) que a quota de rateio seja fixada na proporção da fração ideal de terreno correspondente a cada unidade. Permite, assim, inteira liberdade na adoção de outros critérios, como, por exemplo, o da proporção segundo as áreas de uso privativo.

Neste passo, loja térrea, com entrada independente, não goza de isenções especiais se a convenção de condomínio não a contemplou com tratamento mais benéfico. Nesta hipótese, ainda que a loja térrea não se beneficie das áreas e coisas comuns, de interesse restrito aos apartamentos residenciais (luz, limpeza, elevador, zeladoria etc.), cabe-lhe participar das respectivas despesas. Não importa a falta de proveito ou de utilidade. O que importa é que a força normativa da convenção reclama seu fiel cumprimento por parte do titular da loja, como unidade que sempre suportou todos os encargos do edifício.

Indispensável, assim, a prévia alteração da convenção, destinada a se conceder à loja tratamento distinto do conferido aos apartamentos. Essa alteração, por sua vez, provoca nova divergência entre os especialistas: sustentam uns a necessidade de expressa concordância de todos, enquanto para outros basta a maioria, segundo o quórum prefixado na própria convenção. Porém, enquanto persistir, no estatuto condominial, a obrigação de pagamento da loja, como partícipe de todas as despesas, indiscriminadamente, não há como deixar de obedecer à norma interna do prédio.

Quando não há norma interna a regulamentar o rateio das despesas de condomínio vem prevalecendo o entendimento de que apenas as despesas que dizem respeito a segurança, estrutura e conservação de todo o prédio são devidas pela loja térrea. Quanto às demais, que só interessam aos condôminos residenciais, fica a loja delas excluída.

Reconhecem, porém, os mesmos julgados ser difícil ou, mesmo, impossível a eleição de um mecanismo de absoluta precisão capaz de determinar, com exatidão matemática, a contribuição da loja. Daí virem essas decisões reduzindo os valores pela metade, apoiadas na justificativa de isto ser "altamente razoável". A redução, ditada unicamente pelo bom-senso, leva em linha de conta as diferentes condições de uso e gozo das coisas e serviços comuns. Assim sendo, frente a unidades de naturezas diversas revelam os julgados uma sensibilidade de aferição a que, no mais das vezes, a própria convenção não deu maior importância. Certamente porque teria se inspirado ou, mesmo, simplesmente copiado a convenção de outros prédios de características completamente diferentes.

6.4 As despesas de conservação do elevador

[Publicado na *Folha de S. Paulo* em 25.5.1981]

Prevê o Código Civil português (art. 1.424º-3): "Nas despesas dos ascensores só participam os condôminos cujas frações por eles possam ser servidas" – devendo-se entender por "frações" ao que chamamos, aqui, de unidades autônomas (apartamentos, escritórios, lojas etc.).

Essa regra, clara, simples e lógica, não a temos, ainda. Daí defender expressiva corrente jurisprudencial que a respeito deste tema deve ser obedecida a convenção. Se não se previu qualquer isenção do encargo, pouco importa se o apartamento, o escritório ou loja localizados no pavimento térreo usam ou deixam de usar o elevador. O que vale é a regra estabelecida no estatuto condominial, ao qual aderiram todos os condôminos. A ele, portanto, se submeteram. E, se acham injusto o critério estabelecido para rateio das despesas, devem cuidar, primeiramente, de alterar essa regra. Sob este enfoque, completamente inoportuna se mostra a discussão quanto à obrigatoriedade, ou não, da contribuição destinada às despesas de conservação do elevador em ação de cobrança das despesas condominiais.

Outra corrente de julgados, contudo, vem admitindo, para o deslinde da controvérsia, a circunstância de se verificar ou não a utilização do elevador. O que jamais prevaleceu foi a alegação de ser dimensionada a participação nessas despesas segundo a intensidade de uso do ascensor. O STF já afirmou, categoricamente: "Não importa que o uso no caso seja raro ou eventual; o importante é que o usuário seja condômino (e o banco o é) e tenha elevador à sua disposição (e o banco o tem)" (*RT* 69/140).

Tratou-se nessa demanda de saber se o banco, que tinha "o direito de instalar e manter sobre a cobertura do edifício um relógio luminoso", devia ou não pagar as despesas com a conservação do elevador "para subir a essa laje", desde que "é indiscutível que o banco poderá usar o elevador". E concluiu o Tribunal Supremo: "Se ele usar o ascensor, ainda que esporadicamente, deve contribuir para as despesas que o condomínio fez para mantê-lo" – o que ainda se afina com a lei civil portuguesa, ao regrar que as despesas relativas às partes comuns do prédio "que sirvam exclusivamente algum dos condôminos ficam a cargo dos que delas se servem".

A questão, todavia, não tem apenas estas consequências. Apresenta outros desdobramentos, particularmente quando se ingressa no campo da reparação civil por defeitos resultantes da má conservação do elevador. Em ação de indenização gerada por morte causada por defeito em elevador concluiu-se pela responsabilidade solidária do condomínio e da firma conservadora dos ascensores. A vítima caiu no poço dos elevadores, tendo sido constatado pela perícia "defeito na sua tranca eletromecânica, inclusive com folga excessiva no sistema de trancamento". Tanto bastou para que ficasse completamente afastada a ocorrência de caso fortuito, mesmo porque, ainda como se comprovou, a porta de acesso ao elevador "facilmente se abria em razão do aludido defeito".

Ora, resulta óbvio que a indenização há de ser suportada por aqueles que têm o dever de manter o perfeito funcionamento do elevador. Quer isto dizer que, ao se verificar a condenação do condomínio por não ter vigiado adequadamente a conservação do elevador, foram excluídos os condôminos que não têm obrigação de contribuir para essa despesa específica.

A necessidade, pois, de uma regra geral, tão simples e tão verdadeira, é irrecusável. O suprimento da omissão de nossa legislação atenderia a inúmeras aflições, que clamam por um Direito simples e verdadeiro. A lição, por sinal, é do Des. Álvares Cruz, que já asseverou, com notável sabedoria: "O Direito, quanto mais simples, mais verdadeiro".

6.5 *A antena coletiva e sua controvérsia*
[Publicado na *Folha de S. Paulo* em 30.5.1982]

Das mais controvertidas continua, nos pretórios, a matéria do rateio das despesas condominiais quanto ao critério a ser nele observado. Ainda há pouco o 1º TACivSP teve oportunidade de frisar que "uma antena de televisão, embora coletiva, não é serviço que se possa reputar necessário e comum ao edifício, dele fazendo parte integrante, e sim um serviço de caráter particular dos condôminos, devendo, pois, onerar somente aqueles a quem se destina" (*JTACivSP*-Lex 69/48).

Tratou-se, na espécie, de uma sobreloja, integrante, como unidade autônoma, de um edifício misto, de apartamentos e lojas comerciais, cujo proprietário se recusou ao pagamento dos gastos referentes à instalação de uma antena externa de televisão. É que, conforme entendeu a decisão ora comentada, "a antena instalada, segundo decorre de sua própria finalidade, só irá beneficiar, à evidência, os condôminos proprietários de unidades residenciais, não oferecendo utilidade alguma à autora, mera proprietária de sobreloja, onde mantém seu escritório comercial". A obrigação de contribuir para esse custo apenas seria admissível, como ainda justificou esse julgado paulista, se a atividade comercial fosse "conserto ou revenda de aparelhos de televisão", e não mero escritório comercial.

A justificativa do Tribunal paulista estriba-se na circunstância de que a antena coletiva não passa de benefício de interesse restrito a tão somente parte dos condôminos, "com caráter mais acentuadamente particular do que coletivo", cabendo ponderar que a antena coletiva não tem como possa ser enquadrada como serviço comum "que interesse ao prédio em seu todo, conservando-o, aumentando ou melhorando sua capacidade de utilização".

Esse julgado do Tribunal paulista certamente se apoia na corrente que sustenta a exata proporcionalidade das despesas em razão da direta utilização dos benefícios. O próprio STF já, por uma vez, enfatizou que o proprietário de uma loja tem o inegável dever de contribuir com as despesas que dizem respeito a segurança, estrutura e conservação de todo o prédio, "excluindo-se as que, por sua destinação e utilização, só aos demais condôminos interessam".

Ninguém duvida de que o critério ideal na divisão das despesas condominiais deveria poder medir, com precisão absoluta, a utilização de todas as coisas e serviços condominiais. Ocorre, todavia, que ainda inexiste mecanismo capaz de dimensionar, com precisão, as vantagens condominiais. Tanto é certo que no edifício analisado pelo Tribunal podem existir condôminos que tenham inabalável ojeriza à televisão, embora sejam proprietários de apartamentos. Ou, ainda, que, com o advento do videocassete, não mais se sirvam da antena coletiva.

Daí por que, na falta desse mecanismo controlador, há de prevalecer a regra da convenção condominial, para garantia e segurança de toda a comunhão que, previamente, aceitou a convenção. E se determinado encargo condominial encontra recusa, à guisa de não alguém se beneficiar com algum dos seus serviços ou de equipamento do edifício (como elevadores, por exemplo), cabe-lhe primeiramente promover a alteração da regra convencional, que deverá subsistir eficaz até que sobrevenha sua alteração, por deliberação da própria coletividade condominial ou por determinação judicial.

Contrariar o estatuto convencional só por não ter adotado o critério de divisão proporcional ao uso do serviço ou do benefício acaba contribuindo para o surgimento de um clima de insegurança e de injustiça, que inquieta os demais condôminos, pela surpresa de passar a preponderar regra nova, em detrimento de regra antes aceita.

6.6 Conduta imoral contra o condomínio

[Publicado na *Tribuna do Direito* 159, julho/2006]

Entra pelos olhos o intenso grau de moralidade que ditou a regra do art. 1.336, I, do CC, ratificando o revogado art. 12 da Lei 4.591/1964. É elementar o comando ético que obriga cada condômino a contribuir para as despesas de condomínio, na proporção de sua fração ideal. J. Nascimento Franco, que vem, generosamente, cedendo este espaço para, em caráter provisório, ser preenchido por este advogado, já alertou ser "moralmente inadmissível que o condômino devedor fique na cômoda posição de não mais precisar pagar sua contribuição, que teria de ser assumida pelos outros condôminos". Ainda assim, ultimamente surpreende o número expressivo de tentativas formuladas, sem pejo, por condôminos com o propósito manifesto de tirar vantagem em detrimento dos bolsos dos demais comunheiros. Talvez possam os sociólogos explicar que essa conduta imoral (progressiva) representa natural repercussão da cultura política que vem fermentada pelos altos escalões do Executivo e do Legislativo. Se a impunidade dos infratores mais proeminentes desta República passa a ser regra, não é de surpreender que condôminos inescrupulosos, por contágio, tentem imitar a degradação dos valores morais em proveito pessoal.

A Justiça, porém, vem impedindo todas as artimanhas supostamente revestidas de juridicidade que animam tais odiosas investidas contra os interesses da comunidade condominial. A partir do inabalável conceito de que as despesas condominiais constituem obrigação *propter rem*, a proteção do interesse comum tornou-se efetiva, sejam quais forem as filigranas e os dribles jurídicos ensaiados. A obrigação *propter rem* foi conceituada pelo professor Sílvio Rodrigues como uma prestação derivada de um direito real sobre a coisa. Por isso, seu titular de direito real deixa de ser devedor quando renuncia a esse direito. Assim é porque a obrigação *propter rem* está vinculada à coisa, no dizer de Orlando Gomes, que exemplifica: "Dentre outras, são obrigações *ob rem* ou *propter rem* as dos condôminos de contribuir para a conservação da coisa comum".

Um dos expedientes mais bem arquitetados para postular a isenção do pagamento das despesas condominiais é o que vem fundamentado nas cláusulas de inalienabilidade e de impenhorabilidade que gravam unidades condominiais. Para tanto há o socorro do art. 649, I, do CPC, que declara serem absolutamente impenhoráveis os bens inalienáveis. Ainda em 1983, Laerte Nordi (então Juiz do 1º TACivSP) sustentava que a interpretação desse dispositivo processual deveria ser "mais consentânea" com o espírito que objetiva a proteção dos atos voltados ao resguardo de bens. A impenhorabilidade do art. 649 não podia ser tão "absoluta". Mesmo porque não se pode "transformar tais atos em verdadeiros escudos contra o cumprimento das leis e obrigações, em prejuízo de credores, sobretudo quando o débito é originário do próprio uso e conservação da coisa gravada" (AI 313.518, de São Paulo). Ao comentar essa disposição processual, Araken de Assis, além de criticar superada postura do STJ, alerta que tornar a unidade autônoma impenhorável "implicaria transformar os demais condôminos em arrimo da moradia do inadimplente".[1]

Por essas razões, Nascimento Franco insistiu e persistiu, nos idos de 1983, junto à Comissão Revisora do Anteprojeto do Código Civil, para que tanto os bens de família como os gravados de impenhorabilidade e inalienabilidade se tornassem expressamente vulneráveis à cons-

---

1. Araken de Assis, *Comentários ao Código de Processo Civil*, vol. 9, São Paulo, Ed. RT, p. 87.

trição judicial para garantia do pagamento das despesas condominiais, além dos respectivos tributos (*RDI* 13/105). A sugestão foi acolhida apenas em parte pelo Código Civil de 2002, eis que restrita a bem de família (art. 1.715). Continuou, assim, sem previsão expressa a penhora dos bens gravados pela inalienabilidade e impenhorabilidade.

A jurisprudência, porém, vem suprindo essa omissão, constituindo referência marcante o REsp 209.046, relatado pelo Min. Ari Pargendler, reproduzindo a posição aguerrida de Nascimento Franco (*JSTJ*-Lex 2003/99). O tema, aliás, nem mais desperta inquietude, na medida em que o Conselho Superior da Magistratura do Tribunal paulista, em erudito acórdão relatado pelo Des. Mário Cardinale, autorizou o cartório imobiliário a registrar a penhora de unidade autônoma gravada por cláusulas de inalienabilidade e impenhorabilidade (*JTJ*-Lex 280/544). É oportuno, por sinal, registrar que o art. 715 do CC de 2002 veio chancelar entendimento pacífico da jurisprudência no sentido de que perante o condomínio não se reveste de eficácia a cláusula de impenhorabilidade (*RT* 780/299 e 825/283; *JTACivSP*-Lex 174/382).

As outras variedades que ensaiam, sem êxito, a isenção de pagamento das despesas de condomínio, como a do usufruto, do comodato, do compromisso de venda e compra, da locação, da copropriedade, poderão vir a ser abordadas oportunamente, se assim conveniente for, como contribuição à moralidade processual.

6.7 O usufrutuário e as despesas de condomínio

[Publicado na *Tribuna do Direito* 189, janeiro/2009]

Neste mesmo espaço, em julho/2006, ao criticar a conduta imoral de condôminos que, para se isentarem do pagamento das despesas condominiais, gravaram seus apartamentos com as cláusulas de inalienabilidade e impenhorabilidade, realcei a oportuna e sábia oposição da jurisprudência. Ao concluir, alertei que outras variedades criativas poderiam vir a ensaiar a isenção do pagamento das despesas de condomínio, como a do usufruto, o que motivaria novas abordagens, como contribuição à moralidade processual.

O Código Civil de 2002 não definiu o usufruto, como o fez o art. 713 do diploma anterior, do qual Clóvis extraiu o seguinte conceito:

"Usufruto é o direito real, conferido a uma pessoa, durante certo tempo, que a autoriza a retirar da coisa alheia os frutos e utilidades, que ela produz".[2] Desdobra-se, assim, a propriedade plena em dois segmentos: o direito de usar e gozar a propriedade alheia e a substância da coisa. Esta última é denominada "nua-propriedade", por ficar desvestida do *jus utendi et abutendi*. A quem fica atribuído o direito de usar e gozar é chamado de usufrutuário, e a quem resta a substância da coisa se diz "nu-proprietário". O exercício do direito de usar e gozar do imóvel é propiciado pela outorga da posse direta, enquanto ao "nu-proprietário" fica reservada a posse indireta.

Tratando-se de unidade condominial, cabe ao usufrutuário, como único possuidor direto da unidade condominial, responder pelas "despesas *ordinárias* de conservação dos bens no estado em que os recebeu", bem como pelas "prestações e os tributos devidos pela posse ou rendimento da coisa usufruída" (art. 1.403, I e II, do CC). Ainda que o usufrutuário alugue ou empreste o apartamento a terceiro, continuará, perante o condomínio, a ser o único responsável pelo cumprimento dessas obrigações. Assim se dá por inexistir solidariedade entre o usufrutuário e o "nu-proprietário". A este último apenas cabe responder pelas despesas *extraordinárias* de condomínio (art. 1.404 do CC).

Despesas *ordinárias* são as que resultam de "serviços rotineiros de manutenção e administração do condomínio". E *extraordinárias* são as destinadas a "acudir situações imprevistas, assim como para custeio de inovações e reparações necessárias, úteis ou voluptuárias".[3] Anote-se, ainda, que, enquanto as despesas *ordinárias* são previsíveis, as *extraordinárias* são inteiramente desconhecidas, quer quanto à sua existência, quer quanto ao seu custo. Além disso, devem ter o caráter de obras "necessárias", isto é, "que fogem ao que seria exigível para manter-se o prédio em condições normais", como as descreveu o Min. Eduardo Ribeiro (STJ, REsp 216.161-MG, *RSTJ* 129/284).

Nossos Tribunais nunca hesitaram em afastar as investidas de usufrutuários visando à isenção do pagamento das despesas de condomínio sob a alegação inconvincente de que o usufruto foi instituído

---

2. Clóvis Beviláqua, *Código Civil*, vol. III, 1917, p. 264.

3. J. Nascimento Franco, *Condomínio*, 2ª ed., São Paulo, Ed. RT, 1999, pp. 191-203.

para garantir sua subsistência. São os casos de instituição de *usufruto convencional*. Em que pese a constituir o usufruto um ato geralmente benéfico, nem por isso cabe aos demais condôminos suportar o encargo da beneficência. Neste exato sentido pontificaram os julgados das ACi 66.924-00/5, do extinto 2º TACivSP, relator o Juiz Andreatta Rizzo, e 877.686-0/2, da 36ª Câmara de Direito Privado, relator o Juiz Jayme Queiroz Lopes. Nesses casos, malgrado o inadimplemento do usufrutuário, ao condomínio-credor é vedada a penhora do usufruto em si, em face de sua impenhorabilidade. Mas não do seu exercício, "desde que tenha expressão econômica", como orienta Washington de Barros Monteiro.[4]

A solução se complica quando o próprio imóvel é usado pelo usufrutuário inadimplente. Neste caso, vedada a constrição do direito real do usufruto, seu exercício deixa de ter aparente expressão econômica. Ocorre que, enquanto o art. 716 do CPC confere ao juiz o poder de instituir o usufruto em favor do credor (quando reputar eficiente para o recebimento do crédito), o art. 717, seguinte, é mais contundente: "Decretado o usufruto, perde o executado o gozo do (...) imóvel, (...)" – o que equivale, a rigor, à expulsão do usufrutuário inadimplente do apartamento, para propiciar ao condomínio-credor a locação do imóvel, "até que seja pago do principal".

A solução bem mais se complica se for inadimplente, perante o condomínio-credor, o *usufrutuário legal* (usufruto instituído por força de lei), nos cinco casos enumerados por Washington de Barros Monteiro em referida obra: dos pais sobre os bens dos filhos menores (art. 1.689, I) e do marido sobre os bens da mulher (art. 1.652, I), ambos do CC; da brasileira casada com estrangeiro (art. 17 do Decreto-lei 3.200, de 19.4.1941); dos silvícolas (art. 231 da CF) e da companheira ou companheiro (art. 2º, I e II, da Lei 8.971, de 29.12.1994). Isto porque nessa modalidade de *usufruto legal* a impenhorabilidade é *absoluta*, quer do usufruto em si, quer do seu exercício.[5] Em face desse absolutismo, os infelizes condôminos terão de aguardar o desfazimento deste usufruto. Enquanto isso, há de se pensar e repensar como sair dessa injusta enrascada. É o desafio.

4. Washington de Barros Monteiro, *Curso de Direito Civil*, p. 302.
5. Idem, ibidem.

6.8 O adquirente paga as despesas de condomínio
[Publicado na *Folha de S. Paulo* em 10.11.1980]

Quando a Lei de Condomínio, em 1964, estabeleceu que o adquirente de uma unidade é responsável pelas despesas de condomínio devidas pelo seu vendedor, criou um direito novo. Trata-se de obrigação legal que atribuiu às despesas de condomínio a qualidade de verdadeiro ônus. Em consequência, como também se verifica com os impostos e taxas, o ônus das despesas condominiais acompanha o apartamento na sua transmissão ao novo titular, por ser de natureza *propter rem*.

Por se tratar de obrigação legal (e não convencional), não tem nenhuma eficácia em relação ao condomínio a estipulação no contrato de venda de que o débito do vendedor, por se referir a época anterior à transferência do imóvel, exime o comprador de qualquer responsabilidade. É óbvio que o ajuste entre os contratantes (vendedor e comprador) apenas tem validade entre eles. Frente ao condomínio não se opera a substituição do responsável. Muito ao contrário, com a venda do apartamento o que realmente nasce é a solidariedade de ambos os contratantes. Se antes, em face do condomínio, apenas o alienante era responsável, após a venda os dois passam a sê-lo.

O mesmo acontece em relação ao pagamento dos impostos e taxas. Se o vendedor declara, na escritura de venda, que transmite a propriedade "inteiramente livre e desembaraçada de ônus", nem por isso fica a Prefeitura impedida de cobrar do novo adquirente os tributos que deixaram de ser recolhidos pelo vendedor. Deve, pois, o adquirente de unidade condominial se acautelar frente à situação do imóvel em relação ao condomínio, exatamente como procede no referente aos demais ônus, para que não seja surpreendido com cobrança de débito concernente a período anterior à sua aquisição. Em contrapartida, cabe ao alienante, até por força de obrigação contratual (ao vender o imóvel "livre e desembaraçado de ônus"), demonstrar a inexistência de dívida condominial. Cabe-lhe, ainda, denunciar à administração a ocorrência da venda, identificando o novo adquirente e responsável pelos encargos, com o quê evitará eventual cobrança do condomínio por débitos vencidos após a transmissão imobiliária.

A exigência da lei é realmente simples e justa. Objetiva impedir que o condomínio seja envolvido em querelas de intimidade alheia. A posição condominial há de ser de extrema simplicidade: pouco lhe importa o débito ser pago pelo vendedor ou pelo comprador. Trata-se de perfeito escudo legal, que se destina a resguardar o condomínio de qualquer prejuízo financeiro. Tanto mais que lhe é reconhecido o direito de cobrar multas e até mesmo correção monetária, se assim tiver sido previsto na convenção.

É certo que, nas controvérsias judiciais, o chamamento ao processo do efetivo responsável tem sido admitido sempre que a parte primitivamente acionada demonstra que o ônus das despesas incumbe a outro (alienante ou adquirente). Somente numa oportunidade, ao que parece, é que o condomínio levou a pior: foi quando ficou afirmado que o condômino que adquire sua unidade "diretamente da incorporadora do condomínio, e assim mesmo através de pleito judicial que com ela travou", não se enquadra propriamente na categoria de adquirente de que fala a Lei de Condomínio. Com esse equivocado entendimento, os demais condôminos (que nada tinham a ver com o pleito judicial travado) tiveram de suportar as despesas relativas à unidade em disputa. Não se sabe, dentro do mesmo diapasão, se os condôminos também arcaram com os impostos e taxas incidentes...

Ainda assim, a jurisprudência paulista se firmou fortemente. Aquele julgado, ao que consta, não criou seguidores – o que demonstra que o bom Direito não é vacilante. Vacilantes, às vezes, são os homens.

6.9 A multa das despesas condominiais
[Publicado na *Folha de S. Paulo* **em 20.7.1981]**

Salvo erro, a Lei de Condomínio, promulgada em dezembro/1964, se constituiu no primeiro estatuto legal a municiar o credor particular (condomínio) com armas relativamente eficazes no combate à impontualidade dos seus devedores periódicos (condôminos). Para tanto, o § 3º do art. 12 lhe faculta aplicar "multa de até 20% sobre o débito, que será atualizado, se assim estipular a convenção, com a aplicação dos índices de correção monetária (...)". E isso, além dos juros de 1% ao mês – taxa que não se deve estranhar, desde que representa o limite máximo permitido por histórica lei promulgada pelo governo Getúlio Vargas nos idos de 1933 mas que, afora alguns arranhões, prevalece ainda hoje.

Pois bem. É exatamente dessa lei, quase cinquentona e que ficou famosa como "Lei de Usura", que se têm servido (e ainda se servem) os condôminos devedores quando as despesas de condomínio lhes são judicialmente cobradas. Nela buscam refúgio para não serem atingidos por duas cargas distintas: multa de 20% e honorários de advogado do condomínio.

Contra a multa condominial, sustentam os condôminos devedores que, tendo ultrapassado o limite de 10% do valor da dívida, não se revestiria de legitimidade. Esse argumento, todavia, sempre foi tranquilamente repelido pelos tribunais, sob o fundamento de que, tratando-se de cobrança de despesas condominiais, não se aplica a chamada Lei de Usura, mas, sim, a posterior Lei de Condomínio, que autoriza a cobrança de multa autônoma (art. 12, § 3º). Dita multa, por ser de inequívoca natureza moratória, é automaticamente devida pelo simples vencimento da obrigação. Para que possa ser exigida tão fulminante consequência, preciso é que a convenção condominial tenha expressamente previsto sua aplicação, em porcentual que até pode ser inferior a 20%. Se a convenção, porém, for omissa no atinente à penalidade aplicável, não poderá ser reclamada do condômino faltoso, por se tratar, na espécie, de multa convencionada, e não de multa gerada por imposição de lei (multa legal).

Aliás, exatamente porque a multa incidente sobre as despesas de condomínio é produto de convenção (multa contratual), expressamente aceita (por adesão) pelos condôminos, não é admissível a proteção da Lei de Usura, de 1933, já que induvidosamente ineficaz frente à lei posterior, de 1964, reguladora do condomínio em edificações.

Subsista, contudo, nos pretórios séria dúvida quanto à viabilidade de se cominar ao condômino devedor a carga honorária. É que a Lei de Condomínio nada regulou a respeito, propiciando a seguinte situação paradoxal: se o infrator resgatava seu débito após o vencimento, mas antes de lhe ser ajuizada ação de cobrança, a multa atendia aos encargos de sua mora, não advindo por isso qualquer prejuízo ao caixa condominial; mas, se o resgate se verificava por força de decisão judicial, o condomínio, com frequência, tinha que destinar a multa moratória ao pagamento da verba honorária de seu advogado, por objeção do preceito integrante da Lei de Usura.

Agora, a não ser que sobrevenha nova mudança de orientação do STF, parece ter sido encerrada a controvérsia. Vem ele proclamando o entendimento, liderado pelo Min. Moreira Alves, de que nos contratos (e, consequentemente, também nas convenções condominiais) "celebrados já na vigência do atual Código de Processo Civil" é admissível a cobrança acumulada da multa e dos honorários (*JTACivSP* 51/191; *RT* 454/246; *Boletim da AASP* 1.177, de 6.7.1981).

Trata-se de significativo avanço no sentido de desestimular o ânimo especulativo do "investidor" condominial, calculadamente faltoso, pelo seguinte confronto: num prato, os juros (ainda de 1%), a multa moratória (fixa de 20%), correção monetária (pela variação das ORTNs), honorários (de 10% a 20%) e despesas judiciais (atualmente bastante pesadas); e no outro prato a aceleração vertiginosa da desvalorização monetária. Em suma, há vantagem em ser impontual?

6.10 Despesas de condomínio. Cobrança por letras de câmbio

[Publicado na *Folha de S. Paulo* em 12.10.1981]

Apesar de a convenção condominial prever a faculdade de se valer do "direito" de representar as despesas de condomínio "por letras de câmbio e enviadas a cartório de protesto", um síndico teve desaprovada sua conduta. Pelo ineditismo do ato praticado e pela adequada resposta do 1º TACivSP, da lavra dos atuais Desembargadores Jurandyr Nilsson (como Relator), Carlos Ortiz (como Revisor) e Macedo Bittencourt (como 3º Juiz e Presidente da 1ª Câmara), esse exemplar julgado passou a constituir matéria de publicação obrigatória nas obras de jurisprudência (*RT* 520/159). É que não dá margem a qualquer reparo ou censura a conclusão judicial que proíbe o saque de letra câmbio à vista para cobrança das despesas de condomínio.[6]

6. Na conformidade da Lei estadual 13.160, de 21.7.2008, sancionada pelo governador José Serra, verificou-se alteração nas notas explicativas da Tabela IV, que regula os emolumentos dos Tabelionatos de Protestos de Títulos, atribuindo-lhes o dever de recepcionar para protesto, além das Certidões de Dívida Ativa, o crédito decorrente de aluguel e de seus encargos, desde que provado por contrato escrito o crédito de condomínio, decorrente das quotas de rateio de despesas e da aplicação de multas, na forma da lei ou convenção de condomínio, devidas pelo condômino ou possuidor da unidade. O protesto deverá ser tirado, além do devedor principal, contra qualquer dos codevedores constantes do documento, inclusive fiadores, desde que solicitado pelo apresentante. O tema do protesto das despesas de condomínio gerou o artigo publicado no n. 195 da *Tribuna do Direito*, de julho/2009, reproduzido abaixo nesta obra, sob n. 6.11.

Com a vigência do Código de Processo Civil de 1973, duas são as formas procedimentais (e não há terceira) a serem observadas para cobrança: ou através da via rápida (que não é tão rápida) do chamado procedimento sumariíssimo (que também não é tão sumariíssimo), ou mediante execução direta, como se fazia na vigência do Código Processual anterior (ação executiva).[7]

A escolha de um ou de outro procedimento não fica ao alvedrio do síndico. Apenas terá acesso direto à execução se o condomínio provar o crédito (obrigatoriamente líquido, certo e exigível), mediante comprovação "por contrato escrito." Ora, entre o condomínio e o condômino não existe contrato escrito no tocante à exata definição das despesas do edifício. O que existe é mera estimativa obrigatória de sua dimensão e, portanto, de sua natureza. A certeza, a liquidez e a exigibilidade dos gastos do prédio apenas são identificadas e determinadas posteriormente. Somente então confirmam ou negam a previsão, para mais ou para menos.

Não basta, portanto, a realização (obrigatória) de assembleia aprovadora de orçamento de despesas condominiais para credenciar sua cobrança executiva do condômino devedor. Segue-se ser inevitável a conclusão de que essa regra processual é inaplicável para cobrança executiva do condômino. De fato, geralmente assim o é, podendo ser admitida, na melhor das hipóteses (segundo nosso entendimento), quando a assembleia, além de aprovar a estimativa das despesas, fixa o valor mensal da contribuição, independentemente do custo, para acertar as diferenças (a maior ou a menor) no final do semestre ou do ano.

Mas quando cuida de cobrar as despesas do inquilino por iniciativa do condômino locador a via processual própria é de execução direta, por existir, quase sempre, nesta hipótese, contrato de locação comprovando a responsabilidade assumida pelo resgate das despesas condominiais.

Não sobra, assim, ao condomínio, na prática, outra alternativa a não ser a de se valer do procedimento sumariíssimo, onde inexiste limitação quanto à variedade da matéria que pode ser alegada em defesa do condômino. Aí, a dívida condominial é tratada como desprovida de qualquer liquidez ou certeza. Este tratamento tem incomodado algumas administradoras de condomínio, que não se acautelaram com a formação

---

7. Wellington Moreira Pimentel, *Comentários ao Código de Processo Civil*, vol. III, São Paulo, Ed. RT, p. 71.

de um "fundo condominial" capaz de suportar a inevitável demora da cobrança judicial.

A previsão das despesas (se bem previstas) deve incluir não só a falta de pagamento pontual dos condôminos, como também a imprevisão do prazo necessário à sua cobrança judicial. A imprevisão não justifica a necessidade de resgate imediato do crédito do condomínio, mediante a violência do saque da letra de câmbio. E assim porque, como sabiamente afirmou o Pretório paulista, "para que não sirva de meio de coação para a cobrança de despesas indevidas, ou, quando menos, discutíveis".

6.11 O protesto das despesas de condomínio (I)

[Publicado na *Tribuna do Direito* 195, julho/2009]

Por delegação do Poder Público, os serviços notariais são exercidos em caráter privado. Assim determinou a Constituição Federal (art. 236 e § 2º). Por isso, coube à Lei federal 10.169, de 29.12.2000, estabelecer normas gerais destinadas à fixação de emolumentos relativos aos atos praticados pelos notários. Com esse desiderato, atribuiu ao Estados e ao Distrito Federal o poder de fixar o valor dos respectivos emolumentos, segundo os balizamentos indicados na lei federal.

A Lei estadual 11.331, de 26.12.2002, observados o efetivo custo e a adequada e suficiente remuneração dos serviços (art. 5º), elaborou tabelas que discriminam a base do cálculo, acompanhadas de notas explicativas (art. 4º), cujo total é rateado na conformidade das proporções indicadas no art. 19. A correção dos cálculos é fiscalizada pelos juízes-corregedores permanentes, que têm o poder de aplicar multas aos notários nas hipóteses de descumprimento das normas e limites ali estabelecidos.

Ocorre que projeto de lei da lavra da deputada Maria Lúcia Amary converteu-se na Lei 13.160, promulgada em 21.7.2008 pelo governador José Serra, que altera as notas explicativas da Tabela IV relativas aos tabelionatos de protesto de títulos. Importa destacar, na nova redação do item 7, a obrigação atribuída aos tabelionatos de protesto de títulos de recepcionar para protesto, além das Certidões de Dívida Ativa, "o crédito decorrente de aluguel e de seus encargos, desde que provado por contrato escrito, e ainda o crédito do condomínio, decorrente das quotas de rateio de despesas e da aplicação de multas, na forma da lei ou convenção de condomínio, devidas pelo condômino ou possuidor da unidade. O protesto poderá ser tirado, além do devedor principal, contra qualquer dos codevedores, constantes do documento, inclusive fiadores, desde que solicitado pelo apresentante".

A inovação legal é visivelmente polêmica, na medida em que repercute em dois institutos jurídicos regulados por legislação especial: locação e condomínio. A limitação do espaço desta coluna recomenda estudos parcelados, a começar do condomínio. Desconheço a justificativa do projeto de lei, mas tudo leva a crer que o motivo gerador se concentrou em dois vetores principais: o crescente inadimplemento dos condôminos, diante da multa irrisória de 2% (art. 1.336, § 1º, do CC) e o "atolamento" em que se encontra a prestação jurisdicional.

De pronto, vale observar que as despesas de condomínio não constituem, de per si, títulos executivos extrajudiciais, relacionados no art. 585 do CPC. Sua exequibilidade apenas é admissível quando figura como "encargo acessório" da dívida principal do "aluguel de imóvel" (inciso V). Por isso, sua cobrança independente apenas é autorizada pela via do procedimento sumário (cf. art. 275, II, "b", do CPC). Vale dizer que as despesas de condomínio não se revestem de liquidez, certeza a exigibilidade para merecerem recepção a protesto, como autoriza a recente Lei estadual 13.160, de 21.7.2008.

Afinal, o que é efetivamente o protesto? Ensina José A. Saraiva, ao tratar do título cambial, que é o ato público e solene necessário para a completa garantia do exercício do direito regressivo do credor.[8] Na síntese de José Maria Whitaker, "é o ato oficial pelo qual se prova a não realização da promessa contida na letra".[9] Alerta Fran Martins que "o protesto cambial não cria direitos", não passando de ato facultativo, embora o credor corra o risco de ser atingido pela decadência do direito regressivo quando o título não é protestado.[10]

Ora, conforme foi exalçado em v. acórdão do TJRS, o protesto das despesas condominiais "não visa à garantia do direito regressivo, mas, e apenas, à busca dos efeitos extralegais deste ato solene (...)" (*RT* 835/353).

8. José A. Saraiva, *A Cambial*, vol. II, Rio de Janeiro, José Konfino, 1947, p. 146.
9. José Maria Whitaker, *Letra de Câmbio*, 4ª ed., São Paulo, Saraiva, 1950, p. 195.
10. Fran Martins, *Títulos de Crédito*, vol. I, Rio de Janeiro, Forense, 1977, p. 286.

Tenha-se presente que a responsabilidade pelo seu resgate é dos proprietários das unidades condominiais e dos que, para esse efeito, lhes são equiparados (cf. art. 1.334, § 2º, do CC), ocupem ou não suas unidades, estejam ou não registrados seus títulos. E seu credor é unicamente o condomínio, cujo crédito não é digno de circulação.

Então, se não ocorre, neste caso, direito regressivo a ser preservado, para quê serve o protesto de dívida condominial, a não ser como ato constrangedor do condômino, vale dizer, como meio de pressionar o imediato recebimento do seu crédito? Mas, se o devedor não se atemorizar ante o protesto, corre o condomínio o risco de responder por perdas e danos, materiais e morais, diante da repercussão negativa junto às entidades de crédito. Para tanto, servem de exemplos, além da ilegitimidade passiva do suposto devedor, a cobrança indevida de multas e encargos de mora e a indispensável falta de previsão legal na convenção condominial – questões a serem brevemente abordadas.

6.12 O protesto das despesas de condomínio (II)

[Publicado na *Tribuna do Direito* 196, agosto/2009]

Ensinam os estudiosos que o protesto não cria direito. De fato, fundamentalmente, constitui meio de prova facultativo que atesta a falta de pagamento. Nem se presta à configuração da mora, diante do que preceitua o art. 394 do CC (mora *ex re*). Por isso, "não é necessária nenhuma notificação, interpelação ou protesto para constituição em mora dos condôminos (...)" (cf. *RT* 835/274). Embora seja exigível sua cobrança em seu vencimento (observados o tempo, lugar e forma convencionados), a legislação processual não credencia o condomínio-credor a se valer da cobrança executiva das despesas de condomínio, como foi ressaltado em artigo anterior.

Impende registrar que aqui não se cuida de analisar protesto judicial, marítimo ou falimentar. O tema é restrito ao exame da Lei estadual 13.160, promulgada em 21.7.2008, que faculta o protesto do "crédito do condomínio, decorrente das quotas de rateio de despesas e da aplicação de multas, *na forma da lei ou convenção de condomínio*, devidas pelo condômino ou possuidor da unidade". A despeito da faculdade propiciada, tenho para mim que a efetivação do protesto enfrenta relevantes obstáculos legais.

Observo, de pronto, ser indispensável que a ordem de protesto deva ter expressa previsão na convenção de condomínio. Assim é por ser imperativa a exigência legal de ser parte integrante da convenção condominial a previsão de "sanções a que estão sujeitos os condôminos, ou possuidores" (art. 1.334, IV, do CC). Neste passo, não se há de duvidar de que o protesto, de per si, representa verdadeira *sanção*, à vista da repercussão negativa que aflige o devedor, decorrente de sua publicação junto aos órgãos de crédito. Aduza-se, outrossim, que, se o condomínio não tem o direito de cobrar juros moratórios além de 1%, senão quando previstos em convenção (cf. § 1º do art. 1.336 do CC), com maior razão não pode se valer do protesto das despesas condominiais sem a prévia e expressa autorização convencional.

Por outro lado, impende considerar que o próprio texto da referida lei estadual subordina o protesto "de despesas e da aplicação de multas, na forma da lei ou convenção de condomínio". Significa que, a rigor, os tabeliães não deveriam aceitar o protesto de despesas de condomínio quando não demonstrado o requisito da expressa previsão convencional. Todavia, os tabeliães se limitam à exigência de exibição de cópia da ata da eleição do síndico, que subscreve declaração restrita à legitimidade da autoria do ato e de exatidão do valor da quota e sua aprovação por assembleia. Mas nenhum exigência é feita no atinente à autorização expressa da convenção permitindo ao síndico que se socorra do protesto. Diante desse cenário, conclui-se que apenas um síndico mal orientado ou movido por razões emocionais se exporia, pessoalmente, ao risco de ser eventualmente condenado por danos materiais e morais.

Mas, ainda que haja expressa autorização convencional, recomendável é que essa faculdade seja exercida com cautela e cercada de absoluta segurança em relação à composição do débito e de seu devedor. É que nem sempre devedor é o proprietário, titular da matrícula imobiliária. Se houver comprovação inequívoca de pleno conhecimento do condomínio do exercício da posse direta por compromissário comprador, ainda que seu contrato não tenha sido registrado no cartório imobiliário, a responsabilidade pelas despesas é do ocupante (cf. *RT* 836/207 e 837/222). Tenha-se presente que, a teor do art. 1.334 do CC, são equiparados aos proprietários os promitentes compradores, os cessionários dos direitos de aquisição e, mesmo, os promitentes cessionários e os sucessores hereditários de qualquer deles, além, por exemplo, do comodatário, do fiduciário, do usufrutuário e do arrematante. Não importa, pois, a natureza do título de aquisição (de propriedade ou de direitos), mas, sim, quem efetivamente exerce a posse direta da unidade condominial. Fica excluída, à obviedade, a ocupação por inquilino, posto que o mesmo não guarda relação jurídica com o condomínio.

Se a convenção adotou multa moratória acima de 2%, por ter sido elaborada antes do advento do Código Civil de 2002, e silenciou sobre a taxa de juros, não é dado ao síndico elaborar conta de débito em desacordo com as limitações do § 1º do art. 1.336 do CC. Questionável, também, é computar na somatória da dívida os honorários de advogado, ainda que conste da convenção a obrigação de seu pagamento, na hipótese de cobrança extrajudicial por meio de advogado, condição, essa, que não é satisfeita pelo protesto.

Enfim, se um dos encargos do síndico é o de "cobrar dos condôminos as suas contribuições, bem como impor e cobrar as multas devidas" (art. 1.348, VII, do CC), e se, para tanto, pretende se valer da faculdade de protestar o crédito, que lhe concede a Lei estadual, 13.160/2008, abrem-se-lhe duas alternativas para sua proteção pessoal: ou altera a convenção, introduzindo nela o poder de protesto, ou transfere a outrem, "total ou parcialmente, os poderes de representação ou as funções administrativas (...)" (cf. art. 1.348, § 2º, do CC), com o quê também transferirá a tormentosa administração condominial.

6.13 Cobrança por condomínios irregulares

[Publicado na *Folha de S. Paulo* em 28.3.1982]

Dispõe a Lei de Condomínio que cada condômino deverá concorrer nas despesas condominiais, segundo a forma prevista em convenção, cabendo ao síndico promover, "por via executiva, a cobrança judicial das quotas atrasadas" (art. 12, § 2º, da Lei 4.591/1964).

Se o edifício não tiver convenção, é evidente que o condômino não pode ser compelido por meio de execução direta. Por essa razão, o condomínio irregular não tem acesso ao chamado "procedimento sumariíssimo", preconizado pelo atual Código de Processo Civil. É o mecanismo processual próprio, mas restrito aos condomínios regulares, isto é, aos que foram rigorosamente instituídos, com observância das prescrições legais.

Dois principais motivos afastam o condomínio irregular da utilização do "procedimento específico": faltam-lhe o pressuposto indispensável de sua existência regular e a prova inequívoca da perfeita aprovação orçamentária de suas despesas (presunção de legitimidade). Por sinal, basta a ocorrência de qualquer desses requisitos para se ver alijado desse remédio processual. Não existindo convenção, o credor condominial somente pode ser tratado como sociedade irregular, de fato. A primeira dificuldade que daí emerge é a de se saber quem ostenta a legitimidade de representação do condomínio, já que, neste caso, não há propriamente síndico, segundo o perfil legal, mas, sim, mero administrador de fato. E a segunda decorre da ausência de assembleia normal destinada à aprovação das estimativas das despesas da comunidade.

Se assim é, quando se depara com um comunheiro faltoso, pode o mesmo ser judicialmente cobrado pelo condomínio irregular? Pode, sim, mas não mediante execução direta ou através do procedimento sumariíssimo. O comportamento antes vacilante de nossos tribunais vem encontrando no 1º Tribunal de Alçada paulista firme entendimento, quase sem dissonância, no sentido de que, diante de uma anarquia condominial, é de se reconhecer a "legitimidade daqueles que detêm a posse do poder fático da administração, provendo as despesas mais urgentes e possibilitando a continuidade dos serviços essenciais, pois não faz sentido consagrar a acefalia do condomínio e a total desordem daí decorrente" (1º TACivSP, EI 206.633, rel. Juiz Cézar Peludo, j. 24.3.1977).

Nem por isso se permite que os condomínios irregulares (por falta de convenção) se socorram do "procedimento sumariíssimo" para o exercício do seu direito de cobrança. Não se deve confundir a forma processual para o exercício do direito com o próprio direito de cobrar a dívida. Daí vir o Pretório paulista admitindo a cobrança através de ação ordinária, justificando a legitimidade do administrador de fato (elemento subsidiário de síndico) como figura bastante próxima à do gestor de negócios, complementada com a regra do Código Civil de que "as dívidas contraídas por um dos condôminos em proveito da comunhão, e durante ela, obrigam o contraente; mas asseguram-lhe ação regressiva contra os demais" (art. 625) (*JTACivSP*-Lex VI/135, XIII/70, 32/83 e 230, 33/27, 92, 257 e 297, 34/327, 37/257 e 54/45; *RT* 553/132).

Desta forma, aplica-se subsidiariamente ao condomínio a regra geral que rege as sociedades irregulares, existentes de fato, mas que não podem ser ignoradas pelo mundo jurídico. Caso contrário, além de se "consagrar a acefalia do condomínio e a total desordem daí decorrente", estar-se-ia estimulando a desonestidade (locupletamento ilícito do condômino devedor) e censurando os condôminos que, em proveito do condomínio, arcaram com as despesas necessárias à preservação da comunidade.

6.14 Contratação de ônibus particular. Despesa extravagante

[Publicado na *Folha de S. Paulo* em 15.8.1982]

Uma série de novos fatores está contribuindo para o aumento da procura de apartamentos para moradia. O preço elevado e quase inacessível dos terrenos próximos ao centro da cidade e a preocupação crescente com a segurança constituem, sem dúvida, os dois principais motivos que estimulam a construção de prédios verticais em locais cada vez mais distantes da área central.

A celebração da indústria de apartamentos não é acompanhada, todavia, pela correspondente conscientização dos seus moradores no sentido de que se faz necessário, cada vez mais, abdicar de regalias ditadas pela satisfação individualista, como propicia a residência isolada, em terreno de uso e propriedade exclusivos. Morar em edifco de apartamentos traz para bem mais perto não apenas os reflexos da vizinhança, com os consequentes desdobramentos de direitos e deveres, mas principalmente a condição inafastável de se integrar numa comunidade – o que exige um comportamento mais tolerante, mais concessivo e menos prepotente e egoísta do que o permitido pela vida numa casa completamente autônoma.

Mais cedo ou mais tarde o morador de prédio de apartamentos terá de se convencer de que somente conseguirá conviver em perfeita paz com os outros condôminos desde que abdique do individualismo, que determina resultados prejudiciais aos demais, ainda que de pequena gravidade.

Deve-se considerar que cada prédio coletivo tem suas características próprias, que reclamam medidas incomuns, nem sempre fáceis de serem previstas. Daí serem frequentes as omissões em suas convenções, por não terem considerado todas as reais necessidades da comunidade.

Exemplo significativo desta situação foi julgado pelo 1º TACivSP, que teve de se manifestar sobre o gasto resultante de "contratação de uma linha de ônibus particular", autorizada por assembleia de condôminos, com apenas um voto discordante. Entendeu a maioria esmagadora de moradores ser essa contratação de "relevante interesse para a massa condominial, para a fixação dos empregados no local de trabalho, e ainda uma medida de largo alcance social à coletividade condominial".

Embora o Juiz Nelson Altemani, ao relatar esse acórdão, reconhecesse o inusitado da despesa, tratando-se de edifício residencial, ponderou, com apropriada liberdade, que "a contratação da linha de ônibus particular encontra explicação na circunstância de serem os edifícios do condomínio (de elevado padrão) situados em região desprovida de transportes coletivos, sendo razoável supor que os condôminos tenham empregados, os quais encontrariam grande dificuldade de movimentação, se não contassem com a condução fornecida pelo condomínio" (*RT* 555/127).

Como se percebe, a legitimidade da despesa levou em conta a conveniência da comunidade, e não o interesse particularíssimo de um condômino, que, certamente, entende que esse problema é de caráter estritamente particular, e não coletivo, cabendo, em consequência, a cada um resolvê-lo da forma que lhe convier.

Sem dúvida alguma, um dos mais polêmicos problemas na área condominial reside no critério a ser observado no rateio das despesas, de sorte que não se verifique proveito de uns em detrimento dos demais. Mas é preciso convir que o mecanismo legal, capaz de aferir, com a precisão desejada, a divisão dos gastos, ainda não conseguiu ser inventado, a despeito dos esforços desenvolvidos não só aqui, como em outros Países.

Não apenas o uso proporcional das coisas comuns é difícil de ser medido, mas também o grau de conscientização do futuro condômino, para se saber, antecipadamente, se possui, ou não, os requisitos indispensáveis à vida condominial.

6.15 *Rateio das despesas de condomínio segundo o critério da efetiva utilização dos serviços*

[Publicado na *Tribuna do Direito* 184, agosto/2008]

A redação original do § 3º do art. 1.331 do CC de 2002 teve o intuito de dimensionar a fração ideal da unidade condominial segundo seu valor de mercado, "o qual se calcula em relação ao conjunto da edificação". Esse dispositivo mereceu aplausos do saudoso Nascimento Franco, que, neste mesmo espaço (outubro/2003, p. 6), saudou-o com entusiasmo: "Com esse dispositivo o Código Civil aderiu ao sistema adotado pela mais avançada legislação alienígena na fixação da fração ideal no terreno e coisas comuns atribuída a cada unidade". Justificou o acerto da inovação legal, para combater o critério tradicional de subordinar a determinação da fração ideal no terreno à área construída, como se os apartamentos ou conjuntos de escritórios do mesmo prédio observassem igual parâmetro valorativo das lojas térreas. E realçou: "Para se perceber o equívoco desse critério basta lembrar que nas desapropriações ou nas renovatórias o avaliador costuma atribuir a uma loja, especialmente quando localizada em zona de intenso comércio, peso de três a cinco vezes superior ao de um apartamento, ainda que ambos se localizem no mesmo edifício e tenham igual área útil".

Apesar das loas dedicadas, a norma não sobreviveu. Foi substituída pela nova redação da Lei 10.931, de 2.8.2004: "A cada unidade caberá, como parte inseparável, uma fração ideal no solo e nas outras partes comuns, que será identificada em forma decimal ou ordinária no instrumento de instituição de condomínio". E, como a fixação da fração ideal no terreno orienta a divisão das despesas de condomínio, a mesma Lei 10.931/2004 acrescentou ao inciso I do art. 1.336 do CC a expressão "salvo disposição em contrário na convenção". Assim, o texto completo do inciso passou a ser: "contribuir para as despesas de condomínio na proporção de suas frações ideais, salvo disposição em contrário na convenção". Vale dizer que, a rigor, a derradeira redação do § 3º do art. 1.331 retornou ao revogado art. 12 da Lei 4.591/1964, que dizia: "Salvo disposição em contrário na convenção, a fixação da cota no rateio corresponderá à fração ideal no terreno de cada unidade". E, assim, o critério de distinção das unidades pelo valor de mercado, lamentavelmente, esboroou.

O retrocesso parece ter sido causado pelo temor dos incorporadores condominiais de os valores prefixados das unidades repercutirem, necessariamente, em igual proporção, no rateio das despesas condominiais. Realmente, assim ocorre quando se cuida de um edifício cujas unidades são idênticas. Mas se o prédio for misto, composto, por exemplo, de escritórios e lojas, claro é que o valor de mercado das lojas térreas, por ser bem superior (três ou mais vezes) ao dos escritórios, poderia repercutir também no rateio das despesas comuns. Não se deve confundir, porém, a parte ideal do terreno que integra o domínio da unidade condominial com a proporção que deve presidir o rateio das despesas comuns. Aquela é a que se conta nas hipóteses de desapropriação ou de alienação de todo o edifício, ou em caso de seu total desaparecimento, por incêndio ou por outro fenômeno da Natureza; e esta tem a ver apenas com os serviços de manutenção e de conservação do prédio, ou seja, com as denominadas despesas ordinárias de condomínio.

Significa que, tratando-se de prédio misto, recomendável se mostra a adoção de um rateio distinto, independente do atribuído na especificação condominial, destinado exclusivamente à participação das despesas. Como as lojas térreas não usufruem de todos os serviços de que se beneficiam as unidades localizadas nos pavimentos superiores, impõe-se que a proporção seja racional e objetivamente fixada, tendo em conta a não utilização dos elevadores, nem da limpeza ou da energia que alimenta as áreas comuns. Este entendimento, por sinal, predomina na doutrina, como lembra o Min. Eduardo Ribeiro no REsp 164.672-PR, indicando as opiniões de Pontes de Miranda, Carlos Maximiliano, Caio Mário, Campos Batalha, Nascimento Franco e Marco Aurélio S. Viana. Em suma, como assinalou no v. acórdão, ainda em novembro/1999: "Não se deverá exigir que determinado condômino arque com o pagamento de despesas relativas a utilidades ou serviços que não têm, para ele, qualquer serventia não porque deles não queira utilizar-se, mas em virtude da própria configuração do edifício. É o que sucede com os elevadores em relação à loja situada no andar térreo".

Igual entendimento é adotado pela legislação italiana, informa o advogado Rubens Carmo Elias Filho na monografia intitulada *As Despesas do Condomínio Edilício*, onde anota que o "critério da efetiva utilização" é o que predomina na Itália, como registra sua doutrina: "debono essere repartite in proporzione dell'uso che ciascuno può fare di quelle parti e di quei servizi".[11] Numa palavra: deve a convenção atender à efetiva utilização dos serviços por suas unidades, como forma de evitar os frequentes pleitos que atormentam os tribunais (cf. acórdãos publicados nas *RT* 711/186, 746/273, 749/435, 750/316, 772/178, 773/270, 819/259, 825/287 e 836/200).

11. Rubens Carmo Elias Filho, *As Despesas do Condomínio Edilício*, São Paulo, Ed. RT, 2005, p. 109.

6.16 O inquilino e as despesas de condomínio

[Publicado na *Folha de S. Paulo* em 4.7.1982]

Com o indisfarçável propósito de impedir abusos por parte de locadores de apartamentos, a última Lei do Inquilinato (Lei 6.649, de 16.5.1979)[12] resolveu distinguir as despesas de condomínio em ordinárias e extraordinárias.

Como forma de frear interpretações muito elásticas na aplicação do texto legal, a própria lei se incumbiu de conceituar as despesas ordinárias como sendo as necessárias à administração do edifício. A partir daí, enumera, a título exemplificativo, as despesas com os salários (e seus encargos sociais); o consumo de água, luz e força; as despesas com limpeza, conservação e manutenção das dependências de uso comum e das instalações e equipamentos (hidráulicos e elétricos), assim como dos próprios elevadores.

Ainda que a classificação feita constitua novidade, já que a própria Lei de Condomínio não desceu a minúcias, a matéria em si já mereceu, outrora, numerosas apreciações forenses. Em verdade, o dispositivo legal representa roupagem nova da Lei do Inquilinato anterior, a de 1964, que atribuía ao inquilino a obrigação de pagar "as despesas normais de condomínio." Ficou, então, a cargo dos tribunais a identificação das então chamadas *despesas normais*, que, agora – pode-se dizer –, correspondem às "ordinárias". Desde sempre foi considerada despesa extraordinária "a pintura externa e das partes de uso geral de um edifício de apartamentos", posto que não se trata, nesta hipótese, de obra de manutenção, mas, sim, de reparo. Também a "substituição ou reforma total do telhado, ou dos elevadores, pintura completa ou empastilhamento dos corredores e fachada, impermeabilização dos terraços e marquises, refazimento de pisos etc.". Outro exemplo a ser lembrado, e que chegou a ser apreciado pelo STF, diagnosticou as despesas com a mudança de ciclagem relativa aos elevadores como extraordinárias.

Pode-se hoje concluir que os parâmetros adotados pela Lei do Inquilinato em vigor para identificar a natureza das despesas de condomínio não dão margem a sérias dúvidas. A bitola legal, vale registrar, não foi propriamente alterada, mas, sim, melhor regulada. Com isso, quer

---

12. A atual Lei do Inquilinato é a Lei 8.245, de 18.10.1991 (v. art. 22).

obstar a eventuais escorregadelas de interpretação. Basta atentar a que todas e quaisquer despesas relativas "à estrutura integral ou à aparência interna ou externa do prédio" e todas quantas não integram o cardápio legal do inquilino sobram exclusivamente para o locador.

Desse entendimento parecem pactuar os comentaristas da atual Lei do Inquilinato. Todos concordam, e alguns até textualmente, em que a pintura das áreas comuns do edifício (externa e internamente) é da responsabilidade exclusiva do locador. Também é dele o encargo de suportar as despesas (consideradas extraordinárias) com a substituição de cabos e polias dos elevadores e dos motores diversos (propulsores de água e esgoto, por exemplo).

Em suma: ocorrendo aquisição de novo equipamento, para substituição do antigo, a despesa respectiva fica por conta exclusiva do locador. Mas, quando se trata de despesas de manutenção, o locatário é o seu responsável. Pode acontecer que o novo equipamento acabe custando menos do que a conservação do antigo. Mas isto não é tema para ser tratado aqui e agora. Por enquanto, basta alertar que, se ao juiz não é permitido negar a lei, também certo é que, na sua aplicação, relevante é fazer prevalecer o fim objetivado pela atual Lei do Inquilinato – o interesse social.

6.17 Ao inquilino é vedado discutir as despesas de condomínio
[Publicado na *Folha de S. Paulo* em 28.9.1981]

Inconformado estava o inquilino de loja térrea de prédio condominial com a obrigação de pagar, nas despesas de condomínio, os salários e os uniformes do zelador e do vigia. Por isso, ajuizou ação direta contra o condomínio, sem fazer participar da contenda o seu próprio locador, ou seja, o condômino a quem pertence a loja alugada. Por maioria de votos, concluiu o 1º TACivSP que o inquilino não guarda qualquer relação jurídica com o condomínio (*JTACivSP* 66/35). O contrato de locação foi celebrado com o proprietário da loja, que constitui unidade autônoma do exclusivo domínio do seu locador.

Não importa que no contrato de locação tenha sido estabelecido, como sempre se verifica nos contratos desse gênero, que as despesas condominiais devem ser suportadas pelo inquilino. E nada representa a circunstância de se estabelecer que o inquilino pague diretamente ao condomínio ditas despesas, em vez de serem reembolsadas ao locador. Frisou esse julgado que, assim como não se permite ao inquilino discutir a essência das despesas com o condomínio, também "a este não se concede o direito de cobrar tais despesas do mesmo inquilino". A obrigação é do condômino, e dele será reclamado seu cumprimento, ainda que o inquilino não pague.

O desencontro de entendimentos a respeito desta matéria é gerado pelo art. 20 da Lei de Condomínio, onde vem dito serem aplicáveis "ao ocupante do imóvel, a qualquer título, todas as obrigações referentes ao uso, fruição e destino da unidade". A correta interpretação deste dispositivo não autoriza a ampliação feita pelo inquilino, a ponto de pretender substituir o próprio condômino nas relações com o condomínio. Como anotam Nascimento Franco e Nisske Gondo, "a jurisprudência brasileira vem sistematicamente acolhendo o entendimento de que o locatário, ao contratar a locação, implicitamente se submete à convenção e ao regulamento do condomínio, dispensando-se mesmo cláusula expressa que a isso obriga". A rebeldia do inquilino pode ser mais bem compreendida pelo fato de se lhe tirar toda e qualquer oportunidade na deliberação das despesas condominiais.

Por isso, aqui neste mesmo jornal já alertamos que a atual Lei do Condomínio não é o campo propício para regulamentar a extensão e a qualidade das despesas de condomínio, de responsabilidade do inquilino. Cumpre observar que a Lei do Inquilinato em vigor (Lei 6.649, de 16.5.1979)[13] adotou a sadia novidade de distinguir despesas ordinárias das extraordinárias, relacionando, em seu art. 19, os encargos que devem ser suportados pelos locatários.

Essa inovação representa extraordinário avanço no sentido de distribuir o encargo das despesas de condomínio com justiça. Mas a inovação não satisfez o inquilino que motivou este comentário. Não é apenas a distinção entre despesas ordinárias e extraordinárias o que pretendia o reclamante. Almejava, em verdade, que fosse reconhecida sua pretensão no sentido de decidir sobre a conveniência, ou não, da aquisição dos uniformes do zelador e do vigia.

Pretendia, enfim, substituir o condômino, decidindo matéria que repercute diretamente no *status* do edifício. Mas o *status* de condômino o impede.

13. A atual Lei do Inquilinato é a Lei 8.245, de 18.10.1991.

6.18 O direito de verificação das despesas por inquilinos
[Publicado na *Folha de S. Paulo* em 7.12.1981]

Através do Projeto de Lei 5.287, apresentado em 21 de setembro deste ano (1981) pelo deputado Freitas Nobre, pretende o conhecido parlamentar prover ao "ocupante do imóvel ao qual couber o pagamento das despesas de condomínio" o direito duplo de (a) comparecer e votar nas assembleias a matéria relativa à aprovação de recursos para as despesas de condomínio e (b) exigir a prestação de contas e efetuar a verificação contábil de toda a documentação relativa à receita e à despesa.

Realça a justificação desse projeto o desequilíbrio obrigacional existente: enquanto, de um lado, permite a lei que se atribua aos locatários "o dever de pagar as despesas ou taxas de condomínio, sujeitando-os consequentemente a sanções, pelo inadimplemento", de outro lado, "entretanto, não contempla a contrapartida de prever que os locatários ou quaisquer ocupantes que pagam as referidas taxas tenham, tanto quanto o proprietário do imóvel, o direito de exigir prestação de contas ao síndico".

Objetiva a proposição parlamentar dar fim à passiva situação do locatário que paga as despesas de condomínio sem ter qualquer acesso à deliberação condominial que autoriza os gastos, ou mesmo, ao depois, sem possibilidade de controlar o correto emprego das verbas autorizadas pela assembleia.

Não se há de negar que se verifica desajuste inadmissível, que deve, pois, ser remediado. Daí merecer aplausos a intenção da proposta parlamentar, que reclama análise atenta, para seu eventual aprimoramento. Anote-se, de início, como é óbvio, a ausência de identificação de interesses do locador e locatário no tocante à conservação do estado do apartamento (ou de qualquer outro tipo de unidade condominial) e a qualidade ou categoria do edifício.

De fato, como já acentuamos aqui, nesta mesma *Folha*, desde que a permanência do inquilino no apartamento é, em regra, de limitada duração, seu interesse na conservação do prédio é ditado pelo critério econômico do menor custo. Diametralmente oposta é a preocupação do locador-condômino, que procura preservar a qualidade de sua propriedade imobiliária, mediante assistência adequada e permanente, além de empregar mão de obra mais capacitada. E, se o custo dessa conservação esmerada é mais caro, tanto não importa muito ao locador. Até porque é o inquilino quem o suporta.

Ainda assim, frente a esse conflito de interesses, não há como se possa atribuir aos locatários o poder de deliberar sobre a conveniência, extensão e qualidade das despesas de condomínio. Em contrapartida, nem por isso se deve impedi-los de fiscalizar as contas dessas despesas, já que respondem pelo seu custo.

Reside exatamente aí o mérito do projeto, na medida em que concede ao locatário o direito de exigir e verificar as contas das despesas ordinárias do condomínio – o que, à evidência, reclama regulamentação própria e mais detalhada, para se impedir conduta abusiva. Convém anotar que a Lei de Condomínio não se presta a regular as relações de direito dos locatários de um edifício. Essas relações já têm legislação especial e específica, consubstanciada na atual Lei do Inquilinato (Lei 6.649, de 16.5.1979), cujos arts. 18 e 19[14] se ocupam das despesas condominiais, distinguindo as despesas "extraordinárias" das "ordinárias", para o fim de atribuir com maior precisão a responsabilidade dos locatários.

Se assim é, o aprimoramento da defesa do locatário deve ser feito na área legal que lhe é mais própria e, consequentemente, mais favorável. Vale dizer que a fiscalização preconizada pelo Projeto de Lei deve escolher por alvo o art. 19, § 1º, da Lei do Inquilinato, que já cuida das despesas ordinárias, de responsabilidade dos locatários.

Aí, sim, é que os inquilinos levarão a vantagem que o Projeto lhes quer conceder.

6.19 Ao inquilino foge o controle das despesas de condomínio
[Publicado na *Folha de S. Paulo* em 4.4.1982]

Se inquilinos de um prédio de apartamentos discordam do valor que lhes é cobrado a título de despesas de condomínio, por entendê-lo exagerado, não podem consignar a quantia em juízo, para fins de discussão. Nesse sentido, recentemente, decidiu o 2º TACivSP ao prestigiar, por unanimidade, precioso voto do Juiz Luiz Tâmbara que concluiu ser a ação de consignação "meio inadequado para a solução da controvérsia

---

14. A atual Lei do Inquilinato é a Lei 8.245, de 18.10.1991 (v. arts. 22 e 23).

relativa ao justo valor das despesas condominiais, de que se confessam devedores" (*JTACivSP* 71/366). É que na ação de consignação não é possível questionar sobre o *quantum* devido. Desde que os inquilinos reconheçam a responsabilidade pelo pagamento das despesas de condomínio, é inadmissível o exame qualitativo de seus componentes. O débito, neste caso, há de ser, necessariamente, líquido e certo. Se os locatários repelem o valor exigido, quer isto dizer que não reconhecem, nessas despesas, sua liquidez e certeza.

Importa observar que, se resolvessem debater a questão no âmbito da ação de despejo por falta de pagamento, o risco, então, seria tremendamente maior. Uma vez que a impugnação deve ser oferecida como justificadora da falta de pagamento de aluguel (acrescido das despesas de condomínio), se o locatário não for bem-sucedido na ação, será contemplado com a grave consequência de seu despejo. Além do mais, receberá o prêmio extra de passar a figurar nos arquivos cadastrais como locatário inidôneo somente por ter dissentido (com ou sem razão) do valor cobrado. Há, neste caso, nítido desequilíbrio de resultado: se o inquilino ganha a ação de despejo, consegue o pagamento correto das despesas de condomínio; mas, se perde, é despejado.

Para escapar a tão grave desfecho, houve quem cogitasse da ação de prestação de contas, que seria assestada contra o locador, com o objetivo de definir o exato valor das despesas condominiais. Este caminho, porém, também se afigura impróprio, na medida em que inexiste obrigação legal ou contratual a compelir o locador à prestação de contas. De fato, o locador não tem sob sua guarda e administração bens pertencentes aos inquilinos. E ninguém pode ser obrigado a prestar contas da administração de seus próprios bens.

É certo que a aspiração dos inquilinos não chega ao extremo de pretender impor ao condomínio o valor da remuneração que retribui os serviços da empresa administradora, ou os salários do zelador, ou o número de funcionários; nem almejam controlar a qualidade dos uniformes dos empregados, ou autorizar a contratação das empresas de manutenção das bombas d'água e de esgoto, das portas elétricas, do sistema de interfone, dos jardins – e assim por diante. Tais serviços repercutem diretamente na qualidade do edifício, que os condôminos têm inteiro interesse em preservar, embora à custa de seus locatários.

O que os inquilinos querem (e têm direito) é apenas a conferência dos resultados noticiados pelos locadores, bem como o correto rateio na distribuição dos encargos. Claro é que esse controle compreende apenas os gastos classificados como despesas ordinárias. Toda e qualquer cobrança além desses parâmetros é irregular e, portanto, indevida pelos inquilinos.

Ocorre que à disposição dos locatários não há medida judicial de rápido efeito sem a necessidade indispensável de antes pagar as despesas indevidas, para recobrá-las depois. Suportam, por isso, as agruras de duas graves ausências: a primeira consiste na inexistência de um dispositivo legal que obrigue os locadores a proceder, mensalmente, à automática demonstração das despesas condominiais, como forma de ser confirmada sua qualidade (de distingui-las das despesas extraordinárias), sua quantidade (aritmeticamente exata) e seu rateio (perfeita divisão em conformidade com a convenção); e a segunda reside na falta de um mecanismo judicial de ação rápida capaz de definir a questão, sem que os locatários assumam o risco da ação de despejo.

Enquanto o empenho de alguns parlamentares não criar o suprimento necessário, sobra aos inquilinos apenas o pedido de restituição, que reclama longa e custosa operação jurisdicional. Sendo bem-sucedidos, serão reembolsados do indevido – o que não é, convenhamos, grande consolo.

6.20 A multa de 2% das despesas de condomínio

[Publicado na *Tribuna do Direito*, abril/2003]

Reina ainda entre advogados e administradores de edifícios em condomínio forte controvérsia no atinente à aplicação da "multa de até 2% (dois por cento) sobre o débito", constituído de despesas condominiais, preconizada pelo § 1º do art. 1.336 do CC. É que essa disposição, por se mostrar incompatível com o preceituado no § 3º do art. 12 da Lei 4.591, de 16.12.1964, que facultava a aplicação da multa moratória de "até 20% sobre o débito", tornou-a inoperante. Está, pois, revogada (cf. art. 2º, § 1º, da Lei de Introdução ao Código Civil[15]).

Fomenta ainda essa controvérsia a disposição do art. 2.035, cujo *caput* proclama, em consonância com o inciso XXXVI do art. 5º da CF,

---

15. Atualmente denominada Lei de Introdução às Normas do Direito Brasileiro (Lei 12.376/2010).

que "a validade dos negócios e demais atos jurídicos, constituídos antes da entrada em vigor deste Código, obedece ao disposto nas leis anteriores, (...)". Sufraga, assim, o preceito da Carta Maior no sentido de que "a lei não prejudicará o direito adquirido, o ato jurídico perfeito e a coisa julgada" (art. 5º, XXXVI). Mas, quanto aos "seus efeitos produzidos após a vigência deste Código", prevê o Código dois vetores de comando legal: (a) obedecem aos preceitos do Código, "salvo se houver sido prevista pelas partes determinada *forma de execução*"; (b) nenhuma convenção anterior prevalecerá ante o Código novo "se contrariar preceito de *ordem pública*, tais como os estabelecidos por este Código para assegurar a função social da propriedade e dos contratos" (cf. parágrafo único do art. 2.035).

Quanto a determinada forma de execução: em regra, todas as convenções de condomínio contêm "determinada forma de execução" para a cobrança das despesas comuns, onde vem expressamente prevista a multa moratória no patamar nelas adotado. Basta, portanto, esta estipulação convencional para que prevaleça a multa anteriormente estabelecida.

Quanto ao preceito de ordem pública: é oportuno registrar, desde logo, que as duas condições legais (*forma de execução* e *ordem pública*) não reclamam presença simultânea e concorrente para que prevaleça o anteriormente convencionado. Qualquer delas é suficiente, de per si, para excluir a incidência da nova lei. Noutras palavras: o que importa é se saber se a "multa de até 2%", prevista no parágrafo único do art. 2.035 do CC, deve ser considerada elemento indispensável a "assegurar a função social da propriedade e dos contratos". Há mais: o desafio exegético reclama definir em qual medida a garantia constitucional de que "a lei não prejudicará o direito adquirido, o ato jurídico perfeito e a coisa julgada" se sobrepõe ao preceito de *ordem pública*.

A função social da multa de 2%: mostra-se oportuno observar que a multa moratória de 2% constitui elemento acessório do débito principal (despesas de condomínio). Nesse rumo, à vista do parágrafo único do art. 2.035 do CC, cabe indagar se as despesas condominiais são permeáveis à interferência da função social. Em notável acórdão o eminente Juiz Luís Camargo Pinto de Carvalho (TACivSP, 5ª Câmara, ACi 634.162-00/7, j. 6.2.2002, v.u., publicado no *Boletim da AASP* 2.295/2.491-2.494) enfatiza que: "O inadimplemento das despesas condominiais, na verdade, representa verdadeira afronta aos demais condôminos, que são obrigados a suportar o sobre-encargo do inadimplente". Com efeito, do pagamento das despesas condominiais "depende a própria sobrevivência do condomínio". E, lembrando ponderação feita por Biasi Ruggiero, citada por Nascimento Franco, registra que "o atraso no pagamento das despesas constitui a causa principal do desequilíbrio econômico do condomínio, porque gera a revolta dos condôminos pontuais quando têm de suprir o caixa comum, ocorrendo mesmo que, em represália, muitos deixem de pagar suas cotas. Quando isso acontece, o síndico fica sem dinheiro para pagar empregados, contas de luz, conservação de elevadores etc., o que resulta na desmoralização do edifício e, quando a situação se agrava, até na sua interdição pelos Poderes Públicos".[16]

O mesmo festejado Nascimento Franco, ao observar que a multa de 20% vem sendo questionada como muito alta, "tendo-se e m vista a pequena inflação na vigência do Real", informa que a objeção tem sido rejeitada pelos tribunais, por não ser admissível a aplicação da multa preconizada pelo Código de Defesa do Consumidor (cf. § 1º do art. 51). Ocorre que não se pode adotar paridade da multa condominial com a inflação, mas, sim, (a) as despesas forçadas (ordinárias) acima mencionadas e (b) o demorado processo judicial de cobrança, que consome vários anos. Nesta perspectiva, quem deve merecer proteção legal são os condôminos pontuais, que cumprem a obrigação assumida através de um pacto coletivo (a convenção), e não seus infratores. Não cabe, pois, se argumentar com função ou interesse social da multa de 2%, ou de 20%, na medida em que se trata unicamente de cláusula inibitória de reprovável conduta contratual de um condômino, em detrimento direto dos interesses dos demais. Em suma: as despesas condominiais e suas multas não repercutem na ordem social, por constituírem manifestações de vontade circunscritas ao âmbito interno (*interna corporis*) de cada condomínio.

A multa de 2% como preceito de ordem pública: definia Clóvis Beviláqua as leis de ordem pública como "as que, em Estado, estabelecem os princípios cuja manutenção se considera indispensável à organização da vida social, segundo os preceitos do Direito".[17] Alertava, porém, Serpa Lopes sobre a dificuldade de uma definição de lei de ordem pública: "A noção de ordem pública como que desafia a sagacidade dos

---

16. J. Nascimento Franco, *Condomínio*, São Paulo, Ed. RT, 1997, p. 225.
17. Clóvis Beviláqua, *Teoria Geral do Direito Civil*, Rio de Janeiro, Livraria Francisco Alves, 1949, p. 15.

juristas". Segundo Pillet e Niboyet, todos, porém, se encontram de acordo quando admitem que "a ordem pública é o reflexo da economia geral da ordem jurídica em vigor num dado momento". Por isso é que a lei "é dotada de um dinamismo incompatível com a estabilidade das regras legais".[18] Também Vicente Ráo frisava não ser possível a indicação *a priori*, por via de definição ou conceito geral, de todas as normas de ordem pública. A certeza diz com o predomínio dos "efeitos sociais, ou de caráter geral" sobre os "interesses individuais".[19] São as leis chamadas *imperativas*, que "envolvem um interesse público", dotadas de vigoroso direito cogente (*ius cogens*), pelo quê são insuscetíveis de serem derrogadas ou afastadas pela vontade das partes.[20] Seu comando, pois, é de ordem "impositiva", não havendo como deixar de lhes ser submisso, em benefício do interesse coletivo.

Diante desse perfil, facilmente se compreende por que o Código não oferece definição ou, mesmo, conceitos a respeito de preceitos de ordem pública. A velocidade das mutações a que o sistema econômico de um Estado assiste é incompatível com a estabilidade do sistema legislativo. Por isso mesmo, o diagnóstico da ordem pública de algum preceito sempre desafiou (e continuará desafiando) a inteligência de todos os operadores do Direito.

Vale dizer que enquanto a situação econômica do País acusa, nestes tempos, uma inflação média de 25%, enquanto uma simples ação judicial de cobrança exige longos e intermináveis anos de processamento judicial e enquanto os demais condôminos pontuais se veem obrigados a financiar os infratores mediante juros convencionados, não se pode rotular a multa de 2%, prevista no § 1º do art. 1.336 do CC, como "preceito de ordem pública." Bem ao reverso, a ordem social seria contrariada se esse dispositivo fosse integrado no reino dos preceitos de ordem pública.

A convenção condominial é ato jurídico perfeito: dúvida alguma paira em qualquer espírito de que a convenção condominial gerada e registrada antes do advento do Código Civil de 2002 constitui *ato jurí-*

---

18. Miguel M. de Serpa Lopes, *Curso de Direito Civil*, 2ª ed., vol. I, Rio de Janeiro, Freitas Bastos, 1957, pp. 54-55.

19. Vicente Ráo, *O Direito e a Vida dos Direitos*, vol. 1. São Paulo, Max Limonad, 1960, pp. 236-237.

20. Caio Mário da Silva Pereira, *Instituições de Direito Civil*, 5ª ed., vol. I, Rio de Janeiro, Forense, 1980, p. 29.

dico perfeito, posto que "consumado segundo a lei vigente ao tempo em que se efetuou" (cf. art. 6º, § 1º, da Lei de Introdução ao Código Civil[21]), apto, assim, a produzir seus efeitos. Ensina, com precisão, Maria Helena Diniz: "A segurança do ato jurídico perfeito é um modo de garantir o direito adquirido pela proteção que se concede ao seu elemento gerador, pois, se a nova norma considerasse como inexistente, ou inadequado, ato já consumado sob o amparo de norma precedente, o direito adquirido dele decorrente desapareceria por falta de fundamento".[22]

Ora, não é o caso da disposição contida no § 3º do art. 12 da Lei 4.591/1964, gerada na vigência de lei específica para o fim de inibir o atraso ou a falta de pagamento. Exatamente sob a égide dessa sanção pecuniária é que foi conferida segurança jurídica à convenção condominial, cuja validade se projeta além de sua revogação, como manifestação protetora do direito adquirido dos efeitos legitimamente convencionados.

Neste exato sentido se pronunciou o Pretório Excelso, através do Min. Moreira Alves (por sinal, o Relator da Parte Geral do Código Civil), ao pontificar que, "sendo constitucional o princípio de que a lei não pode prejudicar o ato jurídico perfeito, ele se aplica também às leis de ordem pública". Aduzindo, ainda, que "a modificação dos efeitos futuros de ato jurídico perfeito caracteriza a hipótese de retroatividade mínima que também é alcançada pelo disposto no art. 5º, XXXVI, da Carta Magna" (*RT* 778/204-208).

Conclusões:

(1) Em todas as convenções de condomínio, ao se regulamentar a obrigação de pagamento das despesas comuns cuida-se de "determinada forma de execução", onde vem expressamente prevista a multa moratória no patamar nelas adotado (cf. art. 2.035 do CC).

(2) A multa de 20% incidente sobre despesas de condomínio não guarda qualquer semelhança com a sanção prevista no § 1º do art. 51 do Código de Defesa do Consumidor/CDC, por inexistir relação de consumo.

(3) As multas de até 2% ou de 20% não contrariam preceitos de ordem pública, de vez que em nada repercutem na função social da propriedade condominial.

---

21. Atualmente denominada Lei de Introdução às Normas do Direito Brasileiro (Lei 12.376/2010).

22. Maria Helena Diniz, *Lei de Introdução ao Código Civil Brasileiro Interpretada*, 9ª ed., São Paulo, Saraiva, 2002, p. 185.

(4) A convenção condominial celebrada antes do advento do novo Código Civil, segundo a Lei 4.591, de 16.12.1964, ou mesmo segundo o Decreto 5.481, de 25.6.1928, constitui ato jurídico perfeito (cf. art. 6º, § 1º, da Lei de Introdução ao Código Civil[23]), pelo quê não pode ser obstada na produção de seus legítimos efeitos durante a vigência do atual Código.

(5) Ainda que a disposição do § 1º do art. 1.336 do CC fosse considerada preceito de ordem pública (que não é), o princípio constitucional da irretroatividade da nova lei impede que seja prejudicado o direito adquirido, que prevalece sobre a ordem pública.

6.21 *"Propter rem"* versus *hipoteca (I)*

[Publicado na *Tribuna do Direito* 181, maio/2008]

Ao contrário do que sustentava Carnelutti, que via na hipoteca um instituto de direito processual a fornecer ferramenta para implantação de ação executiva (excussão), nosso Código Civil grava, com todas as letras, que se trata de direito real (art. 1.419). Como vínculo real, fica "grudado" ao bem onerado, que serve de garantia ao cumprimento de uma obrigação principal. É, portanto, um direito real de garantia que lhe confere o direito de sequela, isto é, o poder de perseguir o bem (móvel ou imóvel) onde se encontre. Satisfeita a obrigação principal, a hipoteca, como acessório, também se extingue. Embora o art. 1.473 do CC preveja a hipoteca de navios, aeronaves e estradas de ferro, aqui, neste artigo, apenas será enfocada a unidade condominial.

Com o claro propósito de preservar a efetividade da garantia, o Código confere ao credor hipotecário o direito de preferência no pagamento a outros credores (art. 1.422), em perfeita consonância com o disposto no art. 961, por força do qual "o crédito real prefere ao pessoal de qualquer espécie; (...)". No Código anterior a preferência dava lugar, especificamente, à "dívida proveniente de salários do trabalhador agrícola". Era uma exceção restrita, *numerus clausus*. Agora, o novo parágrafo único do art. 1.422 diz que são excetuadas "as dívidas que, *em virtude de outras leis*, devam ser pagas precipuamente a quaisquer outros créditos".

---

23. Atualmente denominada Lei de Introdução às Normas do Direito Brasileiro (Lei 12.376/2010).

Entre outros créditos que estão inseparavelmente entranhados nas unidades condominiais figuram as despesas de condomínio. Não importa quem seja seu proprietário. O que importa é a indispensabilidade de seu pagamento, em benefício da conservação do bem comum, que exige pagamento de salários dos empregados, do consumo de água e de luz das áreas comuns, dos impostos e taxas, dos materiais de limpeza, da manutenção de motores, dos elevadores, do jardim – e assim por diante. O pagamento das despesas de condomínio é tão relevante que "o adquirente de unidade responde pelos débitos do alienante, em relação ao condomínio, inclusive multas e juros moratórios" (art. 1345 do CC).

Em decorrência destas características é que as despesas de condomínio são qualificadas como dívidas *propter rem*, ou seja, são próprias da coisa; ou, melhor ainda, "por causa da coisa". Vale dizer: não se despregam do imóvel, como obrigação real assim considerada. Visam à conservação do imóvel em benefício da coletividade condominial. Outrora muito se discutiu se as obrigações *propter rem* se igualavam ao direito real. Isto porque – como anota Sílvio Rodrigues – "a obrigação *propter rem* se encontra no terreno fronteiriço entre os direitos reais e os pessoais".[24] Serpa Lopes aprofundou-se no estudo dessa obrigação, concluindo que se caracteriza por "estar ligada a um direito real, do qual decorre". Assim, suas obrigações recaem "sobre uma pessoa por força de um determinado direito real (*propriedade da unidade*), com o qual se encontram numa vinculação tão estreita, que o seguem a título de acessórios, inseparáveis".[25] Por ser acessória, a obrigação *propter rem* apenas libera o devedor quando abandona o direito principal, isto é, quando deixa de ser condômino.

No cotejo entre esses dois direitos reais, a jurisprudência, a partir do STJ, vem concedendo preferência às despesas condominiais, dada sua natureza *propter rem* (REsp 540.025-RJ, rela. Min. Nancy Andrighi; REsp 67.701-RS, rel. Min. Costa Leite; REsp 592.427-RS, rel. Min. Carlos Alberto Menezes Direito). Na esteira desses precedentes, o TJSP também vem assim decidindo (*RT* 867/208 e *JTJ*-Lex 320/662, rel. Des. Gomes Varjão). Em perfeita sintonia com o Tribunal Superior invoca-se

---

24. Sílvio Rodrigues, *Direito Civil*, 9ª ed., vol. II, "Parte Geral: das Obrigações", São Paulo, Saraiva, 1979, p. 108.

25. Serpa Lopes, *Curso de Direito Civil*, 2ª ed., vol. II, "Obrigações em Geral", Rio de Janeiro, Freitas Bastos, 1957, p. 66.

o espírito do antigo art. 1.564 do CC de 1916 (não reproduzido no atual), no sentido de que do preço do imóvel hipotecado deveriam ser deduzidas "as despesas de conservação com ele feitas por terceiro". Sob este raciocínio, "terceiro" passa a ser o "condomínio", uma vez que é ele quem promove as despesas destinadas à conservação do imóvel. Diante dessa exegese, o STJ vem proclamando que "as quotas de condomínio dizem respeito à conservação do imóvel, sendo indispensáveis à integridade do próprio crédito hipotecário, inevitavelmente depreciado se a garantia perde parte de seu valor" (REsp 208.896-RS, rel. Min. Ari Pargendler).

O trágico dessa construção pretoriana é que, diante da morosidade impressionante das ações de cobrança instauradas pelo condomínio, o produto das arrematações das praças é consumido, em regra, pela liquidação das despesas de condomínio, pouco ou nada sobrando para o credor hipotecário. Neste cenário, é facultado ao credor requerer a adjudicação do imóvel, preferindo a terceiro arrematante. Mas, em compensação, é presenteado, como adquirente, com a obrigação de responder pelas despesas de condomínio (cf. art. 1.345 do CC). Vale dizer que, além de não receber a dívida hipotecada, arca com as despesas judicialmente cobradas. E as vindouras. Daí o seu desinteresse na adjudicação.

Essas frustrações explicam o fato de o financiamento hipotecário ter praticamente desaparecido das vendas a crédito de imóveis. Vem sendo substituído pela alienação fiduciária. A tradicional hipoteca (de origem grega) está fadada a ser esquecida nos contratos de simples mútuo tendo por garantia imóveis condominiais.

A construção pretoriana é deveras respeitável. É inteligente e atraente sob a capa da redação do novo parágrafo único do art. 1.422. Neste passo, não deverá causar surpresa se, logo mais, as despesas de consumo de água e de energia elétrica também pretendam ser rotuladas de obrigações *propter rem*, a exemplo do imposto predial (IPTU), que tem proteção legal específica. O escore, neste primeiro tempo, é de 1 x 0, a favor do *propter rem*. Vamos aguardar o fim do cotejo.

6.22 "Propter rem" versus hipoteca (II)
[Publicado na *Tribuna do Direito* 192, abril/2009]

Aqui neste espaço, em maio/2008, sob o mesmo título, analisei a construção pretoriana que, no cotejo do direito de preferência entre o condomínio, como credor por despesas de condomínio, e o credor hipotecário, fazia prevalecer o primeiro. A proteção continua prevalecendo, mas se restringe tão só à ordem de recebimento do crédito. Já então observei que: "O trágico dessa construção pretoriana é que, diante da morosidade impressionante das ações de cobrança instauradas pelo condomínio, o produto das arrematações das praças é consumido, em regra, pela liquidação das despesas de condomínio, pouco ou nada sobrando para o credor hipotecário. Neste cenário, é facultado ao credor requerer a adjudicação do imóvel, preferindo a terceiro arrematante. Mas, em compensação, é presenteado, como novo adquirente, com a obrigação de responder pelas despesas de condomínio (conforme o art. 1.345 do CC). Vale dizer que, além de não receber a dívida hipotecária, arca com as despesas judicialmente cobradas. E as vindouras. Daí o seu desinteresse na adjudicação".

Recente decisão estampada na *JTJ*-Lex 326/51 examina a disputa travada entre a natureza *propter rem* das despesas do condomínio e o direito real da hipoteca. Pretendia o credor condominial obstar a adjudicação do imóvel em pagamento do crédito hipotecário. Vale enfatizar que a prelação consagrada pela construção pretoriana se restringe à ordem de recebimento dos créditos, e não ao aniquilamento do direito real. Noutras palavras: a proteção que é conferida aos condomínios objetiva tão só o recebimento das despesas de condomínio. Nada mais além disso.

Em perfeita consonância com esse diapasão, o v. acórdão se reportou aos precedentes jurisprudenciais que, invocando variados fundamentos, acabaram sedimentando a supremacia da natureza *propter rem* das despesas condominiais. Merece destaque o relatado pelo Des. Clóvis Castelo (AI 984.723-00/6), ao ponderar: "(...) se é verdade que tal preferência beneficia o titular do crédito garantido por hipoteca (CC de 1916, art. 674, IX), não é menos verdadeira a assertiva de que as despesas condominiais configuram encargos da própria coisa, pois destinam-se à manutenção e subsistência do imóvel, possuindo por isso natureza *propter rem*". E, depois de se reportar ao art. 1.564 daquele Código, assevera: "Assim, revela-se patente que o credor hipotecário não detém preferência relativamente ao crédito da massa condominial proveniente de despesas ligadas à conservação da própria coisa oferecida em garantia. Conquanto tal princípio não tenha sido reproduzido no diploma civil em vigor, também não foi por ele revogado, até em observância à máxima do Direito que impede o enriquecimento ilícito de uns em detrimento de outros. No caso, entendimento contrário implicaria onerar ainda mais a massa condominial exequente, em benefício do credor hipotecário".

Logo, conclui o acórdão, relatado pelo Des. Orlando Pistoresi: "Todavia, a preferência do crédito condominial ao hipotecário não impede a adjudicação do imóvel penhorado com garantia real, sobretudo ante a autorização expressa do art. 685-A, § 2º, do CPC, ressalvando-se que deverá o interessado na adjudicação providenciar o depósito do crédito do condomínio-exequente, evitando-se que se frustre seu direito de preferência, nos termos do art. 711 do CPC".

Cumpre anotar o argumento complementar, de ordem processual, adotado pelo acórdão citado, com apoio no ato da adjudicação, que é de caráter executório por excelência. Enquanto o art. 685-A prevê o direito de o exequente "requerer lhe sejam adjudicados os bens penhorados", seu § 2º garante a preferência do credor com garantia real. Impende, por sinal, observar que, além de faltar sustentação jurídica à objeção oposta ao credor hipotecário, nenhuma vantagem oferece ao condomínio a pretensão de impedir a adjudicação do imóvel. Com efeito, nenhuma disposição legal ou construção pretoriana ensaia, insinua ou sugere o aniquilamento do exercício da excussão do credor hipotecário e consequente direito de optar pela adjudicação.

Releva observar que para o condomínio é indiferente que o novo adquirente seja um terceiro arrematante ou o próprio credor hipotecário. O que lhe importa é receber o crédito – condição, essa, plenamente satisfeita pelo credor hipotecário. É exatamente o que se verifica no exercício da adjudicação: ao mesmo tempo em que o credor hipotecário paga a dívida do condômino faltoso, que é substituído *ex vi* da adjudicação, o condomínio sai do embate com duas vantagens: o recebimento do seu crédito e a substituição do condômino faltoso por novo titular, que promete, pelo seu perfil, tornar-se um condômino responsável.

O resultado desse confronto sugere que, se, um lado, ganha o *propter rem* no atinente à prelação do recebimento da dívida, de outro, fica preservado o direito real de adjudicação do credor hipotecário. Muda-se, assim, o resultado anterior (do artigo de maio/2008), e o escore passa a ser o do empate. O cotejo, por ora, se esgota e se encerra.

6.23 Usufruto judicial do condomínio

[Publicado na *Tribuna do Direito* 194, junho/2009]

O quadro fático vem assim descrito no v. Acórdão: o condômino inadimplente reside no imóvel com sua esposa e filhos maiores, sendo possuidores de veículos que não se encontram em seus nomes. É titular de um compromisso de venda e compra e não paga as despesas condominiais há mais de oito anos, "utilizando tranquilamente as áreas de lazer" (TJSP, AI 1.180.718-0/8, rel. Des. Mendes Gomes, *JTJ*-Lex 327/39).

Superada a etapa da execução, o condomínio-credor, para encurtar o trajeto processual, invocou o art. 716 do CPC, que dispõe: "O juiz pode conceder ao exequente o usufruto de móvel ou imóvel, quando reputar menos gravoso ao executado e eficiente para o recebimento do crédito". A norma processual efetivamente antecipa e facilita o recebimento do crédito na hipótese de a unidade condominial se encontrar alugada ou desocupada. Neste caso, a penhora do direito de uso e fruição não gera dificuldade. Mas quando o próprio condômino devedor reside com sua família no apartamento, como ocorreu no referido julgado, o art. 716 não constitui o remédio adequado. É que o produto decorrente do usufruto judicial do imóvel exige um pressuposto inevitável, qual seja, o imóvel se encontrar livre e desocupado de pessoas e bens.

Cabe alertar que não basta ao condomínio ser credor consagrado para ser admitido como usufrutuário do imóvel penhorado. Nesta apreciação, pesada carga de subjetividade influencia o juiz na ponderação sobre se a concessão do usufruto constitui o meio "menos gravoso ao executado e eficiente para o recebimento do crédito" (CPC, art. 716). Por outro lado, não basta ao condomínio ser admitido como usufrutuário para lhe ser concedida a imissão na posse direta do imóvel penhorado, como entendeu o referido julgado. Neste passo ocorre uma inversão de condições: em vez de o pressuposto da desocupação preceder a concessão do usufruto, este é que antecede o pedido de imissão da posse direta. Logo, o roteiro tradicional de levar o imóvel (ou os direitos à aquisição) a leilão ainda constitui o remédio mais eficaz e menos permeável à subjetividade do julgador.

Outro caso: se o apartamento penhorado fosse avaliado em R$ 155.000,00 mas gravado com uma dívida hipotecária de R$ 711.911,00, salta aos olhos que jamais seria arrematado por qualquer interessado. Dificilmente, sequer, seria adjudicado pelo banco credor, na medida em que, além de o imóvel não quitar seu crédito, ainda teria de arcar com as despesas de condomínio, vencidas e por vencer. Neste caso, embora também estivesse ocupado, o Tribunal paulista confirmou, à luz do art. 716 do CPC, a ordem no sentido de serem desalojados seus ocupantes, permitindo a "penhora sobre o direito de uso e fruição da unidade condominial em favor do credor. O aluguel do imóvel servirá para abater a dívida, ou, pelo menos, não aumentá-la, aliviando o gravame da massa condominial" (TJSP, AI 894.002-0/4, rel. Des. José Malerbi, *JTJ*-Lex 293/324).

Atestam os dois casos o tormento com que os administradores condominiais devem enfrentar os maus pagadores. Mas, ainda que concedido o usufruto judicial (art. 716 do CPC), indispensável é seu registro no cartório imobiliário, a fim de que seja efetivamente constituído, como é exigido pelo art. 1.391 do CC. O registro imobiliário do usufruto se faz inarredável à produção do efeito *erga omnes*, para alertar eventuais terceiros adquirentes do apartamento penhorado. Então, surge novo problema: por não ostentar personalidade jurídica, o condomínio, provavelmente, verá recusado o registro do usufruto.

Com efeito, submissa a formalismo obstinado, a barreira registrária somente vem admitindo à guisa de exceção o registro imobiliário previsto na hipótese do art. 63, § 3º, da Lei 4.591/1964. Ainda assim, essa permissão somente foi concedida após longo e árduo debate, para destruir o entendimento linear de que a adjudicação do imóvel ao condomínio se limitaria à fase de construção. Isto porque o *caput* do artigo se refere a "3 (três) prestações do preço da construção", limitação, essa, que a jurisprudência conseguiu alargar, para incluir a falta de pagamento de parcelas decorrentes de compromisso de venda e compra. O alargamento da exegese teve marco inicial relevante na sentença proferida em 10.7.2001 pelo Juiz Venício Antônio de Paula Salles, então Titular da 1ª Vara de Registros Públicos da Capital de São Paulo, ao determinar o registro de arrematação em favor do condomínio, divergindo abertamente da postura pacífica do Conselho Superior da Magistratura. Em apertadíssima síntese, a recusa se constituía na seguinte premissa: "Se o condomínio não tem personalidade jurídica, não pode ser proprietário" (cf. Ruy Coppola).

Continua ardorosamente polêmica na doutrina a questão da personalidade jurídica do condomínio, como evidenciam os artigos publicados pelos magistrados Egídio Jorge Giacoia e Ruy Coppola na obra coletiva denominada *Condomínio Edilício – Aspectos Relevantes*.[26] Daí se afigura razoável a previsão de que o usufruto judicial, por constituir espécie não abrangida pela exceção contida no art. 63, § 3º, da Lei 4.591/1964, provavelmente será obstado de merecer acolhida registrária, em obediência ao preceituado no art. 1.391 do CC. E, então, nova reação jurisprudencial se fará necessária para que mais uma "exceção" seja admitida no reino formal do registro imobiliário.

6.24 Fundo de reserva. Poupança do condomínio

[Publicado na *Folha de S. Paulo* em 12.1.1981]

Muito embora a convenção condominial deva, obrigatoriamente, dispor sobre "a forma de contribuição para constituição de fundo de reserva" (Lei 4.591/1964, art. 9º, § 3º, "j"), sua omissão não implica nulidade do estatuto do condomínio. Trata-se de novidade criada pela Lei de Condomínio, denominada de "fundo de reserva" por representar verdadeira poupança do edifício, destinada a enfrentar despesas extraordinárias e de atendimento inadiável.

Não pode, por isso, o "fundo" ser consumido por despesas habituais, que integram o orçamento anual do condomínio. Exatamente por ser reserva de capital arrecadado, reserva-se-lhe a missão de fazer face a imprevistos de custo vultoso. A substituição ou reforma de elevadores ou de caldeiras, a correção de impermeabilização de áreas comuns ou, mesmo, a contratação de advogado para defesa do interesse condominial são alguns exemplos práticos.

A forma mais usual de forrar o "fundo de reserva" consiste na imposição de uma economia forçada, mediante acréscimo percentual ao valor da despesa normal. A poupança forçada, por não se confundir com o caixa comum, passa a constituir um capital autônomo e especial.

Mas, se não tiver sido prevista sua constituição pela convenção, os comunheiros não poderão ser compelidos a seu pagamento. Neste caso,

---

26. Egídio Jorge Giacoia e Ruy Coppola, in José Roberto Neves Amorim e Francisco Antônio Casconi (coords.), *Condomínio Edilício – Aspectos Relevantes*, São Paulo, Método, 2005, pp. 335-368.

a omissão convencional precisará ser previamente suprida, para que seja revestida de indispensável legitimidade.

Advertem os doutos que o "fundo de reserva" representa patrimônio comum, pelo quê, a partir de seu recolhimento, fica automaticamente incorporado ao próprio edifício. É que o capital poupado, por ser específico, não é despesa comum, mas, sim, riqueza integrante do patrimônio da comunidade. Por isso não se restitui a condômino retirante sua quota de participação no "fundo de reserva", do qual é indestacável. É como se fosse benfeitoria introduzida no edifício.

O caráter específico do capital de reserva é levado tão a sério por alguns comentaristas, que chegam a proibir eventual socorro do "fundo de reserva" ao caixa comum, para cobrir insuficiências transitórias. Cumpre observar, porém, que a especificidade do "fundo de reserva" não autoriza tal exagero, que poderia, inclusive, determinar a supressão de fornecimento de energia, água e gás. Ou, mesmo, expor o condomínio ao gravame da multa moratória por falta de pagamento pontual de impostos e taxas.

De outro lado, porém, não se pode permitir o enfraquecimento do poder aquisitivo do "fundo", que, como todo capital, também é atingido pela implacável corrosão inflacionária. Daí ser recomendável que essa poupança seja convenientemente protegida contra a desvalorização monetária.

E, uma vez que representa verdadeira poupança, seu depósito na carteira do mesmo nome parece ser o melhor remédio, por obter relativa atualização monetária e facultar imediato resgate. Talvez até existam melhores aplicações, mas possivelmente não se compatibilizam com a lei.

6.25 *Os juros condominiais convencionados*
[Publicado na *Tribuna do Direito* 215, março/2011]

Dispunha o § 3º do art. 12 da Lei 4.591/1964 que "o condômino que não pagar a sua contribuição" ficava sujeito ao "juro moratório de 1% (um por cento) ao mês e multa de até 20% (vinte por cento) sobre o débito". As convenções de condomínio de então reproduziam as duas ordens de sanções: juros de 1% e multa de 20%. Por isso, instaurou-se intensa procela no mundo jurídico quando o Código Civil de 2002 alterou a regra, estabelecendo o § 1º do seu art. 1.336 que "o condômino que não pagar a sua contribuição ficará sujeito aos juros moratórios convencionados ou, não sendo previstos, os de 1% (um por cento) ao mês e multa de até 2% (dois por cento) sobre o débito".

De nossa parte, sustentamos, em franco conflito com os mais doutos, que a convenção condominial, elaborada e registrada antes do advento do Código Civil de 2002, constituía ato jurídico perfeito (cf. art. 6º, § 1º, da Lei de Introdução às Normas do Direito Brasileiro), pelo quê não podia ser obstada a produção de seus legítimos efeitos durante a vigência do atual Código.[27] Sustentamos, também, que a multa de 2% não podia ser rotulada de preceito de ordem pública, já que "o princípio constitucional da irretroatividade da nova lei impede que seja prejudicado o direito adquirido, que prevalece sobre a ordem pública".

Contudo, a jurisprudência construída sob o comando do STJ firmou o entendimento de que o novo percentual da multa moratória de 2% também se aplicava às convenções aprovadas anteriormente, embora somente incidente sobre as despesas condominiais vencidas a partir de 10.1.2002, data da edição do novo Código Civil (STJ, 4ª Turma, Ag/AgR/ED 628.764, rel. Min. Aldir Passarinho Jr., j. 28.8.2006). Em face do conflito frontal do § 1º do art. 1.336 do CC com o preceituado na Lei 4.591/1964, à luz da regra preconizada no art. 2º, § 1º, da Lei de Introdução, o embate se alongou por algum tempo, mas seus defensores acabaram sucumbindo ao novo e legal critério (*RT* 831/321, 844/426, 853/251, 859/338 e 876/411).

A controvérsia instaurada, embora insistente, se concentrou na drástica redução da multa moratória (de 20% a 2%), sepultando no esquecimento a inserção, pela via da reforma da convenção, da *faculdade de serem convencionados os juros moratórios*. Até os novos condomínios não confiaram no § 1º do art. 1.336, por confundirem os juros moratórios de natureza condominial com os juros legais, vinculados ao "pagamento de impostos devidos à Fazenda Pública" (art. 406 do CC). Demais disso, vagava ainda pelos corredores forenses o fantasma da "Lei de Usura", promulgada pelo governo Getúlio Vargas, nos idos de 1933.

Passados oito anos de vigência do novo Código Civil, o panorama preconizado no § 1º do art. 1.336 se apresenta mais claro, desfeita a ne-

---

27. V. acima, no item 6.20, "A convenção condominial é ato jurídico perfeito".

bulosa interpretação restritiva que reprimiu seus aplicadores. Agora, melhor se percebe que o legislador do Código Civil ofereceu como que uma compensação pela significativa redução da multa. É que os juros moratórios que oneram as despesas de condomínio, desde a edição do Código Civil vigente, podem ser convencionados *em taxa superior ao patamar de 1% ao mês*, o que pode representar encargo até superior ao da multa moratória.

Recentemente a questão foi enfrentada no REsp 1.002.525-DF, relatado pela Min. Nancy Andrighi, cuja ementa ressalta: "Após o advento do Código Civil de 2002, é possível fixar na convenção do condomínio juros moratórios acima de 1% ao mês em caso de inadimplemento das taxas condominiais". Não informa, porém, o v. aresto qual o limite da taxa. Leve-se em conta que, enquanto o percentual da multa moratória é estático, os juros condominiais progridem a cada dia ou a cada mês.

No caso acima examinado, a convenção previa a "incidência de juros moratórios de 0,3% ao dia, após o trigésimo dia do vencimento, e multa de 2%, em caso de inadimplemento das taxas condominiais." Significa que durante 30 dias os juros moratórios atingem 9% ao mês. E, como os juros estabelecidos na convenção são diários, se o condômino inadimplente demorar 100 dias, sua dívida engordará 30% – patamar, esse, bem acima da multa estática na base antiga de 20%.

Nem se diga que os juros de 0,3% ao dia significariam juros exorbitantes, um valor exagerado, um verdadeiro ato de usura. Isto porque, no dizer de Clóvis, "são os frutos do capital empregado. Representam a remuneração do uso do capital, o preço do tempo, e o risco do reembolso".

Entra pelos olhos que a falta de contribuição pelo condômino inadimplente precipita a necessidade de angariação de contribuições complementares dos demais condôminos, ou mesmo de socorro ao fundo de reserva, para atendimento a compromissos condominiais. Antes, na vigência do Código anterior, a multa de 20% atemorizava o inadimplente. Mas, com a vigência da inofensiva multa de 2%, ao lado de um juro supostamente fixo de 1%, os condôminos inadimplentes ficaram, espertamente, mais assíduos.

Desse v. aresto tira-se a lição de ser mais recomendável aos condomínios se empenharem na reforma da convenção do que lamentarem a expressiva diminuição do percentual da penalidade.

6.26 O condômino inadimplente pode ficar sem água

[Publicado na *Tribuna do Direito* 216, abril/2011]

A tormentosa crise do Judiciário traz como consequência direta a necessidade compulsória de os demais condôminos suprirem, por longo tempo, a falta de contribuição do inadimplente. É que os processos de cobrança das despesas de condomínio se arrastam, acumulando, mês a mês, progressivos débitos. O contínuo inchaço da dívida do infrator tem o amargo sabor de "empréstimo forçado" que os condôminos pontuais se veem compelidos a fazer mensalmente. Diante do aparelho judiciário emperrado, abre-se espaço para a criatividade advocatícia, que busca com outra ferramenta abreviar o resgate do "empréstimo forçado". Com efeito, enquanto a liquidação do débito condominial não se verifica, o condômino infrator desfruta de todas as vantagens condominiais, especialmente do consumo de água, cujo custo vem embutido nas despesas condominiais. Diante desse quadro, entra pelos olhos que, suprimindo-se o fornecimento de água, a vida do inadimplente e de sua família ficaria insuportável. Eis aí o calcanhar de Aquiles descoberto pelos advogados e que a jurisprudência vem chancelando, ao menos na Corte paulista.

Provavelmente a criação advocatícia foi inspirada no modelo previsto na Lei 8.987/1995, que dispõe sobre concessão e permissão dos serviços públicos, por delegação conferida pelo art. 175 da CF. Está ali previsto que a concessão é regida pela política tarifária. Vale dizer que os serviços públicos prestados por concessionárias são remunerados por "tarifa, ou seja, pelo valor apurado na medição do consumo", o que a diferencia da "taxa", que é fixa. Por isso, como proclama v. acórdão relatado pela Min. Eliana Calmon: "Os serviços públicos essenciais, remunerados por tarifa, porque prestados por concessionários do serviço, podem sofrer interrupção quando há inadimplência, como previsto no art. 6º, § 3º, II, da Lei n. 8.987/1975; exige-se, entretanto, que a interrupção seja antecedida por aviso, existindo na Lei n. 9.427/1996, que criou a ANEEL, idêntica previsão" (STJ, 2ª Turma, REsp 705.203-SP, j. 11.10.2005).

As ponderações alinhadas no REsp 363.943-MG, relatado pelo Min. Humberto Gomes de Barros, reforçaram a convicção da 32ª Câmara do Tribunal paulista no sentido de que: "Serviço que, ainda que essencial e contínuo, não desobriga o usuário de fazer o pagamento pela utilização" – como foi proclamado pelo Des. Ruy Coppola (*JTJ*-Lex 318/36) e, antes dele, pelo Des. Kioitisi Chicuta (AI 883.404-0/0). Nesse mesmo sentido também se manifestou acórdão do TJMS (*RT* 857/312) ao reconhecer ser "lícito à concessionária interromper o fornecimento de energia elétrica ou de água se, após aviso prévio, o consumidor mantiver-se inadimplente".

É certo que quando se trata de uma Prefeitura, escola ou hospital a interrupção do fornecimento de energia elétrica afeta uma comunidade, pela supressão de serviços essenciais. Nestas hipóteses incide o art. 22 do CDC, que elegeu os princípios da essencialidade e da continuidade dos serviços, como ficou ressaltado pelo Min. Luiz Fux (REsp 721.119-RS). Não se trata – ponderou o Relator – "de corte de energia *uti singuli*, vale dizer: da concessionária *versus* o consumidor isolado, mas sim do corte de energia em face do Município e de suas repartições, o que pode atingir serviços públicos essenciais", como a "supressão da iluminação pública". *A contrario sensu*, filtra-se dessa ponderação a legitimidade da interrupção de energia quando se trata de consumidor isolado – com o quê ficou mais consolidado o entendimento da Corte Superior.

Ora, se a concessionária ostenta legitimidade para interromper o fornecimento de água e/ou de energia elétrica, o condomínio também pode repassar a sanção ao infrator. Até porque, se esse inadimplente residisse em casa de rua, seria diretamente atingido pela interrupção. É de se admitir, pois, que o condomínio se comporta como intermediário entre a concessionária e o condômino-consumidor. Claro é, como sempre se verifica frente a situações novas, que houve divergência, como o julgamento publicado na *RT* 865/190, ao argumento que o condomínio se conduziu de forma arbitrária ao suprimir serviço de natureza essencial. Determinou, por isso, "valer-se da forma judicial própria para receber seu crédito". A discordância, porém, não evoluiu, até porque valer-se da "forma judicial própria" significa anos sem fim, durante os quais o infrator usufrui indevidamente de benefícios à custa compulsória dos demais condôminos.

Em face dessa conjuntura, uma vez que a crise do Judiciário impede a prestação jurisdicional em tempo razoável, é bem-vinda a construção jurisprudencial em crescimento, que autoriza o corte de fornecimento, pelo condomínio, mediante prévia aprovação de assembleia condominial, por ser perfeitamente legal, posto não violar qualquer direito do usuário inadimplente. Nessa trilha, o acórdão recentemente relatado pelo Des. Carlos Nunes (ACi 990.09.232060-2) e publicado no *JTJ*-Lex 2010/203 alinha os seguintes precedentes, por ordem cronológica: AI 994070328531, de 17.1.2008, rel. Des. Maia da Cunha; AI 994080203812, de 27.1.2009, rel. Des. Egídio Giacoia; ACi 994080174740, de 1.4.2009, rel. Des. Élcio Trujillo; ACi 994093348032, de 1.9.2009, rel. Des. Beretta da Silveira; ACi 994040432920, de 15.12.2009, rel. Des. Luiz Antônio de Godoy; e ACi 994080584175, de 31.3.2010, rel. Des. Oscarlino Moeller.

Trata-se de nova ferramenta que deverá reduzir sensivelmente as ações de cobrança das despesas de condomínio.

6.27 Condôminos ignoram que são credores

[Publicado na *Tribuna do Direito* 217, maio/2011]

Ao comentar o art. 1.197 do CC de 1916 (corresponde ao art. 576 do atual), observa Clóvis que: "Se o adquirente recebe os aluguéis e entra em relações com o locatário como se fora locador, entende-se que não que aceitou o contrato anterior, porém que consentiu no aluguel por tempo indeterminado. O contrato anterior não o pode abrigar, por ser de outrem". O entendimento é integralmente abonado por Carvalho Santos ao comentar o mesmo dispositivo. Por outro lado, se o locatário, ao ser alienado o imóvel, é devedor por aluguéis atrasados, o novo adquirente, pela mesma razão, não passa a ser seu credor. É que a venda do imóvel, por si só, como ensinam os doutos, apenas rompe o contrato, e não a locação. O que rompe a locação é a denúncia, que deve observar as formalidades previstas no art. 8º da Lei do Inquilinato.

Em suma, se com a venda de imóvel locado não são transmitidos os débitos do alienante (cf. art. 502 do CC), também, da mesma forma, não são transmitidos os créditos do locador-alienante, salvo expressa convenção expressa. Para esta hipótese será indispensável cessão de crédito, uma vez que, como é óbvio, o aluguel de imóvel, ao contrário das despesas de condomínio, não constitui obrigação *propter rem*.

Estes conceitos básicos do direito substantivo mostram-se especialmente úteis à compreensão da identificação dos verdadeiros credores do débito do condômino inadimplente. De fato, quando um condômino se torna devedor por faltar ao resgate das despesas de condomínio, os demais integrantes do condomínio, embora não responsáveis solidários pela dívida do infrator, veem-se obrigados a concorrer para uma arrecadação extra, destinada a suprir o *quantum* em aberto do condômino devedor. Impende observar que não se trata de uma contribuição definitiva, mas, sim, provisória, destinada a enfrentar por algum tempo a falta de arrecadação regular prevista pela deliberação assemblear.

Chega, porém, um dia em que o condômino faltoso resgata todo seu débito. O síndico, alegre e satisfeito, lhe confere quitação e remete a quantia para o caixa condominial. Certo? A meu ver, errado. É que os verdadeiros credores, embora representados em juízo pelo condomínio, são os demais condôminos que deram cobertura ao devedor. É de se considerar que durante o período da inadimplência os bons pagadores tiveram de "emprestar ao condomínio" (ainda que compulsoriamente) a quantia que o condômino faltoso deixou de pagar.

Neste passo, releva observar que o simples depósito do valor recebido no caixa condominial favorece diretamente o infrator, uma vez que também ele continua integrando o condomínio e, via de consequência, participa proporcionalmente do caixa condominial. Salta aos olhos que, depositando no caixa comum a quantia recebida do inadimplente, estar-se-á favorecendo, diretamente, o mesmo inadimplente, na proporção de sua participação no condomínio. Significa que, indevidamente, estará sendo favorecido, na extensão de sua participação, do valor real com que os condôminos pontuais contribuíram para cobertura do devedor. Em outras palavras: os condôminos pontuais, que emprestaram determinado valor, receberão em restituição valor menor do que forneceram a título de "empréstimo".

Logo, se os condôminos pontuais são os únicos pagadores do inadimplente, o valor dele recebido constitui crédito exclusivo destes mesmos condôminos pontuais, embora para fins judiciais, em obediência ao disposto nos incisos II e VII do art. 1.348 do CC, caiba ao síndico a cobrança das contribuições condominiais. Como se vê, o síndico tem o dever legal de cobrar. Alega que o crédito é do condomínio, mas, em verdade, o faz em nome dos condôminos que deram cobertura ao inadimplente.

Nascimento Franco, apoiado em denso estudo de autores franceses, ressalta que, quando se trata de suprir a falta de pagamento de cotas por condôminos inadimplentes, duas regras fundamentais regulamentam a questão: uma calcada no art. 1.315 do CC, que obriga o condômino a concorrer para as despesas de conservação da "coisa" e suportar os ônus a que estiver sujeita, e outra no art. 1.318 do mesmo CC, que determina que as dívidas pagas por um condômino em proveito da comunhão devem ser regressivamente reembolsadas pelos demais, uma vez que se viram na contingência de pagar, além da sua, cota extra para reforço temporário de arrecadação condominial.

Igual raciocínio ao desenvolvido aqui neste artigo aplica-se às contribuições feitas pelo condômino vendedor de unidade, cujo contrato de transmissão pode especificar se o preço da venda inclui, ou não, o crédito do vendedor no fundo de reserva. É que este fundo, alimentado pelos condôminos, tem o sabor de "empréstimo" ao condomínio para enfrentar situações imprevisíveis e despesas inadiáveis. Mas, se o fundo de reserva permanece íntegro e intocável, cujo montante acolheu a contribuição do transmitente, mostra-se perfeitamente lógico que esse crédito seja negociado com o adquirente. Contudo, ou por esquecimento, ou por complacência, ou até mesmo por ignorância, este crédito não é negociado.

6.28 A prescrição das despesas de condomínio
[Publicado na *Tribuna do Direito* 223, novembro/2011]

Prevê o inciso I do § 5º do art. 206 do CC que prescreve em cinco anos "a pretensão de cobrança de *dívidas líquidas* constantes de instrumento público ou particular". Sob o filtro da hermenêutica, "divida líquida" há de significar obrigação revestida, além de liquidez, de certeza e de exigibilidade. Sob este foco, as despesas de condomínio merecem um exame histórico-processual.

O inciso IV do art. 585 do CPC tinha a seguinte redação: "Art. 585. São títulos *executivos* extrajudiciais: (...); IV – o crédito decorrente de foro, laudêmio, aluguel ou renda de imóvel, bem como *encargo de condomínio*, desde que comprovado por contrato escrito; (...)".

Em consonância com esse dispositivo processual, estabelecia o art. 12, § 2º, da Lei 4.591, de 16.12.1964: "§ 2º. Cabe ao síndico arrecadar as contribuições, competindo-lhe promover, *por via executiva*, a cobrança judicial das cotas atrasadas".

E, segundo a redação original do inciso II, "c", do art. 275 do CPC, ficou determinado que seria observado o procedimento "sumariíssimo" nas causas de qualquer valor destinadas à "cobrança" das "despesas de administração de prédio em condomínio" – o que causou justa revolta a Humberto Theodoro Jr., ao enfatizar que o procedimento sumariíssimo não foi instituído pelo art. 275, II, "c", para exigir o pagamento da quota condominial, e sim para apuração da "*responsabilidade* pelo pagamento de impostos e taxas, contribuições, despesas e administração de prédio em condomínio".[28]

Vale dizer que se o condomínio se encontra perfeitamente regularizado, com convenção condominial registrada e com ata de assembleia consignando a aprovação dos valores das despesas condominiais, "não há responsabilidade a apurar, mas tão somente a obrigação de exigir". Isto porque, segundo o magistério do mestre mineiro, a convenção "dá *certeza* à dívida", e o orçamento aprovado pela assembleia lhe confere *liquidez*. E a *exigibilidade*, por fim, decorre dos vencimentos designados para o seu pagamento.

Wellington Moreira Pimentel sustenta igual entendimento, esclarecendo que o art. 275, II, "c", "deve ser interpretado em confronto com o art. 585, IV, que eleva à categoria de título executivo extrajudicial os representativos de encargos de condomínio, desde que comprovados por contrato escrito".[29]

Ocorre que, por força da Lei 9.245, de 26.12.1995, foi alterada a redação da alínea "c" bem como de outras alíneas do art. 275. No que aqui interessa, esse artigo passou a ter a seguinte redação: "Art. 275. Observar-se-á o procedimento sumário: (...); II – nas causas, qualquer que seja o valor: (...); b) *de cobrança* ao condômino de quaisquer quantias devidas ao condomínio; (...)" .

Se a nova lei determinou que a cobrança das despesas de condomínio há de observar o procedimento sumário, verificou-se, consequentemente, a derrogação da expressão "por via executiva" , que anteriormente integrava § 2º do art. 12 da Lei 4.591/1964.

28. Humberto Theodoro Jr., *Comentários ao Código de Processo Civil*, vol. IV, Rio de Janeiro, Forense, p. 166.

29. Wellington Moreira Pimentel, *Comentários ao Código de Processo Civil*, cit., vol. III, p. 70.

E, por força da Lei 11.382, de 6.12.2006, foi alterada a redação do inciso IV do art. 585 do CPC, desdobrado em dois novos incisos (IV e V), tendo este último a seguinte redação: "Art. 585. São títulos executivos extrajudiciais: (...); V – o crédito, documentalmente comprovado, de aluguel de imóvel, *bem como de encargos acessórios, tais como taxas e despesas de condomínio*; (...)".

A alteração introduzida não é tão sutil: antes o art. 585 classificava entre os "títulos executivos" o "encargo de condomínio", e agora as despesas condominiais somente são cobráveis pela via executiva, na condição de "acessórios". Significa que, diante da alteração processual, foi retirada a via executiva direta de cobrança dos encargos de condomínio.

A questão, contudo, subsiste controvertida. Alerta Alcides de Mendonça Lima: "Os títulos extrajudiciais para serem executivos (mesmo no sentido anterior) precisam ser sempre expressamente indicados em lei".[30] Ora, com a mudança do art. 585 do CPC as despesas condominiais deixaram de ser ali incluídas. E com a mudança do art. 275, também do CPC, a via executiva direta deu lugar ao procedimento sumário.

Contudo, processualistas de escol, como o Min. Teori Albino Zavascki, sustentam que "o encargo de condomínio também pode ser cobrado pela via executiva quando 'comprovado por contrato escrito'. Nos demais casos sua cobrança há de seguir o procedimento sumário, conforme prevê o art. 275, II, 'b', do Código".[31] Neste caso – explica –, "contrato escrito" é representado pela convenção condominial e pela ata da assembleia que fixou os valores das quotas condominiais.

Nesta toada, retornando à questão da prescrição, que abriu este artigo, impende registrar que a Min. Nancy Andrighi, ao examinar o inciso I do § 5º art. 206 do CC de 2002, ressalta que, "para que a pretensão submeta-se ao prazo prescricional de cinco anos, necessário dois requisitos: (a) dívida líquida; e (b) definida em instrumento privado ou público. A expressão 'dívida líquida' deve ser compreendida como obrigação *certa*, com prestação *determinada*" (STJ, 3ª Turma, REsp 1.139.030-RJ, j. 16.8.2011). *Data maxima venia*, aí reside tênue dúvida. Porém, dúvida

---

30. Alcides de Mendonça Lima, *Comentários ao Código de Processo Civil*, vol. VI, Rio de Janeiro, Forense, p. 321.

31. Teori Albino Zavascki, *Comentários ao Código de Processo Civil*, vol. 8, São Paulo, Ed. RT, p. 233.

alguma remanesce no que tange ao "instrumento", quanto ao entendimento unânime de ser representado pela convenção condominial e pela ata da assembleia que aprovou os valores das despesas de condomínio.

Com efeito, se foi derrogada a via executiva pela nova redação da alínea "b" do inciso II do art. 275 do CPC e se o encargo de condomínio não mais figura como título autônomo extrajudicial no art. 585 do mesmo CPC, mas como mero "encargo acessório" do aluguel de imóvel, tem-se que as despesas de condomínio não mais são suscetíveis de cobrança via executiva. Nem por isso, todavia, deixam de constituir "obrigação *certa*, com prestação *determinada*", que caracterizam uma "dívida líquida".

6.29 A coisa julgada material e a nova ação de cobrança das mesmas despesas de condomínio

[Publicado na *Tribuna do Direito* 234, outubro/2012]

É mais do que sabido que por *coisa julgada material* se denomina "a eficácia, que torna imutável e indiscutível a sentença, não mais sujeita a recurso ordinário ou extraordinário" (art. 467 do CPC). Contudo, também sabido é que nada é absoluto no mundo do Direito. Tanto é certo, que o art. 472 do mesmo Código alerta: "A sentença faz coisa julgada às partes entre as quais é dada, não beneficiando, nem prejudicando terceiros".

Estas diretrizes legais conduziram o STJ à admissão de um segundo ajuizamento de ação de cobrança de despesas de condomínio, cujo débito já se encontrava em fase de execução em ação anterior. Na conformidade do REsp 1.119.090, relatado em fevereiro/2011 pela Min. Nancy Andrighi, um condomínio cobrou judicialmente as despesas de uma proprietária de apartamento. E, quando o processo se encontrava em fase de execução, essa devedora alienou a unidade imobiliária. Diante do surgimento de novo adquirente, o condomínio, valendo-se da faculdade prevista no art. 569 do CPC, desistiu da execução, que foi judicialmente homologada. Em seguida o credor condominial ajuizou nova ação de cobrança tendo por objeto o mesmo crédito contemplado com a decisão transitada em julgado. O novo proprietário rebelou-se contra a pretensão do condomínio, sob a alegação de que havia ajuizado duas ações de cobrança do mesmo crédito, violando, frontalmente, a restrição processual prevista no inciso V do art. 267 do CPC.

O v. acórdão citado não faz referência ao parágrafo único do art. 4º da Lei 4.591/1964, ainda em plena vigência, que determina: "A alienação ou transferência de direitos de que trata este artigo dependerá de prova de quitação das obrigações do alienante para com o respectivo condomínio". A omissão do v. acórdão faz presumir que se efetivou, no cartório imobiliário do Distrito Federal, o registro imobiliário da transmissão dominial sem a observância da declaração exigida pelo referido parágrafo único. Releva, pois, anotar que a falta dessa declaração, criada pela Lei 7.182, de 27.3.1984, previne não somente o novo adquirente, como também o próprio condomínio.

Por oportuno, vale lembrar que as despesas de condomínio são qualificadas como obrigações *propter rem*, ou seja, são próprias da coisa ou, melhor ainda, "por causa da coisa". Vale dizer que não se despregam do imóvel, como obrigação real. Isto porque o gerador direto da responsabilidade pelo pagamento é a unidade imobiliária, cujo cumprimento perante o condomínio é automaticamente atribuído à pessoa que passa a ostentar a titularidade do seu domínio. Este conceito foi reproduzido pelo art. 1.345 do CC: "O adquirente de unidade responde pelos débitos do alienante, em relação ao condomínio, inclusive multas e juros moratórios".

Amparado nesse conceito, o condomínio desistiu da execução do devedor anterior e ajuizou uma segunda ação de cobrança contra o novo adquirente. E aí trombou com o trânsito em julgado da ação anterior, diante do que o v. acórdão estabeleceu o seguinte questionamento: "O trânsito em julgado de ação de cobrança proposta em face de antigos proprietários, que se encontrava em fase de cumprimento de sentença quando homologada a desistência requerida pelo exequente, constitui óbice ao ajuizamento da presente demanda, por ofensa à coisa julgada?".

Noutras palavras: a questão desafiou o choque de preponderância de dois estatutos: de um lado, o trânsito em julgado e, de outro, o direito à cobrança de débitos condominiais do novo adquirente. Este desafio já foi anteriormente enfrentado pela mesma 3ª Turma do STJ, tendo por relator o Min. Massami Uyeda (REsp 1.015.652-RS), cuja decisão foi lembrada no julgamento que ora se comenta. Ali tratou-se de assenhoreamento de área comum que fora anteriormente disputada entre condôminos, culminando com sentença transitada em julgado. Tratando-se, porém, de área comum, o condomínio, perfeitamente legitimado, propôs ação reivindicatória, que foi admitida pela incidência do art. 472 do CPC, posto que "os limites subjetivos da coisa julgada material consistem na produção de efeitos apenas em relação aos integrantes da relação jurídico-processual em curso, de maneira que – em regra – terceiros não podem ser beneficiados ou prejudicados pela *res judicata*".

A par disso, para complicar o exame desta questão, impõe-se o confronto do art. 472 com o § 3º do art. 42, ambos do CPC, que trata da eficácia da sentença prolatada na hipótese de alienação de coisa litigiosa.

O conflito é evidente: enquanto o art. 472 diz que os limites da coisa julgada somente comprometem as partes originárias, "não beneficiando nem prejudicando terceiros", o § 3º do art. 42 afirma que os efeitos da sentença proferida atingirão o adquirente. Diante desse confronto, explica o v. acórdão enfocado que o § 3º "representa uma das exceções ao princípio de que a coisa julgada somente produz efeitos em relação às partes que integraram a relação processual. Por essa razão, a sentença proferida na ação em que eram parte o condomínio e o antigo proprietário vincula, a princípio, o novo adquirente, que assumiu na relação jurídica de direito material sua posição, estando, por isso, sujeito ao que judicialmente foi determinado".

Demais disso, não se pode olvidar que, na espécie, se trata de obrigação *propter rem*, que reclama proteção condominial. E, dessa forma, prevaleceu o art. 472 do CPC, a garantir a cobrança do condomínio.

6.30 A solidariedade e a indivisibilidade das despesas de condomínio

[Publicado na *Tribuna do Direito* 236, dezembro/2012]

Em pagamento de seus quinhões hereditários, dois irmãos se tornaram coproprietários de um apartamento, no qual um deles (o mais velho) já residia. O mais novo era casado e titular de uma empresa que foi derrotada em reclamação trabalhista. Em sede de execução, foi efetivada a penhora na metade ideal de sua participação, vale dizer, na proporção de 25%. Em decorrência de adjudicação promovida pelo funcionário autor da reclamação, o apartamento passou a pertencer a três condôminos: o mais velho, a mulher do mais novo e o funcionário-adjudicante. Sua utilização, porém, continuou apenas com o irmão mais velho. Mas desde a partilha deixou de recolher as despesas de condomínio.

O condomínio ajuizou ação de cobrança contra os três comunheiros. Em contestação, o irmão residente no apartamento alegou que, por força da partilha, também o mais novo deveria contribuir com sua metade. O mais novo ponderou que, não usufruindo do apartamento, deveria ser isentado do pagamento. E o funcionário-adjudicante, por sua vez, sustentou que, além de não exercer a posse direta, não ostentava condições financeiras para responder por esse encargo condominial, até porque se encontrava nesta condição nada confortável por não ter recebido a indenização trabalhista. Por essas razões, os dois últimos pleitearam que fosse reconhecida sua isenção, apontando o coproprietário residente como o único responsável.

Replicou o condomínio que, na hipótese, as despesas de condomínio constituíam uma obrigação solidária (cf. art. 1.336, I, do CC), de consistência unitária, a ponto de configurar, automaticamente, uma "representação recíproca" entre os interessados presos à obrigação, como assim denominou Washington de Barros Monteiro.[32] Existe um "mútuo mandato", que brota naturalmente da simples condição de fatiar a unidade proprietária. Na solidariedade passiva (enfocada neste artigo) cada coproprietário é representante natural dos demais consortes. Quando um deles paga a totalidade da dívida a quitação respectiva é extensiva aos demais (arts. 275 e ss. do CC). Igual diretriz justifica a norma processual que determina: "Havendo solidariedade passiva, o recurso interposto por um devedor aproveitará aos outros, (...)" (art. 509, parágrafo único, do CPC). Por isso mesmo, o condomínio pode optar por qualquer dos comunheiros para posicioná-lo no polo passivo, em vez de dirigir a demanda contra todos os três (art. 275 do CC).

Trata-se, neste caso específico, de solidariedade legal, posto que o condomínio-credor está legitimado a exigir e receber, de um ou mais devedores, total ou parcialmente, a dívida de responsabilidade de todos (art. 275 do CC). Informam Nelson Nery Jr. e Rosa Maria de Andrade Nery, ao comentar o art. 264 do CC: "A característica marcante da soli-

---

32. Washington de Barros Monteiro, *Curso de Direito Civil*, 33ª ed., vol. 4, São Paulo, Saraiva, 1995, p. 159.

dariedade, segundo o sistema brasileiro, representada pela norma do CC-264, é a unidade da prestação. Há pluralidade de relações subjetivas, mas unidade objetiva da prestação". Verifica-se a solidariedade, a teor da definição do art. 264 do CC, "quando na mesma obrigação concorre mais de um credor, ou mais de um devedor, cada um com direito, ou obrigado, à dívida toda".[33] Igual entendimento sustenta Serpa Lopes: "O fenômeno da indivisibilidade e o da solidariedade estão ligados ao da pluralidade de credores e de devedores (...)".[34]

No caso específico das despesas condominiais a solidariedade legal decorre da regra impositiva do art. 264, combinado com os arts. 1.318 e 1.336, I, todos do CC. E, se é inquestionável a solidariedade entre os coproprietários no cumprimento de obrigação frente ao condomínio, também irrecusável é a indivisibilidade da dívida. Vale ainda ponderar que, mesmo que a obrigação fosse divisível, não há como compelir o condomínio a receber parcialmente a dívida, nas proporções devidas por cada litisconsorte, já que o art. 314 do CC veda expressamente o rateio sem o consentimento do credor. Neste passo, cabe enfatizar que, se um comunheiro pagar apenas o valor equivalente à sua participação (por exemplo, o irmão mais novo, na proporção de 25%), nem por isso fica isento, senão quando a quitação abranger a totalidade do débito.

Impende considerar que, como a solidariedade não se presume (art. 265 do CC), as despesas condominiais, como integrantes da classe de obrigações solidárias e indivisíveis, representam exceção ao "princípio comum da divisibilidade do crédito", de que trata o art. 257 do CC. Pode-se, assim, afirmar que as despesas condominiais constituem uma obrigação unitária de responsabilidade dos comunheiros de uma mesma unidade condominial. Daí serem indivisíveis em relação aos litisconsortes passivos.

A 35ª Câmara de Direito Privado do TJSP, tendo por relator o Des. Clóvis Castelo, confirma os ensinamentos da doutrina: "Havendo mais de um proprietário da unidade autônoma, a cobrança de despesas condominiais poderá ser proposta contra qualquer um dos comunheiros, face à responsabilidade solidária. A despesa de condomínio gerada

---

33. Nelson Nery Jr. e Rosa Maria de Andrade Nery, *Código Civil Comentado*, 4ª ed., São Paulo, Ed. RT, p. 346.

34. Miguel M. de Serpa Lopes, *Curso de Direito Civil*, vol. II, p. 135.

pelo próprio imóvel, por ser de natureza *propter rem*, é passível de penhora, ante a exceção do art. 3º, IV, da Lei n. 8.009/1990, dispensando o litisconsórcio, em razão da indivisibilidade do imóvel" (ACi 992.09.078384-0).

6.31 Edital irregular na cobrança de débito condominial

[Publicado na *Tribuna do Direito* 237, janeiro/2013]

O comando do art. 686 do CPC (com aredação dada pela Lei 11.382/2006), ao enumerar os requisitos que, necessariamente, deverão ser observados no edital de arrematação, alerta, em tom cogente: "Não requerida a adjudicação e não realizada a alienação particular do bem penhorado, será expedido o edital de hasta pública, que conterá: (...) V – menção da existência de ônus, recurso ou causa pendente sobre os bens a serem arrematados;

A primeira leitura nos leva a crer ser inexorável a anulação de arrematação levada a efeito por meio de edital omisso, que não previne os arrematantes da existência de ônus reais colados ao imóvel a ser destinado à hasta pública (despesas condominiais, débitos tributários, garantias de dívidas ou de obrigações, ou seja, ônus reais ou gravames, consoante previne o art. 694, § 1º, III, do CPC). Com efeito, muito embora a arrematação seja considerada "perfeita, acabada e irretratável", uma vez assinado o auto pelo juiz, pelo arrematante e pelo serventuário, pode-se torná-la "sem efeito", isto é, pode ser anulada, "quando se demonstre prejuízo, segundo as regras dos arts. 243-250".[35]

Todavia, ainda que o edital omita, por exemplo, que o apartamento arrematado é portador de débitos, quer de ordem condominial (despesas de condomínio), quer de ordem tributária, quer de ordem hipotecária, a arrematação poderá ser convalidada. É o entendimento que se vem consolidando no STJ, especialmente em sua 3ª Turma (à luz da sábia regra do art. 244 do estatuto processual).

Com efeito, uma vez que o art. 1.345 do CC impõe ao adquirente a obrigação de responder pelas despesas condominiais, em face da sua natureza *propter rem*, "a jurisprudência desta Corte [*STJ*] é firme no senti-

---

35. Cf. Celso Neves, *Comentários ao Código de Processo Civil*, Rio de Janeiro, Forense, p. 98.

do de que o arrematante de imóvel em condomínio é responsável pelo pagamento das despesas condominiais vencidas, ainda que estas sejam anteriores à arrematação" (REsp 1.044.890-RS, rel. Min. Sidnei Beneti).

A questão concentra-se, portanto, na redação do edital, que sugere três hipóteses: (i) informa simplesmente que a unidade é devedora de despesas condominiais; (ii) informa que o arrematante, além do lance, deverá suportar a dívida condominial; (iii) nada informa sobre as dívidas condominiais, que, todavia, existem. Na hipótese "(i)", o condomínio receberá seu crédito diretamente do juízo, destacando do produto da arrematação (por aplicação analógica do preceituado no art. 130 e seu parágrafo único do CTN). É a regra geral: "(...) em regra, o preço apurado na arrematação serve ao pagamento do IPTU e de taxas pela prestação de serviços incidentes sobre o imóvel (*ut* REsp 447.308-SP, rel. Min. Ruy Rosado de Aguiar, *DJU* 19.12.2002)". Na hipótese "(ii)", o arrematante ficará sub-rogado na dívida condominial, quer por força do art. 1.345 do CC, quer pela aplicação analógica do preconizado no parágrafo único do art. 130 do CTN, ao atribuir aos adquirentes o dever de responder pelos débitos tributários gerados por imóveis (REsp 1.114.111-RJ, rel. Min. Massami Uyeda). Na hipótese "(iii)", como o art. 694 do CPC não prevê a nulidade do ato (exigência do art. 243 do CPC), ao condomínio-credor caberá, segundo lição de Humberto Theodoro Jr., "optar entre conservar seu direito real perante o novo proprietário (ineficácia) ou rescindir a arrematação (anulabilidade)".[36]

É muito bem sabido que a arrematação – como ainda leciona Humberto Theodoro Jr. – "é o meio utilizado pelo órgão judicial para realizar a transferência forçada dos bens do devedor a terceiro" e, com o seu produto, satisfazer compulsoriamente o direito do credor.[37] Ora, se a finalidade da arrematação é satisfazer o direito do credor, mostrou-se juridicamente correta a decisão adotada no REsp 1.092.605-SP, relatado pela Min. Nancy Andrighi, em 18.6.2011, ao ponderar, à luz do art. 244 do CPC, no tocante à arrematação, que, "ao invés de anulá-la, pela existência de ônus não mencionados no edital, preserve-se o ato e reserve-se parte do produto da hasta para quitação dos referidos débitos". Até por-

36. Humberto Theodoro Jr., *Processo de Execução*, 12ª ed., São Paulo, LEUD, 1987, p. 310.
37. Humberto Theodor Jr., *Comentários ao Código de Processo Civil*, cit., vol. IV, p. 460.

que a eventual opção pela anulação do edital apenas representaria fonte de letárgica insatisfação do próprio dever jurisdicional, que adiaria, sem melhor razão, o pagamento ao condomínio-credor.

O entendimento da 3ª Turma do STJ repete julgamento relatado pela mesma Ministra no REsp 540.025-RJ, ocorrido em 30.6.2006, no qual foi reproduzido o sábio ensinamento de Pontes de Miranda: "A falta de qualquer dos pressupostos do art. 686, I A V, é causa de nulidade, mas nulidade não cominada".[38] De fato, se a reserva de parte do produto derivado da arrematação satisfaz o condomínio-credor, impõe-se preservar a licitação, em nome do bom-senso.

Também foi preservada a arrematação num caso excepcional em que a dimensão do débito condominial empatava com o valor do próprio imóvel. Daí ter sido liberado o arrematante do seu pagamento. Ao menos, a partir daí o novo adquirente passou a atender, pontualmente, à obrigação, tal como foi consignado, recentemente (18.9.2012), no REsp 1.299.081-SP, igualmente relatado pela Min. Nancy Andrighi, que concluiu: "Melhor solução seria a de admitir a venda desonerada do imóvel e a utilização do produto para abatimento do débito, entregando-se o imóvel a um novo proprietário, que não perpetuará a inadimplência".

6.32 O arrematante e as despesas de condomínio

[Publicado na *Tribuna do Direito* 245, setembro/2013]

As reclamações trabalhistas têm oferecido o campo mais propício para a aplicação da doutrina da desconsideração da pessoa jurídica (art. 50 do CC) ao se instaurar a execução da indenização condenatória imposta a empresa devedora. Na inexistência de bens capazes de satisfazer o crédito do reclamante, a Justiça do Trabalho, valendo-se da responsabilidade objetiva, legitima a penhora de bens particulares dos sócios da pessoa jurídica. E, com alguma assiduidade, a constrição incide sore apartamentos, cujas despesas de condomínio, também, com igual assiduidade, não se encontram quitadas. Diante desse cenário, também o condomínio, na condição de credor das despesas condominiais, promove sua cobrança, que resulta em outra constrição do mesmo apartamento.

---

38. Pontes de Miranda, *Comentários ao Código de Processo Civil*, t. X, Rio de Janeiro, Forense, 1976, p. 367.

Suponhamos que o exequente da reclamação trabalhista é mais ligeiro e mais diligente que o condomínio. Efetivada a penhora, promove seu respectivo registro imobiliário. Feita a avaliação, leva o imóvel a hasta pública, cujo edital deixa, porém, de declinar o débito condominial. Apesar dessa deficiência, ou por isso mesmo, um arrematante é atraído pelo vantajoso negócio que se lhe oferece. Em segunda praça oferece lanço que sequer consegue pagar a dívida trabalhista, mas por ser, no leilão, de maior valor, é aceito. Expedida a carta de arrematação, surpreende-se com a exigência do cartório Imobiliário, que lhe pede a declaração de quitação das despesas de condomínio para efetivar o registro da transmissão da propriedade do imóvel arrematado. Rebela-se o arrematante com a inesperada exigência. E mais indignado fica ao ser atingido, por força de substituição processual (art. 41 do CPC), pela ação de cobrança já instaurada contra o condômino que o antecedeu.

Situação assemelhada foi recentemente decidida pela 34ª Câmara de Direito Privado do TJSP (ACi 01544877-79.2010.8.26.0000), cujo acórdão, sufragado por unanimidade, ficou a cargo do Des. Soares Levada, que reconheceu a legitimidade do arrematante em figurar no polo passivo da ação de cobrança. A decisão apoiou-se firmemente em dois pilares: na natureza *propter rem* do encargo condominial (arts. 1.345 CC e 42, § 3º, CPC), no atinente à obrigação do novo adquirente de responder pela dívida condominial, e na falta de impugnação ao edital, por não ter sido mencionada a existência da dívida junto ao condomínio (art. 694, III, do CPC).

Enquanto o art. 1.345 do CC determina que "o adquirente de unidade responde pelos débitos do alienante, em relação ao condomínio, (...)", o § 3º do art. 42 do CPC, em perfeita sintonia, diz que: "A sentença, proferida entre as partes originais, estende os seus efeitos ao adquirente ou ao cessionário". A denominação "adquirente", que figura nos dois dispositivos legais, também abarca a figura do "arrematante", "já que não há na lei qualquer excepcionalidade quanto ao modo de aquisição do bem, de modo que incluída está na transmissão da propriedade por arrematação", como foi observado em referido acórdão.

Com efeito, o fato de a "arrematação" não constar do art. 1.275 do CC como uma das causas da "perda da propriedade" não a desclassifica como fator de aquisição imobiliária. Na dicção do art. 1.245 do CC: "Transfere-se entre vivos a propriedade mediante o registro do título translativo no registro de imóveis", e a "carta de arrematação" constitui, à evidência, título hábil para a transferência da propriedade (art. 167, inciso 26, da Lei 6.015/1973). Noutras palavras: em relação à natureza *propter rem* das despesas de condomínio pouco importa se a aquisição imobiliária pela via da arrematação é considerada originária ou derivada, uma vez que essa distinção não é feita pelo art. 1.345 do CC. O que importa é que o título de aquisição pela via da arrematação constitui direito real de aquisição. Por isso, o modo de aquisição da propriedade (originária ou derivada) não gera qualquer repercussão quanto à obrigação condominial. Daí por que o arrematante é identificado como legítimo "adquirente", tal qual ocorre, comumente, com o comprador de apartamento, por meio de escritura de venda e compra.

A essência do art. 1.345 do CC é fruto da obrigação *propter rem* das despesas de condomínio. Ensina Carlos Roberto Gonçalves: "Obrigação *propter rem* é a que recai sobre uma pessoa, por força de determinado direito real. Só existe em razão da situação jurídica do obrigado, de titular do domínio ou de detentor de determinada coisa". Relembra ensinamento de Carlos Alberto Bittar, para esclarecer: "São obrigações que surgem *ex vi legis*, atreladas a direitos reais, mas com eles não se confundem em sua estruturação. Enquanto estes representam *ius in re* (direito sobre a coisa, ou na coisa), essas obrigações são concebidas como *ius ad rem* (direitos por causa da coisa, ou advindos da coisa)".[39] Como já escrevi outrora, as despesas de condomínio não se despregam do imóvel, como obrigação real assim considerada. Visam à sua conservação em benefício da coletividade condominial. Em suma: embora seja considerada de natureza real, trata-se de obrigação acessória, pelo quê apenas libera o devedor quando abandona o direito principal, isto é, quando deixa de ser condômino.[40] É o caso da arrematação, em que o arrematante substitui o devedor expropriado.

No que tange à omissão do edital, que deixou de revelar a existência da dívida condominial, pondera corretamente o acórdão aqui enfocado que ao arrematante, como a qualquer comprador de imóvel, cabe "diligenciar acerca de débito ou ônus sobre o imóvel". E, diante do que

---

39. Carlos Roberto Gonçalves, *Direito Civil Brasileiro*, vol. II, São Paulo, Saraiva, p. 11.

40. V. meu *Condomínio Edilício – Aspectos Jurídicos Relevantes*, cit., p. 106. [V. acima, nesta 2ª ed., o item 6.21]

preconiza o inciso III do art. 694 do CPC, o julgado lembra o entendimento adotado na ACi 0039603 (rel. Des. Pedro Baccarat) para indicar ao arrematante dois caminhos: "a desistência, por analogia com ônus real, ou a ação de regresso contra o devedor expropriado, mas em nenhuma hipótese lhe é dado furtar-se ao pagamento".

Mas, se a ação de cobrança não for trabalhista, e sim dedicada à cobrança das próprias despesas de condomínio, ao arrematante apenas cabe averiguar se o lanço que ofertar cobre o débito condominial e, quiçá, o débito tributário. Quanto ao mais, como alertou o acórdão em tela, ao arrematante cabe "diligenciar acerca de débito ou ônus sobre o imóvel". E boa sorte.

6.33 O STJ e o rateio das despesas de condomínio

[Publicado na *Tribuna do Direito* 246, outubro/2013]

O TJMG adotou novo critério de rateio das despesas de condomínio, divulgado pelo REsp 1.104.352-MG, cujo relator, o Min. Marcos Buzzi, todavia, não apreciou o mérito. O Tribunal mineiro invocou o art. 884 do CC, que dispõe: "Aquele que, sem justa causa, se enriquecer à custa de outrem será obrigado a restituir o indevidamente auferido, feita a atualização dos valores monetários". Trata-se de norma geral que invadiu e se sobrepôs à regra específica do inciso I do art. 1.336 do mesmo Código, que impõe ao condômino o dever de "contribuir para as despesas do condomínio na proporção das *suas frações ideais*, salvo disposição em contrário na convenção".

Sustenta a tese mineira que, embora o apartamento possua área maior, "tal fato por si só, não aumenta a despesa do condomínio, não confere ao proprietário maior benefício do que os demais e finalmente, a área maior não prejudica os demais condôminos". Ou, em outras palavras: "A cobrança de rateio de despesas de condomínio de unidade com fração ideal maior sem se observar princípio efetivo revela enriquecimento sem causa abominado pelo art. 884 do CC". Contudo, cabe alertar, de pronto, que o STJ não adentrou o exame da tese. Aparentemente pareceu prestigiá-la, quer porque "a insurgente deixou de impugnar tal fundamento do aresto hostilizado", quer porque o Ministro-Relator ponderou que: "Desse modo, existindo fundamento autônomo e suficiente que possibilita a manutenção do aresto hostilizado, a ausência de sua impugnação impede a modificação do julgado, como preceituado na Súmula n. 283 do STF".

O julgamento, como se vê, proferido no STJ atribuiu maior potencial decisório ao argumento de ordem processual (Súmula 283), em total detrimento da apreciação do exame de mérito do novo critério de rateio. Prevaleceu, assim, o fundamento concernente ao "enriquecimento sem causa" (art. 884 do CC), em aberto desafio à recomendação legal específica, da "proporção de frações ideais", preconizada no inciso I do art. 1.336 do mesmo CC. Para tanto, a decisão do Tribunal de Justiça mineiro se socorreu, por analogia, da orientação sumular do STF que prevê a prevalência da decisão recorrida, por um dos seus fundamentos, se o recurso não o atacou.

Mostra-se, pois, oportuno adentrar o estudo do critério adotado para o rateio das despesas de condomínio. Importa observar que o inciso I do art. 1.336 do CC manteve o critério da proporcionalidade (fração ideal de terreno) no rateio das despesas de condomínio, "salvo disposição em contrário na convenção". Significa que, diante do poder normativo da convenção, ou ela adota critério diferenciado ou, na sua falta, prevalece o rateio mediante a "proporção das frações ideais" das unidades condominiais. Sob o foco da legislação especial não há outra forma de comandar o rateio. Vale dizer: não há uma terceira via.

Sendo permitido à convenção adotar outros critérios, nenhuma ilegalidade há em se adotar, por exemplo, o "valor do mercado", como foi previsto na redação original do § 3º do art. 1.331 do CC, "o qual se calcula em relação ao conjunto da edificação". Apesar dos aplausos que, à época, lhe foram dedicados, a complexidade da avaliação, passível de refletir ponderável carga subjetiva, aliada a fatores variáveis que alteram parâmetros valorativos primitivamente aceitos acabaram determinando a substituição da redação original pela atual. De fato, por força da Lei 10.931, de 2.8.2004, referido § 3º passou a ter a seguinte redação: "A cada unidade imobiliária caberá, como parte inseparável, uma fração ideal no solo e nas outras partes comuns, que será identificada em forma decimal ou ordinária no instrumento de instituição do condomínio". E, como a fixação da fração ideal no terreno orienta a divisão das despesas de condomínio, a mesma Lei 10.931/2004 acrescentou ao inciso I do art. 1336 a expressão "salvo disposição em contrário na convenção", restaurando a mesma condição que constava no revogado § 1º do art. 12 da Lei de Condomínio, n. 4.591/1964. E, assim, o "valor do mercado" definitivamente se esboroou.

Pela leitura da decisão do STJ tem-se a impressão (a descrição não é bastante clara) de que naquele caso a convenção não adotou expressamente o rateio proporcional das frações ideais, deixando "à assembleia-geral na elaboração da convenção de condomínio ou em deliberação extraordinária a fixação da contribuição *fora* do critério da fração ideal, para que fosse adotado com justiça o princípio do uso e gozo efetivo dos benefícios ofertados com a despesa – Inteligência dos arts. 12, § 1º, da Lei n. 4.591/1964 e 1.336, inciso I, do CC, com a redação dada ao inciso pela Lei n. 10.931, de 2.8.2004. A cobrança de rateio das despesas de condomínio de unidade com fração ideal maior sem se observar o princípio do proveito efetivo revela enriquecimento sem causa, abominado pelo art. 884 do CC". Do relato da decisão tem-se que: (i) a convenção não previu, prioritária e expressamente, o critério do rateio proporcional; (ii) a convenção delegou à assembleia-geral a adoção supletiva de outro critério, e não o sugerido por lei; (iii) a assembleia-geral optou por equiparar todas as unidades, pelo denominador comum do princípio do "uso e gozo efetivo dos benefícios", independentemente da área construída de suas unidades, amparada no art. 884 do CC.

O critério adotado pelo TJMG não deixa de causar espécie. É polêmico, por eleger um critério que conflita abertamente com a regra legal de divisão dos encargos condominiais. A proporcionalidade do rateio segundo as frações ideais de terreno reflete "um critério universalmente aceito, não só por ser o mais justo, senão por ser o mais prático", na visão de Roberto Barcelos de Magalhães. A preponderar o critério sufragado pelo Tribunal mineiro – qual seja: o de admitir a ocorrência de "enriquecimento ilícito" –, chega-se à inadmissível conclusão de que o critério legal da proporcionalidade é identificado como "ato ilícito". Neste passo, também as Prefeituras cometeriam igual ilicitude, por atribuir valores venais desiguais no lançamento do IPTU sobre as unidades condominiais do mesmo prédio, por apresentarem áreas diferentes.

É bem sabido que a jurisprudência, em homenagem ao princípio da razoabilidade, exclui algumas espécies de unidades dos encargos condominiais – como, por exemplo, as lojas térreas com acesso diretamente para a rua. Isto porque – como ensina Caio Mário da Silva Pereira –

"não se podem atribuir os ônus de tais despesas a comunheiros que nada têm, direta ou indiretamente, com serviços que nenhuma utilidade lhes prestam". Trata-se, porém, de uma exceção, que não serve de modelo para o caso julgado pelo STJ, em face de seu exagerado apelo à equiparação a unidades de menor área. Tudo leva a crer que, assim como o critério do "valor do mercado", previsto na redação original do § 3º do art. 1.331 do CC, também o do "enriquecimento ilícito" não deverá dar consistente sustentação jurídica ao rateio das despesas condominiais. A definição fica a cargo dos tribunais, inclusive e principalmente do STJ.

6.34 Multas e multas sobre despesas de condomínio

[Publicado na *Tribuna do Direito* 248, dezembro/2013]

Estabelece o § 1º do art. 1.336 do CC: "O condômino que não pagar a sua contribuição ficará sujeito aos *juros moratórios* convencionados ou, não sendo previstos, os de 1% (um por cento) ao mês e *multa* de até 2% (dois por cento) sobre o débito".

Mas, se o condômino "não cumpre *reiteradamente* com os seus deveres perante o condomínio, poderá, por deliberação de 3/4 (três quartos) dos condôminos restantes, ser constrangido a pagar *multa correspondente até ao quíntuplo do valor* atribuído à contribuição para as despesas condominiais (...)" (cf. art. 1.337 do CC). Há mais, consoante prevê seu parágrafo único, ao ressaltar que "o condômino ou possuidor que, por seu *reiterado comportamento antissocial*, gerar incompatibilidade de convivência com os demais condôminos ou possuidores poderá ser constrangido a pagar *multa correspondente ao décuplo do valor* atribuído à contribuição para as despesas condominiais, (...)".

A falta de pontual pagamento das despesas condominiais configura, automaticamente, a mora do condômino (art. 394 do CC), pelo quê passam a ser exigíveis do devedor "juros moratórios"; se "legais", à taxa de 1% ao mês, ou "convencionados", isto é, na taxa prevista na convenção, que pode ser fixada em patamar superior, como ficou demonstrado nesta mesma coluna (edição 215, março/2011).

A mesma causa – falta de pagamento – gera, portanto, duas penalidades simultâneas, *juros* e *multa* de 2%, ambas de caráter *moratório*. Contudo, se o comportamento faltoso do condômino for qualificado de *reiterado*, poderá ser contemplado com uma *segunda multa*, de valor equivalente até *cinco vezes* as despesas de condomínio, por deliberação de 3/4 dos demais condôminos. A classificação de comportamento *reiterado* resulta de apreciação marcadamente subjetiva. Daí, dada a gravidade da pena, ser indispensável a deliberação de 3/4 dos demais condôminos, que terão de caracterizar, em assembleia-geral, a *reiteração* e, via de consequência, o *dimensionamento* da multa até cinco vezes. O quórum especial de 3/4 exige deliberação dos demais condôminos, e não apenas dos presentes à assembleia. Anote-se, ainda, que a deliberação de expressiva massa condominial tem o evidente propósito de despersonalizar a responsabilidade individual do síndico.

Inexiste, a meu ver, ilegitimidade na aplicação da *segunda multa*, muito embora o fato gerador primitivo seja o mesmo da multa de 2%. Vale dizer que não ocorre a figura do *bis in idem*. Isto porque, enquanto a multa de 2% é de natureza inequivocamente *moratória*, a outra, decorrente da *repetição* da falta de pagamento, se apresenta como autêntica *cláusula penal*, "independentemente das perdas e danos que se apurem" (cf. art. 1.337).

Não se deve confundir a natureza destas penalidades, por exemplo, com o chamado "abono-pontualidade", em que o contrato de locação prevê, na falta de pagamento do aluguel, a perda não somente do abono como, ainda, a incidência da multa moratória de 10% sobre o valor integral do locativo (v. *RT* 795/257).

Definem os doutos que a multa pode ser convencional ou legal. É contratual quando a imposição pecuniária vem estabelecida para assegurar o cumprimento de obrigação na forma pactuada. É legal, quando imposta pela lei, *ex vi* do § 1º do art. 1.336 CC. Seja qual for sua espécie, a multa é exigida pelo simples transcurso do vencimento (*mora ex re*).

Impende reconhecer que a penalidade prevista no art. 1.337 não tem por objetivo a reparação do dano sofrido pelo condomínio, até porque este mesmo dispositivo ressalva expressamente o ressarcimento. É multa acessória, portanto cumulativa com pena de outra natureza.[41] Neste sentido (multa cumulativa) é o entendimento do STJ, como restou decidido no REsp 482.094-RJ, relatado pelo Min. Sidnei Beneti (*RT* 887/201). Na esteira de tema similar, examinado pelo Min. Luiz

---

41. *Enciclopédia Saraiva de Direito*, vol. 53, São Paulo, Saraiva, p. 411.

Fux, foi legitimada a aplicação de "multa administrativa", cuja sanção "se justifica pelo seu caráter pedagógico e sancionatório" (*RT* 898/205). Tem caráter disciplinar e punitivo (Nascimento Franco). Não é de natureza moratória ou compensatória, posto que "não exime o condômino infrator de responder por perdas e danos".[42] Ao decidir questão de obrigação de fazer e não fazer, alertou o Min. Carlos Alberto Menezes Direito: "Há diferença nítida entre a cláusula penal, pouco importando seja a multa nela prevista moratória ou compensatória, e a multa cominatória, própria para garantir o processo por meio do qual pretende a parte a execução de uma obrigação de fazer ou não fazer. E a diferença é, exatamente, a incidência das regras jurídicas específicas para cada qual" (*RT* 785/197) Embora, aqui, não se trate de *multa cominatória*, a distinção merece acolhida, uma vez que ambas possuem irrecusável *função inibitória*. A meu ver, como o legislador fixou a multa irrisória de 2%, estimulante à repetida inadimplência, tratou de prever uma sanção pesada ao reiterado "mau pagador", advertindo-o da viabilidade de aplicação de multa complementar de alto custo, confiante na sabedoria popular de que "o bolso é a parte mais sensível do corpo humano".

Dir-se-á, eventualmente, que a cominação da "multa" equivalente a 5 ou 10 contribuições para as despesas de condomínio (cf. art. 1.337) infringiria a limitação imposta no art. 412 do CC, que diz: "O valor da cominação imposta na cláusula penal não pode exceder o da obrigação principal." A meu ver, contudo, dita limitação legal não se aplica às despesas de condomínio, na medida em que se cuida de obrigação de trato sucessivo, cujo valor da "obrigação principal" não se restringe ao valor mensal da contribuição em débito, mas, sim, aduzida das despesas vincendas (cf. art. 290 do CPC). Leve-se ainda em conta que o valor das despesas de condomínio é variável, mormente quando se reclama dos demais condôminos a complementação destinada a suprir as que são deixadas de recolher, exatamente pelo condômino infrator.

Enfim, se o condômino reiteradamente acumula suas infrações, legítimas e justas são as multas cumulativas com que é premiado.

42. Carlos Alberto Dabus Maluf e Márcio Antero Motta Ramos Marques, *O Condomínio Edilício no Novo Código Civil*, São Paulo, Saraiva, 2004, p. 90.

6.35 Os condôminos inadimplentes e os serviços essenciais

[Publicado na *Tribuna do Direito* 251, março/2014]

É sabido que há uma regra legal específica para cobrança do condômino que não pagar as despesas de condomínio: "(...) ficará sujeito aos juros moratórios convencionados ou, não sendo previstos, os de 1% (um por cento) ao mês e multa de até 2% (dois por cento) sobre o débito" (art. 1.336, § 1º, do CC).

A admissibilidade legal de prever na convenção condominial a cobrança de "juros moratórios convencionados" foi desnudada no REsp 1.002.525-DF, relatado pela Min. Nancy Andrighi, ao esclarecer: "Após o advento do Código Civil de 2002 é possível fixar na convenção de condomínio juros moratórios acima de 1% ao mês em caso de inadimplemento das taxas condominiais" – matéria, essa, de que se ocupou o estudo publicado neste mesmo espaço em março/2011 (*Tribuna do Direito* 215).

Ocorre que, se, de um lado, a multa de 2%, por força de construção pretoriana, passou a incidir a partir da edição do Código Civil de 2002, ainda que as convenções anteriores tivessem estabelecido 20% (cf. art. 12, § 3º, da Lei 4.591/1964), de outro lado, os juros "acima de 1% ao mês" dependiam e ainda dependem de expressa previsão convencional. É fato notório, porém, que em sua grande maioria os condomínios edificados antes de 2002 não alteraram suas convenções. Ainda conservam os clássicos juros de 1% ao mês, referidos no dispositivo legal. E, graças a esse cenário atraente (multa de 2% e juros de 1%), os condôminos espertos acharam – e ainda acham – um "bom negócio" serem admitidos no "clube dos inadimplentes". Isto porque a tormentosa crise do Judiciário garante aos infratores alguns bons anos de tranquilidade processual, que se esvai quando são ameaçados do leilão da unidade condominial. Resgatam, então, o débito condominial. Tanto ajuda a explicar o acervo monstruoso de ações de cobrança de débitos condominiais, incentivadas pelos dois especiais fatores: multa de 2% e juros de 1% durante os longos anos de exaustão processual.

De se ter bem presente, porém, que o citado § 1º do art. 1.336 do CC é a única rota processual *legal e específica* para a cobrança das despesas condominiais. Lastimavelmente, a demora da prestação jurisdicional sacrifica os interesses dos demais condôminos pontuais, que se veem forçados a cobrir a falta de contribuição do inadimplente. Verifica-se, assim, o "empréstimo forçado" que aqueles condôminos são obrigados a conceder, durante longo prazo imprevisível, até que a emperrada máquina judiciária consiga compelir o condômino infrator a resgatar a dívida.

Para contornar tão injusta situação, lembro que no n. 216 desta *Tribuna do Direito* (abril/2011) escrevi que: "Diante do aparelho judiciário emperrado, abre-se espaço para a *criatividade advocatícia*, que busca com *outra ferramenta* abreviar o resgate do 'empréstimo forçado'. Com efeito, enquanto a liquidação do débito condominial não se verifica, o condômino infrator *desfruta de todas as vantagens condominiais*, especialmente do consumo de água, cujo custo vem embutido nas despesas condominiais". Argumentou-se, então, que, se a falta de pagamento do consumo de água pode acarretar a interrupção do fornecimento (cf. art. 6º, § 3º, II, da Lei 8.987/1975 e Lei 9.427/1996), igual sanção poderia ser aplicada a condôminos inadimplentes, desde que prevista na convenção (cf. art. 1.334, IV, do CC) ou por deliberação da assembleia-geral. A nova "ferramenta", apesar da nítida essência coativa, foi admitida por tribunais regionais e sancionada pelo STJ (REsp 363.943-MG, rel. Min. Humberto Gomes de Barros, e 705.203-SP, rela. Min. Eliana Calmon). E, assim, adotou-se nova modalidade para cobrança das despesas condominiais, ainda que restrita aos equipados com o sistema de fornecimento individualizado de água.

Possivelmente inspirado nos mesmos precedentes pretorianos, um condomínio, devidamente credenciado por assembleia-geral extraordinária, autorizou a desprogramação de elevadores que serviam ao único apartamento situado no 8º andar como forma alternativa de pressionar o condômino infrator a pagar as despesas condominiais. Via de consequência, o acesso ao apartamento ficou restrito à escadaria do prédio, além da repercussão criada pela vexatória deliberação assemblear, amplamente divulgada entre todos os moradores do edifício. Reagindo a esta inusitada medida condominial, o infrator não somente deixou de pagar as despesas de condomínio, como ainda ajuizou ação declaratória visando à anulação da deliberação da assembleia. Demais disso, pediu indenização pelos danos morais sofridos.

A questão foi julgada em 3 de dezembro do ano passado, cabendo à Min. Nancy Andrighi a relatoria do REsp 1.401.815-ES, do qual se destaca: (a) a deliberação da assembleia-geral "deve ser exercida nos limites do direito fundamental à moradia, do direito de propriedade e sua função social e outros, todos enfeixados no princípio mor da dignidade da pessoa humana"; (b) a paralisação do funcionamento do elevador não se confunde com a "suspensão de serviços essenciais" – como água e luz, por exemplo – por concessionárias de serviços públicos; trata esta última penalidade "de prestação de serviço público indiretamente pelo Estado, vigorando, portanto, regras de direito público, em que o particular se encontra em posição de sujeição em face da Administração, o que não prevalece no direito privado, no qual impera a horizontalidade das relações jurídicas"; (c) havendo ferramenta processual específica para a cobrança das despesas condominiais (art. 1.336, § 1º, do CC), "não se afigura razoável que a assembleia-geral imponha penalidade excessivamente gravosa como a suspensão de serviços essenciais aos condôminos inadimplentes"; (d) a "desprogramação dos elevadores impede o próprio exercício do direito de propriedade, que, mais que um direito do condômino, é verdadeiramente uma garantia fundamental".

Desse emblemático v. julgado se extrai que serviços essenciais não podem ser suprimidos de condôminos inadimplentes. A meu ver, porém, há de se aplicar igual critério no atinente à supressão da água nos edifícios em que o fornecimento é individualizado. É que a falta de água ou o corte de energia elétrica são até mais essenciais que a desprogramação do elevador. Contudo, ainda na visão do mencionado julgado, não se integram nos serviços essenciais a restrição "à utilização de bens e serviços de caráter supérfluo, tais como piscina, sauna, salão de festas, porquanto a falta da qualidade essencial descaracterizaria a violação dos referidos preceitos fundamentais".

Ora, se existe regra legal específica para cobrança das despesas de condomínio, não devem os condomínios dar asas à imaginação e se socorrer de outras medidas coativas. Mas têm o direito de censurar a torturante demora na prestação jurisdicional, até que outra solução legislativa seja criada.

6.36 A imissão direta na posse e as despesas de condomínio
[Publicado na *Tribuna do Direito* 257, setembro/2014]

Na dicção do art. 20 da Lei 4.591/1964 constava que "ao *ocupante* do imóvel, a qualquer título", se aplicam "todas as obrigações referentes ao uso, fruição e destino das unidades". Enquanto o art. 9º equiparava ao proprietário os "promitentes compradores, cessionários ou promitentes cessionários dos direitos pertinentes à aquisição de unidades autônomas". Essa equiparação vinha reiterada no inciso II do art. 43 daquela lei. A legislação em vigor, que substituiu esses dispositivos, não fala explicitamente da equiparação dos adquirentes aos promitentes adquirentes. Realçou, porém, a responsabilidade do "possuidor" (art. 1.337 e seu parágrafo único do CC), distinguindo-o do "condômino" no atinente ao exato cumprimento dos deveres. Seja como for, a condição igualitária dos compromissários (compradores e cessionários) subsiste na esfera condominial, como se constata nos incisos I e II do art. 1.335 do CC, onde são incluídos como "os demais compossuidores". Igual entendimento se pode extrair do art. 1.340 do CC, onde a figura do "condômino" não exclui outros titulares de contratos imobiliários – tais como o compromisso de venda e compra ou de cessão e transferência de direitos aquisitivos – que estejam no exercício da posse direta do seu imóvel.

Curiosamente, porém, nenhum desses dispositivos faz explícita referência à expressão "imissão direta na posse", certamente porque todas as figuras imobiliárias do compromisso de venda e compra ou da promessa de cessão dos direitos aquisitivos supõem, na visão do legislador, o direito ínsito da "posse direta". E, quando a realidade fática não o confirma, é convocada a jurisprudência para suprir a lacuna legal e definir os efeitos obrigacionais da exceção contratual. É o que ocorreu no REsp 1.297.239-RJ, recentemente julgado (abril/2014), relatado pela Min. Nancy Andrighi.

Tratou-se de compromisso de venda e compra de unidade condominial no qual restou previsto que a compromissária compradora se obrigava a pagar as despesas de condomínio a partir da data de sua assinatura. Todavia, a imissão direta na posse do imóvel apenas foi efetivada muito tempo após. Resultou desse pacto contratual que durante o período que decorreu entre a assinatura do compromisso e a imissão direta na posse da unidade a vendedora deixou de pagar as despesas de condomínio. Confiou na cláusula contratual, que a isentou do encargo. A compradora, por sua vez, também não o fez, por não ter exercido, nesse período, a posse do imóvel.

Se dúvida existia quanto à determinação do responsável pelo pagamento, nenhuma incerteza restava quanto à obrigação de ser resgatado o crédito do condomínio. Este nada tinha a ver com o ajustado pelas partes. Diante dessa situação dúbia, o STJ já admitiu, outrora, a possibilidade de ajuizamento de ação de cobrança tanto em face do "promitente vendedor quanto sobre o promissário comprador, dependendo das circunstâncias do caso concreto" (EResp 136.389-MG, REsp 541.878-DF, REsp 712.661-RS, REsp 728.251-SP), preservado o direito de uma cabível ação de regresso.

Diante desse cenário, tendo em linha de conta que a efetiva imissão direta na posse da unidade condominial já vem consagrada, implicitamente, na legislação em vigor (arts. 1.337, 1.340 e 1.344 do CC), proclama o citado acórdão, prestigiado por unanimidade pela 3ª Turma do STJ: "O que define a responsabilidade pelo pagamento das obrigações condominiais não é o registro do compromisso de venda e compra, mas a *relação jurídica material com o imóvel*, representada pela imissão na posse e pela ciência do credor acerca da transação".

Neste passo, a despeito do comando previsto no art. 1.345 do CC, que impõe ao adquirente da unidade condominial a obrigação de responder pelos débitos do vendedor "em relação ao condomínio", pode o comprador vir a ser isentado dessa responsabilidade. Basta que no mesmo ato da alienação não seja imitido na posse direta da unidade, ou seja: (i) tenha sido pactuada a entrega do imóvel pelo vendedor em data futura e (ii) tenha sido o condomínio informado da transmissão imobiliária, pouco importando se o título de aquisição já esteja registrado no cartório imobiliário.

Na medida em que a imissão de posse é que materializa a relação jurídica do possuidor (ocupante) com o credor das despesas condominiais (o condomínio), e desde que este tenha sido expressamente comunicado, cabe examinar os efeitos da rescisão do compromisso. Na hipótese de um compromisso rescindido por falta de cumprimento de obrigação pelo compromissário comprador, cumpre verificar se o compromissário já se encontrava imitido na posse do imóvel. Em caso positivo, se não resgatou as despesas de condomínio, o proprietário promitente vendedor é contemplado com o prêmio irrecusável da dívida deixada pelo seu comprador inadimplente. Resta-lhe, porém, o direito de regresso contra o compromissário inadimplente – o que não é nada animador. É o que impõe o Direito ditado pelo art. 1.345 do CC, combinado com o inciso I do art. 1.336. E a recíproca também é válida, como se viu no mencionado REsp 1.297.239-RJ, onde o vendedor, por ter continuado na posse direta após a transmissão do domínio, tornou-se responsável pelo resgate das despesas condominiais.

A meu ver, a tese da "imissão direta" comporta ao menos uma exceção quando se tratar de aquisição do imóvel pela via da arrematação. Já ficou demonstrado neste mesmo local (n. 245, setembro/2013) que o arrematante se equipara ao adquirente para os efeitos do art. 1.345 do CC. Vale relembrar que geralmente todas as unidades condominiais destinadas a leilões padecem de dívidas condominiais. Na grande maioria dos casos o próprio imóvel leiloado foi gerado pela falta de resgate da dívida condominial. Sabe, inclusive, o arrematante, de antemão, que o imóvel, via de regra, se encontra ocupado pelo condômino inadimplente, não se podendo prognosticar quando se verificará sua desocupação. Mais ainda: o interessado está antecipadamente prevenido de que deverá responder pelas despesas de condomínio, vencidas e por vencer, até ser imitido na posse da unidade.

Em face desse cenário, e desde que o condomínio jamais poderá ser prejudicado, o arrematante sempre haverá de responder pelos efeitos do art. 1.345 do CC, pouco importando quando se efetiva a imissão na posse direta; a não ser que o lanço por ele feito seja suficiente para cobrir o débito condominial.

Capítulo 7
O Síndico

7.1 A mulher como síndica. 7.2 Ninguém pode ser obrigado a ser síndico. 7.3 Casuísmo inadmissível em condomínio. 7.4 Poder do síndico e subsíndicos. 7.5 Administrador judicial, nova figura condominial. 7.6 O administrador judicial supre falta do síndico. 7.7 Como destituir síndicos. 7.8 Flat service versus administração de condomínio. 7.9 Legislação é omissa sobre administração do flat service. *7.10 Má gestão do síndico e apropriação indébita. 7.11 O subsíndico é a "outra pessoa".*

7.1 A mulher como síndica

[Publicado na *Folha de S. Paulo* em 23.5.1982]

Quando se encerrou a assembleia-geral, que acabou elegendo, por pequena margem, a mulher de um condômino para o cargo de síndico, o machismo da derrotada minoria se sentiu profundamente frustrado. Mais do que frustrado, ofendido. Mais do que ofendido, humilhado. Logo pretenderam os inconformados arregimentar razões para anular a própria assembleia ou, pelo menos, a eleição. Mas nenhuma irregularidade foi detectada, capaz de determinar o cancelamento da reunião condominial. Quanto à eleição em si, também nada ocorreu a justificar seu cancelamento.

Depois de exaustiva pesquisa, porém, descobriu-se que a mulher eleita não era, rigorosamente, condômina, pois se casara pelo regime de separação de bens. Apenas seu marido era o proprietário do apartamento, já que na escritura de aquisição só ele figurava como titular.

Em nova assembleia dos condôminos, especialmente convocada para apreciação da impugnada eleição, ficou definitivamente esclarecido que nenhuma irregularidade fora cometida. Se há faculdade legal permitindo que o síndico possa ser pessoa totalmente estranha ao condomínio, com maior razão esse cargo poderia ser ocupado por mulher do condômino, seja qual for o regime de casamento.

Além disso, a convenção não restringia aos condôminos o cargo de síndico. Se tivesse sido prevista esta limitação – o que é perfeitamente admissível pela legislação –, aí, sim, seria discutível se a mulher de condômino casada pelo regime de separação de bens poderia ser síndica, em face da titularidade patrimonial exclusiva do marido.

Afastada esta controvertida hipótese, não subsiste razão alguma para que os defensores do comando machista se sintam diminuídos ou abalados em seu prestígio. Tratando-se de administração de prédio, há de se convir que, na prática, para a mulher apenas se trata da ampliação do território que já controla: seu apartamento. E não aleguem os feridos machistas que a administração de seus lares é diretamente exercida por eles próprios, e não por suas mulheres. Mesmo porque, se assim for, ficará realmente difícil sustentar sua condição de feridos ou de machistas.

A experiência vem revelando que a mulher, por ter vivência mais ampla e permanente dos problemas condominiais, se encontra melhor credenciada para diagnosticar e aferir as necessidades da vida comunitária, adotando soluções muito mais racionais que seus maridos. Demais disso, as mulheres ficam mais tempo no prédio. Ora, a receita de uma boa administração de condomínio reclama uma harmônica composição dos três ingredientes básicos, que regulam a comunidade condominial: síndico, conselho consultivo e assembleia-geral. Enquanto o síndico é típico órgão executivo, o conselho consultivo é preponderantemente assessor do síndico e controlador direto de seus atos, ficando reservada à assembleia-geral a última palavra, como supremo órgão deliberativo.

Se assim é, tudo concorre para que se deixe a cargo das mulheres o exercício das funções de síndico, fazendo com que o conselho consultivo seja integrado pelos maridos condôminos. Aliás, desde que o conselho, por exigência legal, apenas pode ser constituído de condôminos no número máximo de três, acaba, realmente, oferecendo especial oportunidade para o exercício machista de maridos ofendidos. Por falta de tempo compatível, não precisam executar pessoalmente quaisquer atos de administração, mas reservam o poder de orientar a mulher síndica e de opinar sobre seu desempenho. A fórmula, como se vê, é velha, simples, harmônica e vantajosa, a despeito da lamúria de falsos machistas.

7.2 Ninguém pode ser obrigado a ser síndico

[Publicado na *Folha de S. Paulo* em 20.6.1982]

Ao artigo publicado neste jornal em sua edição de 18 de abril último[1] serviu de tema o exemplo (condenável, como demonstramos) de se pretender aplicar pena pecuniária a condômino ausente de assembleias-gerais. A despeito da crítica, a viabilidade da multa pecuniária volta a ser cogitada, por sugestão de um síndico de prédio. Agora, porém, para atingir condôminos que se recusam a aceitar o espinhoso cargo de síndico.

Inquieto e irrequieto está esse síndico, por estar convencido de que, espontaneamente, ninguém se disporá a sucedê-lo. Propõe, então, a regra da *rotatividade* do exercício do cargo como eventual fórmula convencional capaz de solucionar a crônica omissão dos seus companheiros condominiais. A ordem dos respectivos mandatos, segundo a forma imaginada por esse leitor, se verificaria através de sorteio. Na hipótese de se deparar com eventual recusa do condômino, "poderia ser estabelecida uma multa (que desestimularia a recusa) e realizado novo sorteio, até o preenchimento do cargo". Dessa forma, acredita o leitor ter encontrado "uma solução para o problema".

Sortear um síndico, contudo, não é o mesmo que elegê-lo. A Lei de Condomínio preceitua, imperativamente, que o síndico "será eleito", embora faculte ao condomínio estabelecer, em sua convenção, "o modo de escolher o síndico". Atente-se a que a lei não determina que o condômino deva obrigatoriamente ser síndico. O comando legal limita-se apenas à afirmação de que o mesmo deve ser eleito, o que somente se torna possível através de assembleia regularmente convocada para essa finalidade. Logo, qualquer outro critério de escolha do síndico, que não mediante eleição, é ineficaz, por contrariar a imperatividade da lei.

Assim, afronta a ordem legal a nomeação antecipada de síndico em contratos de incorporação (antes, pois, de edificados os prédios). Ilegal,

1. V., acima, item 3.5.

também, a transmissão do cargo via mandato, por ser personalíssimo e intransferível seu exercício; ou via sorteio (que, na ótica do perplexo síndico, é tido como verdadeira "roleta russa"), uma vez que é destinado à ocupação compulsória do cargo.

Não se deve confundir a forma a ser observada para a eleição do síndico com a própria substituição dessa eleição por outra forma de escolha, como o são a nomeação, o mandato ou o sorteio. O modo de escolher o síndico significa a faculdade de a convenção regulamentar o ato da eleição em si. Poderá a convenção exigir que a eleição do síndico seja realizada em assembleia a ser especificamente convocada, cuja ordem do dia seja exclusivamente destinada à votação, proclamação e transmissão de posse ao vencedor; que sua convocação se verifique com a antecedência mínima de 15 dias; que os candidatos procedam à sua inscrição, por escrito, um ou dois dias antes da assembleia; que serão inadmitidos votos por procuração ao mesmo mandatário de mais de um condômino; que o ganhador será assim reconhecido somente se obtiver maioria absoluta, e não apenas maioria simples, dos votos dos condôminos presentes – e assim por diante.

Outro obstáculo, ainda mais poderoso, porém, veda a implantação do sorteio como forma de definir o síndico: é a Constituição. Ao cuidar das garantias individuais, ressalva que "ninguém será obrigado a fazer ou deixar de fazer alguma coisa senão em virtude da lei" (art. 5º, II). Se a Lei de Condomínio não obriga que condômino deva ser síndico (até porque pode ser síndico quem não seja condômino), não é, portanto, a convenção que poderá obrigá-lo.

A solução preconizada pelo preocupado síndico, como se vê, não tem como possa ser adotada. A fórmula legal, essencialmente democrática, é, sem dúvida, a que mais condiz com a nossa índole, a despeito da nossa deformação política, como a Lei de Condomínio, que coincidentemente, também foi promulgada em 1964.

7.3 Casuísmo inadmissível em condomínio
[Publicado na *Folha de S. Paulo* em 24.8.1981]

Por ser bastante frequente, o mais das vezes, a carência de condôminos que se dispõem ao exercício do cargo de síndico, não deixa de causar estranheza a disputa mais aguerrida pelo comando condominial.

Mais espantosa ainda fica quando a técnica do "casuísmo" é adotada nesta competição de condôminos. A mera leitura de acórdão oriundo do 1º TARJ autoriza supor que determinada facção de condôminos, por não ser bem-sucedida na eleição destinada à escolha de síndico, procurou implantar fórmula subsidiária, destinada a possibilitar o exercício, ao menos, de parte do poder de administração.

Para tanto, alegou que o edifício é composto de lojas comerciais no térreo, garagem com subsolo e apartamentos residenciais nos pavimentos superiores. Trata-se, portanto, de "apenas um edifício misto, como numerosos outros que aí existem". Todavia, como vem relatado nesse julgado, os proprietários das lojas pretendem não "apenas a regulamentação da parte referente ao uso e serviços próprios de suas unidades, mas uma verdadeira administração autônoma, como se não fizessem parte do todo. É como se as paredes, a estrutura, os pisos divisórios, a fachada, os sistema de água e esgoto, enfim, os encargos e serventias comuns não os vinculassem a um só todo. Ou como se o edifício não se constituísse de uma unidade física e orgânica, necessariamente com uma administração centralizada na pessoa do síndico e assessorado por um conselho consultivo".

De fato, num edifício em condomínio não pode haver mais do que um síndico. Nascimento Franco e Nisske Gondo alertam ser "inadmissível a sindicância colegiada, embora a lei permita a eleição de subsíndicos, como órgãos auxiliares do síndico".

Como se vê, o síndico está para o condomínio como o presidente para o regime presidencialista de governo. Podem, contudo, existir um ou mais subsíndicos, com ou sem atribuições específicas, subordinados, porém, a um só síndico, pessoa una, física ou jurídica.

E assim é por ser o próprio edifício indivisível, na sua totalidade. Dele não se destacam fatias, como se fosse um bolo, capaz de cada pedaço conservar suas qualidades. No condomínio o direito exclusivo de uma unidade autônoma não exaure o domínio, na medida em que ele subsiste, de forma indispensável, com as áreas e coisas de propriedade de todos.

A loja térrea de um prédio, embora não dependa de vestíbulos, escadas ou elevadores (tem acesso direto para a rua), embora não seja beneficiada com a limpeza ou iluminação das escadas e corredores, embora não lhe tragam maiores vantagens os serviços de portaria ou, mesmo, de zeladoria, ainda assim não consegue sobreviver independentemente do prédio. Está a ele irreversivelmente vinculada, por ser integrante de uma "unidade física e orgânica", como foi identificado pelo Tribunal carioca.

Mesmo porque, por estarem as lojas indissoluvelmente vinculadas ao mesmo terreno, do qual participam também proporcionalmente os apartamentos e as vagas de garagem, não há como fazer nascer um "segundo síndico", para administrar, de forma independente, parte do mesmo prédio. Mesmo no caso em que o síndico eleito tenha eventualmente defeitos pessoais ou provoque intranquilidade aos condôminos, há de se observar a regra do jogo estabelecida na convenção.

Valer-se da técnica do "casuísmo" para alterar o comando do síndico é repudiável, como concluiu o Tribunal carioca. Aliás, é sempre repudiável a mudança da regra do jogo para ganhar ou anular eleições, até mesmo quando não se trata de eleição de síndico.

7.4 Poder do síndico e subsíndicos

[Publicado na *Folha de S. Paulo* em 16.11.1981]

Noticiou esta *Folha*, em sua edição de quinta-feira última (12.11.1981), que os condôminos do Conjunto Habitacional "Rio de Janeiro", no Parque CECAP, em Guarulhos, se rebelaram contra a cobrança das despesas de condomínio, em face do aumento de 120% que lhes vem sendo exigido pelo síndico.

Esclarece, ainda, a notícia que o Conjunto "Rio de Janeiro" consiste de 480 apartamentos, divididos em 8 (oito) blocos, onde devem morar cerca de 2.300 pessoas. Trata-se, contudo, de um só condomínio. Em consequência, conforme impõe a lei, há – e só pode haver – um só síndico. A notícia nada diz sobre a existência de subsíndicos e do conselho consultivo de condôminos.

Segundo os depoimentos colhidos junto aos condôminos, não se verificou realização de assembleia que autorizasse a cobrança dos novos valores das despesas. Queixam-se eles de que o aumento de 120% foi determinado por ordem exclusiva do síndico, cuja prestação de contas referente ao mês de outubro revela despesas à guisa de juros por empréstimos feitos, além de outras não especificadas.

Se efetivamente não houve assembleia que autorizasse tão violenta majoração, a revolta dos condôminos encontraria agasalho no Direito.

Cabe ponderar que o critério dos carnês fixando contribuições mensais (indicação de valores permanentes) pressupõe a necessidade de orçamento, que somente pode ser aprovado pela assembleia dos condôminos.

É obvio que nossa inflação, tão vertiginosa (tanto em rapidez quanto em zonzeira), desautoriza, hoje, com extrema facilidade, qualquer estimativa de custos. Mas, ainda que assim seja, não é dado ao síndico o poder de contrair empréstimos onerosos ou de determinar, a seu arbítrio, aumentos nas contribuições sem a indispensável aprovação da assembleia-geral. Em consequência, ao perceber a desconformidade do orçamento com a realidade do gasto, cabe ao síndico convocar assembleia extraordinária para decidir sobre a alteração constatada nas despesas condominiais.

Mesmo que o conselho consultivo concordasse com a cobrança extraordinária de contribuições, para enfrentar situação de urgência, sempre à assembleia dos condôminos cabe a decisão derradeira. É que o poder soberano da assembleia é de tal ordem que, independentemente de apresentação de motivos, pode destituir o síndico, a qualquer tempo, "pelo voto de 2/3 (dois terços) dos condôminos, presentes, em assembleia-geral especialmente convocada" (art. 22, § 5º, da Lei 4.591/1964).

Se o poder da assembleia-geral chega a tal extremo, claro é que pode decidir outras questões de menor envergadura, como a de exigir, aprovar ou recusar as contas do síndico. Tanto é certo que se os condôminos, quando em assembleia, perceberem a falta de condições próprias para análise e deliberação das contas, podem adotar medidas de preparação que os conduzam à necessária segurança de bem decidir. Geralmente, ao conselho consultivo, por se lhe atribuir função de natureza fiscal, caberá apresentar à assembleia parecer conclusivo a respeito das contas, depois de examinadas por seus membros (três, no mínimo), recomendando a aprovação ou a rejeição dos resultados apresentados pelo síndico. Nem por isso fica a assembleia atrelada à conclusão do conselho dos condôminos. E, se discordar da recomendação desse órgão condominial, poderá constituir comissão especial para rever as contas, convocando, inclusive, os serviços de empresas especializadas em auditoria.

Em conjuntos habitacionais populosos, como o "Rio de Janeiro", recomenda a experiência que o comando administrativo seja dividido por subsíndicos, elegendo cada bloco seu administrador imediato. Para tanto, é indispensável que sua eleição seja expressamente prevista pela convenção condominial. Caso contrário dever-se-á, preliminarmente, alterar a convenção, de sorte a possibilitar a escolha de subsíndicos, atribuindo-se-lhes os respectivos poderes de administração.

É de se convir que nem pelo surgimento de subsíndicos a unicidade de comando geral do síndico é afetada. Apenas a concentração de poder de administração direta fica desfeita, pela divisão entre os subsíndicos. Talvez o surgimento desses subsíndicos possa melindrar o "ego" de um síndico vaidoso e autoritário. Na prática, porém, apresenta inegáveis vantagens quando se trata de um condomínio populoso, como o "Rio de Janeiro".

7.5 Administrador judicial, nova figura condominial

[Publicado na *Folha de S. Paulo* em 24.3.1980]

A não ser que exista expressa restrição em convenção de condomínio, qualquer pessoa (física ou jurídica, condômina ou não) pode ser eleita síndico. A eleição é a única forma legalmente permitida, sendo inadmissível qualquer outro meio para ser guindado ao comando da administração do edifício. E, desde que a situação do síndico implica prestação de serviços, é perfeitamente legítimo (e justo) que a convenção preveja remuneração compatível, que pode ser em dinheiro ou em vantagem.

Porém, no mais das vezes, para que o síndico não induza imagem negativa, como subalterno, aos olhos dos demais comunheiros, aceita o cargo mas recusa a compensação material. Neste caso, se nada recebe, é compreensível que transfira a empresas profissionais a execução dos serviços de administração. São as conhecidas organizações de administração predial.

A escolha de uma administradora especializada resulta da preferência pessoal do síndico, que a credencia ao exercício das funções administrativas, por delegação e enquanto vigorar seu mandato, de dois anos, no máximo. Contudo, embora a contratação da administradora profissional dependa da expressa aprovação pela assembleia dos condôminos, a responsabilidade pelo seu escorreito desempenho subsiste inteiramente na pessoa do síndico, como seu comandante direto.

Pode ocorrer irregularidade na eleição do síndico ou na aprovação da empresa administradora, a começar de imperfeições cometidas na própria convocação da assembleia onde se verificaram as escolhas. Se assim aconteceu, as decisões são nulas ou anuláveis. Mas, enquanto não sobrevém declaração judicial que reconhece as nulidades, as decisões da assembleia continuam prevalecendo, isto é, as irregularidades continuam produzindo efeito.

Se levarmos em conta a lentidão crônica do serviços forenses, fácil é concluir que, a se aguardar o normal pronunciamento da Justiça, sua definição, certamente, sobrevirá quando já tiver decorrido o prazo do irregular mandato do síndico. Daí vir sendo admitido o surgimento de nova figura condominial: a do *administrador judicial*. Nasce por nomeação do juiz, em caráter provisório, até que se verifique o deslinde da controvérsia. Claro é que razões jurídicas de especial relevância, ao lado de precisas indicações de efetivo prejuízo ao condomínio (ou, mesmo, de real ameaça), devem ser claramente demonstradas para que seja permitida a pronta intervenção judicial na administração condominial.

Não se trata de julgamento da questão principal, mas, tão só, de um paliativo, de um remédio cautelar, que é ministrado com o propósito de proteger os interesses condominiais quando se encontram em estado de perigo. Com a intervenção preliminar ficam preservados esses interesses, pondo-os a salvo dos desmandos administrativos. E, desde que a nomeação do administrador repousa em pessoa de confiança pessoal do juiz, a ele, e não ao condomínio, é que este deverá prestar contas de sua gestão administrativa.

Dir-se-á, com razão, que o síndico judicial, por força da natural submissão ao juiz, atuará com sensíveis limitações, deixando de atender às necessidades condominiais com a amplidão e a liberdade que deveriam prevalecer. Mas, frente a um síndico irregularmente eleito ou a uma administradora guindada por estranhas e inaceitáveis razões, sempre será preferível a anômala situação do administrador judicial.

Afinal, a oportuna intervenção judicial na administração é bem mais salutar do que a liberdade libertina do síndico.

7.6 O administrador judicial supre falta do síndico
[Publicado na *Folha de S. Paulo* em 13.6.1982]

Atencioso leitor mostra-se preocupado com sua sucessão como síndico, cujo mandato está prestes a expirar. Mesmo porque ele próprio teve de assumir esse posto em situação de emergência, decorrente de renúncia de seu antecessor. Agora, aproximando-se o término do seu mandato, receia, com justa razão, que nenhum condômino se disponha a substituí-lo.

Se essa hipótese se confirmar, ficará o condomínio desprovido de síndico. Mas a plena caracterização dessa situação anômala há de se verificar através de assembleia-geral a ser convocada especialmente para a eleição de novo síndico. O síndico não precisa ser necessariamente condômino. Nem do sexo masculino. Neste sentido, ainda há pouco, já preconizamos a conveniência da ocupação do cargo por mulheres.[2] Se a lei permite que síndico possa ser "pessoa física ou jurídica estranha ao condomínio", com maior razão pode ser uma mulher, cujo desempenho na direção administrativa de um edifício de apartamentos vem confirmando a experiência de ser mais eficaz e econômica do que o homem.

Embora regularmente convocada, poderá a assembleia-geral: (a) deixar de eleger novo síndico, por falta de candidato condômino ou por óbice convencional de exercício do cargo por estranhos; (b) ou deixar de se reunir, como deliberada manobra dos condôminos (plenamente satisfeitos com o desempenho do atual síndico), para perpetuar sua permanência no cargo. De qualquer forma, resultará em omissão deliberativa de matéria de atribuição específica da assembleia. Concede a lei o prazo de cinco dias para que fique configurado este vazio decisório, após o quê se abre a possibilidade do suprimento judicial.

Surge, então, a figura do *administrador provisório* (denominação mais comum), por nomeação judicial, para preencher a vaga do síndico. Nesta posição permanecerá provisoriamente até que desapareça o motivo gerador de seu nascimento. Assume a administração geral do edifício, cabendo-lhe adotar todas as medidas essenciais à vida condominial. Procede à cobrança das despesas de condomínio, atende aos compromissos de pagamento, contrata e despede empregados, autoriza a execução de obras e consertos inadiáveis. Enfim, cuida do prédio e fiscaliza a conduta dos moradores.

Todavia, por ser da confiança do juiz que o nomeou, ao administrador provisório não cabe prestar contas aos condôminos, e sim à autoridade judicial. Em verdade, é o juiz quem, nesta situação crítica, coman-

2. V., acima, item 7.1.

da a administração geral do edifício, determinando as providências e delimitando o campo de atuação do administrador provisório. Essa administração judicial subsistirá até que os apáticos condôminos (hão de representar uma quarta parte do condomínio) reclamem a realização de assembleia extraordinária destinada à eleição de síndico regular.

Não é, contudo, a omissão da assembleia, ditada pela comodidade egoísta, o fator mais frequente a exigir o preenchimento judicial da administração condominial. A maioria dos casos, ao contrário, identifica no egoísmo, no proveito material, na prepotência ou na mera vaidade pessoal os estímulos que impelem condôminos à prática de atos fraudulentos, como forma de garantir sua eleição, através de assembleias viciadas por insanáveis e vergonhosas irregularidades. Aí, então, ao se pleitear a anulação da eleição (ou da própria assembleia), é recomendável que, por cautela, seja nomeado um *administrador provisório*, até ulterior deslinde da controvérsia.

Não é, afinal, com este mesmo remédio (ainda que mude de nome) que a Justiça combate a omissão e a fraude em todos os níveis?

7.7 *Como destituir síndicos*

[Publicado na *Folha de S. Paulo* em 31.3.1980]

A nova figura do administrador judicial (tema central do artigo publicado na semana anterior)[3] oferece perspectivas de aplicação mais ampla do que a sugerida naquele comentário.

Via de regra, a administração condominial é exercida pela clássica dupla do síndico e da empresa administradora. À luz da idoneidade, a conduta de ambos pode determinar as seguintes situações: ambos são corretos; ambos são incorretos; só o síndico é correto; e só a administradora é correta.

Enquanto a primeira hipótese não reclama qualquer cuidado, por ser merecedora de aplausos, as outras alternativas causam justificada preocupação. Assim, quando se verifica desonestidade por parte da administradora condominial (terceira hipótese), sem dificuldade maior se apresenta sua solução, na medida em que o síndico pode denunciar o

---

3. V., acima, item 7.5.

contrato de prestação de serviços ajustado com essa empresa, substituindo-a, imediatamente, por outra de sua confiança, mediante expressa aprovação de assembleia. E, enquanto essa substituição não se verifica, o próprio síndico deve atender ao estado de emergência, administrando pessoalmente o edifício.

Porém, quando ocorre o inverso (quarta hipótese) a solução se complica. A administradora, ainda que digna, não consegue conferir perfeita tranquilidade ao condomínio por força da subordinação imediata que deve ao comando do ímprobo síndico. Exercendo atuação diretamente condicionada às suas determinações, não tem força própria capaz de impedir as desonestidades que ele praticar. Mas tem o dever de levar ao conhecimento do conselho consultivo as irregularidades que constatar, afastando qualquer presunção de conivência ou de participação nas indignidades cometidas pelo síndico.

Ao conselho, então, é que caberá promover a realização de assembleia-geral extraordinária, mediante convocação por parte de condôminos que representem, no mínimo, a quarta parte dos votos. Nessa assembleia será deliberada a destituição do síndico, que se efetivará pelo voto de 2/3 dos condôminos presentes.

Sobreleva observar que, sendo a administradora da escolha pessoal do síndico, a destituição deste implica automática despedida daquela. A não ser que a assembleia decida manter a administradora, a despeito do afastamento do síndico.

Quando ocorre a pior das situações, produto do conluio indisfarçável da dupla da administração (segunda hipótese), a destituição do síndico deve ser atingida pela mesma forma procedimental, ou seja, através de assembleia-geral extraordinária convocada pela quarta parte dos condôminos. Nessa oportunidade é que fica decidido o destino dos órgãos administrativos, mediante a deliberação indispensável da maioria de 2/3 dos condôminos presentes.

Se nessas assembleias, contudo, não ocorrer a simultânea eleição de novo administrador, há de se impedir que a vida condominial do edifício permaneça acéfala. Frente a tal quadro, qualquer condômino poderá requerer à Justiça a nomeação de *administrador judicial*, que ficará encarregado do exercício da administração. Por recair a nomeação de síndico judicial em pessoa de estrita confiança do juiz, apenas a este (e não ao condomínio) é que deverá prestar contas de seu desempenho. E nessa posição permanecerá até que, por eleição regular, novo síndico seja escolhido e nova administradora profissional seja aprovada pela assembleia dos condôminos.

Deveria a lei exigir (mas não o faz) que a destituição do síndico fosse motivada. Todavia, apenas exige a maioria de 2/3 dos condôminos presentes, com o quê seu desligamento independe de justificação. Talvez para evitar constrangimentos, quer do destituído, quer dos que resolveram despedi-lo.

Enfim, é a poderosa arma da "denúncia vazia" atacando síndicos, com ou sem motivos.

7.8 "Flat service" versus administração de condomínio

[Publicado na Folha de S. Paulo em 2.5.1982]

Aqui mesmo, nesta coluna, já tivemos oportunidade de enfatizar que a Lei de Condomínio contém disposições de ordem pública, isto é, preceitos destinados à preservação da ordem social, em virtude do quê "ficam impermeáveis a qualquer modificação ditada pela vontade particular".[4]

Nesta categoria situa-se a questão da eleição do síndico e do conselho consultivo. A lei, de forma imperativa, determina que tanto aquele como este devem ser necessariamente eleitos. E, desde que se trata de eleição, o único órgão condominial a possibilitar sua realização é a assembleia-geral. Não tem validade, assim, qualquer outra modalidade para alguém ser guindado à posição de síndico ou de membro do conselho consultivo.

O que a lei permite é que a convenção regulamente o modo a ser observado para a eleição, e não a adoção de outra forma para escolha do síndico e do conselho consultivo. Por isso, nula é a nomeação de síndico pelo incorporador, ainda que previamente se tenha acautelado com a *reserva desse direito* quando do registro da incorporação condominial.

Em verdade, não deveria o cartório imobiliário admitir o registro de incorporação cuja minuta de convenção contivesse fórmula de escolha de síndico que desatendesse à receita legal: eleição obrigatória pela assembleia-geral, com mandato máximo de dois anos. Mas, se esse de-

---

4. V., acima, item 3.5.

talhe lhe passou despercebido e permitiu o registro da incorporação, é de se considerar nula de pleno direito a regra da convenção que desrespeita norma de ordem pública.

Esta incontornável objeção legal vem dificultando sobremaneira a implantação de mecanismo jurídico seguro para o controle da administração condominial nos novos empreendimentos condominiais dotados do chamado *flat service*.

É de considerar que este novo tipo de apartamento vem estruturado num esquema opcional (e não compulsório) dos serviços de hotelaria, consistentes, em regra, na limpeza interna das unidades (serviços de camareira), lavanderia, restaurante e, claro, também bar. Para que ocorram perfeitas condições na prestação desses serviços opcionais de hotelaria torna-se necessário não apenas destinar – ainda no projeto de construção – dependências apropriadas à sua instalação (normalmente por empresa especializada), como é de se considerar o custo de sua implantação e sua manutenção operacional. Trata-se, enfim, de investimento de vulto, que reclama, evidentemente, prazo superior a dois anos (prazo legal máximo para a gestão do administrador condominial) para o retorno do capital aplicado.

Considere-se, ainda, que o *flat service* é dirigido no sentido de atender apenas aos próprios apartamentos, mesmo que essa exclusividade não conste, comumente, dos contratos de concessão.

Tudo concorre, pois, para que a empresa encarregada da prestação do *flat service* dependa de prazo bem superior, a garantir o retorno do seu investimento e a incentivá-lo nessa atividade hoteleira, ainda bem nova entre nós. Uma solução que vem sendo emprestada para superar o óbice legal é flagrantemente falha, posto que simplesmente sugere a permanência do síndico, mediante previsão convencional, durante o longo mandato ditatorial de 10 anos.

O *flat service* ainda não permitiu que o Direito detectasse diretamente o fato gerador dessa nova fonte de obrigações condominiais. Trata-se, como se vê, de novo desafio à consagrada versatilidade jurídica pátria.

7.9 Legislação é omissa sobre administração do "flat service"
[Publicado na *Folha de S. Paulo* em 27.6.1982]

Decorridos menos de 20 anos da edição da vigente Lei de Condomínio (Lei 4.591/1964), estamos assistindo a novo acontecimento no mercado imobiliário, tão relevante como foi o surgimento, na década de 1950, da figura do incorporador. Trata-se do *flat service*, também chamado de *apart-hotel*, *suite service*, *flat service resort* e *studium flat service*.

E, assim como na década de 1950 era atípica a atividade do incorporador, até que sua figura foi definida e sua atuação ordenada pela atual Lei de Condomínio, o mesmo vem ocorrendo com o *flat service*, cujo enquadramento na legislação vigente depara com omissões que dificultam a harmonização jurídica dos interesses nele envolvidos: de um lado, o incorporador, que, direta ou indiretamente, instaura e explora (por si ou sucessores) os serviços de hotelaria e, de outro, os condôminos, que deverão se constituir nos principais consumidores desses serviços.

O surgimento do *flat service*, que não é produto de criação tupiniquim (as próprias denominações que lhe são atribuídas identificam sua origem estrangeira), encontra explicação imediata no propósito de se ativar a demanda imobiliária com uma nova oferta: apartamentos com mordomia garantida.

E, se há 30 anos a figura do incorporador apareceu como elemento catalisador de capital – angariado a muitos futuros condôminos – para incentivar a construção de prédios de grandes estruturas, hoje, o *apart--hotel* promete ao comprador uma vida tranquila, na medida em que o libera dos problemas com serviços domésticos, como os de limpeza, alimentação, conservação e segurança.

A crescente receptividade que esse tipo de apartamento encontra no mercado comprador é creditada a dois fatores principais: custo progressivamente elevado da construção e do respectivo terreno e a carência, cada vez mais sentida, de empregados domésticos suficientemente qualificados.

O alto custo da construção é minimizado pela área menor de uso exclusivo da unidade, cada vez mais comprimida, por serem desnecessários o quarto e o banheiro de empregada e reduzida a importância prática da cozinha e da área de serviço. Para suprir essas deficiências os condôminos contam com serviços de mordomia hoteleira instalada no próprio edifício.

É evidente que esses serviços de limpeza, conservação e alimentação são opcionais, pagando o condômino na proporção direta de seu consumo. Assim como quem se hospeda em hotel não é obrigado, geralmente, a usar da lavanderia e do restaurante próprio, quase o mesmo ocorre com o *apart-hotel*, com a diferença marcante de que, neste caso, o custo dos serviços de interesse coletivo (portaria, garagem, segurança, limpeza e conservação de áreas comuns) é atendido, compulsoriamente, através das despesas de condomínio.

Talvez exatamente aí resida o foco capaz de fazer gerar atritos entre condôminos e a empresa prestadora dos serviços hoteleiros, à qual interessa preservar a mais favorável imagem de seus serviços, aproximando-se, quanto mais, dos melhores padrões hoteleiros.

Ocorre, porém, que o custo desses serviços comuns é bem mais elevado do que em edifícios de igual categoria. Basta lembrar que a "portaria" de um prédio comum de apartamentos passa a ser a "recepção" no *apart-hotel*, exatamente por revelar visível diferença na quantidade e na qualidade dos respectivos funcionários. O próprio porteiro de hotel, via de regra, é mais capacitado do que o porteiro de um clássico edifício de apartamentos. O tradicional "zelador" também muda de nome e de credenciais, passando a ser "gerente" ou "gerente-administrativo", com a função básica de garantir a perfeita harmonia dos interesses envolvidos: dos condôminos, de um lado, e da prestadora de serviços, do outro.

Ora, se os desdobramentos que resultam dessa nova espécie de vida em condomínio não forem esclarecidos com suficiente clareza aos interessados, estes poderão, no futuro, se sentir surpreendidos com cobrança de vultuosas despesas. Se assim ocorrer, a situação será bem mais grave, e às vezes até irreversível, do que as eventuais dificuldades de um hóspede de hotel, que pode simplesmente deixá-lo, caso ache o custo insuportável. No *apart-hotel* não é possível adotar comportamento semelhante, pois o condômino tem que responder pelas despesas condominiais, more ou não no edifício. Nesse caso, ele terá como alternativas alugar ou vender seu apartamento.

Em contrapartida, as incorporadoras e as prestadoras de serviços hoteleiros que o servem precisam assegurar a sobrevivência de sua atividade, como ocorre com qualquer empresa comercial. As garantias dessa atuação hoteleira estão sacrificando, em parte, os direitos dos condôminos, na falta de uma legislação específica. Mas, como é sabido, a lei não precede o fato a ser regulado. É este quem provoca seu surgimento, depois de ponderados os interesses em confronto.

No caso da incorporação, a lei demorou aproximadamente 15 anos. Mas agora, com a velocidade cibernética, quanto levará para cuidar do *flat service*?

7.10 Má gestão do síndico e apropriação indébita

[Publicado na *Tribuna do Direito* 232, agosto/2012]

Entre nós sempre mereceu justo acatamento a conceituação de síndico elaborada por Antônio Chaves: o estimado professor do Largo de S. Francisco, ao mesmo tempo em que resistia à ideia de mandato automático de condôminos, explicava que *síndico* "é órgão do condomínio como pessoa jurídica, e não dos proprietários *ut singuli*, dos quais ele não é representante e com os quais não tem relação jurídica".[5] Por isso, alertava que "o síndico não pode agir em nome dos coproprietários", "mas pode agir contra os coproprietários".

Pela mesma razão, cabe ressaltar que os condôminos podem agir contra o síndico, a começar pela sua destituição, "pelo voto da maioria absoluta de seus membros", como é previsto no art. 1.349 do CC, quando "praticar irregularidades, não prestar contas, ou não administrar convenientemente o condomínio".

É exatamente o caso apreciado pela 2ª Câmara de Direito Criminal do TJSP (ACr 0022376-49.2008.8.26.0050), onde se apurou que a síndica recebia pessoalmente as despesas de condomínio, "sem a adoção do respectivo Livro-Caixa, o que impossibilitou a efetiva demonstração acerca dos pagamentos/recebimentos havidos". Constatou-se, ainda, que, "apesar da obrigatoriedade de emissão de notas fiscais, tais documentos eram substituídos por meros recibos". Comprovou-se também que os condôminos preferiam pagar diretamente à síndica "para não arcar com as multas em atraso", além de por vezes dividir em parcelas, sem acrescer os encargos da mora. Comprovou-se também que os funcionários não eram registrados, pelo quê não se verificou o recolhimento dos tributos sociais. "A maioria dos funcionários" recebia seus salários em dinheiro, "mediante vale". Demais disso, resultou da má administração a precariedade do prédio, que "ficou em más condições".

---

5. Antônio Chaves, *Lições de Direito Civil*, vol. 3, "Direito das Coisas", São Paulo, Ed. RT, 1975, p. 267.

Toda essa desorganização administrativa impossibilitou, inclusive, a correta verificação contábil do movimento crédito/débito do caixa condominial (*RT* 916/888).

É óbvio que, sob o foco civil, o exame da conduta da síndica é inexoravelmente reprovável, pela irresponsabilidade apurada na condução dos interesses condominiais. A conduta culposa é nítida o suficiente para alicerçar ressarcimentos por prejuízos acarretados ao condomínio, pouco importando se as perdas e danos beneficiaram pessoalmente a pessoa da síndica. Mas sob o ângulo penal sua conduta muda inteiramente de diagnóstico, na medida em que não se configura o crime de "apropriação indébita", ou seja, o de "apropriar-se de coisa alheia móvel, de quem tem a posse ou a detenção" (art. 168 do CP).

Reconheceu a Câmara Julgadora, prestigiando o voto do Desembargador-Relator, que ocorreu "má gestão administrativa; aliás, péssima gestão". Ponderando, porém, que "há que se diferenciar a má administração, que gera consequências civis, do crime de apropriação indébita". Isto porque, cuidando-se da caracterização do crime de apropriação indébita, indispensável a caracterização do *animus rem sibi habendi*, ou seja, a manifesta intenção de ter a coisa para si. Vale dizer que o componente doloso é indispensável.

Mas, se a investigação do desempenho da síndica apenas revela má gestão, sem a presença do dolo, a apropriação indébita não se caracteriza. É como ensina Rogério Greco: "O delito de apropriação indébita somente pode ser praticado dolosamente, não existindo previsão para a modalidade de natureza culposa".[6] Consagrando essa lição de doutrina, o STJ proclamou que "não configura o crime de apropriação indébita descrito no art. 168 do CP, em razão da ausência do dolo – *animus rem sibi habendi*" (*RT* 882/532).

Noutras palavras: enquanto na seara civil do direito condominial basta a presença da culpa para responsabilizar o síndico, no âmbito do direito penal a conduta culposa não é bastante, por ser indispensável a intenção dolosa de ter para si a coisa, como se fosse o dono.

Esta diferença de tratamento judicial reflete, com clareza, a regra de comportamento social que há de ser observada pelo síndico no exer-

---

6. Rogério Greco, *Comentários ao Código Penal*, vol. 7, Rio de Janeiro, Forense, p. 35.

cício de suas funções. Releva acentuar que a mesma ilicitude, cometida pelo mesmo agente, é analisada por duas normas diferentes. Não se pode olvidar que toda norma é fecundada por um juízo de valor extraído da realidade, marcadamente ético. Por isso mesmo, ela é mutável, ou pela doutrina, ou pela exegese na sua aplicação ou, ainda, pela edição de nova lei. Daí por que Miguel Reale ensina que a norma jurídica não é um modelo lógico definitivo, mas ético-funcional. Por ora, no plano civil-condominial, os danos cometidos pela má gestão são suficientes para a caracterização da culpa, devendo o síndico responder pelos prejuízos causados, convertidos em pecúnia. Contudo, pelo superado Código Penal de 1940 o ingrediente subjetivo da intenção (*animus rem sibi habendi*) ainda resiste à eticidade da conduta exigida do síndico.

Ora, se o juízo de valor da norma jurídica é mutável, lícito é aguardar que a conduta ilícita do síndico seja em breve adequada (ou readequada) a uma realidade mais punitiva e menos contemplativa do nosso direito penal.

7.11 O subsíndico é a "outra pessoa"

[Publicado na *Tribuna do Direito* 233, setembro/2012]

Dizia o revogado art. 22 da Lei 4.591/1964, em seu § 6º: "A convenção poderá prever a eleição de subsíndicos, definindo-lhes atribuições e fixando-lhes o mandato, que não poderá exceder de 2 (dois) anos". A revogação efetivou-se por força da regra preconizada no § 1º do art. 2º da Lei de Introdução às Normas do Direito Brasileiro, em face dos termos dos arts. 1.347 a 1.350 do atual CC.

Com efeito, enquanto o art. 1.347 confere competência à assembleia dos condôminos para escolher o síndico, o artigo seguinte relaciona, em seus nove incisos, as atribuições, destacando-se o § 1º, que dispõe: "Poderá a assembleia investir outra pessoa, em lugar do síndico, em poderes de representação". Cabe observar que no texto reservado à administração do condomínio nenhuma menção há quanto à eleição dos subsíndicos, expressamente referidos na Lei 4.591/1964.

A omissão, aliada à redação turva desse § 1º, dá margem a interpretações variadas, que mais são ditadas pelas preferências pessoais dos exegetas do que pela real intenção do legislador. Por isso, as dúvidas continuam hospedadas nas tentativas da correta compreensão desse dispositivo. Entre os tratadistas que procuraram enfrentar o significado do citado § 1º merece destaque o entendimento de Carlos Roberto Gonçalves: "Tal regra deve ser interpretada no sentido de que a assembleia poderá constituir representante para determinado ato, sem retirar todos os poderes de representação do síndico". Haveria, assim, um desdobramento dos poderes gerais conferidos ao síndico. E, lembrando respeitável lição de João Batista Lopes, ressalta os casos em que, "seja pelo porte do edifício, seja pela complexidade das questões", a assembleia poderá credenciar "outra pessoa", com poderes de representação. Exemplifica: um condômino engenheiro para cuidar de obras; um advogado para resolver questões jurídicas ou um contador para atender à matéria contábil.[7]

Na minha visão, com todo o respeito com que venero os mais doutos, o legislador civil foi infeliz na redação desse § 1º do art. 1.348. Ao enumerar, nesse artigo, as atribuições do síndico, como o fazia o art. 22 da Lei 4.591/1964, substituiu seu § 6º, que facultava a eleição de subsíndicos, pelo referido § 1º, que indica "outra pessoa". Vale dizer: "outra pessoa, em lugar do síndico", nada mais é do que nova e infeliz denominação dos anteriores "subsíndicos". Diante desse cenário, cabe distinguir se o próprio síndico sente dificuldades no correto atendimento de alguma função, ou se a iniciativa é do condomínio e resolve reduzir suas atribuições. Na primeira hipótese tratar-se-ia de desdobramento de poderes; na segunda, de perda de confiança. O síndico veria esfacelada sua autoridade administrativa ao ser atingido pela ofensa pública da *capitis deminutio*. Neste ponto ouso me afastar de Cláudio Antônio Soares Levada, ao sustentar: "Como falta na lei motivação para o ato, tem-se inexistir nessa hipótese uma substituição punitiva (...)". Aplaudo, porém, a observação de que, "havendo muito mais uma designação similar ao que antes eram denominados subsíndicos (...)".[8]

Ocorre que a representação do condomínio pelo síndico é incindível, como expressa o inciso II do art. 1.348 do CC: "representar, ativa e passivamente, o condomínio, praticando, em juízo ou fora dele, os atos

7. Carlos Roberto Gonçalves, *Direito Civil Brasileiro*, vol. V, São Paulo, Saraiva, p. 392.
8. Cláudio Antônio Soares Levada, "O síndico nos condomínios edilícios", in José Roberto Neves Amorim e Francisco Antônio Casconi (coords.), *Condomínio Edilício – Aspectos Relevantes*, São Paulo, Método, 2005, p. 61.

necessários à defesa dos interesses comuns". Não há aqui qualquer ressalva no atinente à eventual representação por parte da "outra pessoa", como, antes, vinha previsto no § 1º, "a", do art. 22 da Lei 4.591/1964: "(...) nos limites das atribuições conferidas por esta lei ou pela convenção". Significaria, então, que agora seria vedada a previsão, pela convenção, da eleição de subsíndico? Noutras palavras: esta figura teria deixado de existir? A resposta é: claro que não. Não há proibição legal.

Por primeiro, há de se levar em linha de conta a grandeza do condomínio, ou seja, se se compõe de um só bloco ou de vários, formando os chamados supercondomínios. Se o condomínio se restringe a um só bloco, é de se admitir que o síndico ostenta condições para o perfeito desempenho de sua administração. Neste caso, o subsíndico, também eleito pela assembleia, substitui o síndico em todos os seus poderes de administração nas hipóteses de ausência ou de impedimento temporário, se assim ficou expressamente previsto na convenção. Mas se o condomínio se compõe de vários blocos pode a convenção prever a eleição de subsíndicos para gerenciar, isoladamente, cada um dos blocos. E cada um deles responde diretamente à assembleia pelos atos que pratica, e não ao síndico. Ainda assim, como alertava Nascimento Franco, considerando que o síndico é o administrador geral, hierarquicamente superior aos subsíndicos, subsiste nele a responsabilidade pela administração do conjunto das edificações. Por isso, pode vetar determinações de seus subordinados.

Contudo, outro é o panorama que parece ter sido instituído pelo § 1º do art. 1.348 do CC: na falta de previsão da convenção, a própria assembleia que eleger o síndico poderá também "investir outra pessoa, em lugar do síndico, em poderes de representação", com a manifesta concordância do síndico. É outra suposição. Certeza, mesmo, é ignorar, como vem sendo ignorado, este confuso § 1º e fazer com que a convenção, quando elaborada após a vigência do Código Civil, continue prevendo a eleição de subsíndico, um ou mais, atribuindo-lhe os poderes de representação: (a) será total e provisória quando a substituição for efêmera, por ausência ou impedimentos ocasionais do síndico; e (b) será parcial e permanente quando se cuida de supercondomínios, com vários blocos, que reclamam administração independente.

Em suma, não há, na realidade, "outra pessoa". Há, sim, subsíndico.

Capítulo 8
Garagem do Edifício em Condomínio

8.1 Garagem coletiva é do condomínio. 8.2 Falta de vagas em garagem coletiva. 8.3 Sorteio periódico de vagas ("venire contra factum proprium"). 8.4 Estacionamento em área de manobra. 8.5 Nada impede livre acesso à garagem. 8.6 As manobras do manobrista na garagem coletiva. 8.7 A locação de boxes gera divergências. 8.8 Locações de boxes. Novos problemas. 8.9 A missão impossível de se alienar vaga sem fração ideal autônoma. 8.10 Uso definitivo de vaga em garagem coletiva. 8.11 As vagas da garagem e a legislação reguladora.

8.1 Garagem coletiva é do condomínio
[Publicado na *Folha de S. Paulo* em 21.3.1982]

Antes do advento da atual Lei de Condomínio, editada em 1964, vigorou o despretensioso Decreto 5.481, de 2.6.1928, onde, entre suas numerosas omissões, também apresentava a relativa às vagas de garagem. Nada era previsto a esse respeito, fazendo com que a matéria ficasse inteiramente dependente da vontade dos condôminos (ou apenas do incorporador, que nem assim era denominado). Numa palavra: ficava tudo subordinado à convenção, que, evidentemente, também era omissa.

Naqueles tempos a propriedade de um automóvel não conferia, necessariamente, *status* social. Mais tarde, quando os meios de transporte coletivo deixaram de atender à dinâmica da locomoção rápida, o prestígio do automóvel (e dos seus proprietários) se tornou mais acentuado, acabando por ficar definitivamente consagrado com a vitoriosa indústria automobilística nacional.

O espaço de estacionamento começou, progressivamente, a faltar na rua, e a busca de novas soluções de aproveitamento passou a ser preocupação crescente. Uma delas foi o melhor aproveitamento de áreas e superfícies antes ociosas.

Pois bem. Um morador de vetusto prédio de apartamentos cujo condomínio fora instituído pelo antigo e revogado decreto de 1928 era proprietário de um apartamento, informando sua escritura que ainda lhe correspondia "uma só vaga na garagem". Mas a convenção não dizia quantas vagas tinha a garagem do prédio, muito embora perfeitamente apta a acomodar 12 carros de passeio. E, ainda que o edifício fosse constituído de 21 apartamentos, somente aquele condômino era titular de "uma vaga na garagem". Ninguém mais.

Por isso, durante muitos e muitos anos esse condômino privilegiado, e apenas ele, se utilizava dessa imensa garagem, que servia para guarda de seu automóvel. Como a sobra de espaço era gritante, resolveu tirar proveito. A título de locação, passou a explorar o restante da área, ali acomodando mais 11 automóveis, pertencentes, na quase totalidade, a condôminos do prédio, mediante aluguéis vantajosos.

Um dia, porém, os condôminos-inquilinos desconfiaram, já na vigência da atual Lei de Condomínio, de que a garagem do prédio não constituía unidade privativa do comunheiro locador. Se é certo que em suas respectivas escrituras de aquisição nenhuma referência havia no atinente à garagem, também era inegável que na escritura do privilegiado condômino não havia a individualização da garagem, nem a indicação de medidas ou de fração específica no terreno. O fato é que não se podia negar que a área da garagem tinha capacidade para abrigar mais de um carro, a ponto de destinar à locação o espaço destinado a mais 11 automóveis.

Reclamada definição à Justiça, considerou ela que a escritura do condômino-locador falava apenas de uma única vaga, ao passo que a garagem comportava 12. Ora, se o título de sua aquisição lhe conferia o direito de uso de "uma só vaga na garagem", segue-se que as demais vagas, não vendidas, "pertencem ao condomínio" (publicado na *Tribuna da Justiça* 834, p. 6.738, em 20.2.1982), a quem cabe, portanto, regulamentar a utilização dessa área comum.

E, assim, um longo reinado de ampla garagem chegou ao fim, graças ao desenvolvimento de nossa indústria de automóveis.

8.2 *Falta de vagas em garagem coletiva*

[Publicado na *Folha de S. Paulo* em 16.3.1981]

Permite a Lei de Condomínio que as vagas na garagem coletiva de um edifício sejam tratadas de duas formas distintas: como vinculadas às respectivas unidades (hipótese em que o direito de estacionamento não corresponde à fração ideal específica do terreno) e como verdadeiras unidades autônomas. Neste último caso, além de participação ideal própria no terreno do prédio, devem as vagas ter sua localização perfeitamente demarcada, passando cada espaço a ser identificado por um número. Não é só: devem os espaços merecer perfeita descrição, mediante indicação de área (privativa e comum), localização e confrontação, exatamente como se faz com os lotes de terrenos dentro de uma quadra.

Pela simples análise desses dois tipos de vagas, fácil é concluir que a primeira categoria considera toda a extensão da garagem coletiva como área comum, de propriedade, pois, de todos os condôminos, ao passo que na segunda espécie cada vaga representa uma unidade distinta, por constituir propriedade privativa e de uso exclusivo. Vale dizer que no primeiro caso o espaço na garagem é considerado como acessório do apartamento, enquanto no segundo é criada verdadeira unidade autônoma, e, portanto, desvinculada do apartamento.

Na hipótese primeira nenhum condômino tem exclusiva propriedade sobre determinada vaga, já que essas características essenciais evidenciam as vagas de propriedade singular.

Essa distinção tem merecido pelo 1º TACivSP especial cuidado, notadamente nas demandas dirigidas contra os incorporadores, sempre quando a garagem coletiva não confirma o número de vagas prenunciado na incorporação. Explica ser "evidente que lesado não será exatamente cada um dos condôminos, uma vez que difícil seria se conciliassem em torno dos 10 que utilizariam as vagas, sem que se pudesse afirmar com segurança quais aqueles que teriam sido na situação concreta prejudicados, de tal forma que lhes fosse viável a propositura da ação" (ACi 256, rel. Juiz Luiz Tavares, *RT* 540/118).

Em outras palavras: não havendo como identificar o condômino diretamente lesado pela falta cometida, resulta evidente que a lesão é de todos os condôminos, ou seja, do próprio condomínio, na medida em que se trata de área comum. Daí não ser "necessária a presença de cada um e de todos os condôminos na ação, bastando a representação deles pelo condomínio". Deve, assim, a entidade condominial ser admitida como parte legítima para pleitear indenização por falta de vagas em garagem coletiva, posto que se propõe a "defender interesses comuns em que avulta o aspecto de proprietário coletivo". Não assim, todavia, quando as garagens constituem unidades condominiais autônomas, cujas deficiências só podem ser reclamadas pelos seus respectivos proprietários (exclusivos). Vale registrar que nesta última espécie a identificação do prejudicado é clara e inequívoca. De conseguinte, ao prejudicado comunheiro é que cabe o direito de demandar a indenização pelo prejuízo causado à sua exclusiva unidade.

Se este problema pode parecer ter ressonância apenas como formalidade meramente processual, de intensa repercussão se apresenta quando a incorporadora alega em sua defesa que cada um dos condôminos lhe conferiu, isoladamente, quitação no tocante à construção feita. Há pouco, onde esta matéria foi debatida, concluiu a decisão judicial que as quitações individuais dos comunheiros não tinham o efeito de conferir plena eficácia, em face da natureza coletiva da obrigação assumida pelo incorporador.

De fato, que valor efetivo pode decorrer da declaração de um condômino que afirma, previamente, estar satisfeito com a garagem coletiva, se desconhece sua capacidade de poder acomodar todos os automóveis garantidos pela incorporação condominial? Observe-se que a constatação do exato cumprimento desta obrigação só se verifica com a utilização plena da garagem, o que só acontece depois das quitações. E só então a fraude é descoberta. É só então o condomínio constata ter sido lesado. Só então a Justiça se pronuncia. É só então se percebe que este problema poderia ter sido oportunamente detectado pela polícia administrativa da Prefeitura. Mas onde está a polícia?

8.3 Sorteio periódico de vagas (venire contra factum proprium)

[Publicado na *Tribuna do Direito* 160, agosto/2006]

A garagem coletiva sempre foi palco de atritos. É lá que se encontram amiúde os condôminos. É lá que colidem frequentemente seus interesses. A intensidade desses conflitos mostra-se progressiva, refletindo o desenvolvimento da indústria automobilística. Os edifícios de apartamentos construídos nas últimas décadas não acompanharam a crescente aquisição de veículos pelos condôminos. Resultou desse descompasso a deficiência de áreas de estacionamento. Se antes era luxo ter um só automóvel, passar a ter dois ou mais tornou-se, quando não exibicionismo de *status* social, meio de transporte confortável e seguro.

A agravar a deficiência de espaços na garagem, vale observar que nem todas as vagas oferecem igual facilidade de estacionamento. É que os criativos arquitetos insistem em "plantar" os pilares em locais que exigem magistrais manobras. Por serem desiguais as vagas, mas perfeitamente iguais os direitos dos condôminos no atinente à utilização das áreas comuns do edifício, tornou-se de bom alvitre a adoção do critério do "sorteio periódico". A sorte substitui a imperfeição técnica da construção. E a periodicidade atende à igualdade condominial.

O sorteio também substitui a figura do manobrista, produto de "manobra" astuta do incorporador sagaz. Se o manobrista soluciona o problema do empreendedor, acarreta ônus ao condomínio, no ter que empregar mais funcionários para viabilizar melhor proveito da deficiente garagem. Daí o surgimento do "sorteio periódico", consagrado por deliberação assemblear e programado para ser repetido dentro de um ou dois anos.

Ocorre que a sabedoria popular ensina que até com coisa ruim a gente se acostuma. A utilização constante do espaço ruim aprimora o desempenho manobrista de seu usuário. Em poucos dias ele se acostuma, e sente a tranquilidade do uso exclusivo da vaga, que não deixa de ser área comum. Ao vencer o período previsto no sorteio, o sentimento de "dono" exclusivo do espaço rejeita novo sorteio. Todos os condôminos têm igual pensamento. E, aí, a distribuição das vagas, consignada em ata aprovada, se perpetua, e começa a cristalização do fenômeno da "posse exclusiva de área comum".

Recentemente a 4ª Câmara de Direito Privado do TJSP teve que enfrentar pleito de um condômino que, decorridos 20 anos do sorteio, pretendia a declaração de ineficácia desse critério. Propugnou pela fiel obediência ao estabelecido na convenção, ou seja, que os espaços da garagem fossem ocupados em "ordem de chegada" dos condôminos, não mais prevalecendo a reserva de uso exclusivo ditada pelo sorteio, com o qual o próprio querelante sempre concordara. Motivos para o retorno da regra convencional e da legislação aplicável não convenceram a maioria dos julgadores, quer em sede de apelação, quer em posteriores embargos infringentes (EI 304.405-4/3-02).

O fundamento nuclear adotado para o desacolhimento da tese do "retorno ao *statu quo ante*" lembrou o instituto identificado na literatura jurídica universal pela expressão *venire contra factum proprium*, ou seja, a renúncia tácita a um direito que é manifestada pelo renunciante e aceita pelos outros interessados com boa-fé objetiva (a *suppressio*). O rigor científico de Pontes de Miranda afirma que não se trata de "renúncia", mas, sim, de "escolha": "Introduzir, aí, o conceito de renúncia é confundir o ato de escolha com o negócio jurídico unilateral, que se tem na renúncia". Isto porque a restituição do que se recebeu "é eficácia da ação de resolução", e não da "ação para obter inadimplemento".[1]

No caso julgado, ao que se sabe, a "restituição" do direito anterior buscou invalidar a deliberação assemblear de mais de 20 anos. O STJ, em caso análogo, invocou o princípio da boa-fé (*suppressio*) para preservar o exercício da posse de área destinada a corredor que somente dava acesso a única unidade: "Consolidada a situação há mais de 20 anos sobre área não indispensável à existência do condomínio, é de ser mantido o *statu quo*" (REsp 214.580, rel. Min. Ruy Rosado de Aguiar), repisando pensamento adotado no julgamento do REsp 0042.832-3, em 1999, lembrado pelo Des. Francisco Loureiro ao relatar o acórdão dos mencionados embargos infringentes, em confirmação do voto majoritário do Des. Ênio Zuliani. Exatamente nesse sentido o STJ se manifestou ao apreciar o prolongado uso de área comum pelos proprietários de duas unidades condominiais há mais de 30 anos. Asseverou: "Tal situação deve ser mantida por aplicação do princípio da boa-fé objetiva" (REsp 356.821, rela. Min. Nanci Andrighi). "Mostra-se, assim, evidente que a consagração da *suppressio* tem lugar quando presentes, além da boa-fé, os fatores do tempo de uso e da necessidade da retomada da área" (STJ, REsp 325.870-RJ, rel. Min. Humberto Gomes de Barros).

Confirma-se, assim, a lição de Carvalho de Mendonça ao alertar para o cuidado da estipulação de cláusulas contratuais a respeito das quais, *mais tarde*, os próprios contratantes têm dúvidas sobre sua pertinência.[2] Daí ser sábia a recomendação doutrinária no sentido de que "a melhor interpretação de um contrato é a conduta das partes, o modo pelo qual elas o vinham executando anteriormente, de comum acordo".[3] E não a letra gelada de uma convenção condominial, cujo teor é mecanicamente copiado de outros instrumentos, e não pensado e instituído, *sob medida*, ao condomínio edilício.

1. Pontes de Miranda, *Tratado de Direito Privado*, t. 25, § 3.094, p. 389.
2. J. X. Carvalho de Mendonça, *Obrigações*, 2º vol., n. 604, p. 274.
3. Washington de Barros Monteiro, *Curso de Direito Civil*, 2º vol., "Direito das Obrigações", São Paulo, Saraiva, 1956, p. 39.

8.4 Estacionamento em área de manobra

[Publicado na *Folha de S. Paulo* em 16.5.1982]

Geralmente todas as controvérsias que versam sobre vagas de garagem apresentam a característica comum da falta de espaços suficientes ao estacionamento ou deficientes à manobra. A ilusão inicial (induzida pelo desenho da planta do incorporador) que assegura, teoricamente, perfeitas condições de utilização da garagem somente se desfaz por ocasião da entrega do prédio. É quando se passa a usar a garagem. E a alternativa que resta, consistente no emprego de manobrista, contém inafastáveis inconvenientes.

Se problemas surgem quando o desleal incorporador iludiu os condôminos, entregando espaço menor ou menor número de espaços ao perfeito estacionamento, a situação inversa – isto é, a existência de vagas amplas e de área abundante de manobra – não deveria gerar desentendimentos. Mas os homens e a sociedade que formam têm um arsenal de manhas e artifícios tão inesgotável, que não há legislação capaz de prever tanta versatilidade.

Assim, se a garagem do edifício foi projetada para acolher apenas dois automóveis de cada condômino (sem emprego de manobrista), acham alguns condôminos, em homenagem ao decantado pragmatismo, de querer explorar as áreas de manobras, mediante a locação de novos espaços, a serem ocupados, necessariamente, com auxílio de manobrista. A vantagem, à primeira vista, é convidativa: não só os aluguéis dos novos espaços (localizados em áreas de manobra) servirão ao caixa condominial, para cobrir os salários dos manobristas, como a garagem do edifício passará a ter guarda pessoal, direta e permanente.

Em contrapartida, porém, uma vez alcançado o indispensável consentimento unânime, por ser alterada a utilização da área de propriedade coletiva (a área de manobra passa a ser destinada também ao estacionamento), há de se atentar a que: (a) a presença indispensável, durante as 24 horas do dia, de manobrista – o que nem sempre pode ocorrer, em razão de ausências forçadas, por doença ou férias; (b) o condomínio, como coletividade, responde pelos danos ocasionados aos veículos pelos manobristas; (c) o condomínio responde, ainda, pelos eventuais furtos dos veículos, já que, necessariamente, os manobristas acumulam a função de guardas.

Contudo, não se pode negar que esse esquema possibilitou maior aproveitamento da garagem, atendendo eficazmente à comodidade e à segurança de condôminos interessados. Seus carros, sem esse estratagema, ficariam simplesmente estacionados na via pública ou em qualquer outra garagem distante do prédio.

Resta evidenciado, assim, que a vantagem não é propriamente do condomínio, mas dos proprietários de automóveis, em maior número. Consequentemente, a estes, e não àquele, cabe suportar os riscos desnecessários da mescla do uso da área comum, fazendo com que respondam, com exclusividade, pelos eventuais danos ou furtos que surgirem da alteração introduzida em área comum.

É compreensível que todo mundo queira levar vantagem; não, porém, à custa de seus parceiros condominiais.

8.5 Nada impede livre acesso à garagem

[Publicado na *Folha de S. Paulo* em 25.7.1982]

Quando a Lei de Condomínio diz que a convenção deverá indicar "o modo de usar as coisas e serviços comuns" (art. 9º, § 3º, "c", da Lei 4.591/1964), é preciso conciliar esta regra de conduta com a limitação imposta pela lei no sentido de que a ninguém é dado "embaraçar o uso das partes comuns" (art. 10, IV).

Com este critério torna-se possível esclarecer ao leitor que quer saber se através da porta da garagem pode ser obstada, por ordem do síndico, a passagem, a pé, de condôminos. Esclarece ainda o interessado que a convenção não prevê essa restrição. Pondera, então: "Se o condômino pode sair e entrar de automóvel, por que não pode fazê-lo a pé?".

Não temos notícia de convenção condominial que descesse à minúcia de vedar expressamente a transposição a pé da porta da garagem. Ou da obrigação de apenas entrar na garagem de automóvel. É que consignar o óbvio e o inequívoco, mesmo em convenção, não constitui manifestação digna de merecer louvores. Vale dizer que nada influi ou pode influir na existência de regra expressa que regulamente o ingresso ou a saída do edifico a pé através da garagem.

Este caso pouco difere de outro que tivemos a oportunidade de comentar, aqui mesmo nesta *Folha*, em maio deste ano. Por isso, vale para este a lição daquele, que mereceu julgamento do STF. Alertou, então, o Min. Soares Muñoz que se deve distinguir "entre fixar o modo de usar as coisas comuns e impedir o seu uso".

Naquela controvérsia o Tribunal considerou que a interdição de uma porta, impedindo o uso do elevador de serviço pelo pavimento térreo, "equivale, praticamente à inutilização da porta em questão para os condôminos", ainda que o porteiro abrisse a porta aos condôminos, sempre que solicitado. O Tribunal Supremo qualificou esse expediente de "vexatório", asseverando que a deliberação do síndico não se ateve "ao modo de usar essa porta, decidiu que ela não seria usada".

Se a entrada na garagem a pé vem merecendo a preferência de condôminos, cabe indagar se essa utilização acarreta prejuízo aos demais condôminos.

A resposta que se impõe é no sentido negativo. Até sob o aspecto da segurança há de se repelir a alegação de prejuízo. Se o controle da portaria é considerado perfeito para autorizar o ingresso de condôminos quando entram de carro, também pode exercer fiscalização dos condôminos que entram a pé.

Não deixa, assim, de representar inadmissível embaraço ao uso da coisa comum a determinação que proíbe os condôminos de atravessarem a pé a porta da garagem. Nem pode valer o argumento de que essa porta foi projetada, instalada e utilizada para possibilitar o trânsito de automóveis, e não de "condôminos-andadores". Mas certamente a convenção não deverá ter previsto que bicicletas devam ingressar pela entrada social ou por qualquer outro acesso.

A ilegitimidade da determinação do síndico nem poderá ser "legalizada" por assembleia dos condôminos, pois jamais se alcançará a indispensável unanimidade, uma vez que os condôminos que preferem a entrada da garagem não apoiarão a restrição imposta pela administração. E se a proibição já constasse expressamente da convenção seria igualmente ilegítima, passível de remoção do estatuto condominial, na medida em que impede o uso da coisa comum sem razão justificadora do prejuízo.

Mas se um síndico "durão" achar de impor obediência física à arbitrária proibição, sua autoridade poderá ser oposta à da força policial, da qual se espera – sem otimismo – a virtude de discernir o constrangimento ilegal que atenta contra os "condôminos-passeadores".

8.6 As manobras do manobrista na garagem coletiva

[Publicado na *Folha de S. Paulo* em 3.3.1980]

Se o manobrista, como empregado do edifício, ocasionar algum dano ao automóvel dentro da garagem, de quem é a culpa? Dizem os tribunais que a culpa é do condomínio. E se o acidente ocorrer fora da garagem, por ter sido dali retirado o automóvel sem o consentimento do proprietário? A responsabilidade continua sendo do condomínio, mesmo que o episódio ocorra em hora de folga do funcionário. Com maior razão ainda se os danos forem provocados por faxineiros, porteiros ou vigias.

A obrigação de indenizar é explicada, principalmente, pela circunstância de o condomínio ser o patrão desses empregados que geraram, por ação ou omissão, prejuízos a terceiros (condôminos ou não). Resultam daí dois deveres primordiais que se impõem à administração condominial: o primeiro consiste em admitir pessoas realmente capazes ao perfeito domínio da função de manobrar carros; e o segundo, no vigiar o exato desempenho de seus empregados, de sorte a evitar qualquer lesão aos automóveis, cuja guarda cabe ao condomínio.

Acontece que a necessidade de manobrar os carros é sintoma geral de quase todos os prédios. Tem origem na conhecida "manobra" comercial dos empreendedores condominiais, que fazem da garagem mero acessório do apartamento, e não dependência de uso exclusivo. É que, por falta de previsão de espaço apropriado, torna-se impossível a implantação de vagas privativas (boxes) e, consequentemente, merecedoras de seu enquadramento como unidades autônomas.

Impelidos pela necessidade, por um lado, de atender à capacidade mínima de estacionamento, em obediência às exigências dos regulamentos administrativos, e, por outro lado, estimulados pela vantagem comercial decorrente de dotar os prédios com a viabilidade (nem sempre confirmada) de guarda de maior número de carros, socorrem-se os incorporadores da mágica solução de *manobrista*. Desta forma podem vender, por exemplo, 50 vagas *com manobrista*, em vez de 30 *sem manobrista*.

É de se reconhecer, contudo, que o milagroso remédio de *vagas com manobrista* tem integral respaldo da Lei de Condomínio, na medida em que a questão é analisada como "direito à guarda de veículos".

Tratou-se, pois, como *direito*, e não como *coisa corpórea*, isto é, como área física determinada, de uso exclusivo, exatamente como são os boxes. Ora, se o "direito à guarda" não é coisa material, como o boxe, seu exercício se verifica em qualquer parte da garagem destinada ao estacionamento, ou seja, em espaços indeterminados, mediante a indispensável atuação do *manobrista*. Logo, se o funcionário falta ao dever primário de guarda, por omissão ou negligência, responde o condomínio, seu patrão, pelos prejuízos daí decorrentes.

Diante dessa situação, é de se reconhecer que a lei federal conferiu tratamento impróprio. Desde sua edição, em 1964, o legislador não anteviu o surto social (e industrial) do automóvel nacional. Não previu – e por isso não regulamentou adequadamente – o exercício do "direito à guarda de veículos", com ou sem *manobrista*. Também não se preocupou com as dimensões dos veículos, cujo formato não é padronizado. E hoje os condôminos são os legatários compulsórios dessa imprevisão legal.[4]

8.7 A locação de boxes gera divergências

[Publicado na *Folha de S. Paulo* em 5.10.1981]

A disposição legal que veda a transferência do "direito à guarda de veículos nas garagens" a pessoas estranhas ao condomínio tem dado margem (e com razão) às mais desencontradas interpretações. A fonte de divergência não reside nos tribunais, e sim na imperfeição do texto legal, gerado pela tecnocracia legislativa que imperou na década de 1960.

Basta atentar para a questão da locação de vagas nas garagens dos edifícios, levando-se em conta que nem todas as vagas são, como diz a lei, "direito à guarda de veículos". Se a garagem é do tipo *coletivo*, isto é, toda sua área é de natureza comum, não existe espaço de propriedade exclusiva. O que existe, apenas para o efeito de disciplinar o estacionamento dos automóveis, é a indicação de locais, geralmente por meio de faixas pintadas. Neste caso, à vaga da garagem não corresponde fração

---

4. Esta questão teve ressonância no Código Civil de 2002, que se limitou a identificar como propriedades exclusivas os "abrigos para veículos com as respectivas frações ideais no solo" (cf. art. 1.331, § 1º) e instituir o direito de preferência na hipótese de locação da "área no abrigo para veículos" (cf. art. 1.338) – prelação, essa, que também prevalece para a hipótese de alienação desse boxe, por constituir unidade condominial.

ideal própria do terreno, por se tratar de área acessória do imóvel principal, que é o apartamento. Tem-se, aí, a espécie que a lei chama de "direito à guarda de veículos", já que a vaga, em si mesma, não chega a se constituir numa unidade autônoma, integrante do condomínio.

Se a vaga na garagem tem parte ideal própria no terreno do edifício, é perfeitamente demarcada (como se faz com um terreno), por vezes até com muro de alvenaria, e identificada por números ou letras, verifica-se, então, o que se abrasileirou chamar de *boxe*. A garagem, nesta hipótese, constitui unidade condominial autônoma, independente do apartamento. Tem registro próprio no cartório imobiliário e merece, inclusive, tributação específica do imposto predial.

É verdade que, por determinação legal, a garagem, ainda que tenha fração ideal própria, deverá ser vinculada à unidade habitacional a que corresponder. Mas ainda assim é inegável que esse tipo de garagem não se pode denominar de "direito à guarda de veículo". Esta figura se extingue, para dar lugar a outra, consistente numa propriedade completamente autônoma, pelo desaparecimento da dependência da unidade habitacional. Não mais se trata de uma dependência acessória do apartamento, mas, sim, de uma unidade juridicamente independente, ainda que, umbilicalmente, vinculada à "unidade habitacional a que corresponder".

Não há dúvida, pois, de que no lugar do mero "direito à guarda" surge uma propriedade exclusiva, tão autônoma quanto o próprio apartamento. Se assim é, verifica-se inegável colisão entre a o "direito à guarda" com a restrição de ser "vedada sua transferência a pessoas estranhas ao condomínio". Em outras palavras: quais a natureza e a dimensão que se deve atribuir a essa transferência? Transferir direito à guarda de veículos a pessoas estranhas teria o alcance de impedir a locação do boxe da garagem? Ou o legislador-tecnocrata apenas pretendeu obstar à alienação a estranhos das garagens desacompanhadas dos apartamentos?

Se a restrição da venda dos boxes (ainda que vinculados aos apartamentos) apenas se dirige a estranhos ao condomínio, segue-se que a proibição da venda isolada desses boxes não alcança os demais condôminos. Logo, uma vez realizada a venda, o boxe se desvincula do apartamento, para ser agregar a outro apartamento do novo adquirente. Será que exatamente isto foi o que pretendeu o legislador-tecnocrata da década de 1960?

Tenha-se presente que, no tocante à garagem não constituída em unidade autônoma (quando não passa de mero acessório do apartamento), impossível é sua transferência ou alienação, mesmo a outro condômino. Trata-se de bem inseparável do principal (apartamento). Se assim é, totalmente inócua, para esta espécie de garagem, a restrição legal.

De outra parte, vale registrar que a proibição legal de alugar os boxes a estranhos vem sendo interpretada como inadmissível restrição ao direito de propriedade, que tem proteção constitucional.

A imperfeição do texto legal lembra a sábia observação de que as questões geralmente não são complicadas. Complicados são os homens, notadamente quando se trata de tecnocratas que legislam.

8.8 *Locações de boxes. Novos problemas*
[Publicado na *Folha de S. Paulo* em 19.10.981]

O artigo publicado neste jornal que comentou a questão da locação de boxes parece ter despertado numerosas dúvidas. É o que depreendemos das consultas que nos foram dirigidas. Questionamos nessa oportunidade, em face do defeituoso dispositivo legal que veda a transferência a pessoas estranhas ao condomínio do "direito à guarda de veículos nas garagens", se esta transferência teria o alcance de impedir a locação do boxe na garagem.

A resposta não pode ser muito precisa. Depende, fundamentalmente, do tipo de garagem e da convenção de condomínio. Se a garagem for *coletiva*, a vaga traduz o que a lei chama de "direito à guarda de veículos", Mas, se o espaço é delimitado e de uso exclusivo, tendo fração ideal própria no terreno, tem-se uma perfeita unidade autônoma, como é o apartamento.

Sobreleva considerar que a tendência nos tribunais é manifesta no sentido de que a expressão legal "transferência a pessoas estranhas ao condomínio" diz respeito, unicamente, à alienação de garagem. Não objetivou impedir a locação da garagem. Mas, se a convenção condominial o impedir, como é que fica a proibição, uma vez que a convenção possui força normativa, de obrigatória obediência pelos condôminos?

A orientação que vem sendo adotada pelos tribunais diz que, tratando-se de garagem coletiva, onde apenas ocorre *direito à guarda*, não há como alugar a garagem, por inexistir espaço próprio, de uso exclusivo. E, ainda que tenha sido determinado o espaço para uso exclusivo, a proibição condominial deve prevalecer, por não se tratar de área de propriedade privativa. A determinação do local do estacionamento apenas regula a utilização da garagem coletiva, não fazendo nascer, só por isso, uma unidade condominial autônoma.

Mas quando se trata de autêntica unidade autônoma, como o boxe, a restrição da convenção condominial é de nenhuma valia, como se não existisse. Proibir a locação de boxe mesmo quando vinculado a apartamento seria limitar o direito de propriedade, de proteção constitucional. Seria restringir o uso e a fruição assegurados pelo art. 19 da Lei de Condomínio, sem que daí derivasse qualquer "dano ou incômodo aos demais condôminos". O absurdo dessa limitação seria de tal ordem como se proibisse alugar o próprio apartamento ou alguns de seus cômodos a pessoas estranhas do condomínio, conforme enfatizou o antigo TJGB. Ou como se vedasse a locação de boxes de edifício exclusivamente de garagens.[5]

5. O CC de 2002 cuidou da matéria no art. 1.338: "Resolvendo o condômino alugar área no abrigo para veículos, preferir-se-á, em condições iguais, qualquer dos condôminos a estranhos, e, entre todos, os possuidores". Desse preceito se extraem duas relevantes questões: o direito de preferência dos condôminos e a possibilidade de o espaço da garagem vir a ser alugado a estranhos. A expressão "área de abrigo para veículos" deve ser entendida como *vaga de garagem* ou *boxe*, à qual corresponde fração ideal no terreno, com matrícula imobiliária própria. Não se trata, nesse dispositivo, de vaga indeterminada na garagem, desprovida de matrícula. Cumpre considerar que a convenção condominial pode, eventualmente, impedir a locação da vaga da garagem a estranhos ao edifício, contrariando a permissão legal. Neste caso, o conflito instaura dois confrontos: o direito de propriedade, de proteção constitucional, e o comando convencional, de caráter normativo, aceito pelo condômino. A jurisprudência ainda não teve oportunidade de firmar entendimento definitivo, como se vê do acórdão da 6ª Câmara de Direito Privado do TJSP, da lavra do Des. Sebastião Carlos Garcia, estampado na *JTJ*-Lex 291/415, do qual se destaca: "(...) a despeito das disposições dos arts. 1.331, § 1º, e 1.338 do atual CC, há que se considerar, no caso *sub judice*, a existência de norma constante da convenção condominial determinando que a utilização de vagas de garagem será restrita 'exclusivamente aos condôminos ou moradores do edifício'. Ressalte-se, a propósito, que a recusa do condômino em permitir a utilização almejada pela agravante está embasada nas disposições da convenção condominial, cuja eventual declaração de nulidade ou insubsistência constitui o pressuposto lógico-jurídico para o acolhimento da pretensão deduzida na inicial. Antes de tal conhecimento judicial da derrogação dos dispositivos da convenção de condomínio não há como afirmar a verossimilhança das alegações da agravante". A

De fato, se o boxe, como propriedade exclusiva, pode ser alugado em seu todo, também o pode em partes, se assim permitir a convenção ou for omissa. Tenha-se em conta que ainda vivemos a era do automóvel, e começamos a assistir à da motocicleta, como opção subsidiária mais econômica (e muito mais intrepidamente esportiva) do novo sistema de transporte. Pode-se, pois, facilmente prever que quanto às amplas vagas das garagens (capazes de acomodar vastos "Landaus" e "Dodges"), com a redução dimensional dos automóveis, sobrará espaço para abrigar no mesmo boxe mais outro veículo: a motocicleta.

É fácil, pois vislumbrar a aproximação de novos problemas, gerados por novos estilos de vida, que a lei jamais pode prever. E não há como evitar essas novas questões. Aliás, se não surgissem, a Ciência do Direito seria insuportavelmente monótona.

8.9 A missão impossível de se alienar vaga sem fração ideal autônoma

[Publicado na *Tribuna do Direito* 225, janeiro/2012]

A quase totalidade das convenções de condomínio prevê que nas vagas indeterminadas é permitido o estacionamento de *apenas um veículo*. É o caso da garagem coletiva. Vale dizer, de área de propriedade comum, cujo direito de uso se encontra atrelado à unidade condominial (residencial ou comercial). Ao restringir o uso a *apenas um veículo*, a

questão é de direito intertemporal, e tão polêmica quanto a que reduziu a multa moratória de 20% a 2%, por força da derrogação do § 3º do art. 12 da Lei 4.591/1964, imposta pelo art. 1.336, § 1º, do CC de 2002, na esteira de sedimentada jurisprudência. Se se considerar que a convenção condominial não se reveste de natureza contratual propriamente dita, mas, sim, dotada de caráter mais estatutário, de duração indeterminada, e se se atribuir ao art. 1.338 força cogente de aplicação imediata, destinada a dar cumprimento à função social da propriedade, adotar-se-á entendimento da derrogação do referido art. 12, § 3º. Mas, se se considerar que a convenção condominial representa direito adquirido, gerado de modo jurídico perfeito, de proteção constitucional, e se se levar em linha de conta que o próprio Código Civil de 2002 delega poderes à convenção para estabelecer regramentos de direitos e deveres de condomínio (cf. art. 1.334), sem imposição de qualquer norma cogente de uso e fruição das vagas de garagem, chegar-se-á à conclusão da prevalência da norma convencional em detrimento do dispositivo do Código Civil. Esta última corrente merece nossa preferência, até mesmo em razão do efeito *erga omnes* da convenção devidamente registrada no cartório imobiliário.

convenção pensou, evidentemente, em *automóvel*. Não é, porém, o único "veículo". Diante do angustiante e sufocante trânsito que se verifica nas principais metrópoles do País, a utilização de motocicletas passou a merecer a preferência popular, e até de profissionais liberais. As "motocas", por serem autênticos "veículos", também merecem estacionamento nas garagens coletivas, nas quais ocupam espaço bem menor. E, se ocupam espaço bem menor, entra pelos olhos que na mesma vaga se pode estacionar mais de uma motocicleta.

Ainda assim há quem entenda de se apegar, submissa e irracionalmente, ao texto literal do dispositivo convencional: se ali vem dito que a permissão de estacionamento é de *apenas um veículo*, não deveria ser admitida a guarda de duas motocicletas ou de um automóvel e de uma motocicleta. A distorção de entendimento ainda mais se agigantaria se a mesma restrição convencional pretendesse incidir sobre uma vaga (boxe) constituída como unidade autônoma e identificada por matrícula imobiliária própria. Neste caso, a área está limitada. Seu titular tem o direito de estacionar seu automóvel e, se comportar, também sua motocicleta.

A questão, como se vê, não é de ordem quantitativa (um só veículo), mas, sim, de área definida, espaço. Contudo, embora não envolva complexidade maior, tem provocado, em mais de uma oportunidade, manifestação do Tribunal paulista. Ainda em 1995 o Des. Pereira Calças repeliu deliberação assemblear que resolveu restringir o amplo uso da vaga de garagem, identificando, na espécie, "afronta ao direito subjetivo do proprietário" (ACi 258.458). Em 2007 a 5ª Câmara de Direito Privado proclamou: "Na verdade a autora tem o direito de uso do espaço delimitado para a guarda de um veículo, nada a impedindo, desde que respeitado o direito dos demais condôminos, de estacionar ali seu veículo de passeio e a motocicleta, como se verifica nas fotos juntadas aos autos". O que importa – alerta seu Relator, o Des. Mathias Coltro – é que não seja invadido o espaço de outro condômino ou a área comum (ACi 9.141.394-71.2002.8.26.000). Com efeito, se não se verifica invasão do espaço de outra vaga ou de área de manobra, nenhum prejuízo é ocasionado aos outros condôminos.

Mais recentemente a mesma Corte paulista voltou a tratar da matéria. O apego submisso e irracional do condomínio ao texto da convenção buscou justificativa na afronta à isonomia condominial, como se aos demais condôminos fosse vedada a guarda de mais de um veículo em suas vagas da garagem. Em verdade, como anotou o acórdão da apelação (ACi 0141894-72-2011.8.26.0100), relatado pelo Des. Natan Zelinschi Arruda, "não pode prevalecer o formalismo exacerbado". Bem ao contrário, o que "deve ser levado em consideração (é) o princípio da solidariedade no âmbito condominial". Decorre dessa premissa que, se o condômino respeita o espaço da vaga da garagem, não há razão para ser cerceado desse direito.

Vale destacar que, tratando-se de área comum, a identificação de sua natureza jurídica também é controvertida, mesmo quando excluído o direito de propriedade das vagas (boxes). A exclusão deve-se ao fato de que a estas vagas (boxes) correspondem frações ideais próprias, pelo quê são elevadas ao patamar de *unidades autônomas* e diplomadas com matrículas imobiliárias próprias. Aqui, porém, neste reduzido comentário se cuida de garagem coletiva, cuja área é de propriedade comum, sem ser dotada de fração ideal autônoma e cujo direito de uso se encontra atrelado à unidade condominial (cf. art. 1.339 do CC). Caio Mário da Silva Pereira, ao analisar esta situação peculiar, censurou os ensaístas que, mediante "citações doutrinárias inseguras", procuraram definir suas características tais como "direito de propriedade autônoma", "direito real de uso", "acessório de propriedade", "parte de uso comum do edifício".[6] Das especulações doutrinárias, a de que a vaga na garagem coletiva constitui *acessório da propriedade* teve maior receptividade. Isto porque, se a vaga está incluída na fração ideal da unidade condominial, significa que é um prolongamento da unidade condominial. Por isso, Radbruch, citado por Marco Aurélio S. Viana, identificou nessa peculiaridade uma "nova propriedade", enquanto Pontes de Miranda preferiu caracterizar "direito real de uso". O fato é que, na falta de uma fração ideal específica, a doutrina diagnosticou e a jurisprudência consagrou *direito acessório*. Neste caso, a vaga segue a unidade condominial à qual está vinculada, como dizia o revogado art. 59 do CC de 1916.

Diante desse cenário, não deixa de ser intrigante a disposição contida no § 2º do art. 1.339 do CC ao permitir a alienação de "parte acessória de sua unidade imobiliária a outro condômino", reiterando a auto-

---

6. Caio Mário da Silva Pereira, *Condomínio e Incorporações*, 10ª ed., São Paulo, Saraiva, 2002, p. 72.

rização que já constava do revogado § 2º do art. 2º da Lei 4.591/1964. Ora, se a vaga não é dotada de fração ideal própria, difícil é imaginar como executar, na prática, a "transferência a outro condômino", segundo a redação anterior, ou "alienar parte acessória de sua unidade imobiliária a outro condômino", como é hoje. Parece-me tratar-se de missão impossível, uma vez que não há propriedade autônoma sem fração ideal correspondente.

8.10 Uso definitivo de vaga em garagem coletiva

[Publicado na *Tribuna do Direito* 226, fevereiro/2012]

A garagem coletiva de um edifício residencial é, provavelmente, o local onde se verificam as colisões mais constantes dos interesses de seus moradores. Assim é porque os próprios condôminos é que manobram seus veículos. O mesmo não ocorre com igual frequência em edifício comercial, composto de conjuntos, pelo fato de o estacionamento dos carros ficar, comumente, a cargo de empresa terceirizada.

Sabido é que as vagas da garagem podem ser individualmente especificadas, gerando unidades condominiais autônomas, que merecem matrículas próprias em cartórios imobiliários. Mesmo assim são consideradas pela doutrina e pela jurisprudência partes "acessórias" do apartamento, que é considerado a unidade principal. Neste caso, a fração ideal de cada vaga soma-se à fração do apartamento, compondo, em conjunto, o percentual de participação no edifício condominial. Como partes "acessórias", deve o incorporador, na esteira do art. 1.339 do CC, vincular estas vagas privativas às respectivas unidades principais, retratando o conjunto imobiliário no cadastro do cartório registrador.

Quando o edifício de apartamentos não submete as vagas da garagem coletiva a especificação individualizada fica perfeitamente caracterizada sua natureza de área de propriedade comum. A demarcação no piso dos lugares de estacionamento não induz que as vagas passam a se constituir em *unidades autônomas*. É que a elas não correspondem frações ideais específicas. Por isso, a demarcação no piso apenas serve de indicação dos lugares de estacionamento. A omissão do incorporador na distribuição das vagas, vinculando-as às unidades autônomas principais, gera um caos desnecessário assim que o prédio passa a ser utilizado. Isto porque, na falta de vinculação, cada condômino pode estacionar seu automóvel aleatoriamente, na vaga que melhor lhe apraz, valendo-se da condição de proprietário da área comum da garagem.

Na falta de previsão na instituição e na convenção do condomínio, para se evitar o uso caótico da garagem, socorre-se subsidiariamente do sorteio de vagas, que reclama indispensável deliberação supletiva de assembleia condominial. Como se trata de facultar o uso privativo de área comum, de sorte a impedir que cada condômino estacione em qualquer vaga, o sorteio deve ser adotado para racionalizar seu uso. A fórmula do sorteio, contudo, não prescinde, no tocante à distribuição das vagas, de regulamento, cuja aprovação, a meu ver, depende de 2/3 dos votos dos condôminos. Explico: embora não esteja mudando a destinação da garagem coletiva, em verdade, o sorteio está alterando, supletivamente, a convenção condominial (v. art. 1.351 do CC).

O exercício da posse direta e exclusiva escolhida por sorteio somente pode ser provisório (durante um ou dois anos), em regime de rotatividade, de sorte a facultar a todos os condôminos a possibilidade de exercer o direito de guarda de seu automóvel em todas as vagas do edifício, mediante sucessivos sorteios.

Mas se a deliberação da assembleia resolver atribuir ao sorteio a utilização exclusiva de vaga (que integra área de propriedade comum), em caráter definitivo, tenho para mim que essa definitividade de uso somente se reveste de eficácia se ocorrer "aprovação pela unanimidade dos condôminos", a teor do comando da segunda parte do mesmo art. 1.351. Neste caso, o uso exclusivo de área comum em caráter definitivo implica inegável "mudança de destinação do edifício", já que torna perpétua a posse privativa de área pertencente à comunidade condominial. Noutras palavras: a perpetuidade de uso exclusivo de área comum ofende a propriedade coletiva da garagem. Por isso, somente a deliberação unânime de todos os integrantes do condomínio tem o poder de alterar a característica primitiva da destinação do edifício.

Com efeito, impende admitir que quando a totalidade dos comunheiros resolve atribuir, por sorteio, o uso definitivo das vagas verifica-se irrecusável alteração na destinação das vagas. O uso que antes era facultado a todos os comunheiros passa a ser de uso exclusivo *ad perpetuam*. Por isso, volta a incidir a parte final do art. 1.351, que exige a unanimidade dos condôminos. É a mesma unanimidade de votos exigida para alterar a destinação de apartamento previsto para a moradia do zelador quando se resolve destiná-lo à locação de terceiros. Ou destinar o terraço de cobertura de um prédio para uso exclusivo de um condômino. Ou destinar o salão de festas para locação de loja. Ou transformar o uso residencial de um edifício para comercial. E assim por diante.

Em suma, a omissão do incorporador em distribuir as vagas da garagem e prever sua vinculação às unidades autônomas é injustificada. Mas pode ser resolvida, em definitivo ou mediante deliberação unânime dos condôminos que atribua posse direta definitiva de vaga de área comum ou mediante alteração da especificação condominial, transformando as vagas da área comum da garagem em unidades autônomas condominiais.

8.11 As vagas da garagem e a legislação reguladora

[Publicado na *Tribuna do Direito* 231, julho/2012]

A recentíssima Lei 12.607, editada em 4.4.2012, acrescentou ao § 1º do art. 1.331 do CC a seguinte expressão: "(...) exceto os abrigos para veículos, que não poderão ser alienados ou alugados a pessoas estranhas ao condomínio, salvo autorização expressa na convenção de condomínio". Com esse adendo, o dispositivo subordinou a alienação ou a locação a estranhos das vagas de garagem (que a lei denomina "abrigos para veículos") a expressa e prévia autorização na convenção de condomínio.

Antes dessa ressalva verificava-se conflito na exegese do § 1º do art. 1.331 com o § 2º do art. 1.339 do mesmo CC. Enquanto o citado § 1º permitia aos proprietários a alienação e a oneração das suas unidades autônomas "livremente" – ou seja: sem o freio da expressa permissão da convenção condominial –, o § 2º do art. 1.339 fazia depender a alienação da vaga da garagem (parte acessória de sua unidade) não somente da autorização da convenção, como até de assembleia-geral.

Vale ressaltar que a faculdade concedida pelo art. 1.338 do CC de promover a locação de vaga de garagem independentemente de expressa previsão da convenção não mais prevalece. Isto porque a faculdade ficou, agora, também subordinada à condição da Lei 12.607/2012. Vale dizer que não basta a observância do direito de preferência dos condôminos. Agora também se faz preciso "autorização expressa na convenção de condomínio".

Impende, porém, destacar que a emenda criada pela Lei 12.607/2012 tem aplicação restrita e exclusiva aos abrigos de veículos que têm frações ideais específicas no solo, isto é, que constituem verdadeiras unidades autônomas, posto que são titulares de matrículas imobiliárias próprias e merecem identificação específica como contribuintes do IPTU. Para atingir esse *status* imobiliário teriam que demonstrar, como alertava Elvino Silva Filho, lembrado por João Baptista Lopes: (a) que cada vaga corresponde a uma fração ideal de terreno; (b) que havia demarcação do espaço correspondente à vaga para identificá-lo perfeitamente; (c) que cada espaço era assinalado por designação numérica, com averbação no registro de imóveis; (d) que os espaços correspondentes às vagas eram precisamente descritos na especificação do condomínio (área, localização, confrontações etc.). Noutras palavras: assim como a descrição e a especificação da unidade principal vêm apoiadas em projeto aprovado, que integra a instituição, especificação e a convenção do condomínio, exatamente o mesmo ocorre com as vagas de garagem, que lhe são acessórias.

Tanto explica por que as vagas de garagem desprovidas de frações ideais no terreno não integram a classe das "unidades autônomas". Via de consequência, sobre elas não incide a restrição preconizada pela Lei 12.607/2012. Aliás, nem se faz preciso. Essas vagas, embora representadas por espaços demarcados no piso da garagem e até numeradas, continuam participando da área comum da garagem coletiva. Vale dizer que essas vagas são inseparáveis da unidade principal, cuja fração ideal abrange sua participação nas áreas comuns, entre as quais figura a garagem coletiva.

Com efeito, se a vaga é desprovida de fração ideal específica no terreno, não há como possa ser alienada isoladamente a terceiro. E pela mesma razão, por integrar garagem coletiva, não há posse em espaço próprio, uma vez que integra área comum mais ampla. Dir-se-á que por força de sorteio (anual ou bienal) se verifica a definição da posse direta pelo período do sorteio, durante o qual poderia ser viabilizada a locação. De fato, embora o direito possessório provisório não constitua "coisa fungível", como exige o art. 565 do CC, a locação de "vagas autônomas de garagem ou de espaços para estacionamento de veículos" vem prevista no parágrafo único, "a", n. 2, do art. 1º da Lei 8.245/1991 (Lei do Inquilinato).

Ocorre que as locações, quer de "vagas autônomas", quer de "espaços para estacionamento", continuam reguladas pelo Código Civil (cf. parágrafo único do art. 1º da Lei do Inquilinato). Significa que essas locações ficam subordinadas à regência dos dispositivos mencionados neste comentário, devendo ser entendidas (a) as "vagas autônomas" como as vagas (condominiais) municiadas com matrícula própria no registro imobiliário e (b) "espaços para estacionamento", as vagas de estacionamento de veículos em terrenos.

Resta registrar que a restrição que vem de ser imposta pela Lei 12.607/2012 não tem incidência sobre os edifícios-garagem, nos quais se distinguem dois tipos principais: (i) o edifício pertence a um só proprietário, que explora a locação das vagas, como ocorre com os locais de estacionamento de veículos (espécie apontada no item "b" do parágrafo anterior); e (ii) o edifício foi instituído em condomínio, constituindo cada vaga numa unidade autônoma (boxe), de propriedade de um condômino, tal e qual se verifica com um apartamento, escritório ou loja.

Das ponderações feitas cabe reconhecer que o acréscimo ao § 1º do art. 1.331 do CC abalou o sentido do advérbio "livremente", conservado apenas para o fim de permitir ao condômino-proprietário a fixação do preço de venda ou do valor locativo. Mas, quanto à liberdade de efetivar a "alienação" ou a "locação", ficou jungida a "autorização expressa na convenção de condomínio". Teve o mérito, porém, de harmonizar o entendimento dos demais dispositivos mencionados neste comentário.

Capítulo 9
Responsabilidade Civil do Condomínio

9.1 Crime de dano de bens do condomínio. 9.2 Furtos em garagem. 9.3 Furtos em condomínios e shoppings. 9.4 Prédio pode ser processado por objeto lançado. 9.5 Os danos causados por objeto caído do prédio. 9.6 Culpa da vítima em acidentes no condomínio. 9.7 A responsabilidade civil dos flats. 9.8 Responsabilidade civil do condomínio. 9.9 Responsabilidade por ato ilícito do condomínio. 9.10 Execução milionária contra condomínio devedor. 9.11 Condomínio versus condômino (I). 9.12 Condomínio versus condômino (II). 9.13 Os honorários no confronto do condomínio com condômino. 9.14 O dano moral no condomínio.

9.1 Crime de dano de bens do condomínio

[Publicado na *Folha de S. Paulo* em 31.8.1981]

Um impetuoso condômino nutria indisfarçável animosidade para com os responsáveis pela administração do edifício. De certa feita, por discordar da colocação de vasos de plantas ornamentais na entrada do edifício, cortou as plantas e inutilizou os vasos.

Tornou o condomínio a adquirir novos vasos e novas plantas, que voltaram a ornamentar a área de entrada do edifício. O condômino, porém, com redobrada agressividade, danificou as novas peças ornamentais, convencido de que detinha o direito de poder destrui-las. A seu ver, esses bens não podiam ser considerados como *coisa alheia*, já que também lhe pertenciam, por ser coproprietário do edifício.

O STF inadmitiu a tese desse condômino, acentuando que "dúvida não há de que o bem danificado, intencionalmente, pertencia ao condomínio, e o condomínio é pessoa distinta do condômino, tanto assim que este pode ser executado por aquele". E, sob este fundamento, foi o condômino condenado à pena pecuniária e seu nome inscrito no *rol dos culpados*. Cometeu ele o chamado "crime de dano", que se concretiza sempre que um condômino destrói, inutiliza ou deteriora a coisa comum (art. 163 do CP); crime que não se caracteriza apenas quando se possa destacar e identificar a parte atingida como sendo de propriedade exclusiva do comunheiro (STF, HC 57.245-6, rel. Min. Cordeiro Guerra, *RT* 543/433).

Ora, vasos e plantas ornamentais constituem bens de propriedade comum e indivisível. Quando se destrói, deliberadamente, a *coisa alheia* comete-se o *crime de dano*, por estar presente a intenção manifesta de provocar prejuízo patrimonial aos demais comunheiros.

Claro é que a pena pecuniária de caráter penal não se destina à indenização do prejuízo patrimonial. Esse ressarcimento verifica-se através de ação civil independente, para o quê nem é preciso demonstrar a vontade agressiva de destruição. Basta a verificação do dano. A recíproca também é verdadeira. A indenização civil não faz desaparecer, automaticamente, o crime, no qual incorrem todos aqueles que têm, por exemplo, o péssimo costume de rabiscar paredes e espelhos dos elevadores.

Estes infratores, que se escondem no anonimato, merecem igual repulsa, da mesma forma que não merece flores quem quebra intencionalmente vasos.

9.2 Furtos em garagem

[Publicado na *Folha de S. Paulo* em 9.3.1981]

Matéria que subsiste controvertida nos meios forenses é a que se refere à responsabilidade civil do condomínio por furtos de veículos cometidos nas garagens dos edifícios. Ainda recentemente as revistas especializadas de jurisprudência divulgaram o julgamento de pedido de indenização formulado por condômina por lhe ter sido furtado um motociclo. Decidiu o Tribunal paulista isentar o condomínio da responsabilidade de indenizar por considerar que as vagas na garagem tinham sido instituídas pela convenção como unidades autônomas, e, portanto, de propriedade individual dos condôminos (TACivSP, rel. Juiz Geraldo Roberto, *RT* 537/114).

Diante dessa situação, asseverou o acórdão que a responsabilidade pela guarda do veículo na vaga específica da garagem continua sendo exclusiva do condômino, da mesa forma que lhe cabe guardar os bens no interior do seu apartamento. E "o fato de a vaga não ser fechada como o apartamento" não transfere ao condomínio a obrigação de guarda do veículo, na medida em que "a entidade condominial não é rigorosamente outra pessoa", com quem a condômina tivesse contratado "a guarda daquilo que deixa na sua vaga na garagem, como não contrata com o condomínio a guarda do que tem em seu apartamento".

Estabelecidos estes princípios, prossegue o acórdão para arrematar que, "se, por uma questão de ordem prática ou de economia, os condôminos dividem as despesas para a contratação do porteiro ou guarda-noturno com a incumbência de vigiar o edifício todo", nenhum deles "poderá responsabilizar depois a coletividade em termos de distribuir entre os condôminos o prejuízo individual".

Ora, como foi realçado no caso julgado, a vaga na garagem constituía unidade individualizada, mas não cercada. Diante desse fato, é de se perguntar se o mesmo raciocínio seria aplicável às garagens que continuam sendo de propriedade coletiva (comum), cabendo ao condômino mero direito de estacionamento. Tenha-se presente que, tanto num como noutro caso, as vagas não são fechadas. Não há, pois, diferença prática. A distinção reside unicamente no critério jurídico observado pela especificação da convenção condominial: no caso julgado, a vaga foi erigida em unidade autônoma, e, neste caso, ocorre apenas o direito de estacionamento do seu veículo. E então?[1]

O mesmo Tribunal de Alçada, em outra oportunidade, apreciando furto de bicicleta "ocorrido em local especialmente destinado para guarda de tais veículos", entendeu que resultou de culpa manifesta dos empregados do edifício. A obrigação de guarda, segundo esse julgamento, decorre da imperatividade da Lei de Condomínio (art. 22, § 1º, "b"), que impõe ao síndico a obrigação de vigilância da edificação. Daí,

---

1. Do intenso debate verificado em sessão do STJ resultou o entendimento de que "não há responsabilidade do condomínio se este não assumiu expressamente em sua convenção a obrigação de indenizar os danos sofridos pelos condôminos decorrentes de aos ilícitos ocorridos nas áreas comuns do prédio" (*RT* 798/225). Seu Relator, o Min. Ruy Rosado de Aguiar, ressaltou: "Para que haja a responsabilidade não basta a previsão estatutária de contratação de servidores para a vigilância e guarda no local, nem estabelecer que as áreas comuns serão usadas sob a supervisão dos administradores do condomínio". Segundo essa decisão, indispensável é que haja assunção expressa do condomínio do ressarcimento do prejuízo.

a responsabilidade civil do condomínio dever ser analisada à luz da legislação específica (Lei 4.591/1964), "que deve reger a matéria, inoportuna qualquer outra invocação aos princípios genéricos do mandato".

Com efeito, as naturais limitações da vida condominial impedem que cada condômino contrate guardas próprios e especiais, além dos porteiros, garagistas, vigias e faxineiros diretamente empregados pelo condomínio, como entidade inteiramente distinta das pessoas dos condôminos (conforme ocorre exatamente nas sociedades comerciais de pessoas). Não teria realmente sentido que cada condômino, para cuidar de seus veículos na garagem coletiva do prédio (fossem ou não as vagas consideradas como unidades autônomas), devesse contratar vigilância própria e independente. Se todos os condôminos assim procedessem, acabariam negando a própria universalidade condominial, que entre seus encargos tem o da vigilância da edificação, e até mesmo da segurança de seus moradores.

Tanto é certo que, se o síndico afirmar que não tem como atender ao perfeito desempenho pessoal de qualquer função administrativa, pode delegar seu atendimento a pessoas ou empresas de sua confiança. É como procede quando contrata empresas administradoras de imóveis para funções estritamente administrativas. Da mesma forma cabe-lhe proceder com empresas particulares de guarda se concluir que a vigilância direta pelos empregados do edifício é defeituosa. Caso contrário, omitindo-se no exercício de suas funções, poderá ser destituído do cargo, além de ser responsabilizado civilmente pela sua omissão.[2]

9.3 Furtos em condomínios e shoppings

[Publicado na *Tribuna do Direito* 177, janeiro/2008]

As convenções de condomínio, que constituem o regramento impositivo de conduta dos moradores de edifícios, verticais ou horizontais, mui raramente preveem a responsabilidade civil pelos furtos de bens de

---

2. Na ACi 18.042, do 2º TACivSP, relatada pelo Juiz Joaquim Francisco em 26.6.1974, o síndico deixou de ser responsabilizado pelo furto de um automóvel porquanto a convenção o eximia expressamente dessa responsabilidade. Concluiu, então, o acórdão: "Lei entre as partes exclui de responsabilidade o condomínio pelos danos reclamados, decorrentes do furto do carro do autor, na garagem do edifício".

seus condôminos. Bem ao contrário, a regra adotada ou é no sentido exatamente inverso, ou a matéria é simplesmente ignorada. Mas, diante da violência pública, cada vez mais ousada e mais bem-planejada, os prédios se esmeram em implantar artefatos de proteção e de segurança de maior apuro técnico: cercas elétricas pulsativas, guaritas, portões acionados à distância, "gaiolas" nas entradas de veículos, câmeras de vigilância e monitores, acoplados com gravadores, e até vigias na parte externa dos edifícios – tudo refletindo a grave preocupação de resguardar a vida e os bens de seus condôminos.

Observe-se, desde logo, que há certa sintonia nesse comportamento condominial, isto é: enquanto, de um lado, a convenção estabelece a isenção de responsabilidade, de outro, os condomínios aperfeiçoam o sistema de proteção e de segurança. A jurisprudência distingue com precisão essa situação, como repetidamente vem proclamando, a exemplo do julgado no REsp 618.533-SP, relatado pelo Min. Hélio Quaglia Barbosa, que até há pouco enriqueceu a Corte paulista. Considera o acórdão ser relevante a necessidade de "expressa previsão na convenção ou, ainda, de deliberação tomada em assembleia no sentido de que o condomínio tenha, especificamente, serviço de guarda e vigilância de veículos". E aduz: "A circunstância de existir porteiro ou vigia na guarita não resulta em que o condomínio estaria a assumir a prefalada guarda e vigilância de automóveis (...)". Mesmo porque a responsabilidade do síndico é de ordem genérica, devendo atuar em sintonia com os meios postos à sua disposição.

Somente em duas hipóteses a responsabilidade civil do condomínio é acolhida: quando vem expressamente prevista na convenção ou quando são admitidos manobristas e guardas específicos para cuidar dos automóveis e da garagem coletiva. No primeiro caso a responsabilidade é manifesta, e no segundo a responsabilidade pelo furto permite a configuração da culpa *in vigilando*. Se o encarregado da vigilância da garagem deixou de cumprir seu dever de vigiar ou se foi incapaz de evitar o furto, sempre o condomínio haverá de responder pelo dano ocasionado. Nesta segunda hipótese não importa que a convenção consigne cláusula de não indenizar. É que o aparato especificamente montado para proteger e vigiar a garagem contraria a previsão convencional. De fato, há de se levar em linha de conta que os condôminos contribuíram com despesas extraordinárias para a montagem do complexo aparato de segurança (equipamentos e funcionários) exatamente para que os prejuízos não fossem suportados individualmente, mas, sim, pela coletividade condominial.

Logo, pode-se corretamente concluir que os edifícios mal-aparelhados de sistema de vigilância, nos quais não operam manobristas ou guardas específicos, estão fora do alcance das reparações por furto na garagem se tiver sido convencionada a cláusula de não indenizar. Mesmo porque a simples existência de porteiro na guarita não justifica a indenização.

Diametralmente oposto é o entendimento jurisprudencial quando se trata de dano ou furto ocorrido em estacionamento de empresa. É o que já ficou sedimentado na Súmula 130 do STJ: "A empresa responde, perante o cliente, pela reparação de dano ou furto de veículo ocorrido em seu estacionamento". Dissecando as condições da Súmula, cumpre ser comprovado, de forma inequívoca: (a) ter ocorrido o furto do veículo; (b) ter estacionado em área própria da empresa; (c) enquanto seu proprietário fazia compras.

Aqui, o fundamento jurídico que fomenta a condenação reparatória elege como respaldo o contrato tácito de depósito, que gera, a seu turno, o dever de vigilância e custódia, como ocorre em qualquer contrato formal. Não importa se o estacionamento é gracioso ou não. O que importa é a razão, o motivo, o objetivo comercial do estacionamento. Mesmo quando gracioso, pressupõe-se que a empresa tem direto interesse na manutenção de área destinada a estacionamento, como forma de atração da clientela. Por sinal, lembra Rui Stoco[3] que a gratuidade é aparente, na medida em que a remuneração pelo estacionamento se verifica de forma indireta no faturamento. Não é à toa que escasseiam as lojas instaladas com frente direta para a rua, especialmente se não dispõem de estacionamentos terceirizados. Se oneroso o estacionamento, fica facilitada a caracterização do dever de vigilância e de custódia. Tanto bem explica o número crescente dos supermercados, que são germinados em curtíssimas gestações, todos munidos com enormes estacionamentos. De fato, não se concebe *shopping* desprovido de amplas áreas de estacionamento. É aí que residem a comodidade e a segurança do cliente. É aí que reside convidativo fator de faturamento das empresas.

3. Rui Stoco, *Tratado de Responsabilidade Civil*, 6ª ed., São Paulo, Ed. RT, 2004, p. 718.

Mas, se o proprietário do veículo estacionou em área da empresa mas não se dirigiu ao estabelecimento, e sim a outro local, restou fraudado o aparente contrato de depósito, desaparecendo o dever de guardar e vigiar o veículo. Faltando o pressuposto (interesse comercial), deixa de subsistir o direito à indenização. Aliás, recompensar a fraude seria fraudar o próprio Direito.

9.4 Prédio pode ser processado por objeto lançado

[Publicado na *Folha de S. Paulo* em 1.8.1982]

Em meio à assembleia de condôminos de um edifício de apartamentos interrompeu o síndico a ordem dos trabalhos para fazer dramático apelo. Relatou que na área interna do prédio eram despejados, diária e seguidamente, os mais variados detritos, por vezes tremendamente repulsivos. Objetos os mais variados já ali caíram acidentalmente ou foram jogados propositadamente, sempre provenientes das áreas de serviços dos apartamentos, cujas janelas se abrem para essa face interna do edifício. E, conquanto já tivesse alertado, em mais de uma oportunidade, todos os funcionários do prédio, todos os empregados domésticos bem como suas patroas e patrões – esclareceu o síndico –, não lhe foi possível, até agora, a identificação dos responsáveis. A afirmação de que se tratava de "responsáveis", no plural, decorria do volume e da diversificação do lixo que, metodicamente, despencava dos andares superiores. A limpeza não vencia a imundice, embora repetida, no local, por duas ou mais vezes por dia. Após o desabafo, confessou o síndico sua imensa frustração gerada pela inviabilidade, sequer, de enfrentar (quanto mais de vencer) inimigos tão misteriosos quão numerosos. E terminou com o clássico apelo no sentido de cada condômino se conscientizar de que faz parte de uma comunidade, à qual se deve emprestar ou, melhor, dar irrestrita cooperação, de sorte que as condições de vida do edifício sejam as mais saudáveis, sem risco ao patrimônio ou às pessoas que lá vivem ou trabalham.

A questão não é nova. Já o Direito Romano previa a dificuldade de se identificar o autor desses lançamentos, embora, na época, inexistissem as vultosas edificações de hoje. De lá pra cá manteve-se, sem alteração sensível, a estrutura jurídica dessa norma de conduta civil.

Em nosso Direito, à semelhança de quase todos os demais, vem a matéria regulada pelo art. 1.529 do CC, [*de 1916*] que diz: "Aquele que habitar uma casa, ou parte dela, responde pelo dano proveniente das coisas, que dela caírem ou forem lançadas em lugar indevido".[4] Pontes de Miranda e, antes dele, Carlos de Carvalho, com o aplauso de todos os civilistas atuais, ensinaram que o significado, aí, da palavra "casa" é amplíssimo, abrangendo edifícios de apartamentos ou de escritórios (1º TACivSP, ACi 255.826, rel. Juiz Jurandyr Nilsson, *RT* 533/122).

A responsabilidade pela indenização daí consequente é de quem mora nessa "casa" (apartamento), e não, necessariamente, do condômino, quando se trata, por exemplo, de locação. É que o mau uso do imóvel, em tese, há de ser atribuído a quem o "habita" em nome próprio, ou seja, por título (contrato) que lhe confere o direito de utilizar a propriedade condominial.

Essa responsabilidade indenizatória é de natureza objetiva, isto é, não se indaga se foi causada por culpa de alguém ou acidentalmente. Basta que haja dano. Não há necessidade, sequer, de legislação especial que proíba a queda ou o lançamento de coisas. O raciocínio do legislador moderno é idêntico ao de Ulpiano. Reside na condição de segurança que se deve estabelecer aos que estão ou passam por baixo.

E, como a identificação de responsável pela queda de coisas é geralmente difícil, sempre se considerou essa responsabilidade como solidária. Respondem pelos prejuízos causados todos aqueles que habitam em comum a "casa". Segundo Pontes de Miranda, essa solidariedade abrange "todos os que poderiam ser os responsáveis". E explica: "Se o edifício tem duas alas de apartamentos, só uma das quais em posição de ter coisas que caiam ou sejam lançadas, os habitantes dos apartamentos aí situados é que são legitimados passivos" – isto é, são considerados responsáveis diretos pelo ressarcimento.

Claro é que se trata de ficção jurídica, destinada a resguardar o terceiro prejudicado. Assim, se um vaso ou outro objeto desaba de qualquer andar e atinge um empregado do edifício ou um estranho, todo o condomínio, em princípio, será o responsável pelo dano daí consequente. Nesse envolvimento coletivo – é evidente –, inocentes pagarão pelo verdadeiro culpado. A partir daí, uma vez identificado o causador do

---

4. Correspondente ao art. 938 do CC de 2002.

prejuízo, todos os demais poderão pedir-lhe o reembolso regressivo do que indevidamente pagaram.

Ora, retornando à frustração do síndico quanto à imunidade dos condôminos, há de se convir que, realmente, a questão é de dificílima solução. E exatamente por ser tão difícil é que a irresponsabilidade do morador do prédio coletivo, que preocupou o antigo legislador do Direito Romano, subsiste íntegra até hoje. Lastimavelmente, assim subsistirá por muitos e muitos anos.

9.5 Os danos causados por objeto caído do prédio

[Publicado na *Folha de S. Paulo* em 14.12.1981]

Dispositivo clássico de todas as convenções de condomínio, no capítulo dos deveres dos condôminos, diz respeito à proibição de colocação nos peitoris das janelas de vasos ou objetos que ofereçam possibilidade de queda. Essa restrição é complementada por outra que proíbe o lançamento de detritos ou quaisquer objetos, como forma de evitar possíveis danos a pessoas ou bens que se encontrem no pavimento térreo ou, mesmo, fora do prédio (na via pública ou em prédio vizinho).

A justificativa dessa proibição é explicada pelo mestre Washington de Barros Monteiro como emergente da "obrigação geral a que todos estão sujeitos de não pôr em risco a segurança da coletividade". Em consequência, provocado o dano por queda de qualquer coisa, surge a obrigação de indenizar. É óbvio que a responsabilidade do ressarcimento é de quem cometeu o prejuízo. Se foi causado pelo próprio condômino que reside no apartamento a solução jurídica não encontra dificuldade: ele é o responsável.

Mas se o apartamento ou o escritório se encontra alugado a terceiro a responsabilidade deixa de ser do condômino-locador, posto não ser o causador direto do prejuízo, e sim seu inquilino. Nesta hipótese a restrição doméstica da convenção dá lugar à regra geral do art. 1.529 do CC, [*de 1916*] que prevê: "Aquele que habitar uma casa, ou parte dela, responde pelo dano proveniente das coisas que dela caírem ou forem lançadas em lugar indevido"[5] (TJSP, 4ª Câmara, ACi 266.131, rel. Des. Campos Gouvêa, *RJTJSP*-Lex 57/154).

5. Correspondente ao art. 938 do CC de 2002

Como a lei civil identifica o responsável pelo dano na pessoa que "habitar uma casa, ou parte dela", segue-se que o locador de um apartamento ou de um escritório não responde pelos prejuízos que forem ocasionados pelo seu locatário. Neste caso, a ação indenizatória deve ser dirigida diretamente contra o inquilino, sendo dela excluído o proprietário do apartamento ou do escritório locado. E, seguramente, a pretensão dessa demanda deverá ser acolhida desde que seja comprovado o nexo de causalidade, isto é, ter sido a queda do objeto a causadora do prejuízo. Nesta espécie de reparação judicial não se indaga se o prejuízo foi ocasionado intencionalmente ou acidentalmente (responsabilidade objetiva). Basta a prova de o prejuízo ter sido causado pela coisa que despencou, não se levando em conta se caiu propositalmente.

A questão, todavia, se complica (e muito, para a vítima do dano) quando não se identifica a unidade condominial de onde proveio o objeto gerador do prejuízo. Frente a esta hipótese a própria doutrina está dividida. Entre os que se preocupam em efetivar, de qualquer maneira, a reparação do dano, José de Aguiar Dias ostenta posição destacada. Sustenta ele a responsabilidade solidária de todos os moradores do prédio, excluindo apenas os que residem "na ala oposta à em que se deu a queda ou lançamento do objeto".[6]

A esse posicionamento se opõe Silvio Rodrigues, que qualifica a solução de injusta, além de inadmitir que a intenção do legislador de 1916 (data do Código Civil) tivesse esse alcance, mesmo porque inspirada no remoto Direito Romano. Para salientar o contraste, exemplifica o professor da Faculdade do Largo de S. Francisco: "Se de uma janela de um prédio de 50 pavimentos cai uma garrafa que mata um transeunte, sem que se consiga provar de que janela caiu, o prejuízo ficará sem ressarcimento".[7]

É que também na área do condomínio o anonimato e a impunidade sempre andam juntos.

6. José de Aguiar Dias, *Da Responsabilidade Civil*, 5ª ed., vol. II, Rio de Janeiro, Forense, p. 92.
7. Sílvio Rodrigues, *Direito Civil*, 2ª ed., vol. IV, "Responsabilidade Civil", São Paulo, Saraiva, 1977, p. 134.

9.6 Culpa da vítima em acidentes no condomínio
[Publicado na *Folha de S. Paulo* em 21.9.1981]

Quando, por mera curiosidade, um cidadão achou de introduzir a cabeça em abertura de porta do elevador, foi por esta atingido. Reclamou, por isso, ressarcimento do condomínio pelos ferimentos causados. Mas o Tribunal do Rio de Janeiro, ao julgar a demanda, apenas parcialmente admitiu sua pretensão, por concluir ser "evidente sua imprudência".

Segundo essa decisão, verificou-se culpa concorrente, na medida em que, se é verdade que a indiscreta vítima não deveria meter a cabeça em abertura de porta de elevador, também é certo que "a referida abertura deveria estar obstruída por grade de segurança, negligentemente retirada pela empresa conservadora contratada pelo condomínio". E, desde que restou diagnosticada a culpa concorrente, ao condomínio foi atribuída a responsabilidade pelo pagamento de apenas parte da indenização reclamada, eximindo a empresa administradora de qualquer culpa, já que "nenhuma participação teve" (*Jurisprudência Brasileira* 34/170).

Em outro caso, julgado aqui em São Paulo, o Tribunal foi mais rigoroso. É verdade que nesta outra questão a vítima não introduziu apenas a cabeça, mas, sim, "entrou" com tudo, precipitando-se no poço, indo cair sobre o teto do ascensor, que permanecia imobilizado entre o pavimento térreo e o 1º andar. Provou-se neste segundo caso que "os ascensores do prédio não estavam sendo mantidos em regular funcionamento", mesmo porque na ocasião do acidente "dois elevadores estavam parados no andar térreo, porque um tinha o 'relê' queimado e o outro 'porque tinha passado o andar térreo e ao cair no poço' desarmou o maquinismo" (TJSP, ACi 163.839, rel. Des. Sylos Cintra, j. 21.9.1967, *RT* 391/153).

Ora – arrematou o Tribunal paulista –, a função do síndico do prédio de apartamentos é a de manter, dentre os serviços que interessam a todos os moradores, particularmente, o bom estado de funcionamento dos elevadores. Se assim não observou, provada está a culpa ou desídia do síndico. Nesta hipótese, "os condôminos respondem pelos danos causados a terceiros por falta imputável ao síndico de edifício de apartamentos pela desídia na conservação dos elevadores". Neste caso, a culpa foi classificada como exclusiva do condomínio. E, desde que toda a culpa foi imputada ao síndico – vale dizer, ao condomínio –, o reclamante, que caiu no poço do elevador, foi integralmente indenizado dos danos que sofreu.

Atualmente a tendência dos tribunais inclina-se no sentido de admitir a regra da presunção de responsabilidade por parte de quem tem, como o síndico, o dever de vigiar a segurança e a conservação do prédio e de seus equipamentos. Se o elevador de um edifício permite que seja introduzida uma cabeça através de sua porta entreaberta ou que um corpo caia pelo poço, não se indaga se havia, ou não, necessidade de reparos no elevador. Esta prova é completamente relegada, em face da responsabilidade presumida do síndico, que impõe, desde logo, a seguinte resposta: tanto precisava ser consertada, que a porta do elevador se abriu. É o quanto basta para se condenar o condomínio.

Mas se for demonstrado que o defeito resultou do desinteresse do síndico, por ser relapso, terá o condomínio o direito de ser ressarcido, reclamando, por sua vez, do administrador omisso a indenização pelo prejuízo causado. Claro que o síndico, de sua parte, se demonstrar que a omissão não foi sua, mas, sim, da empresa conservadora, poderá tentar transferir a ela a carga indenizatória. Esta, por sua vez, se tiver seu serviço de manutenção coberto por seguro, poderá atribuir à empresa seguradora o ônus do ressarcimento.

Como se vê, quando se trata de assumir a responsabilidade pelo dano que se ocasiona a outrem por ação ou por omissão, por imprudência ou por negligência, prolifera o número de responsáveis, mas não a responsabilidade em si.

O melhor – claro é – é não meter a cabeça em poço do elevador para gerar consequência indenizatória. Bem melhor é fazer uso dela para tentar escapar ao dever de indenizar.

9.7 A responsabilidade civil dos flats

[Publicado na *Tribuna do Direito* 176, dezembro/2007]

Possivelmente descrente da pronta entrega da prestação jurisdicional, um cidadão, usando da autoridade de dono de um *flat* que locou para temporada, não se conformou com a falta de devolução do imóvel quando esgotado o prazo contratual. Numa atitude de rebeldia, desrespeitando a recomendação de que *a ninguém é lícito fazer justiça pelas próprias mãos*, invadiu o imóvel, trocou a fechadura e removeu os bens pertencentes ao locatário para o depósito do condomínio.

A reação do locatário não se fez por esperar. Ajuizou ação de reintegração de posse, cumulada com pedido de indenização por danos materiais e morais. A 31ª Câmara de Direito Privado do Tribunal de Justiça paulista, tendo por relator o Des. Antônio Rigolin, decidiu, em grau de apelação, à unanimidade, que a reintegração de posse, a despeito do esbulho cometido pelo locador, não tinha cabimento, por ter o locatário, no curso da ação, restituído as chaves do imóvel, com o quê perdeu o interesse de agir. Mas, no atinente ao pedido indenizatório, acolheu apenas o de natureza moral (o prejuízo material não foi comprovado), por ter ofendido "tanto o direito de privacidade quanto o da inviolabilidade domiciliar (CF de 1988, art. 5º, X e XI)". Admitiu, em conclusão, ter ficado evidenciada "a situação de constrangimento e humilhação a que se submeteu" o locatário, "na presença de condôminos e funcionários", justificando condenação em pecúnia (*RT* 860/272).

Certamente o afoito locador desconhecia que, tratando-se de locação de *flat*, também denominado *apart-hotel*, a regência dessa espécie de locação não fica subordinada à Lei do Inquilinato, na esteira da exclusão prevista no art. 1º, parágrafo único, "a", item 4 (*RT* 721/197 e 805/296). Logo, não encontra razoabilidade a contratação da locação de *flat* na modalidade de "locação para temporada", regulada pelos arts. 48 a 50 da Lei 8.245/1991. Bastava qualificar o pacto como "hospedagem", fixando o prazo de duração de 90 dias, para subordiná-lo à lei civil. Noutras palavras: embora tivesse pactuado a locação do *flat* segundo a modalidade "temporada", não há como se aplicar o despejo previsto segundo o disposto no art. 59, § 1º, III, da Lei 8.245/1991, mas, sim, a ação de reintegração de posse municiada com liminar, uma vez caracterizado o esbulho.

A razão da exclusão da locação de *apart-hotéis* da regência da Lei do Inquilinato é bem explicada por Alcides Tomasetti Jr., por constituir produto da "articulação das várias e diversas operações contratuais", ou seja, onde "se entrelaçam plúrimos contratos distintos: (a) a locação do imóvel residencial urbano; (b) locação de coisas móveis: (c) contrato de prestação de serviços; (d) contrato (eventual) de fornecimento de certos artigos de consumo imediato". Merece ainda a inclusão do contrato de depósito. Conotação que se aproxima da locação pura de imóvel urbano é o fato de que os *apart-hotéis* constituem unidades condominiais autônomas, que podem ser vendidas isoladamente e seus proprietários podem destiná-las à locação a terceiros (contrato mais preponderante) ou ao próprio uso. A característica, porém, mais marcante que distingue a locação do *flat* da locação pura de imóvel urbano reside, seguramente, na prestação de serviços, a ponto de o Des. Lagrasta Neto, quando integrava o extinto 2º TACivSP, ter resumido: "O que caracteriza o contrato de hospedagem é a prestação de serviços. Inexistente esta, caracteriza-se a relação locatícia".

Pelo perfil indicado, distingue-se com facilidade que a locação de *flat* não integra a categoria de hotéis. Mas assume, como nos contratos de hospedagem, igual responsabilidade civil, que é regulada pelo Código de Defesa do Consumidor (art. 14). Trata-se, portanto, de responsabilidade objetiva, que é aferida independentemente da existência de culpa, "pela reparação dos danos causados aos consumidores por defeitos relativos à prestação dos serviços". Anota Rui Stoco que essa "obrigação, em tudo idêntica à do transportador, consiste em restituir o hóspede ou viajante são e salvo ao termo da estada ou hospedagem". Exatamente nessa linha conduziu-se o julgamento da apelação atrás noticiada (*RT* 860/272).

Se, de um lado, à locação dos *apart-hotéis*, embora unidades autônomas condominiais, é concedido o benefício da exclusão da incidência da Lei do Inquilinato, de outro, em face da inseparável prestação de serviços, fica subordinada ao Código de Defesa do Consumidor, cujo art. 14 é implacável na cobrança reparatória dos danos causados ao locatário. Basta atentar para as decisões, analogicamente aplicáveis, que examinaram: defeitos do elevador (*RT* 824/205); ausência de sinalização quanto à profundidade da piscina (*RT* 797/226); acidentes físicos por insuficiência de sinalização e de orientação na utilização das dependências dos hotéis (*RT* 729/259 e 713/205); e pelo fato mais comum consistente no desaparecimento de bagagem e de bens pertencentes ao hóspede-locatário (*RT* 632/96) – precedentes, esses, que perfeitamente se aplicam aos serviços de *flats*.

Enfim, como observam os sábios, vale a lei da compensação.

9.8 Responsabilidade civil do condomínio

[Publicado na *Tribuna do Direito* 171, julho/2007]

Já eram quase 5h da tarde. Caminhavam pela rua, despreocupadamente, pai e seu filho de seis anos. Repentinamente o menino sentiu forte agulhada em seu ombro esquerdo: fora atingido por uma moedinha de 50 centavos jogada do prédio ao lado. A dor era aguda. Sua omoplata fora gravemente avariada. Juntou gente da rua.

Nem o zelador nem o porteiro souberam informar de qual andar provinha o lançamento da moedinha. Mas admitiram que somente poderia provir do edifício onde trabalhavam. Tratava-se de prédio residencial contendo 36 apartamentos distribuídos em 18 andares. Na falta de identificação pessoal do autor do lançamento, foi ajuizada ação de indenização contra o condomínio. Em defesa, admitiu o condomínio que o lançamento da moedinha partiu de um dos apartamentos do prédio; sustentou, porém, que não podia ser responsabilizado por fato de outrem; que a solidariedade não fora convencionada, nem podia ser presumida, que não podia ser equiparado a empresa, por não lhe competir a seleção dos moradores; que não incidia, na espécie, a teoria da culpa *in elegendo* ou *in vigilando*; que, sendo desconhecido o causador do ilícito, sequer lhe era reservado o direito de regresso. Enfim, que no caso não tinha aplicação a teoria da responsabilidade objetiva. A ação foi julgada procedente. Os fundamentos vêm a seguir.

Semelhante linha de defesa foi prestigiada há mais de 20 anos pelo TJSP, que levou em linha de conta a autonomia das unidades condominiais, justificando a ausência de solidariedade entre os condôminos. Mesmo porque, se "o condomínio não tem a incumbência de eleger os proprietários ou moradores do edifício, nem a de proceder à vigilância sobre o comportamento perante terceiros dos titulares das unidades respectivas", não é de se cogitar da responsabilidade objetiva. Na melhor das hipóteses "poder-se-ia admitir a responsabilidade objetiva solidária dos habitantes do edifício aos quais seria possível atribuir o dano aplicando-se a disposição do art. 1.529 do CC, [*de 1916*] na esteira dos ensinamentos do acatado José de Aguiar Dias". Por isso, tendo sido o pedido de ressarcimento assestado contra o condomínio (e não contra os condôminos suspeitos da possibilidade de praticar o ato), foi fulminado com a ilegitimidade passiva *ad causam* do condomínio (*RJTJSP*-Lex 89/173).

O referido art. 1.529 do CC de 1916 foi reproduzido pelo art. 938 do CC de 2002, que apenas substituiu "casa" por "prédio". A origem de seu conceito remonta ao Direito Romano, que instituiu "a responsabilidade solidária dos que habitam em comum, ou em comunhão *pro diviso*", como ensina Pontes de Miranda.[8] A solidariedade era inegável (*et quidem in solidum*).

A atual jurisprudência pátria mostra-se tranquila em admitir a teoria da responsabilidade civil objetiva, bastando para tanto a comprovação do nexo de causalidade do dano. Classifica de responsáveis todos os condôminos, proprietários de apartamentos, os quais, pela sua localização, são suspeitos da prática do ilícito. Em face desse critério, ficam excluídos os apartamentos que não abrem janelas ou terraços para a rua. O grupo de suspeitos, porém, é irmanado pela responsabilidade solidária, na esteira da milenar doutrina romana, que apenas leva em conta a condição de "habitar o prédio" (*RSTJ* 116/258; *RT* 767/194-196). Verifica-se, assim, por contaminação, o fenômeno da "culpa presumida" por fato de outrem. Noutras palavras: simplesmente em decorrência da convivência condominial, cada condômino assume, automaticamente, a responsabilidade por fato de outrem, como ocorre com os filhos menores, os empregadores, os hotéis em relação aos seus hóspedes. E, no que diz com o direito de regresso, há um ponto de semelhança entre o *fato de terceiro* e a hipótese do *condômino misterioso*: em ambos os casos o direito de regresso é plenamente exercitável, bastando, no caso do condomínio, a identificação do causador do dano.

Por isso mesmo, não cabe, a meu ver, aplaudir a conclusão da ilegitimidade *ad causam* do condomínio como ocorreu nos idos de 1983 (*RJTJSP*-Lex 89/173). "Até porque – como alertou o Min. Humberto Gomes de Barros –, "a se acolher a preliminar de ilegitimidade, praticamente se fecham as possibilidades de reparação dos danos sofridos pelo autor" (*JSTJ*-Lex 189/70). Noutras palavras: tremenda injustiça seria cometida se o lesado ficasse sem qualquer reparação. Dir-se-á, por outro lado, ser também injusta a convocação compulsória de condôminos inocentes para suportar ressarcimento por ilícito que não cometeram. A resposta provém do TJRJ: "Nesse diapasão, na incerteza de qual unidade ideal foi a efetiva causadora do dano, impõe-se a responsabilidade do condomínio, porquanto figura subsidiária da elementar indeterminada 'aquele' prevista no art. 938 do CC" (*RT* 848/323). Até porque, cotejando as duas injustiças, o sentimento de justiça recomenda ser menos injusto o ressarcimento fracionado entre os condôminos do que o dano concentrado na pessoa do vitimado passeador.

8. Pontes de Miranda, *Tratado de Direito Privado*, t. LIII, Rio de Janeiro, Borsói, p. 409.

9.9 Responsabilidade por ato ilícito do condomínio

[Publicado na *Tribuna do Direito* 201, janeiro/2010]

Inquestionavelmente, o dever de contribuir para as despesas de condomínio constitui a obrigação mais relevante de um condômino (cf. art. 1.336, I, do CC), uma vez que se destinam à manutenção e à administração do estado físico do edifício. Demais disso, preserva sua finalidade de servir a uma coletividade, cumprindo, assim, sua função social.

A relevância da obrigação de contribuir para as despesas de condomínio assumiu a natureza *propter rem*, por direta imposição do texto original do parágrafo único do art. 4º da Lei 4.591/1964, ao determinar que "a alienação ou transferência de direitos de que trata este artigo dependerá de prova de quitação das obrigações do alienante para com o respectivo condomínio". Embora com redação diversa, o mesmo conceito continuou prestigiado pelo atual Código Civil, ao determinar que: "O adquirente de unidade responde pelos débitos do alienante em relação ao condomínio, inclusive multas e juros moratórios" (art. 1.345).

Ensina Orlando Gomes que a natureza *propter rem* provém do direito real: "Quem quer que seja proprietário da coisa, ou titular de outro direito real, é, *ipso facto*, devedor da prestação". "A obrigação está vinculada à coisa."[9] Em decorrência da natureza *propter rem* das despesas de condomínio, a obrigação acompanha, de forma inseparável, o imóvel, pouco importando quem ostente a condição de proprietário ou qualquer outro título real. Em razão dessa característica, a jurisprudência tem denominado essa característica de "ambulatória".

Em face do interesse comum da coletividade que habita o edifício condominial, todos, sem exceção, se obrigam a contribuir para os custos condominiais. Basta ser condômino para suportar o custo condominial, "na proporção das suas frações ideais, salvo disposição em contrário na convenção" (art. 1.336, I, do CC). Repete o art. 1.334, § 2º, do CC o que já dispunha o art. 9º da Lei 4.591/1964: "São equiparados aos proprietários, para os fins deste artigo, salvo disposição em contrário, os promitentes compradores e os cessionários de direitos relativos às unidades autônomas". Essa relação é meramente exemplificativa, como já obser-

---

9. Orlando Gomes, *Direitos Reais*, 19ª ed., Rio de Janeiro, Forense, 2004, p. 24.

vava Nascimento Franco, devendo ser incluídos o usufruário, o nu-proprietário, o fiduciário, o promitente cessionário, o arrematante "ou qualquer outro titular de direito à aquisição das unidades autônomas do edifício, conforme se infere do § 4º do art. 12 da Lei 4.591".[10]

Se assim é exigido dos condôminos, seja qual for sua natureza, cabe ao condomínio, de seu lado, se desincumbir corretamente de suas funções administrativas. É que a obrigação de contribuir para as despesas de condomínio tem como contrapartida a prestação dos serviços de administração, manutenção, reparação, segurança, limpeza e iluminação de áreas comuns, além de um incontável número de outros benefícios, dos quais usufruem os que habitam os edifícios em condomínio. Por essa exata razão – alerta J. Nascimento Franco –, "é a posse direta do apartamento que torna o compromissário comprador responsável pelas despesas de condomínio, mesmo que não tenha sido ainda recebida qualquer escritura".[11] Igual entendimento manifesta o Des. Francisco Occhiuto Jr. quando pontifica: "Em princípio, a toda despesa deve corresponder uma contraprestação, ou seja, um serviço ou um benefício experimentado pelo condômino. Por igual, as despesas, em linha máxima, devem ser cobradas na proporção do serviço prestado ou do benefício obtido".[12]

Desses breves apontamentos infere-se que dois vetores básicos orientam, fundamentalmente, o critério de dimensionar, com isenção e correção, a extensão da responsabilidade do proprietário no atinente às despesas de condomínio: a *ocupação* da unidade e a *fruição* dos serviços e benefícios oferecidos pelo condomínio. Não importa se o novo adquirente (compromissário comprador, cessionário, compromissário cessionário, arrematante, herdeiro etc.) não ocupa a unidade condominial, *embora imitido em sua posse*. O que importa é que o condomínio tenha pleno conhecimento do novo morador e o imóvel se encontre inteiramente à sua disposição, nada impedindo que exerça a posse direta da unidade. Por isso, é sumamente óbvio que o novo adquirente seja o único responsável pelo pagamento das despesas de condomínio.

10. Nascimento Franco, *Condomínio*, São Paulo, Ed. RT, 1997, p. 214.
11. J. Nascimento Franco, *Condomínio*, 2ª ed., São Paulo, Ed. RT, 1999, p. 219.
12. Francisco Occhiuto Jr., "As despesas de condomínio e o chamado 'contrato de gaveta'", in José Roberto Neves Amorim e Francisco Antônio Casconi (coords.), *Condomínio Edilício – Aspectos Relevantes*, São Paulo, Método, 2005, p. 300.

Essa obviedade, porém, deixa de existir quando o próprio condomínio comete ato ilícito que inviabiliza, fisicamente, a ocupação do apartamento. É o caso, por exemplo, quando, por ação ou omissão, negligência ou imprudência (cf. art. 186 do CC), obras malconduzidas pelo condomínio na cobertura do prédio tornam, pela enxurrada constante de águas pluviais, impossível a utilização do apartamento imediatamente inferior. Neste caso, a responsabilidade indenizatória é do condomínio, enquanto não reposto o apartamento em seu *statu quo ante* de habitabilidade.

Releva considerar que se ao condômino, por ato ilícito do condomínio, não se oferecem condições normais de utilização de sua unidade condominial, não cabe ao morador atender às despesas condominiais diretamente decorrentes dessa utilização. Aliás, nem cabe aos demais condôminos, mas, sim, com exclusividade, à pessoa do síndico, por desrespeitar o encargo previsto no art. 1.348, V, do CC.

9.10 Execução milionária contra condomínio devedor

[Publicado na *Tribuna do Direito* 221, setembro/2011]

Na esteira de sedimentadas lições de doutrina, o art. 1.331 do CC adota e explica que o condomínio edilício se compõe de duas partes: propriedade exclusiva (apenas dos condôminos) e propriedade comum (de todos os condôminos). Segue-se que o condomínio edilício, como entidade jurídica ("pessoa formal"), é desprovido de patrimônio próprio. Nada é do condomínio. Tudo é dos condôminos. Quando o condomínio, com fundamento no art. 63, § 3º, da Lei 4.591/1964, adjudica a si uma unidade autônoma, a aquisição imobiliária beneficia a totalidade dos condôminos, muito embora nenhum destes tenha participado, pessoalmente, da ação judicial de cobrança. Nem se faz preciso que, individualmente, outorguem procuração específica ao síndico. Nem é exigível que se obtenha prévia autorização ou credencial de assembleia de condôminos para promover ou contestar ações judiciais, salvo eventual disposição contrária prevista na convenção.

Assim ocorre porque o síndico é mandatário de todos os condôminos, por força do disposto no art. 12, IX, do CPC e do art. 1.348, II, do CC. Como representante legal, o síndico detém poderes para outorgar procuração a advogado de sua confiança (*RT* 884/193), que fica credenciado a patrocinar os interesses condominiais em juízo. Se e quando o condomínio sai vitorioso na demanda (seja qual for sua natureza), é óbvio que todos os condôminos são os verdadeiros beneficiados. Igual critério há de ser observado na hipótese em que o condomínio é devedor. Assim, também ele é alcançado pelo art. 186 do CC quando condenado a responder por danos causados a terceiros. A jurisprudência é rica em retratar atos ilícitos que culminaram com a condenação do condomínio: detritos, por vezes tremendamente repulsivos, jogados por algum condômino em casa térrea vizinha; pessoa que cai no poço do elevador, por falta de manutenção; queda de objetos que atingem transeuntes, os quais podem ser alvos de uma simples moedinha de 50 centavos, como apontei na p. 153 do meu livro *Condomínio Edilício*;[13] danificação ou furto de automóvel por parte de empregado do condomínio ou, como recentemente foi largamente divulgado pelo REsp 1.081.432-SP, o caso de uma menina que ficou presa pelos cabelos no ralo do fundo da piscina, da qual foi retirada após perda de consciência, causando-lhe sequelas irreversíveis (estado vegetativo).

Se o ressarcimento imposto ao condomínio for de pequena monta, o caixa condominial, de per si ou com eventual reforço extraordinário, consegue facilmente responder à condenação. Mas se a condenação alcançar quantia estratosférica, de alguns milhões, a dificuldade de satisfazer o crédito do exequente assume proporções dramáticas. O quadro em foco supõe, em tese, que os bens materiais de propriedade comum são impenhoráveis ou insuficientes à garantia da constrição (por exemplo, equipamentos, elevadores etc.). Ora, se, de um lado, o credor não pode deixar de ser indenizado na extensão judicialmente decretada, de outro, cabe admitir que o condomínio devedor reúne e representa o patrimônio particular de cada um dos coproprietários. Vale dizer que a própria unidade condominial de cada um dos condôminos está sujeita a responder pelo crédito do exequente.

Claro é que, tal qual ocorre na hipótese de o condomínio ser credor, a responsabilidade de cada condômino, quando devedor, se limita à fração ideal de participação na comunidade condominial (cf. art. 1.336, I, do CC). Neste passo, cabe ao exequente penhorar todas as unidades do prédio, limitando a constrição à respectiva fração ideal, o que pode

---

13. V., nesta 2ª ed., acima, item 9.8.

complicar em demasia a execução tratando-se de edifício ou conjunto de edifícios com numerosos condôminos. Nesta hipótese mostra-se passível de aplicação, por analogia, a regra prevista no art. 1.318 do CC, que enseja a constrição de uma ou mais unidades em satisfação do crédito, ficando reservada aos atingidos a ação regressiva contra os demais.

É perfeitamente compreensível que cada condômino se sinta surpreendido (ou, mesmo, injustiçado) ao ser distinguido com a penhora de bens próprios. Possivelmente arguirá que não participou pessoalmente da ação, nem constituiu advogado de sua confiança; ou, então, que a convenção não prevê a possibilidade de seus bens individuais serem passíveis de constrição por dívidas comuns. A meu ver, a representação individualizada mostra-se desnecessária, a teor do disposto nos arts. 12, IX, do CPC e 1.348, II, do CC, que conferem ao síndico, regularmente eleito, a condição de representante legal do condomínio, ativa e passivamente. A convenção, a seu turno, jamais poderia excluir os condôminos de responder por dívidas comuns, por contrariar o art. 186 do CC. Em suma: em face do terceiro credor, todos os condôminos, indistintamente, respondem pela condenação, no limite de sua fração ideal.

Contudo, se o síndico não adotou as providências indispensáveis à segurança do edifício (por exemplo, não contratou o seguro do prédio, nem a conservação dos elevadores e demais equipamentos), deu margem ao surgimento de ato ilícito, capaz de gerar responsabilidade civil perante terceiros. Trata-se de falha grave do síndico no exercício da administração, que causa, em decorrência de ação ou omissão voluntária, negligência ou imprudência, dano a outrem. Vale dizer que, neste caso, a responsabilidade é de natureza personalíssima. Aí, além de sua destituição (art. 1.349 do CC), será o destinatário da ação regressiva que, na conformidade do previsto no art. 1.318, poderá ser assestada pelos condôminos inocentes.

9.11 Condomínio versus condômino (I)

[Publicado na *Folha de S. Paulo* em 5.1.1981]

Por razões que, agora e aqui, não cabe revelar, foi ajuizada contra condomínio, por um dos seus comunheiros, ação ordinária de rescisão de contrato, cumulada com pedido de indenização por perdas e danos.

Para sua defesa – claro é –, teve o condomínio de contratar advogado, cujos honorários foram previamente autorizados por assembleia-geral. E, desde que esses honorários constituem despesas comuns, que devem ser suportadas, indistintamente, por todos, também foram cobrados do condômino litigante-adversário. Este, porém, se recusou a contribuir com sua quota-parte, posto que seus interesses no litígio eram contrários aos do condomínio.[14]

O deslinde dessa controvérsia não foi exatamente tranquilo. Se, de um lado, defensável é o entendimento, nitidamente formal, no sentido de que para o atendimento das despesas dos honorários de advogado do condomínio "devem concorrer todos os condôminos", não menos válido é o argumento de que "constitui ilogicidade" pretender que o condômino pague os honorários do advogado contratado especialmente pelo adversário.

Tanto explica a falta de unanimidade dos votos quando do julgamento da apelação, o que propiciou a interposição de novo recurso (embargos infringentes), para reapreciação pelo Grupo de Câmaras.[15] Foi então que o argumento logístico acabou prevalecendo sobre o aspecto essencialmente formal da obrigação condominial. Levou-se em conta que a despesa honorária foi determinada não para obtenção de "simples parecer ou de arbitramento", mas, sim, porque existente entre as partes "dissensão manifesta". Guardadas as proporções, era como exigir do inimigo que durante a guerra custeasse a munição a ser empregada contra ele.

De fato, como concluiu a derradeira decisão: "A construção lógica, que deve imperar nos pronunciamentos jurídicos (...), não pode exigir que alguém contribua para sua própria destruição".

Não pode, contudo, esse posicionamento pretoriano passar a servir de modelo a ser imitado, invariavelmente, em todas as situações processuais nas quais se defrontam condomínio e condômino. Assim é que, quando se cobram de um condômino despesas normais, vencíveis perio-

---

14. Em grau de apelação, por maioria de votos, decidiu-se que: "Condôminos autores em ação contra o condomínio devem suportar a cota de despesas com advogado contratado para a defesa" (*RT* 515/134).
15. Na *RT* 528/314 foi publicado o acórdão dos embargos infringentes, relator o Juiz Andrade Vilhena, que os acolheu para declarar que: "Condôminos autores de ação contra o condomínio não devem suportar a cota de despesas com advogado contratado para a defesa".

dicamente, não se mostra aceitável o argumento. É verdade que, via de regra, nestes casos a retribuição honorária é posterior à cobrança judicial da dívida. Mas, ainda que se verificasse prévia e específica contratação, deve-se levar em linha de conta que aos demais condôminos (perfeitos cumpridores das obrigações) não se deve carregar o financiamento de custas e de honorários gerados pela necessidade de cobrança judicial.

Se todos os comunheiros ostentam iguais direitos e deveres, não se justifica tratamento desigual, que ameaça a estabilidade da comunhão. Nestas circunstâncias, a construção silogística da sentença também deve considerar a paz social do condomínio, seriamente abalada pelo condômino avesso à obediência das regras comuns.

Em verdade, todo esse problema já tem solução prevista na própria Lei de Condomínio, ao preconizar a formação do fundo de reserva, para o qual são carreadas todas as contribuições a ele destinadas, inclusive de condôminos infratores ou antagônicos aos interesses da maioria condominial. Basta, pois, aceitar a sábia recomendação da própria lei. Haverá conselho melhor?

9.12 Condomínio versus condômino (II)

[Publicado na *Folha de S. Paulo* em 23.11.1981]

Quando um condômino litiga com seu próprio condomínio, deve, ou não, suportar a quota de despesas geradas pela contratação do advogado para defesa do condomínio? O 1º TACivSP ainda não atingiu a uniformidade de entendimento. É verdade que nesses últimos três anos se verificou intensa mutação na composição de suas Câmaras Julgadoras, retirando a oportunidade de uma sedimentação jurisprudencial. Tanto é certo que neste último triênio essa matéria sempre provocou desencontradas opiniões, que podem ser reunidas em dois principais posicionamentos.

Diz uma corrente que "não seria razoável exigir-se do condômino que contribuísse para a formação do fundo destinado a pagar os honorários do advogado que resistirá aos seus próprios interesses, frente ao condomínio" (1º TACivSP, EI 241.808, rel. Juiz Andrade Vilhena, *RT* 528/115). Enquanto a outra sustenta que, embora possa parecer estranho, à primeira vista, "que alguém seja participante de gastos com ação promovida contra si mesmo, alimentando-a com seus próprios recursos", não se pode esquecer que, "diante de uma ação judicial em que contendem o condomínio e o condômino, um é estranho ao outro, como partes no processo" (1º TACivSP, ACi 272.749, rel. Juiz Raphael Gentil, *RT* 547/120).

Enfatizam aqueles que desobrigam o condômino de concorrer para os honorários do advogado da parte adversa ser inviável que o próprio vencedor "seja obrigado a contribuir para o pagamento da remuneração do advogado da parte contrária". A vitória alcançada pelo comunheiro identifica com quem estava a razão. Em consequência, se o direito do condômino vencedor não tivesse sido desrespeitado pelo condomínio não surgiria a necessidade da demanda, e o condomínio não teria necessidade de contratar advogado. Argumenta, ainda, essa mesma linha jurisprudencial que, "se, de um lado, o condomínio tem o direito de exigir do condômino o valor de sua quota nas despesas com a contratação do advogado, o condômino, por sua vez, que litiga contra o condomínio e que foi vencedor na demanda também tem o direito de exigir de volta esse mesmo valor líquido, a título de ressarcimento do dano ilícito, pois a demanda só existiu em razão do injusto praticado pelo condomínio contra o condômino".

O raciocínio da corrente primeiramente citada revela, de início, que "o condomínio, reunindo um conjunto de pessoas, atua em termos de interesses coletivos, determinados pela maioria das vontades, distribuindo entre elas os benefícios e vantagens, bem como os ônus e os prejuízos". Realmente, não deixa de ser curiosa a posição do condômino que confronta seu interesse com o da coletividade a que pertence. Ainda assim, salienta essa outra corrente que, tratando-se de deliberação de assembleia, a contratação do advogado deve prevalecer em face de todos, sem qualquer distinção.

Assim, partindo da premissa básica de que todos são iguais perante o condomínio, estabelece outro raciocínio, pela adoção de hipótese inversa: quando o condomínio é vencedor, e não vencido. Aí, deverá o condômino suportar a condenação imposta no litígio mas, em contrapartida, terá o retorno de sua quota-parte no rateio que o condomínio fizer entre todos os condôminos.

Como se percebe, defende esta última corrente a integridade do interesse condominial, inadmitindo qualquer segmento distinto. Vale dizer que o condômino, mesmo quando é parte adversa num processo, não deve ser contemplado com qualquer tratamento diverso, uma vez que continua integrante do condomínio.

Ocorre que os tribunais têm admitido tratamento distinto quando constatada a existência de interesse material que reclama proteção especial, ainda que conflite com a norma geral do condomínio. É o caso, por exemplo, da isenção de pagamento das despesas decorrentes da conservação dos elevadores já que de seu funcionamento não aproveitam as lojas térreas. E, embora a convenção condominial não preveja a dispensa desse encargo por parte das unidades localizadas no térreo, crescente jurisprudência vem se mostrando mais sensível ao atendimento desta isenção.

Certamente, essa posição mais liberal dos tribunais reflete o sábio conselho de que a igualdade, para ser atingida, reclama tratamento desigual mesmo tratando-se de componentes do mesmo condomínio.

9.13 Os honorários no confronto do condomínio com condômino

[Publicado na *Tribuna do Direito* 230, junho/2012]

Frequentes são as discordâncias de entendimento entre condôminos e síndico, gerando disputas judiciais da mais variada natureza, tais como: proibição de utilização comercial em prédios residenciais (*RT* 903/263); ocupação exclusiva de área comum por um condômino (*RT* 887/227, 878/195, 831/317); manter animal em apartamento residencial (*RT* 871/242, 850/240, 791/213); alteração de fachada (*RT* 871/372); anulação de assembleia-geral (*RT* 873/185, 855/284); anulação de dispositivo de convenção (*RT* 874/191); furto de bens (*RT* 878/211); e condenações indenizatórias pelos mais diferentes fundamentos, desde a queda de vasos na via pública até o vazamento do telhado de cobertura no apartamento inferior.

Todos esses embates judiciais fazem incidir a condenação do vencido em sucumbência, que, na clássica doutrina de Chiovenda, citado por Yussef Said Cahali, "é o fato objetivo da derrota que a legitima; a justificação desse instituto está em que a atuação da lei não deve representar uma diminuição patrimonial para a parte a cujo favor se efetiva. Por ser interesse do Estado que o emprego do processo não se resolva em prejuízo para quem tem razão e por ser interesse do comércio jurídico que os direitos tenham um valor, tanto quanto possível, nítido e constante".[16]

Na visão de Ovídio A. Baptista da Silva, "o princípio [*da sucumbência*] está comprometido com determinados valores do racionalismo moderno. A ideia que se oculta sob essa aparente objetividade do critério é a de que a parte sucumbente fora, no mínimo, imprudente ao dar causa à demanda, segundo o princípio, que as filosofias liberais do iluminismo enalteceram, de que a lei é suficientemente clara e transparente, e de que a ninguém é lícito ignorá-la".[17] Destas duas anotações sobressai a fonte indenizatória como justificadora da sucumbência. Vale dizer que a responsabilidade de ressarcimento deve ser debitada a quem injustamente deu causa à demanda.

Se a sucumbência deve ser suportada por quem injustamente deflagrou a demanda, depara-se com alguma dificuldade quando se cuida de conflitos judiciais instaurados entre condomínio e condômino. Essa questão foi enfrentada em dois artigos publicados no ano de 1981 (republicados no meu *Condomínio Edilício*, pp. 15-17),[18] onde tive a oportunidade de demonstrar a disparidade de entendimentos entre os magistrados. Escrevi, então: "Se, de um lado, defensável é o entendimento, nitidamente formal, no sentido de que para o atendimento das despesas dos honorários de advogado do condomínio 'devem concorrer todos os condôminos', não menos válido é o argumento de que 'constitui ilogicidade' pretender-se que o condômino pague os honorários do advogado contratado especialmente pelo adversário". "Guardadas as proporções", seria "como exigir do inimigo que durante a guerra custeasse a munição a ser empregada contra ele." Com efeito, contraria a lógica que se exija de alguém que "contribua para sua própria destruição".

Ocorre que, num condomínio, a premissa básica que rege as obrigações de seus integrantes é que todos são iguais em direitos e obrigações. Assim, enquanto o condomínio tem o dever de defender o interes-

16. Yussef Said Cahali, *Honorários Advocatícios*, São Paulo, Ed. RT, 1978, pp. 18-19.

17. Ovídio A. Baptista da Silva, *Comentários ao Código de Processo Civil*, vol. 1, São Paulo, Ed. RT, 2000, p. 119.

18. V., nesta 2ª ed., acima, itens 9.11 e e 9.12.

se comum, o condômino defende interesse particular restrito. Ainda que constituam, condomínio e condômino, no cenário processual, duas entidades distintas, e nesta hipótese adversas, não há como negar que o condômino tem o dever igual aos demais parceiros de contribuir para o caixa comum, seja qual for o destino de sua aplicação.

O argumento de que o condômino estaria municiando os honorários do advogado da parte adversa (do condomínio) não deixa de ser marcante, mas se ressente de maior consistência. Basta considerar as resultantes do confronto, observado sempre o princípio da igualdade condominial: (i) se o condomínio é vitorioso, a sucumbência é suportada exclusivamente pelo condômino, em benefício de toda a coletividade, do qual o próprio derrotado, como integrante, é também favorecido; (ii) e, se o condomínio é vencido, todos os comunheiros respondem pela sucumbência, inclusive o condômino vitorioso na causa.

Igual critério é observado, por sinal, pelos munícipes em face da Prefeitura. Muito embora todos os cidadãos sejam iguais perante a lei (art. 5º da CF), os honorários do advogado da Prefeitura são custeados indiretamente pelo cidadão, enquanto este, necessariamente, deve suportar com seus próprios recursos o patrono que constituir nessa demanda. Como se vê, não cabe a alegação de que o munícipe, ao recolher os tributos municipais, está municiando a parte adversa com armamentos destinados a combater seus interesses pessoais. Guardadas as proporções, é exatamente o que se verifica no âmbito condominial.

Se outrora manifestei algum crédito à corrente jurisprudencial que entendia dever excluir o condômino da contribuição obrigatória para custear os honorários do patrono da parte adversária, hoje afasto peremptoriamente esse entendimento.

9.14 O dano moral no condomínio

[Publicado na *Tribuna do Direito* 235, novembro/2012]

Os sentimentos negativos de dor, de sofrimento, de profundo constrangimento ou de contínuo massacre espiritual podem ser e são gerados em todas as esferas de convivência humana. Não fogem a esse estigma os condomínios, que concentram em seus limitados espaços a presença coletiva de seus moradores e/ou de profissionais. Tanto explica a frequência das desavenças entre condôminos na utilização das áreas comuns, especialmente das garagens, das piscinas, dos salões de jogos e de ginástica. Mais frequentes, porém, são os desentendimentos entre condôminos e síndicos em decorrência do comando que estes exercem na condução da vida condominial. Serve de exemplo recente decisão proferida na ACi 0023698-80.2010.8.26.0003 pela 26ª Câmara de Direito Privado do TJSP, que tratou da equivocada determinação da administração condominial ao protestar título (boleto de despesas de condomínio). O acórdão, relatado pelo Des. Antônio Nascimento, identificou não somente a ilicitude da ordem indevida do protesto, mas a consequência prejudicial acarretada aos condôminos: "Diante da confissão expressa, não há como se afastar a responsabilidade do condomínio pelos dissabores experimentados pelos autores (condôminos)". Daí ressaltar, em conclusão, que "os danos gerados pela indevida inclusão de nome no rol dos maus pagadores são *in re ipsa*, independendo, pois, de prova quanto à sua ocorrência". Numa palavra: o acórdão caracterizou os prejuízos causados à imagem dos condôminos como "dano moral" e quantificou em dinheiro os injustos dissabores sofridos, condenando o condomínio a lhes pagar a indenização ali fixada. Invocou-se, como de rigor, a teoria da responsabilidade civil para a proteção dos lesados injustamente. Bem a propósito, o acórdão citado lembra expressamente que: "A responsabilidade civil, pelo nosso ordenamento jurídico, exige tríplice concorrência: do prejuízo à vítima, do ato culposo do agente e do nexo de causalidade entre o dano e a conduta do agente (art. 186 do atual CC). Significa que a mesma construção probatória que serve de base à apuração e à indenização dos danos materiais é a fomentadora da consequente indenização do dano moral.

Mostra-se oportuno lembrar que o ressarcimento por danos extrapatrimoniais constitui conquista recente do ordenamento jurídico. É certo que a Constituição de 1988 consagrou definitivamente a indenização do dano moral (art. 5º, V e X). Antes, porém – como anota Maria Cristina da Silva Carmignani, em excelente estudo denominado "A evolução histórica do dano moral"[19] –, a despeito da tradicional e forte oposição dos eméritos negativistas (Lafayette, J. X. Carvalho de Mendonça e Lacerda de Almeida), leis especiais passaram a prever a reparabilidade em

---

19. Maria Cristina da Silva Carmignani, "A evolução histórica do dano moral", *Revista do Advogado* 49, São Paulo, AASP, dezembro/1996.

dinheiro por prejuízos morais. Nesta direção anota aquela autora a Lei de Imprensa, o Código Brasileiro de Telecomunicações, o Código Eleitoral, a Lei dos Direitos Autorais, todos editados nas décadas de 1960 e 1970, que constituíam, então, o esteio legal, não previsto no Código Civil de 1916, para a condenação por lesões à personalidade derivadas de ofensas aos direitos morais. Paralelamente, o Pretório Excelso passou a repercutir a tendência cada vez mais presente de reconhecimento não somente da identificação do dano moral, como da necessidade de esse ato ilícito gerar indenização, compatível não só com a gravidade do dano, mas também com a possibilidade econômica do agente. Remonta a esse período a edição da Súmula 491: "É indenizável a morte do filho menor, mesmo que não exercesse trabalho remunerado". Com essa nova inteligência, sobrevieram no STF condenações de ressarcimento em outros ilícitos que enlameiam a honra e a dignidade da pessoa humana.

Em face desta evolução histórica do dano moral, não surpreende – antes, confirma – a decisão proclamada pela 3ª Turma do STJ, em 26.6.2012, no REsp 1.313.641, cujo acórdão foi relatado pelo Min. Sidnei Beneti. Nesse julgamento examinou-se questão que o próprio acórdão resume: "A infiltração no teto do apartamento da autora, por longo período de tempo, provocada e perpetuada por conduta culposa da recorrida é suficiente para causar dano moral passível de reparação?". De pronto, ressalvou que não se cuidava de aborrecimentos comuns ou de meros dissabores normais, como decorre, por exemplo, do barulho decorrente de reformas em unidade condominial vizinha. Na espécie, ao contrário, verificava-se deliberada resistência da titular da unidade superior em proceder aos reparos indispensáveis à eliminação do contínuo gotejamento de líquidos no teto do apartamento imediatamente inferior. Não se faz preciso muita imaginação para vislumbrar a dimensão do irritante incômodo provocado pelo contínuo pinga-pinga sobre móveis e utensílios da casa, quando não sobre as cabeças de seus moradores. Daí ressaltar o acórdão: "Vale lembrar que a casa é, em princípio, lugar de sossego e descanso, se o seu dono assim o desejar. Não se pode, portanto, considerar de somenos importância os constrangimentos e aborrecimentos experimentados pela recorrente em razão do prolongado distúrbio da tranquilidade nesse ambiente – sobretudo quando tal distúrbio foi claramente provocado por conduta negligente da ré e perpetuado pela inércia e negligência desta em adotar providência simples, como a substituição do rejunte do piso de seu apartamento".

Diante desse cenário, identificou o julgado "verdadeiro dano a *direito de dignidade*, passível de reparação por dano moral". A sábia decisão de respeito à dignidade da pessoa humana lembra a lição do saudoso Carlos Alberto Bittar ao alertar que os danos morais derivam dos que "atingem os aspectos mais íntimos da personalidade humana".[20]

---

20. Carlos Alberto Bittar, *Reparação Civil por Danos Morais*, 2ª ed., São Paulo, Ed. RT, 1994, p. 41.

Capítulo 10
Direito de Vizinhança

10.1 Condômino inconveniente. 10.2 O tormento do condômino nocivo. 10.3 O caso da proibida instalação de "repúblicas" em apartamentos. 10.4 Vazamento no forro. Problema do vizinho. 10.5 O condomínio e a locação nociva de condôminos.

10.1 Condômino inconveniente

[Publicado na *Folha de S. Paulo* em 22.12.1980]

No Título I da Constituição, "Dos Direitos e Garantias Fundamentais", vem assegurado o direito de propriedade, salvo o caso de "desapropriação por necessidade ou utilidade pública, ou por interesse social, mediante prévia e justa indenização em dinheiro".

A garantia constitucional certamente explica a falta de previsão na Lei de Condomínio de sanções mais severas contra o condômino que acha de usar seu apartamento de forma inconveniente, comprometendo a tranquilidade dos demais moradores e a moralidade do prédio.

Realmente, depois de a disposição legal prevenir que a unidade condominial deve ser usada segundo "as normas de boa vizinhança", de sorte a "não causar dano ou incômodo", adverte que "a violação de qualquer dos deveres estipulados na convenção sujeitará o infrator à multa fixada na própria convenção ou no regimento interno, sem prejuízo da responsabilidade civil ou criminal que no caso couber" (Lei 4.591/1964, art. 21).

As sanções legais preconizadas não interferem com o direito de propriedade. Ao contrário, respeitam-no por inteiro, na medida em que não contêm qualquer ingrediente capaz de obstar ao perfeito exercício do direito de possuir ou de dispor da unidade condominial. Esta fragilidade legal foi sentida e denunciada por Nascimento Franco já há alguns anos, ao observar: "Possivelmente o legislador não quis enfrentar o problema, temeroso de ferir o direito de propriedade sobre as partes privativas do edifício. Rigoroso em outros pontos, o legislador foi muito tímido ao regular a utilização do apartamento da porta para dentro".[1] Tanto é certo que, em caso recente, quando um apartamento de edifício residencial, situado na Capital de São Paulo, passou a ser intensa e ostensivamente frequentado por "travestis", cuja conduta atentava contra a "decência", o decoro e a honorabilidade dos lares estruturados no condomínio, à Justiça não se ofereceu arma suficientemente poderosa para extirpar, de vez, o mau condômino do prédio, como é facultado em algumas legislações estrangeiras.

Frente a comportamento tão aviltante aos bons costumes, obteve-se, contudo, graças à versatilidade da advocacia indígena e à arguta sensibilidade jurisdicional, remédio inusitado, mas de pronto efeito: valendo-se da regra geral que permite a interdição de prédio "para resguardar a saúde, a segurança ou outro interesse público", foi determinada a desocupação do apartamentos, "permanecendo tal unidade interditada ao uso a que vem se destinando".

O remédio jurídico, todavia, não passa de paliativo, de efêmera duração, já que a legislação pátria veda a alienação compulsória da unidade condominial, como ocorre nas ações de desapropriação.

Isto quer dizer que, satisfeitas as multas, atendidas as indenizações e superadas eventuais penalidades criminais, o condômino de conduta vil poderá voltar a se utilizar do apartamento, por ser de sua propriedade. E, se não tiver perdido os maus costumes, tudo novamente tornará a acontecer.

Por isso é que Nascimento Franco já alertava sobre a sempre atual necessidade de que "os condôminos sacrificados possam afastar do edifício o comunheiro nocivo". Essa recomendação já data de quase 10 anos. De lá para cá os costumes mais ainda se deterioraram, mas o Poder Judiciário continua sem munição própria para guerrear o mal.[2]

1. Nascimento Franco, "Exclusão de condômino nocivo à tranquilidade da convivência condominial", *RT* 444/251, São Paulo, Ed. RT.
2. O Código Civil de 2002 mostrou-se temeroso em arranhar o direito de propriedade, a ponto de sequer possibilitar o afastamento temporário do condômino no-

10.2 O tormento do condômino nocivo

[Publicado na *Tribuna do Direito* 161, setembro/2006]

Não deixa de constituir penalidade severa a multa diária no valor de R$ 1.000,00 aplicada a condômino à guisa de pena pecuniária pela utilização de unidade condominial para o exercício de atividade ilícita (prostituição). Foi a sanção máxima imposta pelo Tribunal do Rio de Janeiro em ação de obrigação de não fazer, diante da falta de previsão legal, que não admite outro castigo senão a pena pecuniária (*RT* 828/380).

A questão do condômino nocivo foi e continua sendo um tormento para os juristas de todos os rincões, em todos os tempos, e de todos os matizes sociais. Há quase 30 anos Nascimento Franco registrava na *Enciclopédia Saraiva de Direito*, vol. 17, p. 457, que o legislador da Lei 4.595/1964 (Lei de Condomínio e Incorporação Imobiliária) "não quis enfrentar o problema, temeroso de ferir o direito de propriedade sobre as partes privativas do edifício. Rigoroso em outros pontos, o legislador foi muito tímido ao regular a utilização do apartamento da porta para dentro". Por isso mesmo, exultou quando ocorreu inédita interdição de uso de unidade autônoma por decisão do Dr. Luiz Pantaleão, então Juiz da 24ª Vara Cível de São Paulo. Recomendava, então, que: "Na falta de texto legal pertinente, cabe à jurisprudência supri-lo".[3]

De igual entendimento também se manifestou João Baptista Lopes, que chegou a sugerir, *de lege ferenda*, "a inserção de disposições mais rigorosas, a exemplo do que ocorre em outros Países, pondo os condôminos a salvo da presença indesejável de indivíduos nocivos à tranquilidade geral".

Não foi, porém, o que aconteceu. O Código Civil de 2002, como alertam Carlos Alberto Dabus Maluf e Márcio Antero Motta Ramos Mar-

civo, como forma de impedir o uso ilícito ou imoral da unidade imobiliária. Alerta João Baptista Lopes: "O Código Civil (2002) prevê a punição dos condôminos nocivos com a imposição de pesadas multas (arts. 1.336 e 1.337), mas não a expulsão" (*Condomínio*, 10ª ed., São Paulo, Ed. RT, 2008, p. 174). Em obra coletiva, deplora o Des. Renato Sandreschi Sartorelli: "É lamentável que não haja no ordenamento pátrio medida efetiva para assegurar ao condomínio a exclusão definitiva do condômino nocivo ou, ao menos, a privação temporária do uso da unidade autônoma – a exemplo do que ocorre na Argentina e na Espanha" (*Condomínio Edilício, Aspectos Relevantes – Aplicação do Novo Código Civil*, São Paulo, Método, 2005, p. 233).

3. Nascimento Franco, *Condomínio*, São Paulo, Ed. RT, 1982, p. 88, e 1997, p. 186.

ques,[4] apenas inovou como dever explícito (mas não implícito) dos condôminos a preservação dos bons costumes (art. 1.336, IV). Sua inobservância, porém, caracterizada "por seu reiterado comportamento antissocial", gerando incompatibilidade de convivência com os demais condôminos, propicia tão somente a complicada aplicação da multa correspondente ao décuplo das despesas condominiais (art. 1.337, parágrafo único).

A explicação dessa resistência reside, certamente, no fato de o nosso direito de propriedade ser absoluto, exclusivo e perpétuo. É absoluto, por se ter o direito de usar, gozar e dispor da coisa, até o ponto em que colide com o interesse público. É exclusivo, por se exercer o direito sem a participação de outrem; e é perpétuo, por ficar subordinado à vontade de seu titular, até que surja causa legal de extinção. Como se vê, o modelo adotado pela Constituição de 1988 reflete fielmente as características do direito absoluto de propriedade, ainda que abrandado pela sua função social (cf. art. 5º, XXII e XXIII). Em outras palavras: o direito absoluto de usar, gozar e dispor de seus bens tem de ser exercido – na feliz expressão de Washington de Barros Monteiro – como "direito de usar sem abusar, o de usar sem ferir interesses sociais". Mostra-se, assim, adequada a clássica ilustração política de que, tratando-se de propriedade, é como tocar um violino: "Pega-se com a esquerda e toca-se com a direita" – como anotamos nos *Estudos em Homenagem ao Professor Miguel Reale*.[5]

Diante desse vigoroso obstáculo legal, a exclusão do condômino nocivo, à moda suíça, depende, necessariamente, de uma revolucionária alteração constitucional legislativa, restrita, porém, à seara do condomínio edilício. Até a suspensão temporária do exercício da posse direta (equivalente à expulsão espanhola durante longo período) não tem, entre nós, previsão legal. Daí se constatar ser bastante vulnerável a proteção do condomínio ao se defrontar com a utilização de unidade condominial de forma agressiva aos bons costumes.

Demais disso, há a considerar a dificuldade em se catalogar, nos dias que correm, com alguma precisão quais os atentados "à preservação

---

4. Carlos Alberto Dabus Maluf e Márcio Antero Marques, *O Condomínio Edilício no Novo Código Civil*, São Paulo, Saraiva, 2004, p. 67.

5. Domingos Franciulli Neto, Gilmar Ferreira Mendes e Ives Gandra da Silva Martins Filho (coords.), *O Novo Código Civil – Estudos em Homenagem ao Professor Miguel Reale*, São Paulo, LTr, 2003, p. 987.

dos bons costumes" e quais "os comportamentos antissociais". Para essa classificação pouco importa se o edifício é de natureza residencial ou comercial. O que importa é a defesa da moralidade dos condôminos e a preservação da probidade do edifício. A visita assídua, porém discreta, de um ou de uma amante a um condômino, homem ou mulher, que mora sozinho certamente não há de merecer a aprovação de conduta social clássica. Nem por isso configuraria "reiterado comportamento antissocial", a ponto de ser contemplado com a sanção pecuniária preconizada pelo parágrafo único do art. 1.337 do CC. Por outro lado, merece irrestrita reprovação quando a unidade condominial é destinada à exploração de lenocínio, ainda que seja conduzida com discrição. Mas, aí, a penalidade máxima se restringe às famosas *astreintes*. E, se o custo-benefício dessa penalidade compensar a continuidade dessa prostituição, a legislação é que fica desmoralizada. Daí a necessidade de uma reação legislativa.

10.3 O caso da proibida instalação de "repúblicas" em apartamentos

[Publicado na Folha de S. Paulo em 1.3.1982]

Em edifício de apartamentos destinado exclusivamente a fins residenciais a convenção proíbe o uso de apartamentos para "repúblicas", quer sejam de estudantes ou não. Não parecem subsistir dúvidas de que a objeção convencionada é lícita, por ter sido imposta pelos próprios condôminos. Não há que se falar, portanto, em qualquer atentado ao sagrado direito de propriedade.

O que importa é analisar a infração condominial sob o aspecto do mau uso do apartamento. Se for praticada diretamente pelo proprietário, as sanções legais disponíveis (inegavelmente tímidas) não chegam a ponto de forçar sua exclusão do condomínio. De fato, a consequência extrema é a que vem autorizada pelo art. 21 da Lei do Condomínio, que sujeita "o infrator à multa fixada na própria convenção ou no regimento interno, sem prejuízo de responsabilidade civil ou criminal que, no caso, couber".

Mas, se a legislação, em respeito ao direito de propriedade, não autoriza a venda compulsória do apartamento como forma de excluir da comunhão o condômino infrator, o mesmo não ocorre quando o mau uso é praticado pelo inquilino. Mesmo porque todo e qualquer ocupante do apartamento (a título de locação, inclusive) é obrigado a respeitar todas as normas que regulamentam o uso do apartamento alugado. E, se não respeita, comete infração contratual.

As sanções geradas por essa infração devem ser aplicadas diretamente pelo síndico, e não podem extrapolar as reduzidas dimensões do citado art. 21. Quer isto dizer que o síndico não tem autoridade para extirpar do edifício o inquilino pernicioso, por falta de amparo legal. Mas o proprietário desse apartamento, ou seja, o locador do mau inquilino, pode. Em verdade, apenas ele, condômino-locador – e mais ninguém – pode despejar seu inquilino por infringir obrigação contratual.

Mas se o proprietário-locador do apartamento se recusa a despejar o inquilino pernicioso, pode esse condômino ser compelido pelo condomínio a mover ação de despejo contra seu locatário, pelo mau uso do apartamento?

Em julgamento relativamente recente decidiu, por maioria de votos, o 1º TACivSP que o condômino não pode ser instado pelo condomínio a despejar seu inquilino em virtude do mau uso do apartamento. Assim, conclui, ao apreciar o mau uso do apartamento pela instalação de uma "república" de estudantes, que: "A ação pelo mau uso da unidade do prédio, entretanto, não deve ser dirigida contra o proprietário, mas contra quem a utilize, seja ou não condômino". E como, no caso, a responsabilidade pela instalação da "república" no apartamento não é do condômino-locador, mas, sim, do seu inquilino, "contra este é que deverá ser dirigida a pretensão" (ACi 280.612, rel. Juiz Rangel Dinamarco, j. 17.12.1980).

Ora, a ação que o síndico pode dirigir contra o inquilino de um apartamento pelo seu mau uso não objetiva seu desalojamento, como no despejo. "Poderá, por exemplo, ser ele compelido a desfazer a 'república' ali instalada, sob cominação diária; poder-se-á também, talvez, cogitar de medidas de execução específica, impeditivas de circulação dos membros de tal 'república'."

Segue-se que a permanência da "república" em edifício que proíbe expressamente sua instalação ficará na dependência direta da capacidade de exaustão dos estudantes, a qual se desdobrará em dois planos: no financeiro, em face das multas diárias, e no físico, em face das manobras impeditivas de acesso ao apartamento dos membros da "república".[6]

---

6. O mesmo tema foi apreciado pelo 2º TACivSP em ação declaratória que objetivou a anulação de norma convencional que proibia, pura e simplesmente, a lo-

A despeito do melhor preparo físico dos estudantes, parece que, mesmo assim, hão de levar a pior.

10.4 Vazamento no forro. Problema do vizinho

[Publicado na *Folha de S. Paulo* em 17.11.1980]

O fato de se constatar vazamento de água no forro de apartamento não indica, necessariamente, que o responsável único por esse prejuízo deva ser o condômino de cima. Não resta dúvida de que o vizinho imediato do pavimento superior é o "suspeito número 1", já que na maioria das vezes essa infiltração provém de ramais particulares, e não de condutor-tronco do edifício.

Ainda assim, pretender responsabilizar diretamente o vizinho tão só por ser o mais próximo traz, em si, duas principais desvantagens: uma, a de perder a amizade (se é que havia) ou ganhar a inimizade (se é que não havia), e outra, de perder a ação judicial, por ficar provado que o defeito se localiza em conduto coletivo – hipótese em que cabe ao condomínio responder pelos danos causados.

Frente a situação tão incômoda, em que o bom relacionamento com os vizinhos há de ser preservado, como preservada também há de ser a integridade do próprio imóvel, prevê a lei condominial a intervenção do síndico. É que a ele incumbe a administração geral do edifício. Em consequência, deve exercer a polícia interna do condomínio, defendendo a moralidade de comportamento, a segurança do prédio e, ainda, "os serviços que interessam a todos os moradores".

Ao síndico, pois, os problemas. Quaisquer problemas, mesmo os de infiltração de água em unidades privativas. Para tanto, deve, em primeiro lugar, cuidar da identificação da causa geradora do vazamento, principalmente quando o vizinho (o "suspeito número 1") resolve impedir o diagnóstico técnico. Em seguida, claro, lhe cabe adotar as medidas destinadas

cação da unidade a "repúblicas de estudantes". Sustentou o acórdão, da lavra do Juiz Peçanha de Moraes: "A despeito de a assembleia condominial ser soberana, essa soberania não é absoluta, porque sujeita aos preceitos legais vigentes". Neste passo, invocou o art. 5º, XLI, da CF, que prevê punição de "qualquer discriminação atentatória dos direitos e liberdades fundamentais", para asseverar ser "intolerável a cláusula que proíbe o proprietário de exercer seu direito de 'usar, gozar e dispor de seus bens', como consagra a mesma Constituição (art. 5º, XXII)" (*RT* 779.277).

a reparar o defeito. Se localizado em conduto-tronco a responsabilidade é do condomínio, que suportará os prejuízos. Mas se o tal "condômino de cima" for o responsável, mesmo assim, um bom síndico tem por dever atuar de forma impessoal e objetiva. Assumirá a iniciativa de resolver também esse problema, fazendo com que seja consertado o vazamento, cujas despesas levará a débito da conta do condômino dissidente.

O que não se admite ao síndico é falhar no seu dever de vigilância. Mais grave ainda é, quando instado a intervir, se omitir, deliberada e comodamente. Dessa omissão culposa poderão resultar, a terceiros, acidentes e prejuízos patrimoniais, que deverão ser ressarcidos exclusivamente pelo condomínio. Não importa, nesse contexto, se o vazamento é consequente de culpa com que se houve a construtora do prédio. Isto é outro problema, mais distante, a que o síndico deve atender, posteriormente, pelo exercício do chamado direito de regresso.

De pronto, porém, o que o síndico não pode é deixar de promover a obra necessária. Se assim não proceder, poderá acabar criando novo problema (desta feita, para si mesmo), qual seja: o de ser responsabilizado pelos condôminos por se ter omitido, quando lhe era defeso fazê-lo.

Apenas na hipótese de os condôminos se mostrarem igualmente omissos é que serão todos merecedores dos problemas. Neste caso, é inegável, farão jus ao síndico que têm.

10.5 O condomínio e a locação nociva de condôminos

[Publicado na *Tribuna do Direito* 224, dezembro/2011]

Já tive oportunidade de afirmar nesta mesma *Tribuna do Direito*, em artigo reproduzido no meu *Condomínio Edilício* (p. 159),[7] que "o modelo adotado pela Constituição de 1988 reflete fielmente as características do direito absoluto de propriedade, ainda que abrandado pela sua função social (cf. art. 5º, XXII e XXIII)". Exatamente por conta desta conceituação absolutista é que em nosso Direito, ainda quando o condômino abusa do direito de ser proprietário e ofende, com utilização nociva, sua função social, fica sujeito apenas à multa preconizada no parágrafo único do art. 1.337 do CC, por mais grave que seja a destinação imprópria que implantou. No caso então enfocado restou patente

---

7. V., acima, o item 10.2.

que a penalidade pecuniária aplicada se mostrava inócua diante do resultado lucro-benefício auferido pelo próprio condômino na exploração do lenocínio.

Claro é que a penalidade prevista se mostra frágil para debelar o uso degenerado da propriedade. É desprovida totalmente de força jurídica para proteger a sintonia que deve prevalecer "entre a fruição individual do bem e o atingimento da função social". "Só esta harmonia e compatibilização – alerta Celso Ribeiro Bastos – podem explicar o desenvolvimento econômico dos Países que privilegiam o capital aberto". "A função social visa a coibir as deformidades, o teratológico, os aleijões, digamos assim, da ordem jurídica." Em verdade, a sanção pecuniária prevista no art. 1.337 do CC trata do efeito (da imoralidade, da deformidade da utilização, do exagero ilimitado do uso etc.), e não da causa (da propriedade condominial). O problema, portanto, não é resolvido pela multa, mas, sim, pela exclusão do condômino nocivo ou, no mínimo, pela suspensão definitiva ou provisória do titular da propriedade.

Mas, se é certo que a legislação pátria, ao contrário da de outros Países, não dispõe de munição apropriada para fulminar a titularidade dominial de condôminos nocivos, também certo é que assim não se verifica no atinente ao exercício da faculdade de usar, conferida pelo art. 1.228 do CC. O direito de fruição garantido pelo inciso I do art. 1.335 não somente tem por limite seu inciso II (usar conforme sua destinação, sem prejudicar os demais moradores), como o inciso IV do artigo seguinte (art. 1.336), que impõe ao condômino o dever de usar sua unidade de maneira a não prejudicar o "sossego, salubridade e segurança", bem como observar, nessa utilização, os "bons costumes". Além dessas balizas gerais, a convenção, certamente, como é de praxe, costuma estabelecer iguais ou mais rigorosas regras de comportamento que atingem não somente os moradores do edifício, como também terceiros que adentram em seu território, como efeito *erga omnes* do seu registro imobiliário.

Nessa categoria de terceiros estão, obviamente, incluídos os locatários, com os quais – cabe reconhecer – a direção do condomínio não estabelece nenhuma relação jurídica direta, tal qual existe com o condômino-locador. Ainda assim, os locatários, por adesão tácita, mesmo que o contrato de locação assim não tenha expressamente consignado, são obrigados a cumprir todos os mandamentos legais e convencionais que atingem o próprio condômino-locador. Com efeito, se ao condômino é vedada a exploração de lenocínio; se não pode estabelecer uma escola de música ou de qualquer outra finalidade; se não pode explorar o jogo de carteado ou um cassino, segue-se, a toda evidência, que a seu inquilino são igualmente proibidas essas práticas abusivas, ilícitas ou não.

Diante desse panorama, três são as situações processuais que podem se apresentar: (i) o condômino-locador, alertado pela administração condominial, toma a iniciativa judicial de romper o contrato de locação, configurada a infração contratual; (ii) o condômino-locador, embora alertado, mostra-se brando, compassivo ou, mesmo, omisso, de sorte a não ser interrompido o recebimento da renda locativa – pelo quê a administração condominial comina ao condômino-locador a obrigação de ajuizar ação de despejo contra seu inquilino infrator; (iii) e a administração condominial ajuíza contra ambos (condômino e seu inquilino) ação destinada a afastar a locação do seu edifício. Na hipótese "(i)" a relação jurídica foi pactuada entre as partes: condômino e seu locatário. Na hipótese "(ii)" a relação jurídica existe pela vinculação direta do condômino, por adesão ao sistema condominial. Mas na hipótese "(iii)" inexiste relação jurídica direta entre o condomínio e o locatário de condômino, o que pode levar alguns juristas a questionar sobre sua legitimidade processual.

A meu ver, embora inexistente relação pactuada entre o condomínio e o inquilino de condômino, há uma vinculação jurídica estreita, ditada pela função social da propriedade (art. 5º, XXIII, da CF), que obriga o morador condominial ao rigoroso respeito das normas de conduta acima indicadas. A tácita adesão do locatário às restrições impostas pela lei e pela convenção justifica a legitimidade processual do condomínio, que tem por objetivo o afastamento do elemento pernicioso do seu convívio. Se nosso ordenamento jurídico não é dotado de ferramentas capazes de excluir o condômino nocivo do grupo proprietário, certamente é dotado de suficiente poder social para afastar da propriedade a utilização perniciosa de um locatário nocivo.

Capítulo 11
Fachadas

11.1 Quando as fachadas são alteradas. 11.2 Ar-condicionado. Compromete segurança. 11.3 As sacadas e o novo Código Civil.

11.1 Quando as fachadas são alteradas

[Publicado na *Folha de S. Paulo* em 7.4.1980]

Por constituir a fachada de um edifício um todo uniforme, de inegável individualidade arquitetônica, veda a lei sua alteração por iniciativa isolada de um condômino. É indispensável que obtenha a aquiescência unânime dos coproprietários para que seja modificada a forma externa do prédio. Quer a lei, assim, preservar a pureza da criação ornamental, por constituir bem comum, cabendo a cada comunheiro conservar a inalterabilidade da fachada na porção correspondente à sua unidade.

A alteração da forma externa do edifício pode ser efetivada pela introdução ou substituição de desenhos, de novos materiais e acabamento ou, mesmo, pela simples modificação das cores. Os tribunais têm preservado a criação arquitetônica original e repelido a alteração sempre que algum prejuízo estético ao edifício é constatado, gerando desrespeito ao interesse coletivo. Como os condôminos não podem alegar ignorância quanto às características da construção original, não lhes é lícito alegar questões de segurança durante a posterior utilização do apartamento. Qualquer alteração, ainda que mínima, não pode decorrer do arbítrio individual, já que repercute diretamente na harmonia do conjunto arquitetônico, que interessa, como bem comum, a todos os condôminos.

Tanto explica a rejeição à implantação de grades de proteção em janelas ou em terraços sob o pretexto de não conferirem perfeita segurança, especialmente quando ali residem crianças. As decisões pretorianas nunca transigiram, uma vez comprovada a quebra da harmonia arquitetônica pela introdução de grades de proteção, sempre consideradas como elementos estranhos à composição original da fachada.

Mas se a alteração se verifica em área interna de iluminação já se tolerou, por exemplo, a substituição de elementos vazados por vitrôs. Bem menos rigorosa se tem mostrado a atitude dos tribunais pela permissão de instalação de aparelhos de ar-condicionado desde que obedeçam, na sua colocação, às normas da boa técnica e não agridam o plano estético da edificação. Nesse sentido, aliás, é a recomendação de Nascimento Franco e Nisske Gondo quando sustentam que "a utilização do edifício deve adaptar-se às inovações criadas pelo progresso, através dos instrumentos de conforto, que diariamente se vão incorporando à vida moderna, e que não podem ser usufruídos sem alteração da estrutura dos prédios já construídos"[1] – reagindo, assim, com ponderável dose de bom-senso, à restrição generalizada da lei.

Contudo, a mitigação desse rigor não deve agasalhar condutas abusivas dos condôminos. O comportamento que se mostra mais recomendável em edifícios que não previram soluções padronizadas para instalação de condicionadores de ar consiste em promover a planificação geral dessas instalações, de sorte a evitar as mais variadas e curiosas implantações. Para tanto não é preciso, sequer, o consenso unânime dos condôminos. Se a Justiça reconhece a um só condômino o direito de regular a temperatura de seu ambiente íntimo, não se deve fazê-lo depender de unanimidade condominial, sempre difícil de ser alcançada.[2]

Mesmo porque, apesar das extraordinárias inovações criadas pelo progresso, o aprimoramento do mecanismo do bom-senso não depende do avanço científico.

1. Nascimento Franco e Nisske Gondo, *Condomínio em Edifícios*, 2ª ed., São Paulo, Ed. RT, 1978, p. 280.
2. O Código Civil de 2002 renovou a proibição de "não alterar a forma e a cor da fachada, das partes e esquadrias externas" (art. 1.336, III). A jurisprudência, todavia, tem abrandado o rigor da lei, permitindo, excepcionalmente, fechamento de varandas ou terraços por vidraças, cuja transparência não compromete a harmonia arquitetônica do edifício.

11.2 Ar-condicionado. Compromete segurança

[Publicado na *Folha de S. Paulo* em 15.2.1982]

Até há pouco a instalação de aparelhos de ar-condicionado em local não especialmente reservado na fachada do prédio suscitava oposição ao condômino, com base na inalterabilidade da fachada. Contudo, esse rigor na preservação da pureza estética do edifício foi gradualmente reduzido pelo entendimento mais liberal de nossos tribunais.

Assim, ainda nos idos de 1969 o Tribunal de Alçada do Estado da Guanabara/TAGB já sustentava que "a incrustação na fachada do edifício de aparelho de ar-condicionado não importa em comprometimento estético ou de segurança quando obediente aos preceitos de boa técnica". E, se a convenção de condomínio é omissa quanto à instalação desses aparelhos, cabe ao condomínio regulamentar esse benéfico produto da técnica moderna, e não simplesmente proibir a possibilidade de usufruir.

Essa solução do Tribunal carioca – aliás, bastante compatível com o ambiente tropical de nosso meio – tem preponderado, de certa forma, não só entre comentadores como na jurisprudência. Todavia, fundamento novo, de especial relevância, vem de ser invocado para obstar à implantação de aparelhos de ar-condicionado. Trata-se, agora, acima de tudo, da segurança do próprio edifício, o que é muito mais sério do que a objeção estética.

O vol. 552 da *Revista dos Tribunais* dá notícia do novo entendimento esposado pelo 1º TACivSP, que, preocupado com a limitada disponibilidade de energia elétrica de um prédio, resolveu determinar a retirada de aparelho de ar-condicionado instalado por iniciativa isolada de condômino. É que a instalação elétrica do prédio não comportava a carga correspondente exigida por esse aparelho (ACi 269.692, rel. Juiz Oliveira Lima, *RT* 552/105).

Ora, como enfatizou esse notável julgado, relatado pelo Juiz Oliveira Lima, "qualquer solução envolvendo a utilização de carga elétrica tem que ser vista em dimensão global do edifício, e não em relação a uma unidade autônoma". É óbvio que a permissão de instalação de aparelho por parte de um condômino abre precedente a ser imitado por todos os demais. Em consequência, a carga elétrica do edifício, despreparada para suportar o consequente aumento da energia, afeta diretamente o interesse comum. Não fosse assim, restaria desrespeitada a norma democrática de que a ninguém é dado embaraçar o uso das partes comuns. Mesmo porque quaisquer modificações que afetem o interesse coletivo não podem ser toleradas quando geradas exclusivamente pelo egoísmo isolado de um ou mais condôminos. A segurança do edifício ficaria seriamente comprometida se fosse superado o limite da carga elétrica disponível para o prédio.

Nem importa – como observou, ainda, a sábia decisão do Tribunal paulista – que "os condôminos usem outros aparelhos que também consomem eletricidade", mesmo porque se, de um lado, os projetos de eletricidade preveem margem de segurança, destinada exatamente à utilização de aparelhos domésticos, de outro lado, difícil (ou, mesmo, impossível) é o controle da medição desses maquinismos.

Ocorre que a presença de aparelhos de ar-condicionado pode ser facilmente detectada já na fase de sua incrustação na fachada do prédio. E, ainda que seja tolerada eventual mácula à pureza arquitetônica, não se pode admitir qualquer ameaça, mesmo remota, à segurança do prédio e, consequentemente, à vida dos condôminos.

11.3 As sacadas e o novo Código Civil

[Publicado na *Tribuna do Direito* 185, setembro/2008]

Em agosto/1999 – antes, pois, da edição do atual Código Civil – o Min. Eduardo Ribeiro, ao apreciar o dever dos condôminos de arcarem com o custo da construção de sacadas, invocou o § 4º do art. 12 da Lei 4.591/1964 para impedir a cobrança do condômino divergente: "O Direito vigente, ao referir-se à estrutura integral da edificação, não me parece esteja a merecer interpretação que abranja despesas com obras que vão além da manutenção ou da razoável modernização da construção. Trata-se, no caso, de alteração do próprio projeto arquitetônico, para a qual não podem ser convocados os que nela consintam. Não vejo como se possa forçar alguém ao pagamento de despesas com obras que não se apresentam como necessárias, que fogem ao que seria exigível para manter-se o prédio em condições normais" (STJ, REsp 216.161-MG, *RT* 778/238).

O aludido art. 12 e seus §§ foram revogados pelo novo estatuto civil, especialmente pelo art. 1.341, que estabeleceu quóruns de votação segundo a natureza das obras: se voluptuárias, 2/3 dos condôminos; se úteis, maioria dos condôminos; se necessárias ou urgentes, independentemente de autorização.

Sucede que o art. 1342 do CC, ao dispor que "a realização de obras *em partes comuns*, em acréscimo às já existentes, *a fim de lhes facilitar ou aumentar a utilização* (...)", indica, com precisão, que essas obras constituem *benfeitorias úteis*, uma vez que adota a mesma definição contida no art. 96, § 2º, do mesmo Código: "São úteis as que aumentam ou facilitam o uso do bem".

Sendo "úteis" – diz o inciso II do art. 1.341 –, basta o "voto da maioria dos condôminos"; maioria, essa, que compreende a totalidade dos integrantes do condomínio, e não apenas os presentes à assembleia. Dir-se-á que esse dispositivo está em conflito com o quórum de *2/3* exigido pelo artigo seguinte (art. 1.342) quando as construções forem realizadas "*em partes comuns, em acréscimo às já existentes*, a fim de lhes facilitar ou aumentar a utilização, (...) não sendo permitidas construções, nas partes comuns, *suscetíveis de prejudicar a utilização, por qualquer dos condôminos, das partes próprias, ou comuns*".

O conflito é aparente. A diferença é sutil. No caso do art. 1341 as obras úteis são realizadas "no condomínio", restritas à manutenção, ao aprimoramento ou modernização da construção. Nesta hipótese não se verifica "acréscimo de áreas às já existentes", como ressalva o art. 1.342. Exemplo: novo revestimento do piso da garagem coletiva.

Tratando-se, porém, de construção de sacadas, como no caso do recurso especial inicialmente aludido, dita hipótese passa a ser apreciada à luz do art. 1.342. Leve-se em conta que as sacadas alteram a fachada, que é parte comum. Na sua aplicação, porém, impõe-se determinar, de partida, se a construção das sacadas constitui benfeitoria "útil" ou "voluptuária". Se for classificada de "útil", cabe, em sequência, averiguar se é suscetível de prejudicar a utilização das partes próprias (apartamentos) ou comuns (fachada).

Divergindo do Min. Eduardo Ribeiro, ouso concluir que as sacadas constituem "benfeitorias úteis", à vista das definições contidas nos textos do art. 1.342 conjugado com o § 2º do art. 96, uma vez que facilitam e aumentam a utilização dos apartamentos. Outrossim, em regra, são compatíveis com a elevada qualidade do edifício, valorizando-o no mercado imobiliário. Demais disso, vale lembrar que a classificação das benfeitorias "não tem caráter absoluto, pois uma mesma benfeitoria pode enquadrar-se em uma ou outra espécie, dependendo das circunstâncias".[3]

Ao depois, ressalvados os transtornos durante o período de implantação, as sacadas não prejudicam a utilização dos apartamentos, mas, sim, aumentam sua utilização. E, quanto à fachada, mostra-se indispensável a preservação da harmonia do conjunto arquitetônico, o que não deve constituir empecilho insuperável.

Em suma, embora as sacadas constituam "benfeitorias úteis", não prejudiquem a utilização dos apartamentos nem agridam a fachada, o quórum aplicável há de ser o de "2/3 (dois terços)" (cf. art. 1.342) tão somente por constituir obra realizada em parte comum (fachada). Este quórum especial diz respeito à totalidade dos condôminos, e não apenas aos presentes à assembleia. Até porque a construção de sacadas representa inovação a ser introduzida no edifício, e Caio Mário, após alertar ser controvertida "a solução quanto às inovações previamente deliberadas em assembleia," arremata que "a assembleia é o órgão deliberativo do conjunto, e a decisão tomada pela maioria obriga a todos".[4]

---

3. Carlos Roberto Gonçalves, *Direito Civil Brasileiro*, 3ª ed., vol. I, São Paulo, Saraiva, p. 267.

4. Caio Mário da Silva Pereira, *Condomínio e Incorporações*, 10ª ed., São Paulo, Saraiva, 2002, pp. 146/147.

Capítulo 12
Animais em Apartamentos

12.1 Cães em apartamentos (I). 12.2 Cães em apartamentos (II).
12.3 Animais em apartamentos.

12.1 Cães em apartamentos (I)

[Publicado na *Folha de S. Paulo* em 11.2.1980]

Proíbem, geralmente, os regulamentos internos de condomínios a presença de animais (de qualquer espécie) em apartamento. No mais das vezes trata-se de restrição repetitiva de norma adotada em outros edifícios, mas sem a preocupação de submetê-la a análise prévia e pertinente à comunidade onde será atuante.

Porém, desde que o regulamento condominial tem força de lei entre os condôminos, segue-se que deve ser fielmente obedecido. Contudo, como sucede com toda norma de conduta, há de ser interpretada segundo o espírito que a inspirou e a finalidade que pretendeu ver atingida.

Não resta sombra de dúvida de que a limitação em tela encontra explicação na lei, quando adverte que a utilização da unidade autônoma não poderá "ser nociva ou perigosa ao sossego, à salubridade e à segurança dos demais condôminos" (art. 10, III, da Lei 4.591/1964).

Exatamente por esse diapasão vêm os tribunais pautando suas decisões. Entendem que a proibição expressa do regulamento interno não comporta interpretação literalmente gramatical, mas, sim, liberal, em consonância com a regra maior da lei, tendo em linha de conta o espírito que determinou a regulamentação do uso do apartamento. Assim, a convivência em prédio de apartamentos de um cão pastor alemão não é permitida, ainda que o animal se encontre sob a proteção da União Protetora dos Animais. Seu trânsito pelos corredores e pelo elevador constitui séria ameaça aos moradores, muito embora ostente a fama de ser "amigo do homem" (desde que seja seu dono). Já, um pequinês, ainda que não esteja filiado a qualquer associação de classe, tem sido admitido ao convívio condominial. Basta que seja um animalzinho bem-educado (não incomode os condôminos com latidos impróprios e inoportunos) e demonstre comportamento condigno com a categoria do edifício (não suje o elevador e outras áreas comuns).

Em outras palavras: ainda que a proibição do regimento interno se refira a animais em geral, escapam da restrição os bichinhos que não perturbam o sossego nem atentam contra a saúde e a salubridade dos moradores. Daí por que, quanto à sua nocividade e inconveniência, cães de pequeno porte têm sido equiparados a peixes em aquário, a tartarugas, a passarinhos de canto melodioso e a outros bichinhos de estimação, como gatos, por exemplo.

Enfim, cada caso há de ser apreciado concretamente, prevalecendo a interdição do animal sempre que sua presença for detectada como incômoda e incondizente com o privilégio de residir com o grupo humano, ao qual não pertence.

Mas, na hipótese de desobediência ao preceito regimental interno, o infrator ficará sujeito a responder, inicialmente, por penalidade pecuniária, desde que prevista a sanção em convenção condominial.

Digna de nota constitui recente decisão do Tribunal do Paraná que isentou um condômino do pagamento de multa por não conter a convenção sanção específica para quem "introduzir um cão em seu apartamento", acentuando a indispensabilidade da catalogação expressa do "crime".

Assim, se o regimento interno de um edifício de apartamentos prevê penalidade específica por trânsito de serviçais pelos elevadores sociais (por lhes ser permitido apenas o uso do elevador de serviço), mas sendo omisso no tocante a animais domésticos e inofensivos, fácil é imaginar o quadro que se oferecerá quando a madame do 8º andar descer pelo elevador social acompanhada de seu estimado cão pequinês e de sua empregada doméstica.

A infração – claro é – se restringirá tão só à presença da serviçal, que se utilizou indevidamente do elevador social!

12.2 Cães em apartamentos (II)

[Publicado na *Folha de S. Paulo* em 1.6.1981]

Quando se tinha a impressão de que a orientação dos tribunais mais se acentuaria no sentido liberal, permitindo o convívio de cachorros em apartamentos, sobrevém a notícia de um endurecimento. "É irrelevante saber – decidiu, por maioria, recente julgado da Corte paulista – se o animal é de pequeno, grande ou porte médio para o desate da lide, especialmente quando a convenção, por peremptória, não deixa qualquer margem a outras interpretações" (*JTACivSP*-Lex 64/135).

Segundo essa corrente – e que parece ser ainda a dominante –, o que preocupa é a preservação da disciplina condominial, sendo imperioso o fiel respeito à convenção. Se não estivesse positivada a proibição, aí, sim, a questão deveria ser apreciada segundo a lei e os princípios gerais de Direito. Mas, desde que o impedimento consta do estatuto convencional, as dimensões do animal nada influem. O que importa, mesmo, é que se trata, efetivamente, de animal.

E, já que se trata de animal, acrescenta esse acórdão: "Animais de pequeno porte existem bravos por índole, enquanto outros, de porte maior, inteiramente domesticados. Entretanto, como irracionais, jamais poder-se-á prever suas reações em determinados momentos e em face de certas circunstâncias, comumente ocorríveis em prédios de apartamentos".

Em outra oportunidade, há mais tempo, o fiel e desesperado proprietário de um pastor alemão chegou a exibir ao extinto TASP uma declaração expedida pelo Departamento de Fiscalização da União Protetora de Animais "no sentido de que o mencionado animal está sob a proteção da referida entidade e que não incomoda os condôminos". Mas nem esse apelo abalou a convicção dos seus julgadores, que qualificaram a declaração de "inócua, se não ridícula, para solução do presente caso".

Esta posição pretoriana, que é antiga, adota por fundamento de suas decisões a rigorosa obediência à convenção condominial, que é a Carta Magna do edifício. E, desde que a proibição de manter cachorro em apartamentos não decorre de imperativo legal ou de determinação de autoridade pública, sendo também verdadeiro o inverso (o convívio do cachorro em apartamento não atenta contra qualquer preceito legal), segue-se que a proibição, quando adotada na convenção, representa, necessariamente, a exata vontade dos condôminos. Se assim é, cabe aos fiéis donos de animais de estimação a remoção da norma restritiva, para que a vida em comum (do homem e do cachorro) não seja ameaçada pelos outros homens.

Mas, de outra parte, conforme foi enfatizado pelo voto vencido desse mesmo recente julgado: "Tudo depende da nocividade que essa presença possa representar para os demais integrantes da coletividade"; acentuando, ainda, que a convenção de condomínio "deve ser interpretada segundo o seu espírito e finalidade". Por isso mesmo, sempre com o propósito de resguardar as normas de boa convivência no edifício, a orientação pretoriana mais liberal caminha no sentido de permitir a manutenção em apartamento de "animais de estimação que não causem intranquilidade aos demais moradores do edifício". Tanto é certo – salienta essa segunda corrente jurisprudencial –, que cada caso, isto é, cada cachorro, deve merecer uma observação concreta e isolada, sendo inadmissível que a restrição seja generalizada e alcance indistintamente qualquer tipo ou raça de animal. É intuitivo, já afirmou, outrora, o Tribunal de Justiça desse Estado, que o preceito estatutário pretende é obstar "à permanência no edifício de animais visivelmente prejudiciais ao sossego e à saúde dos condôminos". A proibição geral não tem, evidentemente, o propósito de impedir a manutenção de "peixes e tartarugas, possivelmente ignorados dos condôminos, mas igualmente abrangidos pela disposição regulamentar".

Traduzem esses posicionamentos pretorianos dois pensamentos distintos, mas sem dúvida eminentemente jurídicos e respeitáveis. Quando se tinham por esgotados os principais fundamentos dessa controvérsia, eis que uma nova ordem de argumentação proclamada neste vasto Brasil causa surpresa a todos quantos dela tomaram conhecimento: "Nada impede que o administrador do edifício proíba a permanência de animais em um prédio destinado à habitação de pessoas humanas, do mesmo modo que o gerente do canil não permitirá a permanência ali senão de cães, impedindo a ocupação de jaulas por quaisquer pessoas".

12.3 Animais em apartamentos
[Publicado na *Tribuna do Direito* 179, março/2008]

Com redações variadas, a maioria das convenções condominiais proíbe a manutenção de animais de qualquer espécie nos apartamentos.

Trata-se de norma cogente, dado o caráter normativo da convenção de condomínio. Embora configure uma relação contratual, por resultar de acordo de vontades, o fato é que, com o registro imobiliário da convenção, passa a irradiar efeitos *erga omnes*. Submete, assim, a seu império não apenas os condôminos que expressamente a aprovaram, como, ainda, todos aqueles que venham a residir ou mesmo os que provisoriamente venham a frequentar o edifício.

A restrição condominial encontra justificativa – como observa o saudoso J. Nascimento Franco – na "contiguidade das unidades habitacionais. Há, evidentemente, restrições bem maiores na convivência de um edifício de apartamentos do que em casas isoladas", que ficam mais distanciadas entre si. São normas de boa vizinhança, que condicionam o uso das unidades autônomas. O Código Civil (art. 1.277) alterou levemente o art. 554 do Código anterior, preservando, contudo, o direito cominatório em defesa da segurança, do sossego e da saúde.

O atual Código, ao tratar especificamente do condomínio edilício, também enfatiza a utilização "de maneira prejudicial ao sossego, salubridade e segurança dos possuidores, ou aos bons costumes" (art. 1.336, IV).

Diante de normas tão claras e impositivas, compreende-se a decisão adotada pela 6ª Câmara de Direito Privado do TJSP ao inadmitir a convivência de animal que ingressou sorrateiramente no edifício, "escondido dentro de uma bolsa" (*RJTJSP*-Lex 315/69). Se coube numa bolsa, é de se reconhecer que se trata de um cãozinho, de pequeno porte, inofensivo, uma gracinha. Nem por isso deixa de ser um "animal", ainda que dócil, enquadrando-se perfeitamente na proibitiva norma da convenção.

Vale supor que, se a convenção entende que a proibição somente se aplicaria a animais de grande porte, ferozes e barulhentos, que ameaçam a saúde, a tranquilidade e a segurança dos moradores de edifícios, teria assim previsto na cláusula proibitiva. Demais disso, importa considerar que a publicidade da convenção antecedeu o ingresso de condôminos amantes de caninos. Se a vontade da maioria condominial optou pela vedação radical, não caberia à Justiça mitigar sua incidência. Até porque, como é afirmado e reafirmado, a convenção é lei interna dos condôminos.

A doutrina, porém, embora reconheça a cogência da norma convencional, não recomenda exegese extremista. J. Nascimento Franco e Nisske Gondo lembram que o "canto de uma araponga" é insuportável e irritante. E complementam: "É natural que todos se submetam às restrições impostas pela convenção ou regulamento, inclusive a que impede a presença de animais nos apartamentos, desde que agressivos ou barulhentos". "Quando, porém, se trata de animais domésticos não prejudiciais (e tal circunstância deve ser examinada em cada caso concreto), não se justifica a proibição constante do regulamento ou da convenção condominial, que não podem nem devem contrariar a tendência inata do homem de domesticar alguns animais e de com eles conviver."[1] João Baptista Lopes, por sua vez, também critica o radicalismo da norma proibitiva e, de forma jocosa, argumenta com a ausência de qualquer risco à coletividade condominial decorrente da manutenção de "animais de pequeno porte, como cães pequineses, aves canoras ou gatos", ou mesmo peixes de "um pequeno aquário ou uma tartaruga de 10cm". E, arremata: "Nesses casos, a invocação da norma proibitiva consistiria injustificável apego ao formalismo *summum jus, summa injuria*".[2]

Seguramente, sob a inspiração da doutrina, a jurisprudência tem enfrentado as "infrações caninas" dos condôminos, abrandando o rigor do texto convencional (*RT* 791/213). Isto porque, se os bichinhos de estimação não agridem, não são nocivos ou perigosos à saúde, ao sossego ou à segurança dos condôminos, "as proibições devem ser mitigadas, permitindo que animais sejam mantidos em unidades condominiais. Somente é determinado o afastamento de animais que perturbem a segurança, o sossego e a saúde dos condôminos" (*RT* 850/240).

Releva registrar que, no propósito de justificar o abrandamento da proibição convencional, tem servido de invocação o art. 5º da Lei de Introdução às Normas do Direito Brasileiro, que recomenda: "Na aplicação da lei, o juiz atenderá aos fins sociais a que ela se dirige e às exigências do bem comum" (*RT* 819/200); ou mesmo o "princípio constitucional da igualdade previsto no art. 5º da CF" (*RT* 850/240).

Por essas razões, não surpreende o entendimento da 4ª Câmara de Direito Privado do TJSP ao caracterizar o "uso nocivo da propriedade" por parte de condômino que mantinha em seu apartamento um cão da raça *pit bull*, cuja índole é sabidamente feroz e violenta (*RT* 819/200).

---

1. J. Nascimento Franco e Nisske Gondo, *Condomínio em Edifícios*, 4ª ed., São Paulo, Ed. RT, 1987, pp. 220-221.
2. João Baptista Lopes, *Condomínio*, 4ª ed., São Paulo, Ed. RT, pp. 146-147.

Configurado o "uso nocivo da propriedade" (arts. 1.277 e 1.280 do CC), não foi preciso argumentar com a norma convencional que proibia "manter, ainda que temporariamente, nas unidades animais e aves de qualquer espécie". Significa, portanto, que, se a convenção condominial ficar silente a respeito dessa vedação "animalesca", sempre o "uso nocivo da propriedade" servirá para a solução sábia das pendengas condominiais.

Em suma: entre nós, a norma cogente da convenção, que preexiste à pretensão do ingresso de animais, não deveria ser contrariada pela vontade isolada, solitária e inexpressiva de um novo condômino, em detrimento da vontade coletiva da comunidade condominial. Tanto é certo que, se o "ex-Presidente Nixon não conseguiu mudar-se para o apartamento que havia comprado por dois milhões de Dólares, no Edifício *Park Avenue*, em Nova York – como relata Nascimento Franco –, também merece ser vetado o ingresso do '"cão escondido dentro de uma bolsa"'.

Capítulo 13
Hidrômetros Individuais em Edifícios

13.1 Faltam hidrômetros individuais em edifícios. 13.2 O problema da conta de água em apartamentos. 13.3 A questão da conta de água em apartamentos. 13.4 Projeto de lei pretende resolver a medição de água. 13.5 Hidrômetros individuais em edifícios.

13.1 Faltam hidrômetros individuais em edifícios
[Publicado na *Folha de S. Paulo* em 8.6.1981]

Zeloso síndico de um edifício achou de cortar o fornecimento de água de um apartamento como medida punitiva complementar, posto que seu titular se encontrava em longo atraso com o pagamento das despesas condominiais. Ainda que o total consumo de água do prédio fosse aferido por um só hidrômetro, cada uma de suas unidades, por sua vez, era dotada de medidor individual, ligado ao geral. Resulta desse sistema que, a despeito de o condomínio responder pela totalidade do consumo, subsistiam perfeitas condições de ser dividida essa despesa específica, na exata proporção do seu consumo.

É de se lembrar que não resta mais dúvida de que a empresa concessionária de distribuição de água, a exemplo de outros serviços públicos, tem o direito de suspender seu fornecimento ao usuário insolvente. A constitucionalidade dessa sanção já foi afirmada pelo STF em mais de uma ocasião (Súmula 545) e por Tribunais Regionais (*RT* 430/159, 499/138 e 514/136; JTACivSP-Lex 45/73). Mas, se essa penalidade vem prevista em leis especiais (de âmbito regional), o mesmo não acontece com a Lei de Condomínio em relação aos integrantes de um edifício. Daí inexistir uniformidade de entendimento. Dizem uns que, além das multas (legais ou convencionais, mas sempre de natureza pecuniária), a legislação condominial não previu outras, para que fossem aplicadas aos que deixassem de atender ao pontual pagamento das despesas condominiais. Seria, pois, ilícito que se privasse um condômino faltoso de se beneficiar da água, da mesma forma que o seria se lhe impedisse de usar o elevador ou a piscina. Afirmam outros que a punição pelo atraso não impede o corte de fornecimento de água. Basta que essa penalidade esteja perfeitamente catalogada na convenção condominial.

No caso que provocou este comentário a convenção era silente. O condômino atingido pelo corte foi se queixar ao delegado do Distrito, que acabou por advertir o rigoroso síndico, por entender ter ocorrido a prática de ato criminoso. Por isso, por meio de *habeas corpus*, foi o enérgico administrador buscar definição (e proteção) na Corte de Justiça, que considerou perfeitamente lícita a aplicação da pena imposta ao condômino faltoso. O Tribunal, entre seus fundamentos, alinhou, inclusive, um de essência estritamente civil, ao classificar o condomínio como terceiro interessado na liquidação do débito e, nestas condições, legalmente sub-rogado na posição do credor primitivo. Vale dizer que, se a concessionária tem o direito de suspender o fornecimento de água, também o tem o condomínio, que paga a dívida do comunheiro faltoso, por ter direto interesse no seu resgate.

A rigor, não se trata de deficiência legislativa, como já restou demonstrado em memorável julgamento do 1º TACivSP ao concluir que "nos edifícios de apartamentos não há devedores conjuntos ou solidários em relação ao Fisco, mas, sim, devedores individuais" (RR 175.213, rel. Juiz Nogueira Garcez, *RT* 471/146) – oportunidade em que analisou a natureza da dívida decorrente do consumo de água. A deficiência reside – isto, sim – na própria regulamentação dos serviços que presta a concessionária, pelo menos a paulista (SABESP), desde que inexiste a obrigatoriedade de instalação de hidrômetros individuais. A rigor, chega a ser paradoxal essa omissão obrigacional. É que existe a obrigação de fornecimento de água, mas não a medição isolada de seu consumo, por parte dos seus usuários em edifício condominial.

A explicação talvez possa ser encontrada na circunstância de que o interesse da concessionária se vê amplamente satisfeito nos dois planos: no da imperatividade do seu consumo, pela utilização da água proveniente de sua rede de distribuição, e pela inegável comodidade e conveniência da concessionária, que tem em cada edifício apenas um só devedor, o condomínio. A ela não importa se todos os condôminos concorreram com o pagamento de sua quota-parte nas despesas. À concessionária só importa o recebimento – global e pontual – de toda a despesa gerada pelo consumo obrigatório. Para tanto, está munida de poderosa "guilhotina", que corta implacavelmente o fornecimento do precioso líquido assim que se verifica atraso no pagamento dessa conta.

Esta circunstância certamente explica o porquê de todas as controvérsias judiciais centradas neste tema de fornecimento de água. Não de energia elétrica. A solução, justa e prática, está, pois, na implantação obrigatória dos hidrômetros individuais nos edifícios condominiais. E, se essa receita for considerada clara como a luz elétrica, certamente haverá de ser pura como a própria água fornecida pela concessionária.

13.2 O problema da conta de água em apartamentos

[Publicado na *Folha de S. Paulo* em 10.8.1981]

Sob direta inspiração das considerações publicadas nesta mesma coluna, na edição de junho último, a respeito do problema da conta de água em apartamentos,[1] o ilustre deputado Freitas Nobre vem de apresentar projeto de lei[2] para o fim de ser acrescentado ao § 3º do art. 9º da Lei 4.591, de 16.12.1964, a seguinte alínea "n": "a obrigatoriedade de instalação de medidores individuais de todos os serviços públicos remunerados mediante tarifa, em cada unidade autônoma do condomínio". Pretende, ainda, o projeto que os condomínios já constituídos se adap-

---

1. V., acima, o item 13.1.
2. Projeto de Lei 4.918, de autoria do deputado Freitas Nobre, que visava à "obrigatoriedade de instalação de medidores de todos os serviços públicos remunerados mediante tarifa, em cada unidade autônoma", ressaltando na "Justificativa": "Com isto, além de medidores para luz e outros com que presentemente se aparelham as unidades condominiais, haverá necessidade de instalarem-se também medidores individuais do serviço de água, a fim de que cada condômino use e pague água de acordo com sua conveniência e quantidade consumida, além de, naturalmente, sujeitar-se, particularmente, às exigências e penalidades da concessionária do serviço, sem comprometimento do resto do condomínio. Trata-se de uma necessidade constada por estudiosos da questão, principalmente por Nelson Kojranski, que, em interessante e atualíssimo trabalho publicado no jornal *Folha de S. Paulo*, abordou, com toda propriedade, o 'problema da conta de água em apartamentos'". Vale observar que, ao que se sabe, o referido projeto de lei não evoluiu, a ponto de se transformar em lei.

tem à exigência legal no prazo de um ano, a contar da promulgação da lei federal que lhe for resultante.

Duas causas relevantes motivaram nossos comentários de então: a primeira, de caráter geral, consistente na impossibilidade de ser aferido o consumo individual das unidades condominiais, por ausência de qualquer instrumento de medição; e a segunda, de caráter particular, no sentido de não haver como se cortar o fornecimento de água ao comunheiro que falta com o pagamento das despesas condominiais, a exemplo do que faz a própria concessionária, se o condomínio deixar de resgatar a conta do seu consumo.

O deputado Freitas Nobre, mostrando-se especialmente sensível a tão desprimorosa realidade, propôs sua solução legal, que contém os seguintes ingredientes: a instalação obrigatória dos medidores; a identificação da remuneração dos serviços públicos como tarifas e a concessão do prazo de um ano para sua efetiva implantação. O projeto de lei dirige sua mira, com especial precisão, para o cerne da questão. Isto não se há de negar. E, exatamente porque apresenta perfeita aptidão para solucionar a irregularidade, merece algumas observações, destinadas ao seu aprimoramento.

Sob a ótica estritamente formal, impor a obrigatoriedade dos medidores como novo componente compulsório do elenco da convenção não parece traduzir apropriada técnica legislativa. É que à convenção condominial, por regulamentar as condições de vida em comum num edifício, cabe prever a forma a ser observada na instalação e na utilização dos medidores individuais, e não fazer, ali, gerar a obrigação em si. O nascimento da obrigatoriedade material da instalação dos medidores individuais estará, certamente, melhor acomodado no elenco dos componentes que dão estrutura à incorporação inicial do empreendimento (art. 32 da Lei 4.591/1964), deixando-se a cargo da convenção tão somente, pelo acréscimo ao § 3º do art. 9º da Lei 4.591/1964 da sugerida alínea "n", "a forma de instalar e o modo de usar os medidores individuais de todos os serviços públicos".

Tenha-se em conta que o consumo de água por apartamento não obedece a um sistema de fornecimento direto da concessionária ao consumidor, como se dá com a luz e o gás. A água, diferentemente, reclama um armazenamento prévio, antes de seu consumo. Se assim é, os hidrômetros em apartamentos apenas podem ser instalados entre o tronco comum, que parte do depósito geral do edifício, e o ramal domiciliar. A não ser assim, cada apartamento deveria ser provido de uma caixa d'água própria, que seria suprida diretamente pela concessionária, através de uma bomba de recalque também individual.

Ressalvada a existência da solução técnica que possibilita o fornecimento da água diretamente da rua para o apartamento, as medições de consumo individual somente poderão se verificar no âmbito interno do condomínio. Vale dizer que o condomínio comprará a água por atacado e a revenderá a varejo. Dessa forma (se outra melhor solução técnica não existir), continuará sendo o condomínio, frente à concessionária, o único responsável pelo fornecimento da água que for consumida.

Guindado, assim, o condomínio à posição de revendedor autorizado de água, estará credenciado, como a própria concessionária, não apenas a aferir seu consumo, como a cortar o próprio fornecimento ao condômino faltoso. Uma vantagem a mais resultará dessa implantação: o poder coercitivo do condomínio diretamente sobre o devedor das despesas condominiais, com enorme desafogo de ações judiciais que objetivam sua cobrança. Os que resistem à carga pecuniária decorrente do impontual pagamento das despesas condominiais certamente não mais conseguirão "boiar nas águas do inadimplemento", por falta delas.

13.3 A questão da conta de água em apartamentos

[Publicado na *Folha de S. Paulo* em 17.8.1981]

Vale a pena voltar ao projeto de lei elaborado pelo digno deputado Freitas Nobre, dando azo aos comentários aqui mesmo publicados na semana que passou.[3] Sugerimos, então, que a obrigatoriedade da instalação de medidores individuais de todos os serviços públicos fosse disciplinada no capítulo da incorporação condominial (art. 32 da Lei 4.591/1964), e não no da convenção (art. 9º da Lei 4.591/1974), conforme consta do projeto.

Não quer dizer, só por isso, que a instalação dos medidores apenas deverá obrigar novos edifícios a serem incorporados, não alcançando os já existentes, como quer a propositura parlamentar. Claro é que a im-

---

3. V., acima, item 13.2.

plantação dos hidrômetros, por ser de necessidade inquestionável em qualquer edifício, não pode excluir os já construídos. Resulta daí que o comando legal há de ser amplo e compulsório, abrangendo todos os prédios, velhos e novos. E, se o prazo de um ano se mostrar perfeitamente compatível com a execução técnica da instalação dos medidores, não há razão para ampliação do prazo, mas, sim, para aplicação de sanções.

Competirá às companhias responsáveis pelo fornecimento de água, a exemplo do que se verifica com as concessionárias dos serviços de luz, gás e telefone, estabelecer as especificações técnicas a serem observadas na implantação dos hidrômetros.

Chegará, assim, ao fim o longo e exaustivo debate, que vem incomodando todas as instâncias judiciais, para que seja definido, no plano jurídico, se as contas da SABESP ("de água e de utilização da rede de esgotos") são, ou não, tributo. É que até agora, sempre que classificadas como "tributo", deveria a SABESP obedecer à norma federal do art. 11 da Lei de Condomínio, que manda considerar cada unidade autônoma, "para efeitos tributários", como prédio isolado. Assim, ainda que a causa geradora do projeto seja a conta de água (remuneração por tarifa), à qual vem acoplada pela SABESP a da utilização da rede de esgotos (remuneração por taxa), toda a discussão até agora desenvolvida, sob a ótica do art. 11 da Lei de Condomínio, se tornará desnecessária. Tarifa ou taxa, não mais poderá haver consumo de água em apartamento a não ser mediante sua aferição isolada, por medidores a serem compulsoriamente instalados.

Restará, finalmente, ao projeto ser complementado com a indicação de sanções, destinadas especialmente aos edifícios já existentes, na hipótese de desobediência ao preceito legal. Não há dúvidas de que, à falta de previsão de penalidades, a lei não terá a receptividade ampla que o projeto almeja. Ou será de bom alvitre que a matéria da instalação de hidrômetros individuais fique na dependência direta da conveniência de cada edifício?

Afinal, toda essa questão de medição de consumo de água só interessa aos condôminos de cada edifício. Se a maioria condominial entender que pode continuar regendo seu destino sem as vantagens inegáveis da aferição individual, não deixa de ser problema íntimo. Então, para quê mudar se, assim como está, satisfaz aos menos exigentes?

13.4 Projeto de lei pretende resolver a medição de água

[Publicado na *Folha de S. Paulo* em 9.11.1981]

As considerações que fizemos em artigo publicado em agosto último, aqui neste jornal,[4] a respeito do Projeto de Lei 4.918/1981, substituído pelo de n. 5.287/1981, acabam de merecer honrosa acolhida por seu autor, o respeitável deputado Freitas Nobre. Noticiamos, então, que esse parlamentar apresentara projeto de lei para o fim de ser acrescentada ao § 3º do art. 9º da Lei 4.591, de 16.12.1964, a seguinte alínea "n": "a obrigatoriedade de instalação de medidores individuais de todos os serviços públicos remunerados mediante tarifa, em cada unidade autônoma do condomínio".

E, uma vez que, na "Justificativa" desse projeto, houve expressa referência ao nosso artigo, anteriormente publicado nesta *Folha*, a respeito do *problema da conta de água em apartamentos*, ressaltamos a conveniência de uma legislação cogente capaz de resolver duas situações, se não aflitivas, ao menos injustas: a primeira, de caráter geral, consistente na impossibilidade de ser aferido o consumo de água individual, por ausência de qualquer instrumento de medição diretamente ligado à unidade autônoma; e a segunda, de caráter particular, traduzida na ausência de qualquer mecanismo capaz de possibilitar o corte de fornecimento de água ao condômino faltoso (quando deixa de pagar as despesas de condomínio). Exatamente assim é que procede a própria concessionária (SABESP, aqui em São Paulo). Ou como ocorre com o fornecimento de energia elétrica, de gás, de telefone, sempre que o condômino não lhe paga (diretamente) as respectivas contas de consumo.

Tratando-se de direito material novo – qual seja, o de determinar a obrigatoriedade de instalação de medidores individuais –, entendemos apropriada a adoção desse novo direito como membro da família da convenção condominial (art. 9º da Lei 4.591/1964), onde é de ser provida a forma a ser observada na instalação e na utilização dos medidores, e não, ali, fazer gerar a obrigação em si. O ilustre parlamentar Freitas Nobre, mostrando-se inteiramente permeável à crítica objetiva, alterou seu projeto, apresentando o Substitutivo que merece ampla divulgação. Propõe ele:

4. V., acima, item 13.3.

"Art. 1º. O *caput* do art. 32 da Lei n. 4.591, de 16 de dezembro de 1964, passa a viger acrescido da alínea 'q': 'q) declaração expressa que comprove a instalação de medidores individuais de todos os serviços públicos remunerados mediante tarifa, em cada unidade autônoma'.

"Art. 2º. Os condomínios já existentes com sua edificação completa terão prazo de 1 (um) ano, contado da publicação desta Lei, para adaptarem-se às suas exigências.

"Art. 3º. A inobservância do disposto no artigo anterior sujeitará os infratores à multa de 10 (dez) salários-mínimos regionais e em dobro havendo reincidência."

Como se percebe, duas realidades distintas hão de ser enfrentadas: edifícios por construir e edifícios já construídos (condomínios já existentes). No que respeita às incorporações condominiais a serem empreendidas, está bem colocada, agora, a obrigação material da instalação dos medidores (pela criação da alínea "q" no art. 32).[5]

O mesmo, todavia, não se pode dizer no atinente a edifícios já existentes, por terem ultrapassado a fase de incorporação. Encontram-se eles definitivamente constituídos em condomínio, com convenções perfeitamente registradas. Nestes casos, já tendo sido superada a incorporação, não se pode, à evidência, atribuir ao incorporador a obrigação de implantação de hidrômetros. Tenha-se presente que o art. 32 integra o capítulo que trata "Das Obrigações e Direitos do Incorporador". Mas, se a nova obrigação substantiva de implantação dos medidores individuais não encontra cômoda acolhida no elenco do art. 32 quando se cuida de edifícios já concluídos, nem por isso devem estes prédios ser dispensados do seu cumprimento. Cumpre considerar que nos edifícios concluídos a primitiva propriedade global já se encontra dividida entre os con-

5. Se o projeto de lei de autoria do deputado Freitas Nobre não vingou, determinada por lei federal a obrigatoriedade de instalação de medidores individuais de consumo de água, é de se registrar a promulgação da Lei municipal 14.018, de 28.6.2005, pelo então Prefeito de São Paulo, José Serra, que instituiu o "Programa Municipal de Conservação e Uso Racional da Água em Edificações e dá outras providências". Pelo Decreto municipal 47.731, de 28.9.2006, o Prefeito de São Paulo Gilberto Kassab regulamentou a citada lei, que recomenda "a prática de comportamentos e posturas que proporcionem a economia e o combate ao desperdício da água, com a conscientização dos usuários sobre a importância dessas ações". A SABESP, a seu turno, instituiu recentemente o "Programa PróAcqua", orientando a sociedade sobre como proceder na instalação de medidores individuais de consumo de água.

dôminos, dando origem às unidades privativas. Se assim é, a nova lei deve fazer com que a obrigação da instalação dos hidrômetros fique integrada em capítulo mais condizente com a natureza do novo direito. A nosso ver, é o Capítulo V do Título I, que trata da "Utilização da Edificação ou do Conjunto de Edificações", e mais particularmente por meio de parágrafos ao art. 19.

Desde que a unicidade do interesse condominial nos edifícios existentes é enfeixada na figura do síndico, a ele é que deve ser dirigida a responsabilidade pelo cumprimento da nova obrigação.

Não é só: se, com o novo critério legal, o condomínio ficará equiparado a revendedor autorizado de água (em substituição à SABESP), dever-lhe-á ser atribuída a faculdade de, como a própria concessionária, não apenas medir o consumo, mas também de cortar o fornecimento ao condômino faltoso.

Caso contrário, quem é que se habilitará ao cargo de síndico?

13.5 Hidrômetros individuais em edifícios

[Publicado na *Tribuna do Direito* 193, maio/2009]

Passou desapercebido ao cidadão paulistano a Lei municipal 14.018, de 28.6.2005, sancionada por José Serra, então Prefeito, que instituiu o Programa Municipal de Conservação e Uso Racional da Água e Reuso em Edificações, com o declarado objetivo de instituir medidas de uso racional de água. O propósito municipal reveste-se até de aprimoramento de nossa cultura popular: "a conscientização dos usuários sobre a importância da conservação de água".

Prevê seu art. 3º: "Deverão ser estudadas soluções técnicas a serem aplicadas nos projetos de novas edificações" – fazendo referência expressa, em seu inciso I, à "instalação de hidrômetro para medição individualizada do volume d'água gasto por unidade habitacional". O Decreto 47.731, de 28.9.2006, regulamentou a aplicação do Programa Municipal, mas também não repercutiu com a ressonância desejada. Trata-se de questão que vem sendo tratada com descaso há quase 30 anos, por falta de legislação coercitiva, que o Projeto de Lei 4.918/1981, de autoria do saudoso deputado Federal Freitas Nobre, propunha sanar. Com o falecimento do deputado, o projeto de lei foi engavetado. Dispunha ele:

"Art. 1º. É acrescentada ao § 3º do art. 9º da Lei n. 4.591, de 16 de dezembro de 1964, a seguinte alínea 'n': 'n) a obrigatoriedade de instalação de medidores individuais de todos os serviços públicos remunerados mediante tarifa, em cada unidade autônoma do condomínio'.

"Art. 2º. Os condomínios em edificações já constituídos terão o prazo de 1 (um) ano, a contar da publicação desta Lei, para adaptarem-se às suas exigências."

Em artigo publicado na *Folha de S. Paulo* em 10.8.1981,[6] ao comentar o mencionado Projeto de Lei 4.918, salientei que, sob a ótica estritamente formal, impor a obrigatoriedade dos medidores, como novo componente compulsório do elenco da convenção, não parece observar apropriada técnica legislativa. A convenção condominial, por regulamentar as condições de vida em comum num edifício, deve prever a forma a ser observada na instalação e na utilização dos medidores individuais, e não fazer gerar, ali, a obrigação em si. A obrigatoriedade material da instalação dos medidores individuais ficaria, certamente, melhor hospedada no elenco dos componentes que dão estrutura à incorporação inicial do empreendimento (art. 32 da Lei 4.591/1064), deixando-se a cargo da convenção tão somente, pelo acréscimo ao § 3º do art. 9º da Lei 4.591/1964 da sugerida alínea "n", "a forma de instalar e o modo de usar os medidores individuais de todos os serviços públicos".

Tenha-se em conta que o consumo de água por apartamento não obedece a um sistema de fornecimento direto da concessionária ao consumidor, como se dá com a luz e o gás. A água, diferentemente, reclama armazenamento prévio antes de ser consumida. Se assim é, os hidrômetros em apartamentos apenas podem ser instalados entre o tronco comum, que parte do depósito geral do edifício, e o ramal domiciliar. A não ser assim, cada apartamento deveria ser provido de uma caixa d'água própria, que seria suprida diretamente pela concessionária, através de uma bomba de recalque também individual.

Descartada a possibilidade de fornecimento de água diretamente da rua para o apartamento, as medições de consumo individual somente poderiam se verificar no âmbito interno do condomínio. Vale dizer que o condomínio deveria comprar a água por atacado e a revender a varejo; que o condomínio, frente à concessionária, sempre continuará sendo o único responsável pelo fornecimento da água.

6. V., acima, item 13.2.

Guindado, assim, o condomínio à posição de revendedor autorizado de água, estaria credenciado, como a própria concessionária, não apenas a aferir seu consumo, como a cortar o próprio fornecimento ao condômino faltoso. Uma vantagem a mais resultaria dessa implantação: o poder coercitivo do condomínio sobre o devedor das despesas condominiais, com enorme desafogo de ações judiciais que objetivam sua cobrança.

Ocorre que ainda hoje controvertem nossos tribunais sobre o direito do fornecedor de cortar o fornecimento de água a consumidor em débito. Vale lembrar que em 1981 a constitucionalidade dessa sanção já era afirmada pelo STF (RE 42.649-PR, *RT* 514/136). Contudo, agora, como vem sendo repetidamente proclamado pelo TJRS, à luz da Constituição de 1988, "a água como serviço público essencial, enquadrado na Constituição Federal como direito fundamental à saúde, resta o fornecimento subordinado ao princípio da continuidade de sua prestação, em que vedada a sua interrupção" (*Boletim da AASP* 2.621/5.119, "Jurisprudência"). Mas, diante desse quadro pretoriano, se a concessionária não pode unilateralmente suspender o fornecimento, com maior razão o síndico não poderá cortar o consumo individual do usuário insolvente.

A partir dessa postura pretoriana, frente a condômino inadimplente de nada adiantará a instalação de medidores individuais de água, já que o infrator não ficará sujeito a sanção mais vigorosa e de imediata aplicação. O débito do consumo de água apenas servirá para definir o valor do consumo. Mas sua cobrança continuará atormentando os síndicos e os tribunais – o que deveria ser evitado.

Capítulo 14
Seguro Obrigatório do Condomínio

14.1 O seguro obrigatório nos edifícios. 14.2 O seguro facultativo dos apartamentos.

14.1 O seguro obrigatório nos edifícios

[Publicado na *Folha de S. Paulo* em 30.3.1981]

Quando a Capital paulista volta a ser palco de trágicos incêndios em edifícios de grande porte torna-se oportuna a revisão não só da matéria relacionada com a segurança em si, mas também com a reposição material do prejuízo gerado pela catástrofe. É através do seguro, obrigatoriamente imposto pela Lei de Condomínio, que deve ser efetivada a reconstrução global do edifício. Trata-se de novidade instituída pela lei atual.

Inexplicavelmente, porém, a Lei 4.591/1964 apenas se preocupa com os prédios novos, na medida em que exige a contratação do seguro no prazo de 120 dias contados da concessão do "habite-se". Ficaram, assim, os prédios velhos fora do alcance dessa disposição legal, como se o critério anterior contivesse fórmula capaz de melhor atender à recomposição do dano causado – o que não é verdade. Basta relembrar que, segundo a norma de outrora, editada nos idos de 1928, podia o seguro ser feito direta e isoladamente pelos condôminos: "Se não for preferido o seguro em comum, cada proprietário de apartamento segurá-lo-á obrigatoriamente contra incêndio, terremoto, ciclone ou outro acidente físico, que o destrua em todo ou em parte" (Decreto 5.481/1928, art. 6º). Em consequência, observa Caio Mário da Silva Pereira, "como era permitido seguro efetuado por cada proprietário de apartamento, evidentemente não ficam neste caso cobertas as áreas comuns. É evidente que o seguro individual não garante o risco de incêndio sobre todo o edifício".

Quer isto dizer que nos prédios construídos antes de dezembro/1964, ainda que todos os coproprietários contratassem seguros individuais para seus respectivos apartamentos, a reconstrução total ficava comprometida. É que não se verificava cobertura securitária das áreas comuns, por ausência de contrato que abrangesse a totalidade da edificação (áreas comuns e privativas).

Como resultante da omissão legal, ainda hoje subsistem dois critérios no atinente ao seguro que objetiva a reconstrução obrigatória do edifício vitimado: um pela lei nova, e outro pela lei velha – dependendo da idade do prédio (antes ou depois de dezembro/1964). A deficiência legal não para aí. Muito embora um decreto de 1967, em pleno vigor, imponha o valor do seguro pelo equivalente ao da reposição, os níveis assegurados para a reconstrução se revelam sempre insuficientes, pela simples adoção de preços defasados já na sua origem. Decorre da tradicional preocupação pela avareza do prêmio de seguro, com que os síndicos entendem de favorecer a economia do condomínio. E, com o decurso do próprio prazo de vigência do contrato securitário, a capacidade econômica da indenização se debilita progressivamente, frente ao aumento dinâmico dos preços dos materiais e da mão de obra.

Assim, quando se dá o pagamento da indenização percebe-se ser incapaz de responder aos custos da reedificação, restando fraudada a intenção legal de propiciar a reconstrução obrigatória do edifício. De um lado, por coexistirem prédios construídos antes de 1964, não subordinados à imperatividade da nova lei; e, de outro, pela timidez da norma em vigor no regulamentar a matéria. O abalizado administrativista Hely Lopes Meirelles, na edição deste jornal de 31.1.1965, já alertava sobre a atual Lei de Condomínio: "O parágrafo único do art. 13 estabelece a obrigatoriedade do seguro do condomínio e impõe multa a favor da Prefeitura. Mas qual o nexo entre o sinistro do edifício e a Municipalidade, de modo a justificar o pagamento da multa à Prefeitura? Não se sabe. Nem a lei o diz".

Tanto explica porque, ao que nos consta, as Prefeituras, com raras exceções, não se interessam por detectar a existência de contratos de seguro "contra incêndio ou outro sinistro" em edifícios de vários andares. E tanto mais surpreende quando dessa constatação adviria aos cofres municipais a arrecadação da "multa mensal equivalente a 1/12 do imposto predial, cobrável executivamente pela Municipalidade".

Não é só. Além de inexistir fiscalização da observância da ordem legal por parte das Prefeituras, as próprias companhias seguradoras também contribuem, com passividade, para dificultar a restauração da edificação arruinada. É que admitem valores manifestamente deficientes para garantia do ressarcimento, já que se acobertam, convenientemente, com a infalível cláusula de rateio, presente em todos os contratos, por força da qual o segurado assume a posição de cossegurador quando o valor contratado se revela impotente em relação à catástrofe. E, então, só resta a ruína.

14.2 O seguro facultativo dos apartamentos

[Publicado na *Folha de S. Paulo* em 11.5.1981]

O contrato de seguro, conforme o define nosso Código Civil, tem por objeto a indenização do prejuízo resultante de danos futuros, previstos no contrato. E, exatamente por ser destinado ao ressarcimento de um dano, e não a conferir lucro ao segurado, é que o Código Civil proíbe que se contrate seguro de "uma coisa por mais do que valha, nem pelo seu todo mais de uma vez", sob pena de o segundo seguro ser anulado.

A despeito dessa regra geral, de longo e tranquilo entendimento, ocorre com frequência incorreta exegese do dispositivo da Lei de Condomínio ao ressalvar expressamente que "a partilha do valor do seguro entre os condôminos" é promovida "sem prejuízo do que receber cada um pelo seguro facultativo de sua unidade" (Lei 4.591/1964, art. 14, § 1º).

Como se vê, além do seguro obrigatório, de cujo tema já nos ocupamos em oportunidade anterior, neste mesmo jornal, prevê a Lei 4.591/1964 o seguro facultativo. Tanto bastou para que daí se extraísse o equivocado entendimento de que o segundo seguro, de iniciativa exclusiva do condômino, também pode objetivar a mesma reconstrução de sua unidade condominial, obtendo indenização suplementar maior que a dos demais comunheiros. Nada disso. O seguro facultativo não acrescenta valor indenizatório algum à reconstrução do prédio e de suas unidades, posto que este risco já se encontra integralmente coberto pelo contrato obrigatório, direta e anteriormente celebrado pelo condomínio.

O seguro facultativo incide, pois, necessariamente, "sobre outra coisa", não abrangida pelo primeiro: benfeitorias, melhoramentos introduzidos na unidade, que se tornou de maior valia frente às demais pelo emprego de materiais de melhor padrão de qualidade no piso, no forro, nas paredes, nas portas, nas janelas etc. Quer isto dizer que, se o síndico fixou valor inexato, a menor, para a reconstrução, não terá o condômino, isoladamente, condições de melhorar, a este título, o ressarcimento securitário. Mas, se o condomínio tiver estipulado seguro pela "coisa por mais do que valha", diz ainda a lei civil (art. 1.438 [*CC de 1916*]),[1] "o segurador poderá, ainda depois de entregue a apólice, exigir a sua redução ao valor real, restituindo ao segurado o excesso do prêmio". Visível, pois, a projeção do segurador, na medida em que o legislador denota especial preocupação em impedir indevido enriquecimento do segurado.

Mas, se assim é, e se o critério ético-jurídico há de ser o da justa indenização, segue-se, inevitavelmente, que o segurador, de sua parte, deveria recusar a contratação de seguro sempre que fosse de valor inferior ao do exato ressarcimento. Mais cômodo, porém, é fazer prevalecer a infalível cláusula de rateio, determinada pela relação prêmio/indenização, de vez que a reparação securitária é dimensionada pelo valor do prêmio, e não pela justa indenização.

Não há, assim, como deixar de ser recomendável que o seguro facultativo observe algumas regras básicas, que permitirão o aperfeiçoamento do seu objetivo contratual. Além de neste segundo seguro se fazer expressa referência ao primeiro, de caráter obrigatório (destinado tão só à reconstrução, "abrangendo todas as unidades autônomas e partes comuns"), deverá descrever, detalhadamente, os melhoramentos introduzidos no apartamento, especificando o material aplicado, de sorte a retratar sua qualidade superior em cotejo com o padrão comum das demais unidades do edifício. E, se esse seguro facultativo também abranger móveis e outros bens, o mesmo cuidado deverá ser observado na sua descrição.

Só assim, na hipótese de eventual sinistro, a consequência reparatória não se mostrará sinistra ao segurado.

---

1. V. art. 778 do CC de 2002.

Capítulo 15
Condomínio Fechado

15.1 Loteamento fechado: 15.1.1 O condomínio especial de prédios urbanos – 15.1.2 O parcelamento urbano do solo – 15.1.3 O loteamento fechado – 15.1.4 Conclusão. 15.2 Condomínio fechado e loteamento fechado: 15.2.1 Condomínio fechado – 15.2.2 Loteamento – 15.2.3 Loteamento fechado – 15.2.4 A cobrança das taxas de administração – 15.2.5 Conclusão. 15.3 Loteamento fechado e condomínio fechado: 15.3.1 Introdução – 15.3.2 Perfil do "condomínio fechado" – 15.3.3 Perfil do "loteamento fechado" – 15.3.4 O direito real da concessão de uso – 15.3.5 Conclusões. 15.4 Loteamento fechado: o problema das despesas comuns. 15.5 A legitimidade do "loteamento fechado". 15.6 A falta de previsão legal do "loteamento fechado" e suas consequências: 15.6.1 Introdução – 15.6.2 Características básicas do condomínio edilício e do loteamento – 15.6.3 O fechamento do loteamento – 15.6.4 A administração dos loteamentos fechados. 15.7 A associação de moradores de loteamento fechado (cobrança da taxa de manutenção – questão tormentosa). 15.8 A associação de loteamento e o Código de Defesa do Consumidor. 15.9 "Loteamento fechado": Justificativa de Projeto de Lei: 15.9.1 Parecer complementar – 15.9.2 Minuta de Projeto de Lei.

15.1 Loteamento fechado

[Publicado na *Revista do IASP*, Número Especial de Lançamento, 1997, p. 128]

Na busca de melhor qualidade de vida, o homem, através dos tempos, tem procurado, incessantemente, criar novas formas de melhor usufruição do solo. À casa térrea seguiram-se o sobrado e o edifício de muitos andares, cuja divisão condominial se verificou por "planos horizontais".[1] E, no parcelamento do solo, os loteamentos clássicos estão

---

1. Caio Mário da Silva Pereira, *Condomínio e Incorporações*, 2ª ed., Rio de Janeiro, Forense, 1969, p. 55.

sendo fortemente influenciados pelos princípios do condomínio da propriedade horizontal (terreno aberto), fazendo nascer a espécie híbrida dos chamados "loteamentos fechados".[2] Em face das características hostis que, dia a dia, agravam – quando não suprimem – a vida do cidadão, empenha-se o homem, em sua defesa, na melhoria da qualidade e de proteção da vida. Quer para si um *habitat* mais condizente não somente com a produção de seu trabalho, como, principalmente, com a vida em família.

A crescente densidade populacional dos centros urbanos gera progressiva violência, cada vez mais intensa, mais fútil e, por isso, imprevisível, selvagem, impiedosa, alucinante, incontida. A sensação de insegurança da vida compromete psicologicamente o cidadão, que teme pela agressão física iminente, em qualquer lugar: na via pública, no lar, no carro, no ônibus, no restaurante, no Metrô... Está, hoje, condicionado a entregar ao agressor criminoso, sem qualquer resistência, suas riquezas, para preservar a incolumidade física de sua pessoa e de sua família.

Não confiando na proteção policial, posto ineficaz ou simplesmente inexistente, procura o homem novas qualidades de vida, valendo-se de seu poder de criação. Assim, por não sentir suficiente tranquilidade para estacionar o automóvel em plena rua, para frequentar um cinema ou prestigiar o comércio de lojas situadas diretamente na via pública, prefere os *shopping centers*, onde o estacionamento e a guarda de veículos constituem condições básicas para superar sua normal insegurança. Se o anterior ingresso nos edifícios não deparava qualquer obstáculo ou controle, foram eles cercados e equipados com circuitos elétricos e eletrônicos de todos os tipos, além do patrulhamento por pessoal cada vez mais especializado, exercido por recepcionistas e vigilantes.

Enfim, vivemos a síndrome da insegurança física e patrimonial dos centros urbanos, na medida em que a população das grandes cidades está notoriamente traumatizada. A solução da tradicional "casa de campo" ou da "casa de praia" para despoluir os pulmões, os olhos, os ouvidos e a mente, também já foi alcançada pela violência, que se manifesta progressivamente nesses recantos. Tanto explica a receptividade dos chamados *condomínios fechados*, com incidência maior nas localidades praianas. Tanto explica a disseminação dos *loteamentos fechados*, prin-

2. Eurico de Andrade Azevedo, "Loteamento fechado", *RDI* 11/64.

cipalmente nos campos. São as "trincheiras" erguidas pelo esforço privado de comunidades na tentativa de assegurar a seus moradores uma vida tranquila, sem traumas.

Ocorre, porém, que esses "fechamentos de loteamentos", conhecidos mais comumente pela denominação imprópria de *condomínios fechados*, carecem de legislação específica. A falta de previsão legal atormenta empreendedores e adquirentes, que pretendem, além da segurança física, a segurança jurídica de sua propriedade imobiliária. Eis a razão maior deste trabalho, inspirado principalmente pela desejada "função social da propriedade", preconizada pelo inciso XXIII do art. 5º da Carta Maior, conjugado com o preceito estatuído em seu art. 182, que preconiza o desenvolvimento urbano inspirada numa política marcada pela prioridade das funções sociais da cidade, com a garantia do bem-estar de seus habitantes.

15.1.1 O condomínio especial de prédios urbanos

A Lei 4.591, de 16.12.1964, foi editada com o fim especificamente declarado de regulamentar as edificações em condomínio. Como ensina Caio Mário da Silva Pereira: "A lei exige a construção sob forma de *unidades autônomas*. Esta é uma *conditio legis*".[3] A cada unidade autônoma corresponde uma *fração ideal* na totalidade do terreno do prédio ou dos prédios, que subsiste íntegra e indissociável da edificação. Não há divisão física do terreno. A cada unidade autônoma, quer se trate de apartamento, conjunto de escritório, salão, loja, boxe de garagem ou, mesmo, um chalé de campo ou casa térrea de praia, corresponde, necessariamente, uma participação porcentual da totalidade do terreno do empreendimento.

Em outras palavras: inexistindo obrigação de edificar, ao se vender ou prometer a venda de *fração ideal* de terreno não se há de falar na Lei 4.591/1964. Nesse caso configura-se, apenas, o condomínio tradicional, onde a propriedade pertence a várias pessoas. Se o prédio for previamente construído pelo proprietário ou proprietários do terreno, por sua própria conta e risco, não haverá incidência da Lei 4.591/1964. Não se verifica a divisão do prédio. A construção mantém-se una, e o terreno

---

3. Caio Mário da Silva Pereira, *Condomínio e Incorporações*, cit., 2ª ed., p. 56.

também. E exatamente assim figurará na averbação imobiliária. Neste caso ocorre a "propriedade em comum, compropriedade, ou condomínio", prevista no art. 623 do CC.[4] Mas se, posteriormente, ocorrer a divisão do prédio em fatias (planos) horizontais, a legislação condominial passará, necessariamente, a regulamentar a especificação condominial das unidades autônomas. Noutras palavras: enquanto apenas construtor do prédio, o proprietário do edifício já construído mantém sua condição primitiva de *dominus*. Assume, porém, a posição equivalente à de um "incorporador condominial" quando faz gerar, pela divisão do prédio que construiu, unidades imobiliárias distintas e autônomas do edifício original. Aí, sim, passa a incidir a Lei 4.591/1964, para: (a) especificação da unidade autônoma, informando sobre sua identificação, descrição e área privativa; (b) discriminação da participação proporcional nas áreas e coisas de uso comum; (c) e a participação ideal na totalidade do terreno do edifício.

Em suma, embora a unidade condominial resulte de divisão (física) da construção de um prédio de vários andares, assumindo identidade imobiliária autônoma, nem por isso a divisão do imóvel atinge o terreno, que subsiste, fisicamente, inteiro, uno, íntegro.

Além dos prédios verticalmente construídos, compostos de vários andares, a Lei 4.591/1964 também abrangeu as casas térreas ou assobradadas construídas sobre um mesmo terreno (cf. art. 8º). Exemplo típico é a antiga vila, onde as casas (térreas ou assobradadas) têm sua frente voltada para uma ruela particular, que, em regra, está fechada por portão de acesso à via pública oficial. Atualmente essa modalidade condominial vem sendo implantada, com frequência, em terrenos praianos. São protegidos por muros e uma portaria, que exerce o controle de sua passagem. As ruas ou vias de acesso internas constituem áreas de propriedade comum dos condôminos. Neste caso, continua prevalecendo a regra condominial do aproveitamento do espaço, como explica Caio Mário: "O princípio jurídico dominante é o mesmo do edifício urbano, guardadas as peculiaridades especiais. Cada titular é o dono de sua unidade, e, como se lhe reserva um terreno à utilização exclusiva, pode cercá-lo ou fechá-lo, observando o tipo de tapume previsto na convenção. Pode aliená-lo com o terreno reservado. Mas não lhe assiste o direito de dissociar

---

4. V. art. 1.314 do CC de 2002.

a sua unidade do conjunto condominial, nem separá-la da fração ideal que lhe corresponde nesse conjunto. E muito menos apropriar-se das partes de uso comum, ou embaraçar sua utilização pelos demais".[5]

Com efeito, também aí cada casa ou chalé constitui unidade condominial autônoma, à qual corresponde *fração ideal* na totalidade do terreno, ainda que lhe seja discriminada a parte do terreno de ocupação exclusiva da edificação, nela compreendidos o jardim e quintal respectivos. Observam Nascimento Franco e Nisske Gondo: "Trata-se no caso de loteamento 'fechado', com regime jurídico próprio, que nada tem a ver com os loteamentos abertos a que se referem o Decreto-lei 58/1937, Decreto 3.079/1938 e Lei 6.766, de 19.12.1979, nos quais as vias de comunicação passam a pertencer à Municipalidade".[6] Aparentemente, igual entendimento manifestou o saudoso professor Hely Lopes Meirelles, ao distinguir: "Diversamente, os loteamentos especiais, também conhecidos por 'condomínio horizontal' ou 'loteamento fechado', vêm sendo implantados consoante permissão genérica da Lei federal 4.591/1964 (art. 8º), mas, na maioria dos casos, sem normas locais regulamentares de seus aspectos urbanísticos. Tais loteamentos são bem diferentes dos convencionais, pois que continuam como áreas particulares, sem vias públicas e com utilização privativa de seus moradores".[7]

A distinção sutil entre os conceitos dos renomados juristas repousa na circunstância de que, enquanto o "loteamento", inspirado no art. 8º da Lei 4.591/1964, está subordinado à obrigação de construir (mediante a incorporação condominial), a outra corrente sustenta a viabilidade de um "loteamento condominial" ser desatrelado dessa obrigação legal. "Trata-se de modalidade nova de aproveitamento do espaço, em que se procura conjugar a existência de lotes individuais de uso exclusivo com áreas de uso comum dos condôminos, à semelhança do que ocorre nos edifícios de apartamentos." É como assevera Eurico de Andrade Azevedo, que justifica: "(...) o regime condominial do loteamento fechado há de se fazer em obediência aos princípios da Lei 4.591/1964. Como não se trata, no caso em exame, de uma incorporação, pois não há construções, mas apenas a execução das obras do sistema viário interno e da-

---

5. Caio Mário da Silva Pereira, *Condomínio e Incorporações*, cit., 2ª ed., p. 59.
6. J. Nascimento Franco e Nisske Gondo, *Condomínio em Edifícios*, 3ª ed., São Paulo, Ed. RT, 1984, p. 9.
7. In *RDI* 9/9.

quelas necessárias à demarcação dos lotes de utilização exclusiva e das áreas de lazer e de produção, torna-se necessária apenas a *escritura de instituição, especificação e discriminação do condomínio* (...)".[8]

Enfim, também nesta modalidade de condomínio especial, prevista na alínea "a" do art. 8º da Lei 4.591/1964 (que tem sido contemplada com variadas denominações),[9] não se verifica o desmembramento do terreno. A cada unidade condominial corresponde a parte do terreno onde se assenta a edificação, a parte do terreno reservada para jardim e quintal e, ainda, a participação porcentual sobre as partes comuns do condomínio, compondo a *fração ideal* respectiva na totalidade do terreno. Vale dizer que da portaria para dentro tudo é de propriedade privada, cujo terreno não sofre qualquer tipo de desmembramento, exatamente como ocorre com o prédio vertical.[10]

Ainda que algumas decisões denominem, inadequadamente, de "loteamentos fechados" os condomínios especiais do art. 8º da Lei 4.591/1964, os tribunais têm enfatizado o respeito a duas características relevantes dessa espécie de condomínios: o fechamento de sua área, de sorte a controlar o ingresso em seu território, e o domínio privado de suas vias de circulação, dos espaços livres e de todos os seus equipamentos de lazer ou de serviços (*RJTJSP*-Lex 79/71; *RT* 619/98 e 717/277).

A divergência entre os doutos restou reduzida, no atinente ao art. 8º da Lei 4.591/1964, quanto à possibilidade de se instituir condomínio de

---

8. In *RDI* 11/66-68.

9. Nessas poucas linhas iniciais já ficaram suficientemente afloradas as variantes terminológicas empregadas na identificação da única modalidade condominial prevista no art. 8º da Lei 4.591/1964 e complementada pelo art. 68. Com o propósito de evitar dúbias interpretações, adotar-se-á terminologia rígida, ainda que pobre, na definição das variações condominiais, como forma de preservar os conceitos jurídicos primitivos, de notório conhecimento público. Assim, condomínio é condomínio mesmo, e loteamento é loteamento. Os dois institutos não se confundem. Neste passo invocamos a feliz manifestação do Des. Osvaldo Caron quando afirma: "No mais, não procede a alegação de *condomínio fechado*. Melhor seria a denominação de *loteamento fechado*. O condomínio não é aberto nem fechado. É copropriedade. O loteamento, sim, este pode ser fechado, no sentido de que suas vias de circulação possam ser fechadas, ou vedadas a estranhos, mediante autorização da Municipalidade" (*RT* 637/109).

10. Cf.: Hely Lopes Meirelles, *Direito Municipal Brasileiro*, 3ª ed., São Paulo, Ed. RT, 1977, p. 643; [v. 17ª ed., 2ª tir., São Paulo, Malheiros Editores, 2014, p. 585] e José Afonso da Silva, *Direito Urbanístico Brasileiro*, São Paulo, Ed. RT, 1981, pp. 400-402. [V. 7ª ed., São Paulo, Malheiros Editores, 2012, p. 344]

partes determinadas do terreno (a que chamam de "lotes"), desvinculadas da obrigação de construir, ou seja, desprovidas da figura da incorporação imobiliária, em frontal dissonância com a própria lei adotada, que "dispõe sobre o condomínio em edificações e as incorporações imobiliárias". Em consequência, essa modalidade de aproveitamento do solo tem sido impropriamente denominada de "loteamento fechado", embora não tenha "lotes", mas, sim, *frações ideais no terreno*, que correspondem a espaços determinados de uso exclusivo e a coisas e áreas de propriedade comum.

Em suma: essa espécie condominial, por não constituir loteamento, deve ser identificada como "condomínio". Para distingui-la do *condomínio de edifícios*, tornou-se vulgarmente conhecida como *condomínio fechado*, que o mercado imobiliário consagrou em detrimento das denominações *condomínio horizontal* ou *condomínio deitado*.

15.1.2 O parcelamento urbano do solo

O parcelamento do solo é implantado mediante *loteamento* ou *desmembramento*. O Decreto-lei 271, de 26.2.1967, editado especialmente para regulamentar o loteamento urbano, já distinguia, com precisão, as duas formas de subdivisão da área maior, com o objetivo de conter as abusivas práticas de loteamentos irregulares. A matéria do parcelamento do solo tem, agora, a regência da Lei 6.766, de 19.12.1979, que define essas duas formas de subdivisão de glebas (cf. art. 2º). Fundamentalmente, o *loteamento* diferencia-se do desmembramento pela "abertura de novas vias de circulação, de logradouros públicos ou prolongamento, modificação ou ampliação das vias existentes" (cf. § 1º); enquanto o *desmembramento* aproveita o sistema viário existente, sendo-lhe vedada a abertura de novas vias (cf. § 2º). Mas são iguais no que diz com a destinação legal dos lotes, quer provenientes de loteamento ou de desmembramento: ambos têm "o objetivo de edificação, com fins urbanos, não especificando a lei, em nenhuma das hipóteses, qual o tipo de edificação destinada ao local".[11]

Sobreleva observar que, enquanto na aquisição da fração ideal de terreno de empreendimento regido pela Lei 4.591/1964 a edificação re-

---

11. Sérgio A. Frazão do Couto, *Manual Teórico e Prático do Parcelamento Urbano*, Rio de Janeiro, Forense, 1981, p. 31.

presenta obrigação complementar indissociável e irreversível (em decorrência do instituto da incorporação imobiliária), essa vinculação de construir não existe na aquisição de lote. Ao contrário do incorporador, o parcelador não impõe ao adquirente a obrigação de construir. Nem impõe o tipo de edificação a ser ali levantada. O adquirente de lote constrói quando e como quiser, uma vez satisfeitas as posturas municipais. É que, como observa Marco Aurélio S. Viana: "A Lei 6.766/1979 não traz nenhum dispositivo pertinente às especificações sobre os tipos de construção, índice de aproveitamento dos lotes e índice de ocupação das áreas. Essa matéria repousa na competência municipal, contendo-se no Código de Obras ou na legislação sobre uso do solo. Cabe ao Município fixar a política a esse respeito, tendo em vista as peculiaridades locais".[12] Neste passo, aplaude o entendimento de Sérgio A. Frazão do Couto no sentido de que: "Foi de bom alvitre ter o legislador deixado essa abertura aos Municípios, sem o quê seria impossível atender às particularidades físico-geodemográficas deles".[13]

Para o objetivo deste curto estudo importa registrar que a identidade da gleba original desaparece quando submetida ao loteamento urbano. Surgem os lotes, com individualidade própria, que têm na gleba parcelada sua origem, da qual se desprendem com total independência. Sua identificação implica a localização física determinada pela fragmentação da gleba original. Têm medidas próprias, de frente e de fundos. Têm área própria. Têm confrontação própria, que os localiza, materialmente, com precisão, no universo da primitiva gleba. Têm, enfim, identidade imobiliária própria no registro de imóveis.

O desaparecimento da gleba original decorre do processo de parcelamento a que é submetida, consistente na abertura de vias e logradouros componentes do sistema de circulação, na reserva de espaços livres para uso público bem como na implantação de melhoramentos de uso público. Enquanto "as vias de loteamento deverão articular-se com as vias adjacentes oficiais", conforme o art. 4º, IV, da Lei 6.766, de 19.12.1979, adverte o § 1º do mesmo art. 4º que a percentagem das áreas públicas "não poderá ser inferior a 35% (trinta e cinco por cento)

---

12. Marco Aurélio S. Viana, *Loteamento Fechado e Loteamento Horizontal*, Rio de Janeiro, AIDE, 1991, p. 41.
13. Sérgio A. Frazão do Couto, *Manual Teórico e Prático do Parcelamento Urbano*, cit., p. 32.

da gleba (...)", além de "reserva de faixa *non aedificandi* destinada a equipamentos urbanos". Explica, ainda, a Lei 6.766/1979 que considera "comunitários os equipamentos públicos de educação, cultura, saúde, lazer e similares" (§ 2º do art. 4º), sendo "urbanos os equipamentos públicos de abastecimento de água, serviços de esgotos, energia elétrica, coleta de águas pluviais, rede telefônica e gás canalizado" (art. 5º, parágrafo único).

Mas o que ainda mais diferencia o loteamento tradicional da Lei 6.766/1979 do condomínio fechado, atrás examinado, é que, excluídos os novos lotes, tudo o mais passa ao domínio do Município: "as vias e praças, os espaços livres e as áreas destinadas a edifícios públicos e outros equipamentos urbanos, constantes do projeto e do memorial descritivo" (art. 22). A partir do seu registro imobiliário, passam a integrar a classe dos bens públicos, previstos no art. 66 do CC [*de 1916*][14] e, mais particularmente, na espécie de "uso comum do povo" (cf. inciso I), ungidos a essa posição pelo instituto da *afetação*, ou seja, "ato ou fato mediante o qual se consagra um bem, móvel ou imóvel, à produção efetiva de utilidade pública".[15]

Como bem esclarece Hely Lopes Meirelles: "*Uso comum do povo* é todo aquele que se reconhece à coletividade em geral sobre os bens públicos, sem discriminação de usuários ou ordem especial para sua fruição. É o uso que o povo faz das ruas e logradouros públicos, dos rios navegáveis, do mar e das praias naturais. Esse *uso comum* não exige qualquer qualificação ou consentimento especial, nem se pode cobrar ingresso ou limitar frequência, pois isto importaria atentado ao direito subjetivo público do indivíduo de fruir os bens de *uso comum do povo* sem qualquer limitação individual. (...)". Enfatiza, então, o renomado autor: "No uso comum do povo os usuários são anônimos, indeterminados, e os bens utilizados o são por todos os membros da coletividade – *uti universi* –, razão pela qual ninguém tem direito ao uso exclusivo ou a privilégios na utilização do bem; o direito de cada indivíduo se limita à igualdade com os demais na fruição do bem ou no suportar os ônus dele resultantes. (...)". E conclui: "Pode-se dizer que todos são iguais perante os bens de uso comum do povo. Mas, por relações de vizinhança

---
14. V. art. 99 do CC de 2002.
15. José Cretella Jr., in *Enciclopédia Saraiva do Direito*, 5º vol., p. 140.

e outras situações especiais, o indivíduo pode adquirir determinados direitos de utilização desses bens e se sujeitar a encargos específicos".[16]

Em suma, o loteamento convencional, segundo os parâmetros da Lei 6.766/1979, faz desaparecer a gleba parcelada, que é substituída pelos lotes localizados em áreas fisicamente determinadas no solo, com identidade imobiliária independente da área maior que os gerou. As novas vias de circulação e os equipamentos urbanos passam à categoria de bens públicos municipais, como bens de uso comum do povo – pelo quê, à evidência, esses loteamentos tradicionais não podem ser cercados, posto que se destinam aos usuários anônimos do povo (*RT* 598/265 e 701/83).

15.1.3 O loteamento fechado

Ocorre que, sem alterar a titularidade dominial dos bens públicos, sua utilização pode ficar restrita à comunidade que contribuiu para a implantação do loteamento. As vias de circulação e os equipamentos urbanos não mais ficam acessíveis, em perfeita igualdade, ao uso de qualquer do povo – *uti universi* –, mas exclusivamente a uma comunidade restrita. Com efeito, se é certo que somente a União tem competência para legislar sobre o domínio (art. 22, I, da CF), foi outorgado ao Município credencial constitucional para comandar o "adequado ordenamento territorial, mediante planejamento e controle do uso, do parcelamento e da ocupação do solo urbano" (art. 30, VIII, da CF).

Para tanto, basta que os bens públicos de "uso comum do povo" (art. 66, I, do CC [*de 1916*][17]) passem à categoria de "uso especial" (inciso II), mediante aprovação legislativa da Câmara Municipal e respectiva sanção executiva. Na lição de Hely Lopes Meirelles, a Administração Municipal pode atribuir ao particular a fruição de um bem público com exclusividade, "nas condições convencionadas", "desde que a utilização consentida pela Administração não o leve à inutilização ou destruição, caso em que se converteria em alienação".[18] Assim, uma vez classificados os bens públicos como de "uso especial", o convênio com

---

16. Hely Lopes Meirelles, *Direito Municipal Brasileiro*, cit., 3ª ed., pp. 367-368. [V. 17ª ed., 2ª tir., São Paulo, Malheiros Editores, 2014, pp. 320-321]

17. V. art. 99, I, do CC de 2002.

18. Hely Lopes Meirelles, *Direito Municipal Brasileiro*, cit., 3ª ed., p. 369. [V. 17ª ed., 2ª tir., São Paulo, Malheiros Editores, 2014, pp. 321-322].

a Municipalidade deverá instrumentar o uso particular exclusivo, mediante os institutos da "permissão de uso" ou da "concessão de uso", com preferência óbvia para o último, como recomenda Elvino Silva Filho, em notável ensaio que intitulou de "Loteamento fechado e condomínio deitado".[19] A denominação "condomínio deitado", que criou, teve por alvo contrastar com a forma vertical do condomínio dos edifícios, na medida em que se destina à "construção de *casas térreas ou assobradas*" (cf. art. 8º da Lei 4.591/1964).

Reserva, assim, a denominação de "loteamento fechado" ao loteamento convencional, quando "fechado", cujas características principais podem ser assim resumidas: (a) é aprovado segundo o regramento da Lei 6.766/1979, do qual resultarão os lotes fisicamente localizados e liberados da gleba original, sobre os quais seus proprietários edificarão suas casas, se e quando assim o quiserem; (b) o perímetro da gleba loteada será fechado mediante convênio com a Municipalidade, que concederá "permissão de uso" ou "concessão de uso", fazendo com que seu acesso seja controlado por uma portaria, de sorte que seja garantida a utilização exclusiva das vias de circulação e dos demais logradouros e espaços livres aos proprietários dos lotes de terreno; (c) a tributação municipal incidirá unicamente sobre os lotes de terreno, inexistindo tributação sobre as áreas de uso comum, derivadas da concessão de uso.[20]

A "concessão de uso", a que se refere Elvino Silva Filho, como a "permissão de uso" são de natureza tipicamente administrativa. Neste passo, vale lembrar o art. 7º do Decreto-lei 271, de 26.2.1967, decorrente de um projeto mutilado de Hely Lopes Meirelles. Esse Decreto-lei 271, editado para aperfeiçoar o obsoleto Decreto-lei 58, de 10.12.1937, teve por escopo reger o loteamento urbano (art. 1º), da mesma forma como, agora, desta matéria se ocupa a Lei 6.766, de 19.12.1979. Ocorre que esta última norma legal não revogou expressamente o Decreto-lei 271, de 26.2.1967. Demais disso, se, de um lado, facultou aos Estados, Distrito Federal e Municípios a promulgação de normas complementares relativas ao parcelamento do solo, para atendimento das "peculiaridades regionais e locais", de outro, nenhuma disposição da Lei 6.766/1979 se mostra incompatível com o art. 7º do Decreto-lei 271/1967,

19. Elvino Silva Filho, "Loteamento fechado e condomínio deitado", *RDI* 14/7.
20. *RDI* 14/20.

que instituiu a concessão de uso de terrenos públicos, "*como direito real resolúvel*, para fins específicos de urbanização, industrialização, cultivo da terra ou outra utilização de interesse social". Sobreleva, ainda, observar que esse *direito real de concessão de uso*, preconizado e regulamentado pelo referido art. 7º do Decreto-lei 271/1967, continua em plena vigência (cf. § 1º do art. 2º da Lei de Introdução ao Código Civil[21]).

Vivamente impressionado com a criação da *concessão real de uso*, José Osório de Azevedo Jr. aplaudiu o "novo direito" emergente do "velho direito de superfície", embora com ele não se confunda integralmente. Examinado o instituto, que tem suas raízes no direito privado, arremata o autor: "O art. 7º do Decreto-lei 271 vem inovar a questão. Ele, na verdade, criou um novo direito de superfície, com roupagens bastante modernas. Segundo esse artigo, é hoje possível pertencer o solo a um e as benfeitorias a outrem. A nosso ver, as benfeitorias levadas a efeito pelo concessionário a este pertencem, por força do verdadeiro direito de propriedade". Sua recomendação, porém, não se mostrou muito receptiva, não se confirmando a previsão no sentido de que "poderá se tornar um eficientíssimo instrumento jurídico a serviço da Administração Pública".[22] É que a concessão de uso, na sua modalidade de direito real, não foi adequadamente compreendida pelas Administrações e Câmaras Legislativas Municipais. Mas ainda recentemente esse instituto foi examinado pelo STJ, invocando o "seguro ensaio" de José Osório de Azevedo Jr., para declarar que "a *concessão de uso* não constitui mero direito pessoal, revogável ao nuto do proprietário. Ela resulta em efetivo direito real", pelo quê "suscetível de registro público" (*RSTJ* 77/116).

Ora, se é certo que "os espaços livres de uso comum, as vias e praças, as áreas destinadas a edifícios públicos e outros equipamentos urbanos, constantes do projeto e do memorial descritivo, *não poderão ter sua destinação alterada pelo loteador* (...)" (cf. art. 17 da Lei 6.766/1979), também é certo que não apenas sua *destinação* como também sua *utilização* podem ser alteradas *pela Municipalidade*, mediante a "desafetação" dos bens públicos. Assim já reconheceu o STJ, tendo por relator o Min. César Asfor Rocha, ao admitir a alteração, *pela Municipalidade*, de bens públicos de uso comum do povo (área reservada para logradou-

---

21. Atualmente denominada Lei de Introdução às Normas do Direito Brasileiro (Lei 12.376/2010).
22. *RT* 388/31-43.

ro público), para serem doados, com encargos, a terceiros (*Lex-Jurisprudência do STJ* 56/179).

Valendo-se dessa faculdade legal e tendo em linha de conta o interesse social da Municipalidade, várias propostas de solução jurídica têm sido formuladas com o propósito de conferir feição jurídica aos *loteamentos fechados*. A preocupação constante dos parceladores é a de ficar assegurado aos proprietários dos lotes o *uso privativo* (em vez do uso anônimo do povo) dos bens públicos, que passam automaticamente a integrar o patrimônio municipal, *ex vi* do art. 22 da Lei 6.766/1979.

Com essa explícita intenção, pretendeu-se construir, com fundamento no § 2º do art. 3º do Decreto-lei 271/1967, a tese do "loteamento condominial *ex legis*", quando não dissolvido pela Municipalidade no ato da "aceitação do loteamento pela Prefeitura". Essa tese, elaborada por Élio Monnerat Sólon de Pontes,[23] foi estimulada pela disposição do art. 3º do referido Decreto-lei 271/1967 ao declarar que: "Aplica-se aos loteamentos a Lei n. 4.591, de 16 de dezembro de 1964, equiparando-se o loteador ao incorporador, os compradores de lote aos condôminos e às obras de infraestrutura a construção da edificação". Examinando esse dispositivo, José Osório de Azevedo Jr. demonstrou a inviabilidade de sua aplicação, tal a disparidade existente entre o loteamento e o condomínio – ou seja: entre o parcelador e o incorporador –, a começar do fato que no loteamento "o desenvolvimento físico precede a sua entrada no mundo jurídico. Somente depois de executado materialmente o loteamento, com a abertura de ruas, demarcação de quadras e lotes, é que o loteamento é lançado às venda", enquanto "na incorporação os adquirentes das futuras unidades autônomas participam jurídica e economicamente do empreendimento, mesmo durante o desenvolvimento físico do mesmo".[24] Em outras palavras: na medida em que no loteamento inexiste obrigação de construir umbilicalmente vinculada à aquisição do lote, a equiparação ao empreendedor condominial é flagrantemente inexata. Basta considerar que no condomínio (inclusive o programado segundo o art. 8º da Lei 4.591/1964) a edificação a ser implantada, de todas as unidades condominiais, já foi prévia e definitivamente consolidada pela incorporação, sendo vedado ao condômino alterar, isoladamente, sua unidade sem o consentimento unânime dos demais condôminos. Contudo,

23. *RF* 327/277.
24. *RT* 388/36.

no loteamento cada edificação é inteiramente dissociada das demais, cabendo ao proprietário do lote apenas observar as restrições impostas pelo parcelador e as normas administrativas locais.

No respeitável entendimento de Elvino Silva Filho, a regularização do *loteamento fechado*, implantado na forma preconizada pela Lei 6.766/1979, deve merecer por parte da Municipalidade, desde o seu registro, autorização para "fechamento do loteamento e autorizar, por decreto ou por lei, o uso daqueles bens públicos, através dos institutos da *permissão de uso* ou da *concessão de uso*".[25] Ocorre que, além de serem, ambos, atos estritamente administrativos, desvestidos de efeito real, a "permissão" (ato unilateral, discricionário e precário) e a "concessão" (ato bilateral, comutativo, personalíssimo, de duração determinada) são deferidos pela "vontade política" do Município, que nem sempre coincide com o interesse social.

Na medida em que se depende de "autorização", quando não de franca tolerância da Administração, deixa de existir um critério objetivo ditado por regra cogente que assegure ao parcelador o direito de fechar o loteamento; o direito de instalar portaria, para controlar o acesso ao loteamento; o direito de editar regulamento normatizando direitos e obrigações dos proprietários; o direito de fiscalizar e de patrulhar, com funcionários próprios, o correto uso dos equipamentos e das áreas de uso comum; o direito de implantar a infraestrutura que melhor atenda às especificações das concessionárias de serviços públicos; o direito de construir e instalar, em espaços vazios adequados, os equipamentos de lazer e de serviços reivindicados pelos seus proprietários, cujas benfeitorias e acessões se constituirão em bens de propriedade condominial, e não de domínio público, ainda que edificados em áreas do patrimônio municipal.

Em contrapartida, ainda que as vias de circulação continuem integrando o patrimônio público, a Administração Municipal, sem prejuízo da normal tributação, ficaria isentada da conservação das vias e logradouros; da manutenção da distribuição dos serviços de água, esgoto, iluminação pública, telefone; da limpeza das ruas e das canalizações das águas pluviais; do recolhimento do lixo domiciliar; de obras de terraplenagem e de policiamento no uso dos lagos e rios.

25. *RDI* 14/34.

Enfim, o regime jurídico do *loteamento fechado*, perante o Poder Público, seria praticamente idêntico ao que rege o *condomínio fechado*. Nesta concepção, o parcelamento do solo observa a Lei 6.766/1979 mas segue na utilização das vias, logradouros e espaços vazios – que conservam sua natureza de bens públicos – as normas do condomínio especial, aplicáveis às áreas e coisas de uso comum.

A concepção jurídica de Marco Aurélio Viana exposta em sua excelente monografia é outra: em vez de complementar o loteamento criado pela Lei 6.766/1979 com as regras da Lei 4.591/1964 (relativas à fruição das áreas e coisas de propriedade comum), sustenta a equiparação do *loteamento fechado* ao chamado *condomínio horizontal*, previsto pelo art. 8º da Lei 4.591. Isto porque: "Hodiernamente, lotear não é apenas subdividir a área maior em unidades menores, independentes, fisicamente distintas do terreno original. É também dividir juridicamente essa mesma área, estabelecendo áreas de uso privativo, para edificação, e outras de uso comum. Por isso, não vemos inconveniente de se adotar a terminologia 'loteamento' para exprimir essa nova realidade, essa nova figura jurídica". Neste passo, afirma que: "O art. 8º da Lei 4.591/1964 dá-lhe o tegumento jurídico adequado. Em verdade, o texto legal citado ampara, sem esforço, a figura jurídica em exame. Com as adaptações adequadas, não é difícil solucionar legalmente esse instituto".

E, como a edificação de unidades condominiais é da essência da Lei 4.591/1964 – condição imperativa, essa, inexistente no parcelamento tradicional –, argumenta, em defesa da viabilidade da aplicação do referido art. 8º: "Nesse ponto dúvida não fica quanto à inexistência de texto legal proibindo o loteamento horizontal. Muito ao contrário, o citado art. 8º da Lei 4.591/1964, e, de certo modo, a lei como um todo, serve de suporte do instituto. O que se percebe é um equívoco na sua interpretação quando se dá relevo à construção".[26] Significa, pois, que pretende suprimir a incidência da Lei 6.766/1979 para o *loteamento fechado*, equiparando-o ao *condomínio horizontal*, do qual desatrela a obrigação imediata de construir.

Entende, em suma, que o art. 8º da Lei 4.591/1964 pode abrigar o *loteamento fechado*, desprovido da obrigação de construir. Subsiste, to-

26. Marco Aurélio S. Viana, *Loteamento Fechado e Loteamento Horizontal*, cit., pp. 119-122.

davia, a dificuldade de conciliar a normatização do direito amplo do proprietário do lote ou de lotes unificados de construir quando e como assim o quiser, mediante projeto individual e específico, com o projeto-padrão primitivamente aprovado para todo o condomínio, como consequência inelutável da prévia e indispensável incorporação condominial. Mesmo porque, se assim não ocorrer, o registro imobiliário não lhe dará abrigo.

A despeito da vigorosa objeção que manifestam juristas da envergadura de José Afonso da Silva,[27] Diógenes Gasparini e Toshio Mukai, o fato é que se está diante de indisfarçável realidade social, tão efetiva e necessária, que as Municipalidades, no mínimo, toleram e nossos pretórios a admitem. Até a prestigiam. Com efeito, não somente reconhecem a legitimidade do fechamento ("Evidentemente, a cerca se inclui entre as coisas de uso comum, pois, se suprimida, fica descaracterizado o loteamento fechado, com prejuízo para todos que adquiriram os lotes"), como reconhecem aos proprietários de lotes a possibilidade de assumirem a prestação de serviços que normalmente constituem responsabilidade do Poder Público, gerando a obrigação, para os mesmos proprietários, de serem as respectivas despesas rateadas entre si.

15.1.4 Conclusão

O *loteamento fechado* implantado segundo a Lei 6.766/1979 mas cercado e controlado por portaria, de sorte a impedir o uso anônimo do povo, embora suas ruas e logradouros integrem o patrimônio público, é uma realidade social. Tolerado pelas Administrações Municipais e admitido pelos pretórios, clama por uma normatização que assegure seus parceladores desse direito sem que sejam dependentes da "vontade política" dos administradores municipais.

A compulsória *concessão real de uso*, passível de registro imobiliário, oferece condições suficientes para conferir aos *loteamentos fechados* e a seus moradores a ansiada segurança jurídica de suas propriedades, que contribuirá, eficazmente, para o aperfeiçoamento da segurança física dessas comunidades. Para tanto basta o concurso de pequena dose de "vontade política" para se alterar pouco, muito pouco,

---

27. José Afonso da Silva, *Direito Urbanístico Brasileiro*, cit., n. 59, p. 401. [V. 7ª ed., São Paulo, Malheiros Editores, 2012, pp. 345-346]

da Lei 6.766/1979. Nada impede, porém, que as Municipalidades se antecipem, celebrando a *concessão real de uso*, como pacto complementar à aprovação do *loteamento fechado*, em homenagem ao interesse social.

Realmente, na falta de legislação específica, nova lei se faz preciso. Todavia, como adverte João Del Nero: "Não basta a reforma das leis. É preciso igualmente transformar o espírito do homem que causa a injustiça, a crueldade, a exploração, o crime". Para indagar, em conclusão: "É inexistente, portanto, a alternativa 'mudar as leis ou mudar o homem?'. Ambos devem ser feitos".

15.2 Condomínio fechado e loteamento fechado

[Publicado na *Tribuna do Direito* 188, dezembro/2008]

Como forma de contornar a síndrome da insegurança, da qual padecem, indistintamente, todos os residentes urbanos, foi bem recepcionado o fechamento dos loteamentos, sob inescondível inspiração do autêntico *condomínio fechado*, expressamente previsto no art. 8º da Lei 4.591, de 16.12.1964 (Lei de Condomínio e de Incorporações Imobiliárias).

Os loteamentos tradicionais continuam sendo regidos, com absoluta exclusividade, pela Lei 6.766, de 19.12.1979 (Lei de Parcelamento do Solo), já que restou frustrada a tentativa esboçada pelo Decreto-lei 271, de 26.2.1967, no sentido de permitir a incidência da legislação condominial nos loteamentos.

15.2.1 Condomínio fechado

A Lei 4.591/1964 também previu a modalidade horizontal do condomínio, a exemplo das antigas vilas de casas, cujo acesso por rua particular, dotada de retorno, continuou sendo propriedade privada.

A denominação "condomínio fechado" é criação do mercado imobiliário. Não existe "condomínio *aberto*". Todo o terreno do condomínio subsiste íntegro como propriedade particular, tal qual se verifica em qualquer edifício de apartamentos, que é sempre *cercado*, isto é, *fechado*.

No condomínio do art. 8º da Lei 4.591/1964 o incorporador, da mesma forma como ocorre com as incorporações de apartamentos (verticais), também promove o prévio registro da incorporação imobiliária, com o *objetivo (obrigatório) de construir* as casas, chalés ou, mesmo, vários sobrados ou várias torres de apartamentos.

O terreno desse tipo de condomínio (art. 8º) não é fragmentado. A parte do terreno correspondente a cada unidade autônoma (casa, chalé, apartamento) é representada por um percentual (parte ideal). A área primitiva continua intacta, e sua individualidade registrária continua preservada. Aqui, a fragmentação é apenas percentual. As unidades (casas, chalés ou apartamentos) não têm domínio específico do terreno, como ocorre no loteamento, mas apenas participação percentual.

Desde que a instituição condominial decorre de indispensável incorporação imobiliária, segue-se que a construção é obrigatória. Caio Mário da Silva Pereira adverte: "A lei exige a construção sob forma de *unidades autônomas*. Esta é uma *conditio legis*".

A venda ao público reclama prévio registro do memorial da incorporação, que, necessariamente, já contém planta aprovada. O regime de construção já está previsto. A futura convenção já está minutada. As vias de acesso às casas projetadas já estão demarcadas na área global. Observando seus percentuais, os condôminos continuam proprietários dessas vias bem como de todos os melhoramentos, benfeitorias e acessões que introduzirem no condomínio.

Concluída a construção e expedido o "habite-se", cada unidade autônoma é registrada no cartório imobiliário, quando adquire individualidade própria. Mas o solo continua indivisível. Cabe, então, ao incorporador submeter o empreendimento ao condomínio especial, especificando suas unidades condominiais e estabelecendo a convenção, para regulamentar os direitos e os deveres dos condôminos.

Enfim, como observa Nascimento Franco, trata-se de um condomínio "estritamente particular" (cf. art. 8º).

15.2.2 Loteamento

O loteamento é o resultado da fragmentação do solo, regido pela Lei 6.766, de 19.12.1979. A fragmentação pode ser alcançada pelo parcelamento ou pelo desmembramento. O parcelamento consiste na abertura de novas vias de circulação, de logradouros públicos ou ampliação das vias existentes. O desmembramento aproveita o sistema viário existente.

A identidade registrária da gleba loteada, em decorrência do loteamento, desaparece. Em substituição surgem os lotes, cada um com especificação própria (medidas e confrontação). Cada lote se desprende do registro-mãe e passa a ter individualidade registrária própria, devendo observar a área mínima de 125m².

As vias e logradouros públicos (sistema viário de circulação) passam a ser de domínio público, e não podem representar área inferior a 35%, além da área *non aedificandi*, destinada a equipamentos urbanos (educação, cultura, saúde, lazer e similares e, ainda, equipamentos públicos de abastecimento de água, serviços de esgotos, energia elétrica, coleta de águas pluviais, rede telefônica e gás canalizado).

Todos esses bens passam a integrar o patrimônio público. São os bens públicos do art. 66, I, do CC, [*de 1916*][28] isto é, passam a pertencer à espécie de "uso comum do povo". A transferência verifica-se por meio do instituto da *afetação*: o que era de propriedade particular passa, por força da lei, automaticamente para o patrimônio público.

A partir daí, nenhum cidadão pode ser excluído do uso dos bens de domínio público, integrantes da classe de "uso comum do povo". Não há, portanto, uso exclusivo de bem público, sendo iguais todos os direitos dos cidadãos. Logo, se qualquer cidadão pode transitar e se utilizar dos bens públicos, é evidente que os loteamentos tradicionais não podem ser cercados. Todos os loteamentos são, pois, abertos, até porque não existe na lei a figura do *loteamento fechado*.

A Lei do Parcelamento também não obriga a construir. O dono do lote constrói quando e como quiser, respeitando a planta especialmente elaborada para ele e aprovada pela Prefeitura. Concluída a construção, segue-se a respectiva averbação no registro imobiliário, na matrícula correspondente ao seu lote.

15.2.3 Loteamento fechado

A Lei de Parcelamento do Solo (Lei 6.766/1979) é federal. Somente a União tem competência para legislar sobre o domínio (CF, art. 22, I). Contudo, cabe à Prefeitura comandar o "ordenamento territorial, me-

---

28. V. art. 99, I, do CC de 2002.

diante planejamento e controle do uso, do parcelamento e da ocupação do solo urbano" (CF, art. 30, VII).

O *loteamento fechado* nada mais é do que loteamento tradicional cercado. Nasce sob a incidência da Lei 6.766/1979, que não prevê este tipo de loteamento, mas é fechado mediante autorização da Prefeitura. Ainda assim, a Prefeitura não pode restringir o uso anônimo de bem público a uso particular *restrito*.

Todavia, é fato que, na falta de previsão legal, a Prefeitura tem permitido o fechamento de loteamentos, mediante o expediente da *permissão de uso*. Essa *permissão de uso* é concedida em caráter precário (unilateral e personalíssimo). Tem a Prefeitura interesse na sua concessão, na medida em que: (a) o fechamento do loteamento, para uso restrito de particulares, não ocasiona prejuízo ao cidadão comum do povo; (b) os loteadores e/ou proprietários dos lotes substituem a Prefeitura na prestação de serviços, como recolhimento de lixo, preservação e manutenção das vias de circulação, vigilância, captação e distribuição de água, etc.

Na prática, ninguém do povo é prejudicado. A Prefeitura não gasta um níquel, e o loteamento gera nova fonte de tributos municipais. Gera novos empregos: diretos e indiretos. Por isso, o *loteamento fechado*, embora desprovido de base legal, tem sido tolerado pelas Prefeituras e admitido pelos tribunais. Trata-se de fato social novo, gerado pela insegurança de vida e do patrimônio. Mas, sem dúvida, estamos diante de uma realidade que não pode ser ignorada. Trata-se de um fato consumado.

15.2.4 *A cobrança das taxas de administração*

A questão é ainda controvertida nos tribunais. Já foi mais hesitante. Cabe distinguir duas situações fáticas: (a) o loteamento era *aberto* quando foi comercializado, tendo sido posteriormente *fechado*, sem a concordância de todos os adquirentes dos lotes; e (b) o loteamento desde sua implantação foi *fechado* ou previu o fechamento e instituiu um órgão de administração, mediante uma espécie de "convenção", que mereceu expressa adesão do adquirente.

Na primeira hipótese ainda ocorrem divergências nos tribunais:

(a) Uma corrente sustenta que, se o adquirente não se opôs ao fechamento mas também não manifestou sua concordância com as (novas) normas da administração, configura-se, aí, apenas um obrigação moral (e não jurídica), insuficiente para compelir ao pagamento compulsório.

(b) Outra corrente, que vem ganhando mais adeptos, sustenta que, se o adquirente (na mesma situação do anterior) goza dos benefícios decorrentes do fechamento (vigilância, limpeza e conservação das vias, recolhimento de lixo etc.), sua recusa caracteriza uma "obrigação jurídica", na medida em que se verifica um enriquecimento ilícito; não importa que esse dissidente não faça parte da associação administradora (ninguém pode ser obrigado a se associar), mas também é inaceitável tirar proveito dos benefícios introduzidos pela coletividade.

Na segunda hipótese "(b)" não há divergência nos tribunais, uma vez que o adquirente aceitou expressamente a obrigação de contribuir para as despesas comuns, desde quando adquiriu o lote.

15.2.5 Conclusão

O *loteamento fechado* veio para ficar. É uma realidade social. Embora desprovido de previsão legal, não pode ser ignorado pelo legislador.

Se é verdade que ruas, praças, logradouros, áreas verdes etc. são automaticamente incorporados ao patrimônio do Município (art. 22 da Lei 6.766/1979), também é exato que esse tipo de empreendimento não pode depender da "vontade política" da Administração Municipal. É indispensável que seja conferida segurança contratual a seu empreendedor e, por via de consequência, aos adquirentes de lotes.

15.3 Loteamento fechado e condomínio fechado

15.3.1 Introdução

A diferença fundamental entre os popularmente chamados *condomínio fechado* e o *loteamento fechado* reside, certamente, na obrigação de construir: a *obrigação de construir* é inerente ao primeiro, por constituir condição própria da incorporação imobiliária, regulada pela Lei 4.591, de 16.12.1964; o segundo é espécie híbrida, gerada pelo parcelamento do solo urbano, regulado pela Lei 6.766, de 19.12.1979.

O *loteamento fechado*, por sua vez, não se confunde com o loteamento clássico, *aberto*. Trata-se de espécie híbrida, gerada pelo parcelamento do solo urbano, regulado pela Lei 6.766, de 19.12.1979, mas que quer se assemelhar ao *condomínio fechado*.

15.3.2 Perfil do "condomínio fechado"

A denominação "condomínio fechado" é invenção atécnica, criada pelo mercado imobiliário. Inexiste "condomínio aberto". Como a totalidade do terreno é abrangida pela incorporação imobiliária, é necessariamente cercado por muros de alvenaria. As vias de comunicação interna são de domínio particular, como ocorre com qualquer edificação vertical de um ou mais blocos, separados entre si.

Na categoria "condomínio fechado" não se concebe ficar à margem da incorporação imobiliária. Trata-se de produto genuíno da "incorporação imobiliária", que é conceituada no parágrafo único do art. 28 da Lei 4.591/1964 como "a atividade exercida com o intuito de *promover e realizar a construção*, para alienação total ou parcial, de edificações ou conjunto de edificações compostas de unidades autônomas". Vale dizer que no âmbito da Lei 4.591/1964 mostra-se inadmissível pretender a aquisição de parte ideal do terreno desatrelada da obrigação de construir.

No denominado "condomínio fechado" as edificações podem ser térreas ou assobradadas ou, ainda, diversas (mais de uma) torres constituídas pela superposição de vários pavimentos. Tem por respaldo legal o art. 8º da Lei 4.591, que permite a incorporação imobiliária "quando, em terreno onde não houver edificação, o proprietário, o promitente comprador, o cessionário deste ou o promitente cessionário sobre ele *desejar erigir mais de uma edificação* (...)", que deverão observar as seguintes características: (a) às unidades autônomas consistentes de *casas térreas ou assobradadas* corresponderá, por discriminação expressa, a parte do terreno ocupada pela edificação e, eventualmente, a parte "reservada como de utilização exclusiva dessas casas, como jardim e quintal"; além da parte certa do terreno (parte discriminada), corresponderá a cada unidade autônoma a "fração ideal do todo no terreno" e de participação (também ideal) nas partes e coisas comuns (cf. art. 8º, "a"); (b) mas, quando as unidades autônomas se constituírem de *"edifícios de dois ou mais pavimentos*, será discriminada a parte do terreno ocupada pela edificação", bem como a parte do terreno "que eventualmente for reservada como de utilização exclusiva, correspondente às unidades do edifício, e ainda a fração ideal do todo do terreno" e de participação (também ideal) nas partes e coisas comuns (cf. art. 8º, "b"); (c) as partes do total do terreno destinadas ao *uso comum dos condôminos*, como quadras de tênis, quadras de vôlei, piscina, campos de futebol, lanchonete, mercado, *shopping* etc., terão suas partes no terreno expressamente discriminadas (cf. art. 8º, "c"); (d) e, finalmente, serão "discriminadas as áreas que se constituírem em *passagem comum* para as vias públicas ou para as unidades entre si" (cf. art. 8º, "d").

Releva observar que a "discriminação da parte do terreno" reclama sua descrição com clareza, indicação das medidas do perímetro, da área nele contida e das confrontações, de sorte a ficar nitidamente retratada, na totalidade do terreno, a parte correspondente à edificação, à utilização exclusiva, bem assim a destinada ao uso comum dos condôminos. Nem por isso essas partes discriminadas, quer de utilização exclusiva, quer de uso comum, passam a ter individualidade registrária própria, como se fossem passíveis de propriedade exclusiva. Essas partes, embora discriminadas, continuam integrando a totalidade do terreno, de forma ideal, do qual são indestacáveis. As unidades autônomas apenas receberão identificação registrária própria após a conclusão da construção, quando se verificar sua averbação no ofício de registro imobiliário.

Vale anotar que as unidades autônomas (assim consideradas após construídas) não podem ter sua destinação alterada por iniciativa isolada de seus titulares. Se se tratar de casa residencial, não pode ser convertida em estabelecimento comercial. Se bem de uso comum, e se pretender modificar sua destinação (substituir um campo de futebol por uma lanchonete, por exemplo), além do consenso unânime dos condôminos, se deverá, via de regra, obter autorização administrativa da Municipalidade (cf. art. 43, IV, da Lei 4.591/1964). Trata-se, enfim – como observam J. Nascimento Franco e Nisske Gondo –, da "formação do condomínio estritamente *particular* contemplado no seu art. 8º".[29]

15.3.3 Perfil do "loteamento fechado"

Já, quando se fala em *loteamento fechado*, o qualificativo "fechado" tem pertinência. É que, via de regra, o loteamento é "aberto" e de-

---

29. J. Nascimento Franco e Nisske Gondo, *Condomínio em Edifícios*, cit., 3ª ed., p. 9.

corre do parcelamento do solo, regido pela Lei 6.766, de 19.12.1979. Seu art. 2º define *loteamento* como "a subdivisão de gleba em lotes destinados à edificação, com abertura de novas vias de circulação, de logradouros públicos ou prolongamento, modificação ou ampliação das vias existentes". O loteamento tradicional é *aberto*, posto que, a partir do registro do loteamento, passam a integrar o domínio do Município todas as vias e praças previstas no projeto (cf. art. 22 da Lei 6.766/1979), que passam a ser "de uso comum do povo" (cf. art. 66, I, do CC [*de 1916*][30]).

Consequentemente, com a aprovação administrativa do loteamento, a gleba de propriedade *particular* original fica desdobrada em duas partes principais: uma consistente nas "vias e praças, os espaços livres e as áreas destinadas a edifícios públicos e outros equipamentos urbanos", que passam ao domínio público do Município; e outra composta dos lotes de terreno, que remanescem como propriedade particular do loteador.

Inocorre no loteamento a obrigação de construir, acoplada à aquisição do terreno. O particular pode comprar o lote e deixar de construir. E quando, por mera conveniência, resolver fazê-lo, deverá tão somente observar as restrições previstas no processo de loteamento, como as do uso permitido, ocupação e aproveitamento do solo, recuos etc., e obter a indispensável licença municipal de construir, que é válida apenas para o respectivo projeto de construção. Cada lote é contemplado com identificação registrária (matrícula), desde o momento do registro imobiliário do loteamento, ou seja, independentemente de se construir, ou não, sobre o lote; ao contrário do que ocorre no *condomínio*, cuja identidade imobiliária apenas ocorre com a conclusão aprovada da edificação.

Passando o sistema viário e outras áreas destinadas a edifícios e equipamentos ao domínio da Municipalidade, cabe-lhe o dever de cuidar desses novos bens públicos. Para tanto, a aprovação administrativa do loteamento gera, de per si, a tributação municipal, que passa a incidir individualmente sobre cada lote. Em contrapartida, cabe aos órgãos públicos prover os serviços essenciais à vida do loteamento, como distribuição de água, recolhimento e tratamento de esgoto, energia elétrica, segurança, limpeza, conservação das áreas comuns e do sistema viário, preservação do meio ambiente, fiscalização do uso adequado dos lotes, em especial da regularidade das construções, remoção do lixo domiciliar etc..

---

30. V. art. 99, I, do CC de 2002.

Ocorre que a violência urbana tem estimulado a implantação de loteamentos diferenciados, pelo seu efetivo "fechamento" físico por meio de cercas ou, mesmo, de muros de alvenaria, como forma de conferir segurança e tranquilidade a seus moradores. O "fechamento" do loteamento, com implantação de portaria controlada pelos adquirentes dos lotes, nem sempre é autorizado de forma expressa. Às vezes há lei municipal prevendo a concessão de "autorização de uso". Outras vezes ocorre mero comprometimento tácito de troca de favores entre a Prefeitura e o empreendedor: enquanto aquela permite o "fechamento", mediante a figura da "autorização de uso" de bem público, exige, em contrapartida, dos proprietários dos lotes, principalmente, a manutenção e conservação dos logradouros e das áreas verdes, além da coleta domiciliar de lixo. Nem por isso as taxas municipais desses serviços são relevadas – o que é sumamente injusto, para se dizer o mínimo. A Prefeitura tolera o "fechamento" e os proprietários de lotes toleram a cobrança indevida de taxas por serviços que a Administração não presta.

Em face da ampla receptividade do mercado, surgiram – e continuam surgindo – os chamados *loteamentos fechados*, também chamados de *loteamentos em condomínio* ou *condomínio especial fechado*, cujo empreendimento, no mercado imobiliário, é frequentemente confundido com os *condomínios horizontais* ou *condomínios deitados*, previstos no art. 8º da Lei 4.591/1964. Trata-se, pois, de nova espécie de loteamento, produto híbrido resultante do "cruzamento" do condomínio horizontal do art. 8º da Lei 4.591/1964 com o parcelamento regulado pela Lei 6.766/1979, que apresenta as seguintes principais características:

(a) Por ser regido pela Lei 6.766/1979, suas vias, logradouros, áreas verdes etc. passam ao domínio do Município (art. 22), integrando a classe dos bens públicos de uso comum do povo (art. 66 do CC [*de 1916*][31]).

(b) A alienação dos lotes não fica atrelada à obrigação de construir, por não estar presente a figura da incorporação imobiliária, própria da Lei 4.591/1964; a construção se verifica se e quando assim resolver o adquirente do lote, segundo projeto específico, que deverá respeitar as restrições gerais do loteamento e as posturas municipais.

(c) Com a aprovação do loteamento, cada lote é contemplado com identidade registrária específica (matrícula), independentemente da edi-

---

31. V. art. 99 do CC de 2002.

ficação, que poderá ou não ser erigida; esta identificação imobiliária gera, de imediato, tributação municipal, incidente sobre cada lote.

(d) Mediante consentimento tácito ou expresso, a Prefeitura permite o "fechamento" físico do loteamento, em troca dos serviços de manutenção e conservação dos logradouros e das áreas verdes, de limpeza dos lotes e controle do seu uso, da coleta domiciliar de lixo etc., que passam a ser encargo dos proprietários dos lotes.

(e) A representatividade dos adquirentes é exercida através de associações civis, sem fins lucrativos, ou mediante verdadeiras "convenções de condomínio", cuja adesão é automática, pela simples condição de adquirentes dos lotes; desta forma estabelece-se um comando de representação unificado para o pleno exercício da administração do loteamento, como se fosse o síndico do condomínio clássico.

(f) Todas as despesas decorrentes da administração do *loteamento fechado*, sem exceção, com a contratação de funcionários e aquisição de materiais, inclusive com o consumo de água e energia elétrica, são rateadas entre os proprietários dos lotes, segundo o plano de rateio previsto nos estatutos da associação ou na chamada *convenção de condomínio*, sendo obrigatório seu resgate (*RT* 659/106, 706/161, 717/277, 718/133 e 739/267).

Enfim, o *loteamento fechado* é uma realidade, é um fato inegável, que não pode ser ignorado pelo legislador. Se é verdade que as ruas, praças, logradouros e áreas verdes passam, *ex vi* do art. 22 da Lei 6.766/1979, a integrar o domínio do Município, também é exato que esse tipo de empreendimento não pode depender da "vontade política" da Administração. É indispensável que a seu empreendedor (e, por via de consequência, aos adquirentes de lotes) seja conferida segurança contratual. Não se mostra razoável a concessão por mero favor, a título de "utilização de uso", quando se faz preciso que o *loteamento fechado* seja merecedor de legislação expressa, capaz de conferir ao loteador proteção legal, a lhe ser compulsoriamente concedida, por direito, e não por interesses barganhados.

15.3.4 *O direito real da concessão de uso*

O perfil do *loteamento fechado*, ainda que levemente traçado, apresenta-se suficientemente nítido para fazer aflorar evidente descompasso entre o fato real e o tratamento jurídico que lhe é aplicado. Em regra, pode-se afirmar que não há maior discrepância entre as Municipalidades e os loteadores quanto à necessidade de dotar os loteamentos da segurança e tranquilidade almejadas por seus moradores. Ora, se o "fechamento" do loteamento tem por escopo maior dotar a comunidade moradora dessa proteção, mediante a utilização exclusiva dos bens públicos, como forma de ser efetivado o preceito constitucional de garantir o "bem-estar de seus habitantes" (art. 182 da CF), é de se admitir como indesejável dissonância a permissão da ruptura dos atos de controle e de vigilância exercidos pelos moradores do loteamento, à luz da disposição prevista no inciso XV do art. 5º da Carta Maior.

É evidente que o preceito constitucional da "livre locomoção no território nacional" garante, como tem sido ponderado, o direito de transitar pelas ruas e logradouros, por se inserirem na categoria de bens públicos de "uso comum do povo" (cf. art. 66 do CC [*de 1916*][32]). Mas exatamente aí é que reside a dificuldade legal. As Prefeituras, de um lado, e os empreendedores, de outro, não conseguem harmonizar seus interesses, por omissão legal. A solução depende de indispensável e urgente previsão legal, que poderia se valer da Lei 6.766/1979 para reconhecer: (a) a existência do chamado *loteamento fechado*, regulamentando juridicamente sua instituição e seu funcionamento; (b) a qualidade das vias, ruas, logradouros e áreas verdes, quando emergentes de *loteamento fechado*, como bens públicos de *uso especial*, e não de *uso comum do povo*.

Na esteira das lições de Hely Lopes Meirelles – no sentido de que "todos os bens públicos, qualquer que seja a sua natureza, são passíveis de *uso especial* por particulares (...)"[33] – e de Diógenes Gasparini – ao alertar que "só os bens dominicais podem ser objeto de uso privativo por particulares"[34] –, torna-se possível vislumbrar modalidade de ajuste administrativo capaz de conferir a procurada segurança por parte dos empreendedores. Dúvida não resta de que as fórmulas administrativas da autorização de uso, da permissão de uso ou da concessão de uso não

---
32. V. art. 99 do CC de 2002.
33. Hely Lopes Meirelles, *Direito Municipal Brasileiro*, cit., 3ª ed., p. 369. [V. 17ª ed., 2ª tir., São Paulo, Malheiros Editores, 2014, p. 321]
34. Diógenes Gasparini, *Direito Administrativo*, 4ª ed., São Paulo, Saraiva, 1995, p. 418.

atendem ao desejável. Tanto a *autorização* como a permissão são atos unilaterais, discricionários e precários, revogáveis, pois, *ad nutum*, a qualquer momento. E a simples *concessão de uso*, ainda que possa transferir ao particular o uso exclusivo dos bens dominicais, não encontra aplicação fácil e automática quando se trata de ruas e logradouros públicos, por dependerem de questionáveis e complicados procedimentos políticos de prévia desafetação, autorização legislativa e de licitação pública, suficientes para desestimular sua eventual obtenção.

Resta, então, enquanto específica *legem non habemus*, fazer ressurgir a manifesta intenção do legislador embutida no Decreto-lei 271, de 26.2.1967, ainda em vigor, que "dispõe sobre loteamento urbano, responsabilidade do loteador, concessão de uso e espaço aéreo, e dá outras providências". Restou aí esboçada clara tentativa no sentido de ensejar, como que por simbiose, uma adaptação da legislação da Lei de Condomínio e Incorporações Imobiliárias (Lei 4.591/1964) à legislação então vigente sobre loteamento (Decreto-lei 58, de 10.12.1937, e seu Regulamento, Decreto 3.079, de 15.9.1938). É como se vê do art. 3º do Decreto-lei 271/1967:

"Art. 3º. *Aplica-se aos loteamentos a Lei n. 4.591, de 16 de dezembro de 1964*, equiparando-se o loteador ao incorporador, os compradores de lote aos condôminos e as obras de infraestrutura à construção da edificação.

"§ 1º. O Poder Executivo, dentro de 180 (cento e oitenta) dias, regulamentará este Decreto-lei, especialmente quanto à *aplicação da Lei n. 4.591, de 16 de dezembro de 1964, aos loteamentos*, fazendo inclusive as necessárias *adaptações*.

"§ 2º. O loteamento poderá ser dividido em etapas discriminadas, a critério do loteador, *cada uma das quais constituirá um condomínio* que poderá ser dissolvido quando da aceitação do loteamento pela Prefeitura".

José Osório de Azevedo Jr., ao comentar dito Decreto-lei 271/1967, e particularmente o dispositivo acima transcrito, conclui que se trata de "texto que já nasceu morto".[35] É que, como deixa demonstrado, há inconciliável disparidade entre os institutos da incorporação imobiliária e do loteamento. Era de se esperar o total malogro da pretendida adapta-

---

35. In *RT* 388/37.

ção. Fosse viável, claro é que o "regulamento" prometido no § 1º teria sido editado. Nunca o foi, todavia, por se tratar, sem exagero, de missão impossível, tal a extensão do conflito entre esses institutos.

Relata, ainda, José Osório de Azevedo Jr., ao comentar o Decreto--lei 271, que em 1965 o Ministério Público incumbiu o saudoso professor Hely Lopes Meirelles de elaborar "projeto de lei que revisse toda a matéria de loteamento urbano atendendo às exigências sociais do momento". Contudo, o projeto original, completo, perfeito, de elevado alcance social, foi mutilado durante a fase de estudos. Dele pouco restou de aproveitável, a não ser seu art. 7º, que, pela sua relevância, reclama integral transcrição:

"Art. 7º. É instituída a *concessão de uso de terrenos públicos* ou particulares, remunerada ou gratuita, por tempo certo ou indeterminado, como *direito real resolúvel*, para fins específicos de urbanização, industrialização, cultivo de terra, ou outra utilização de interesse social.

"§ 1º. A *concessão de uso* poderá ser contratada por instrumento público ou particular, ou por simples termo administrativo, e será inscrita e cancelada em livro especial.

"§ 2º. Desde a inscrição da *concessão de uso*, o concessionário fruirá plenamente do terreno para os fins estabelecidos no contrato e responderá por todos os encargos civis, administrativos e tributários que venham a incidir sobre o imóvel e suas rendas.

"§ 3º. Resolve-se a concessão antes de seu tempo, desde que o concessionário dê ao imóvel destinação diversa da estabelecida no contrato ou termo, ou descumpra cláusula resolutória do ajuste, perdendo, neste caso, as benfeitorias de qualquer natureza.

"§ 4º. A *concessão de uso*, salvo disposição contratual em contrário, transfere-se por ato *inter vivos*, ou por sucessão legítima ou testamentária, como os demais direitos reais sobre coisas alheias, registrando-se a transferência".

Ora, se as figuras administrativas da autorização, permissão ou concessão de uso não atendem à finalidade dos *loteamentos fechados*, tanto no que diz com a segurança quanto com as acessões edificadas nos espaços livres de domínio público, a *concessão de direito real de uso* oferece a necessária credibilidade aos empreendedores de *loteamento fechado*. Nem por isso é fácil alinhar as razões que explicam o absoluto malogro desta recomendável solução jurídica. Parece que a falta de "vontade política" por parte das Prefeituras, conjugada com a confirmação das "resistências ao novo instituto, até mesmo por parte dos registros imobiliários, que o desconhecem (...)" – consoante anteviu Hely Lopes Meirelles[36] –, explicam, de algum forma, o fracasso em sua aplicação.

E tanto mais espanta o insucesso quando o referido art. 7º, acima transcrito, expressamente autoriza a contratação da "concessão de direito real de uso", por força da qual "a Administração transfere a utilização remunerada ou gratuita de terreno público ou particular, como *direito real resolúvel*, para fins específicos de *urbanização*, industrialização, cultivo da terra, ou outra utilização de interesse social". Vale dizer que, ao se instaurar o processo de aprovação do projeto de loteamento, ou seja, quando se propõe a *urbanização da gleba, mediante parcelamento*, oportuno é o momento de se pactuar a *concessão de direito real de uso* dos bens públicos que, por força do art. 22 da Lei 6.766/1979, passam a integrar o domínio do Município.

Na busca de uma explicação da rejeição do contrato de *concessão de direito real de uso* não se pode descartar o eventual receio das Municipalidades ao tomarem conhecimento, na trilha do precioso magistério de Hely Lopes Meirelles,[37] de que:

(a) "A *concessão de direito real de uso* é, entre nós, o sucedâneo do **direito de superfície** *dos ingleses e escandinavos*", implicando verdadeira alienação de parcela do domínio público.

(b) Tratando-se de direito real, a concessão "adere ao bem e o acompanha em todas as suas mutações, sendo alienável por ato *inter vivos* e transferível por sucessão legítima ou testamentária" (cf. § 4º).

(c) "Admite hipoteca e qualquer outro gravame (...)" – o que, todavia, não impede a resolução antecipada da concessão se o concessionário deixar de dar ao imóvel a destinação prevista, perdendo, neste caso, as benfeitorias de qualquer natureza por ele introduzidas (cf. § 3º).

Por se tratar de benefícios bastante expressivos, a concessão depende, necessariamente, de autorização legislativa, a ser concedida pela Câ-

---

36. Hely Lopes Meirelles, *Direito Municipal Brasileiro*, cit., 3ª ed., p. 376. [V. 17ª ed., 2ª tir., São Paulo, Malheiros Editores, 2014, p. 329]
37. Hely Lopes Meirelles, *Direito Municipal Brasileiro*, cit., 3ª ed., pp. 376-377. [V. 17ª ed., 2ª tir., São Paulo, Malheiros Editores, 2014, p. 327]

mara Municipal e sancionada pelo prefeito. E aí, certamente, se depara com obstáculos difíceis de serem transpostos. Duas barreiras são opostas por fatores distintos: uma, por ausência de visão administrativa ou por motivos dificilmente detectáveis de natureza política; e outra de ordem eminentemente doutrinária, que nega a existência em nosso Direito do *direito de superfície*, por não fazer parte da relação dos direitos reais do art. 674 do CC [*de 1916*].[38] Essa enumeração – lembra José Osório de Azevedo Jr. – "é considerada pela maioria como meramente enunciativa, havendo, nesse sentido, manifestação da jurisprudência com acórdão do STF, relatado pelo Min. Orosimbo Nonato (...)" (*RT* 388/39).

Anota Luiz da Cunha Gonçalves: "Ao legislador brasileiro, atido ao princípio – *superficies solo cedit* – pareceu ocioso contemplar o direito de superfície entre os direitos que enumerou no art. 674 do CC".[39] De fato, Clóvis confirma que: "Prevalece, pois, na sistemática do Código Civil o princípio *superficies solo cedit* porque a superfície é uma parte do solo, que tão intimamente a ele se liga, pela própria natureza, que não se a pode transferir sem ele".[40] Demais disso, cumpre ressaltar, com José Osório de Azevedo Jr., que o art. 59 do CC [*de 1916*][41] acolheu o princípio *accessorium sequitur principale*, fielmente refletido no art. 547,[42] ao tratar das construções e plantações em terreno alheio.

Com efeito, se o *direito de superfície* é definido por Cunha Gonçalves como "o direito de uma pessoa ter a propriedade do edifício ou plantações feitos em terreno alheio, com autorização ou consentimento do proprietário desse terreno",[43] segue-se, à obviedade, que a posição adotada pela nossa legislação no sentido de que "o acessório segue ao principal" conflitaria com o preceituado no art. 7º do Decreto-lei 271/1967.

Ocorre, todavia, que o *direito de superfície* no Decreto-lei 271/1967 se mostra modernamente abrandado, na medida em que a *concessão de direito real de uso*, por ser genuíno produto do comando constitucional

---

38. V. art. 1.225 do CC de 2002.
39. Luiz da Cunha Gonçalves, *Tratado de Direito Civil*, vol. XI, t, I, São Paulo, Max Limonad, p. 408.
40. Clóvis Beviláqua, *Código Civil*, vol. III, 1917, p. 218.
41. V. art. 92 do CC de 2002.
42. V. art. 1.254 do CC de 2002.
43. Luiz da Cunha Gonçalves, *Tratado de Direito Civil*, cit., vol. XI, t, I, p. 407.

no sentido de ordenar a política de desenvolvimento urbano segundo as funções sociais da cidade e garantir o bem-estar de seus habitantes (cf. art. 182 da CF), *não é perpétua* (tem prazo certo ou indeterminado – art. 7º), como ocorre com o direito de propriedade puro. Mesmo porque, se o concessionário der "ao imóvel destinação diversa da estabelecida no contrato ou termo" ou descumprir "cláusula resolutória do ajuste", perderá "as benfeitorias de qualquer natureza" (cf. § 3º). Trata-se, enfim, de um direito resolúvel a serviço do interesse social.

Como se percebe, cabendo ao Município ordenar "o pleno desenvolvimento das funções sociais da cidade e a garantia do bem-estar de seus habitantes",[44] dúvida nenhuma resta de que fica perfeitamente assegurada a perfeita preservação da destinação conferida pelo art. 17 da Lei 6.766/1979 quando concedido o *direito real de uso*. Numa palavra: não há contraindicação, quer legal, quer doutrinária, quer jurisprudencial, quer administrativa, capaz de justificar a falta de receptividade ao art. 7º do Decreto-lei 271, de 26.2.1967.

15.3.5 Conclusões

O popularmente chamado *condomínio fechado* é produto híbrido resultante do "cruzamento" do *condomínio horizontal*, previsto no art. 8º da Lei 4.591/1964, com o *parcelamento* regulado pela Lei 6.766/1979, que tem como características principais:

(a) Por ser regido pela Lei 6.766/1979, suas vias, logradouros, áreas verdes etc. passam ao domínio do Município (art. 22), integrando a classe dos bens públicos de uso comum do povo (art. 66 do CC [*de 1916*][45]).

(b) A alienação dos lotes é desatrelada da obrigação de construir, por não estar presente a figura da incorporação imobiliária, própria da Lei 4.591/1964.

(c) Com a aprovação do loteamento, cada lote é contemplado com identidade registrária específica (matrícula), independentemente da edificação, que poderá ou não ser erigida; esta identificação imobiliária abrange a totalidade do lote (e não de parte ideal) e gera, de imediato, tributação municipal.

---

44. Cf. art. 180, I, da Constituição do Estado de São Paulo.
45. V. art. 99 do CC de 2002.

(d) Mediante consentimento da Prefeitura, verifica-se o "fechamento" físico do loteamento, em troca dos serviços de manutenção e conservação dos logradouros e das áreas verdes, da limpeza dos lotes e controle do seu uso, da coleta domiciliar de lixo etc., que passam a ser encargo dos proprietários dos lotes, mediante rateio previamente estipulado.

(e) A representatividade dos adquirentes é exercida através de associações civis sem fins lucrativos ou mediante verdadeiras "convenções de condomínio", cuja adesão é automática pelos adquirentes dos lotes, que se submetem ao comando da administração do loteamento, tal qual ocorre com o síndico do condomínio clássico.

Não se pode negar que o *loteamento fechado* é uma realidade, cuja regularização não pode depender da "vontade política" da Administração. É indispensável que ao seu empreendedor (e, por via de consequência, aos adquirentes de lotes) seja conferida efetiva segurança contratual, derivada de legislação específica, que lhe garanta proteção jurídica por direito, e não por interesses barganhados.

O "fechamento" do loteamento tem por escopo principal conferir à comunidade moradora melhor segurança e tranquilidade. Vale dizer: melhor qualidade de vida. Essa proteção é alcançada mediante a utilização exclusiva dos bens públicos, como forma de ser efetivado o preceito constitucional de garantir o "bem-estar de seus habitantes" (art. 182 da CF). Por consequência, é de se identificar como indesejável dissonância a permissão da ruptura dos atos de controle e de vigilância particulares, em homenagem à disposição prevista no inciso XV do art. 5º da Carta Maior.

A busca da segurança por parte dos empreendedores não é alcançada pelas tradicionais fórmulas administrativas da autorização de uso, da permissão de uso ou da concessão de uso. São atos unilaterais, discricionários e precários, revogáveis, pois, *ad nutum*. Nem pela complicada via da *concessão de uso*, que depende de questionáveis e temerosos procedimentos políticos para a consecução de prévia desafetação.

Enquanto específica *legem non habemus*, afigura-se razoável o ressurgimento do Decreto-lei 271, de 26.2.1967, ainda em vigor, que "dispõe sobre loteamento urbano, responsabilidade do loteador, concessão de uso e espaço aéreo, e dá outras providências". Seu art. 7º, ao prever a "concessão de direito real de uso", satisfaz, por enquanto, tanto no que diz com a segurança quanto com as acessões edificadas nos espaços livres de domínio público no interior do *loteamento fechado*.

Ainda que o *direito real de uso* seja sucedâneo do *direito de superfície*, não catalogado como direito real pelo legislador pátrio, mostra-se plenamente viável o pacto dessa concessão, por atender às condições mínimas indispensáveis à preservação da característica identificadora do *loteamento fechado*.

Enfim, o *loteamento fechado* existe. É fato incontestável. Sua existência é reconhecida e admitida pelas nossas Cortes. Assim sendo, como recomenda Luiz da Cunha Gonçalves: "A obrigação do intérprete é verificar se na lei existe o *facto*, ou a *coisa*, embora nela não se encontre o *nome*".[46]

15.4 Loteamento fechado: o problema das despesas comuns

[Publicado na *Revista do IASP* 3/121, janeiro-junho/1999]

A despeito da vigorosa objeção que manifestam juristas da envergadura de José Afonso da Silva,[47] Diógenes Gasparini[48] e Toshio Mukai,[49] é inegável que o chamado *loteamento fechado* veio para ficar. É fato social irreversível. Trata-se de uma realidade criada pela síndrome da insegurança, como forma de se proteger contra a violência, que atinge contornos nunca antes imaginados. E essa inconcebível agressão está acontecendo na véspera do novo milênio do mundo, que deveria se mostrar bem mais civilizado. Não mais distingue o rico do pobre. Não distingue o velho do jovem ou da criança. Nem a mulher, do homem. Todos, indistintamente, estão na mira da arma assassina. A violência não exige motivo sério. Nem sempre é o dinheiro. Muitas vezes preponderá apenas o gosto pelo exercício da violência. A violência não escolhe locais. Pode ser na rua. Pode ser no trabalho. Pode ser na escola. Pode ser no estádio de futebol. Pode ser no Metrô. Pode ser no recesso do lar.

---

46. Luiz da Cunha Gonçalves, *Tratado de Direito Civil*, cit., vol. XI, t. I, pp. 406-407.

47. José Afonso da Silva, *Direito Urbanístico Brasileiro*, cit., 1981, n. 59, p. 401. [V. 7ª ed., São Paulo, Malheiros Editores, 2012, pp. 345-346]

48. Diógenes Gasparini, *O Município e o Parcelamento do Solo*, 2ª ed., São Paulo, Saraiva, 1988, pp. 14-16.

49. Toshio Mukai, "Os loteamentos fechados e suas implicações jurídicas", *Diário IOB* 649/1.242, Ano III, citado por Diógenes Gasparini, *O Município e o Parcelamento do Solo*, cit., 2ª ed., p. 14.

Pode ser no centro urbano ou na periferia. Nas praias ou nas cidades interioranas. Nas ruas ou nas estradas. Não escolhe o momento. À luz do dia ou na noite fechada. A violência não é somente gerada pela falta de educação. Ou apenas produto genuíno do desemprego. É resultante – dizem os estudiosos – do crescente consumo da droga. É resultante – dizem outros – da impunidade e da corrupção. É consequência – dizem terceiros – da falta de policiamento, preventivo e repressivo.

Sejam quais forem as causas, certamente concorrentes, o fato indesmentível é que o poderoso vírus da violência está a um passo. Está bem na nossa frente. E nos apavora. Somos impotentes ante seu ataque. Em compensação, somos criativos. Gradeamos nossas portas e nos encarceramos em nossas casas. Trabalhamos enclausurados em nossos escritórios. Inventamos alarmes sofisticados. Equipamos nossos prédios com circuitos eletrônicos de som e de imagem. Viajamos em carros blindados. Cercamo-nos de seguranças. E assim vivemos nos centros urbanos. Vivemos?

Entre outras soluções de proteção da vida, do corpo e do espírito, foi bem recepcionado o fechamento dos loteamentos, sob inescondível inspiração do autêntico "condomínio fechado", expressamente previsto no art. 8º da Lei 4.591, de 16.12.1964 (Lei de Condomínio e Incorporações Imobiliárias). Continuam, todavia, os loteamentos gerados e regulados pela Lei 6.766, de 19.12.1979 (Lei de Parcelamento do Solo). Essa regência legal opera com absoluta exclusividade, já que restou frustrada a tentativa esboçada pelo Decreto-lei 271, de 26.2.1967, no sentido de permitir a incidência da legislação condominial nos loteamentos. Com efeito, na medida em que a Lei de Parcelamento disciplinou por inteiro a matéria relativa a loteamentos urbanos, foi fulminada pela derrogação imposta pela Lei 6.766/1979, não sobrando espaço ou eficácia legal para o Decreto-lei 271/1967 (STJ, AI 64.898-0-RJ, rel. Min. Fontes de Alencar, j. 17.6.1996, *DJU* 1.7.1996, p. 24.278). Demais disso, a disposição prevista no art. 3º do Decreto-lei 271/1967 não é autoaplicável, já que dependia de regulamentação especial, na conformidade do estabelecido em seu § 1º. Por sinal, na judiciosa apreciação feita pelo Des. José Osório de Azevedo Jr.: "Ousamos dizer que se trata de texto que já nasceu morto".[50] É que a regulamentação esbarrava com obstáculos insuperá-

---

50. Artigo publicado na *RT* 388/31-43.

veis, tal a incompatibilidade entre os dois diplomas legislativos. Tratava-se – isto, sim – de missão impossível.

Entre outras incompatibilidades, que impossibilitam qualquer tentativa de adaptação da Lei de Condomínio aos loteamentos, aflora com especial destaque a condição de que no *condomínio* o adquirente é obrigado, por força da adesão à incorporação condominial, a construir, segundo a planta coletiva, previamente aprovada, enquanto no *loteamento* o adquirente constrói se e quando quiser, na conformidade da planta elaborada e aprovada especialmente para o seu lote.

Vale dizer que quem adquire lote decorrente de parcelamento não se vincula à obrigação de construir. Resolve construir quando for de seu único interesse. A edificação é comandada pela sua conveniência pessoal, que, evidentemente, não coincide com a de outros adquirentes do mesmo loteamento. Essa disparidade, enquanto se tem loteamento puro (aberto), não acarreta qualquer divergência entre seus adquirentes, na medida em que sua obrigação fica limitada a responder pelos impostos e taxas municipais incidentes exclusivamente sobre o seu lote. Não há outros encargos.

Essa situação, porém, complica-se quando se enfrenta o chamado *loteamento fechado*. Neste caso, passam a existir *interesses coletivos*, nem sempre previamente autorizados ou queridos pelos proprietários de lotes, posto que tais *interesses coletivos* reclamam recursos financeiros para sua preservação e, quiçá, investimentos para novos melhoramentos. Geram, assim, as denominadas *taxas de administração e conservação*, que correspondem, no condomínio autêntico, às despesas previstas no art. 12 da Lei 4.591/1964. Sucede que a cobrança das *taxas de administração e conservação* não é escorada em qualquer amparo legal. Isto porque a Lei de Condomínio e Incorporações Imobiliárias, como atrás se observou, não exerce qualquer comando legal nos loteamentos, que continuam exclusivamente subordinados à Lei do Parcelamento do Solo.

Na falta de previsão legal, não surpreende a divergência de nossos pretórios a respeito desse tema. O que surpreende é que o legislador pátrio, muito embora já decorridos muitos anos (mais de 20), ainda não se deu conta da necessidade inadiável de sua regulamentação legislativa. Enquanto isso, a omissão de lei específica continua atormentando os pretórios e inquietando as partes envolvidas.

A questão é bastante controvertida nos tribunais, sendo possível identificar três principais situações fáticas: (a) *loteamento antigo – aberto* quando foi comercializado, tendo sido posteriormente *fechado* por iniciativa de alguns proprietários, sem a concordância de todos os adquirentes primitivos, notadamente dos que não construíram suas casas nem se beneficiaram com os melhoramentos introduzidos; (b) *loteamento antigo – aberto* na sua implantação, sendo *fechado* posteriormente, quando lotes foram comercializados, quer por venda direta do próprio loteador, quer por revenda de adquirente primitivo; (c) *loteamento novo* – desde sua implantação previu o fechamento e instituiu um órgão de administração, mediante um tipo de *convenção condominial* que mereceu expressa adesão do adquirente.

Na primeira hipótese – "(a)" – não ocorre, praticamente, divergência na orientação pretoriana. Na falta de previsão legal, não há como compelir o proprietário que se antecedeu na aquisição do lote à suposta obrigação de pagar as taxas de manutenção. Inexiste, aqui, a obrigação civil. E não há obrigação moral, na medida em que não se beneficia dos melhoramentos introduzidos, já que não edificou sobre o lote. A aquisição de lote antiga mas absolutamente perfeita se reveste de proteção constitucional (CF, art. 5º, XXII), não podendo o proprietário ser compelido a suportar encargos jamais previstos por iniciativa de particulares, nem a participar de entidades associativas (CF, art. 5º, XX) criadas para administrar loteamentos fechados (TJSP, ACi 257.090-2/7, rel. Des. Gildo dos Santos, j. 23.3.1995; ACi 259.420-2/9, rel. Des. Quaglia Barbosa, j. 2.5.1995; ACi 257.709-2, rel. Des. Carlos Ortiz, *JTJ*-Lex 171/100; ACi 269.871-2, rel. Des. Quaglia Barbosa, *JTJ*-Lex 198/139; ACi 003.014.4/0-00, rel. Des. Cunha Cintra). Dai merecer prestígio o entendimento de que, se o adquirente não se opôs expressamente ao fechamento, mas também não manifestou sua concordância com as normas (novas) de administração, configurar-se-ia apenas uma "obrigação moral", insuficiente, portanto, para lastrear pagamento compulsório.

Na segunda espécie – "(b)" –, a corrente jurisprudencial que atribui ao adquirente (novo) o dever moral de suportar as taxas de manutenção, por ser beneficiado pelos serviços e melhoramentos introduzidos pela *administração* do loteamento, não se mostra ainda pacífica. Mas é predominante. Como não se trata de obrigação *propter rem* (falta-lhe previsão legal), nem é possível compelir alguém a se associar, tem sido invocado o princípio do *enriquecimento sem causa* (de essência mais ética do que jurídica) sempre que o proprietário, ao adentrar o loteamento, já deparar com as benfeitorias introduzidas e o sistema de administração implantado.

Neste caso, se o novo proprietário construiu sua casa e é morador no *loteamento fechado*, é inegável que usufrui das melhorias implantadas pela comunidade da associação. Tem, em consequência, a obrigação, moral e civil, de arcar com as taxas de conservação. Ainda assim, o desafio jurisdicional é constante. Dois entendimentos se destacam, com predominância daquele que atribui ao dever moral força jurídica. Se o adquirente se vinculou a um loteamento com características de *fechado*, resulta evidente a responsabilidade de contribuir para os gastos de interesse geral. E não importa o fato de não se ter filiado à associação que se outorgou o direito de administração. Trata-se apenas de responder por serviços prestados à comunidade, do qual é direto beneficiário. Fugir a essa responsabilidade é "lançar um pano negro para acobertar a realidade da vida, à qual o Direito tende" (TJSP, ACi 256.210.2/9, rel. Des. Ruiter Oliva, *RT* 718/133; ACi 229.606-2/3, rel. Des. Ricardo Brancato). Mesmo porque, ao comprar o seu lote, o novo adquirente não podia ignorar a responsabilidade do pagamento das despesas por serviços e manutenção de equipamentos (TARJ, ACi 11.863/1993, rel. Juiz Nilson de Castro Dião, *RT* 706/161). Argumento mais contundente diz que novos proprietários que, embora tomem conhecimento da situação interna do loteamento, "mesmo assim, aceitam continuar como proprietários e se beneficiando de todos os serviços e obras" devem arcar com o pagamento das despesas, para evitar locupletamento indevido (TJSP, ACi 28.801-4/5, rel. Des. J. Roberto Bedran, *RT* 755/243).

Ainda assim a discussão não se aquietou. Expressiva corrente contrária sustenta que, inexistindo "obrigação real, ou mesmo *propter rem*, a obrigação do proprietário de simples terreno (como no caso) de participar com sua quota das referidas despesas somente poderia nascer de negócio jurídico voluntário, representado pela sua vinculação pessoa à associação privada". Na ausência de obrigação jurídica, resta apenas o dever moral; "porém o simples dever moral, como é elementar, não se mostra exigível pelas vias judiciais" (TJSP, voto vencido do Des. Yussef Cahali na ACi 031.649.4/8-00).

Não tem prevalecido, contudo, esse conceito estrito. O *dever moral*, por sinal, tem pavimentado a *obrigação jurídica* quando se constata que, ao adquirir o lote, já sabia o novo proprietário tratar-se de *loteamento fechado*. A escolha desse loteamento (e não outro) demonstra que foram buscadas "as condições favoráveis em termos de qualidade de vida, conforto e segurança proporcionadas pelo local, que sabidamente acarretam despesas para as quais devem concorrer. A obrigação decorre dessa adesão voluntária implícita no ato de aquisição". Trata-se de *obrigação jurídica*, por dois motivos: por constituir verdadeiro enriquecimento ilícito e por ter prévio conhecimento da existência de *loteamento fechado* quando, voluntariamente, resolveu adquirir o lote.

Noutras palavras: se o adquirente resolveu, por sua livre vontade, adquirir lote de um *loteamento fechado*, tem prévia e plena ciência de que, obrigatoriamente, deverá suportar o pagamento das despesas decorrentes dos serviços comunitários aí prestados. Identifica-se aí, além do *dever moral*, a presença de uma *obrigação jurídica*, na medida em que se verifica um *enriquecimento ilícito* diretamente decorrente do fechamento do loteamento, como segurança, manutenção das vias públicas, implantação de equipamentos de uso coletivo e valorização imobiliária do lote.

Na terceira espécie – "(c)" – não há divergência nos tribunais, posto que o adquirente aceitou expressamente a obrigação de contribuir para as despesas comuns. A concordância, nesta hipótese, não depende de sua inclusão nominal na associação incumbida da administração. Basta que o título aquisitivo do lote preveja a responsabilidade pelo pagamento das despesas: "ainda que alguém pretenda não se associar, mesmo assim encontra-se legal e moralmente obrigado a contribuir com sua quota-parte nos gastos rateáveis entre a totalidade dos adquirentes dos terrenos, a quem postos à disposição os serviços. Outra inteligência não é subtraível dos contratos". E não é mesmo.

Em suma, não temos lei (*legem non habemus*) que regule o *loteamento fechado*. A ilegalidade de sua implantação é notória, como restou magistralmente demonstrado pelo ilustre promotor José Carlos de Freitas. A consequência desse vácuo da lei fomenta e continuará fomentando pendengas intermináveis não apenas no tocante à responsabilidade pelo pagamento das *taxas de administração e conservação* (problema menor), mas, principalmente, no que diz com a própria instituição irreversível dessa nova modalidade de agrupamento comunitário. Até quando, Congresso nosso?

15.5 A legitimidade do "loteamento fechado"

[Publicado na *Tribuna do Direito* 169, maio/2007]

Sem dúvida, o fator mais relevante que contribuiu para o fechamento dos loteamentos é identificado pelo nome de "violência", urbana e suburbana. A violência, cada vez mais alarmante, não exige motivo para nos tirar a vida, não escolhe locais, não escolhe o momento, não distingue a idade de suas vítimas, não dimensiona a crueldade, mas tem ciência e consciência da impunidade. Diante desse cenário mefistofélico, os moradores de loteamentos passaram a procurar maior segurança pessoal no fechamento dos loteamentos. A rigor, trata-se daquela *segurança pública* que deveria ser garantida pelo Estado, consoante vem preconizado pelo art. 144 da CF, confirmando o *direito fundamental* do cidadão apregoado na cabeça do art. 5º da mesma Lei Maior. É a proteção constitucional "da incolumidade das pessoas e do patrimônio", que deveria ser conferida por todas as Polícias nomeadas nos cinco incisos do citado art. 144. Deveria, mas as Polícias não conferem essa segurança. A vida dos cidadãos, a incolumidade física e seu patrimônio estão desprotegidos exatamente porque o Estado desrespeita o *direito fundamental da segurança*.

Se o Estado se mostra falho, inoperante, incompetente e ineficaz no cumprimento do dever de garantir a segurança, sobra para o cidadão, movido pelo natural instinto de conservação, a adoção de medidas subsidiárias em defesa de sua vida e seu patrimônio. Entre elas, sem dúvida, merece especial destaque o cercamento dos loteamentos, mediante muros equipados com cercas eletrificadas, a implantação de portarias dotadas de câmaras eletrônicas, de guaritas e de vigilantes, criando um sistema de proteção particular, em substituição à obrigação estatal.

A implantação e a manutenção de todos os serviços comunitários (cercamento, segurança, lixo, conservação de vias, correio etc.) somente se tornam viáveis na medida em que seus moradores concorrem com a contribuição rateada dessas despesas. Da administração desses serviços têm sido incumbidas associações criadas pelos moradores, de cujo quadro social nem sempre participam todos os proprietários dos lotes. Ou porque adquiriram lotes quando o loteamento era ainda *aberto*, e resistem à sua inclusão no quadro social da associação (cf. art. 5º, XX, da CF. Ou porque dizem, com razão, que as taxas de administração não são revestidas do caráter *propter rem*, e, portanto, órfãs do direito real da propriedade do lote. Ou porque argumentam com a ilegitimidade do fechamento, por ocorrer a vedação do exercício do livre direito de ir e vir de pessoas comuns do povo por ruas, vias, praças, que pertencem ao patrimônio público, desde o registro do loteamento no cartório imobiliário (cf. art. 22 da Lei 6.766, de 19.12.1979). Neste ponto, com o apoio do Ministério Público, arguem a irregularidade legal do fechamento, que ofende o direito fundamental de locomoção (cf. art. 5º, XV, da CF).

A renitência desses proprietários, contudo, não consegue se harmonizar com os efetivos benefícios que lhes proporciona a administração do loteamento. Na falta de previsão legal específica, os tribunais ergueram a bandeira da moral, forrando a obrigação de cunho estritamente moral com forte revestimento de ordem ética. Numa palavra: transmudaram a obrigação moral de pagar as despesas comuns em obrigação jurídica (locupletamento sem causa).

Subsiste, de qualquer forma, o questionamento da *legalização* dos loteamentos fechados. Com efeito, se as Municipalidades, municiadas com legislação municipal, autorizam o fechamento dos loteamentos, em qual medida estariam colidindo com o direito fundamental de locomoção? Ou, então, se as vias e logradouros do loteamento integram o patrimônio público municipal (art. 99 do CC), como admitir que seja obstado ou vedado o uso comum do povo? O desafio compõe os dois polos antagônicos com os princípios constitucionais do *caput* do art. 5º e art. 144 (que tratam da segurança) e o inciso XV do art. 5º (que trata da livre locomoção).

Este confronto, no campo específico do *loteamento fechado*, foi recentemente examinado, sem subterfúgios, pelo Juiz Luís Manuel Fonseca Pires: "A colisão, em concreto, isto é, a colisão entre o princípio da segurança pública e o princípio da liberdade de locomoção, quando se trata de saber se há amparo jurídico nos loteamentos fechados, bolsões e vilas com acesso restrito aos moradores, deve-se resolver, em geral, em favor do primeiro. A necessidade de proteger-se e à sua família legitima aos cidadãos – como regra geral, mas não absoluta – promover os meios que assegurem a almejada segurança". O entendimento encontra abrigo na lição do Min. Celso de Mello, ao afirmar: "Não há, no sistema constitucional brasileiro, direitos ou garantias que se revistam de *caráter absoluto*, mesmo porque razões de relevante interesse público ou exigências derivadas do princípio de convivência das liberdades legitimam, ainda que excepcionalmente, a adoção, por parte dos órgãos estatais, de medidas restritivas das prerrogativas individuais ou coletivas, *desde que respeitados os termos estabelecidos pela própria Constituição*".

Mais recentemente, o STF, ao julgar o HC 82.424-RS, voltou a enfrentar o conflito de dois postulados fundamentais ao ter de decidir entre a preponderância da liberdade de expressão (manifestação do pensamento, contida no inciso IV do art. 5º) e a prática do racismo (art. 5º, XLII). Nesse memorável julgamento, seu Relator, o Min. Maurício Correa, enfatizou que as garantias constitucionais "não são incondicionais, razão pela qual devem ser exercidas de maneira harmônica, observados os limites traçados pela própria Constituição Federal (CF, art. 5º, § 2º, primeira parte")".

Em suma: enquanto persiste a falta de legislação específica destinada a legitimar, em definitivo, o fechamento dos loteamentos, vale a recomendação do Pretório Excelso no sentido de se utilizar o método "ponderação de bens e valores", para, no caso concreto, fazer sobressair o mais preponderante no interesse público. Conduzida por esses vetores e inspirada nas lições de Canotilho, Vital Moreira e Teori Albino Zavascki, a 3ª Câmara de Direito Privado do TJSP, tendo por Relator o Des. Waldemar Nogueira Filho, não vacilou em afirmar ser "intuitivo que o acesso e a saída dos não moradores pode ser efetuada com restrições, desde que estas não lhes traduzam constrangimento indevido, porque o direito de ir e vir de tais pessoas não pode se sobrepor ao direitos dos residentes de terem a vida, a integridade física e o patrimônio preservados" .

Nem por isso a futura legislação específica pode retardar.

15.6 A falta de previsão legal do "loteamento fechado" e suas consequências

[Publicado na *Revista do Advogado* 90/113-119, da AASP, março/2007]

15.6.1 Introdução

Seguramente, há cerca de 40 anos vêm os tribunais debatendo a questão das taxas de manutenção dos chamados *loteamentos fecha-*

dos,⁵¹ que nasceram *abertos*, na conformidade do preceituado na Lei 6.766, de 19.12.1979, e, antes, do Decreto-lei 58, de 10.12.1937. O fechamento desses loteamentos cercados, geralmente localizados em áreas afastadas dos centros urbanos, deu-se mediante concessões de uso contratadas por Administrações Municipais sob os auspícios do ab-rogado art. 7º do Decreto-lei 271, de 26.2.1967, editado no governo autoritário de Castello Branco, que dispunha:

"Art. 7º. É instituída a concessão de uso de terrenos públicos ou particulares, remunerada ou gratuita, por tempo certo ou indeterminado, como direito real resolúvel, para fins específicos de urbanização, industrialização, cultivo da terra, ou outra utilização de interesse social.

"§ 1º. A concessão de uso poderá ser contratada por instrumento público ou particular, ou por simples termo administrativo, e será inscrita e cancelada em livro especial.

"§ 2º. Desde a inscrição da concessão de uso, o concessionário fruirá plenamente do terreno para os fins estabelecidos no contrato e responderá por todos os encargos civis, administrativos e tributários que venham a incidir sobre o imóvel e sua rendas.

"§ 3º. Resolve-se a concessão antes de seu tempo, desde que o concessionário dê ao imóvel destinação diversa da estabelecida no contrato ou termo, ou descumpra cláusula resolutória do ajuste, perdendo, neste caso, as benfeitorias de qualquer natureza.

"§ 4º. A concessão de uso, salvo disposição contratual em contrário, transfere-se por ato *inter vivos*, ou por sucessão legítima ou testamentária, como os demais direitos reais sobre coisas alheias, registrando-se a transferência."

A rigor, esse decreto-lei jamais chegou a assumir autoridade de comando legal, por não ser autoaplicável. Muito embora seu art. 3º proclamasse que "aplica-se aos loteamentos a Lei n. 4.591, de 16 de dezembro de 1964, equiparando-se o loteador ao incorporador, os compradores de lote aos condôminos e as obras de infraestrutura à construção da edificação", exigia seu § 1º que, no prazo de 180 dias, fosse regulamen-

---

51. A denominação "loteamento fechado" acabou sendo preferida, em detrimento de outras denominações como "loteamento especial", "condomínio especial", "condomínio deitado", "loteamento em condomínio" (cf. Marco Aurélio S. Viana, *Loteamento Fechado e Loteamento Horizontal*, cit., p. 29).

tado pelo Poder Executivo, "especialmente quanto à aplicação da Lei n. 4.591, de 16 de dezembro de 1964, aos loteamentos, fazendo inclusive as necessárias adaptações". Ocorre que esse regulamento nunca foi editado. Certamente por ser inexequível, ainda que regulamentado fosse, como restou demonstrado pelo Des. José Osório de Azevedo Jr. ao afirmar que "se trata de texto que já nasceu morto".

15.6.2 Características básicas do condomínio edilício e do loteamento

Importa observar que o Código Civil, ao regulamentar a matéria do condomínio, designou-o de "edilício" exatamente por exigir que o incorporador condominial, desde a instituição, obrigatoriamente "compromisse ou efetive a venda de frações ideais do terreno, objetivando a vinculação de tais frações a unidades autônomas em edificações a serem construídas ou em construção sob regime condominial" (cf. art. 29 da Lei 4.591, de 16.12.1964). Significa que não se concebe a instituição do *condomínio edilício* – ou, como foi denominado na Lei 4.591/1964, "condomínio em edificações" – sem a simultânea obrigação de se construir sobre o terreno, que é fracionado em partes ideais. No contexto do *condomínio edilício* é absolutamente inviável a mera aquisição de fração ideal de terreno. Vale dizer que o condômino, além de ser obrigado a construir, não edifica a unidade imobiliária como e quando quer. Nesta espécie inexiste planta individualizada, distinta das demais componentes do empreendimento condominial. Ao adquirir ou se comprometer a adquirir a fração ideal de terreno, o condômino, obrigatoriamente, na construção da unidade condominial obedecerá à planta geral, já aprovada pelo incorporador, que já a especificou no memorial de incorporação registrado no cartório imobiliário competente.

Demais disso, a totalidade da área do terreno da edificação persiste íntegra, sem ser atingida por um parcelamento físico. Seu fracionamento verifica-se tão somente em partes ideais. A cada unidade condominial corresponde, no terreno, uma área ideal (percentual), primitivamente discriminada e atribuída pelo incorporador. Mesmo quando se cuida do chamado *condomínio horizontal* (construção de vila de casas, a teor do art. 8º da Lei 4.591/1964), a área do terreno onde se assentam as casas e respectivos quintais de uso exclusivo é dividida em *frações ideais*, e não em lotes demarcados e localizados, segundo o modelo do loteamento. Por isso, a descrição da área do terreno do *condomínio edilício* subsiste incólume, sendo preservados seus limites perimetrais. A matrícula registrária continua una. E todas as suas áreas internas de acesso e de circulação, as destinadas à administração e ao lazer continuam sendo propriedade particular do condomínio. Por isso, não passa de pleonasmo a expressão "condomínio fechado", na medida em que não existe "condomínio aberto". Sendo *condomínio edilício*, necessariamente é *fechado*.

Foram essas as principais características que seduziram o legislador do Decreto-lei 271/1967 a pretender a equiparação do *loteador* ao *incorporador*. Tentou-se uma missão impossível, a começar do fato de que do projeto do loteamento não faz parte integrante a obrigação de construir. O adquirente de lote constrói em seu terreno quando e como quiser, desde que observadas as normas da Prefeitura e as restrições impostas pelo loteador. O projeto de loteamento, a ser necessariamente aprovado pela Administração Municipal, como uma das exigências para merecer registro imobiliário (cf. art. 18 da Lei 6.766, de 19.12.1979), deve destinar ao menos 35% da gleba a áreas públicas (sistema de circulação, implantação de equipamentos públicos – de educação, cultura, saúde, lazer e similares –, além de espaços livres de uso público). Alerta o art. 22 que, "desde a data de registro do loteamento, passam a integrar o domínio do Município" todas as áreas públicas. Vale dizer que, pelo instituto da afetação, se tornam automaticamente *bens públicos*, de uso comum do povo (art. 99 do CC), e, via de consequência, inalienáveis (art. 100).

Impende observar que o registro-mãe da gleba original do loteamento perde sua identidade registrária, ou seja, sua matrícula original desaparece, dando lugar a novas matrículas, relativas aos registros de seus "filhotes", os lotes, que assumem individualidade própria, com descrição e localização perfeitamente identificáveis na gleba, tendo por referência as vias e logradouros implantados, assim como o número atribuído pelo loteador, em perfeita consonância com a planta de loteamento.

15.6.3 O fechamento do loteamento

Quando as Administrações Municipais passaram a conceder aos loteadores a permissão de cercamento do perímetro (inspirados pelo ab-rogado Decreto-lei 271/1967), o mercado imobiliário logo se animou em apelidar o loteamento de "condomínio fechado", num visível exercício de "propaganda enganosa".

O fechamento dos loteamentos não se limitou a simplesmente cercar a gleba. Foi além. Implantaram-se portarias, dotadas de cancelas e de vigias controladores do movimento de entrada e saída de veículos e de pessoas. Vale dizer que se cometeu consciente atentado ao direito de *uso comum do povo*, desprovido de qualquer prévio processo de desafetação.

A justificativa do fechamento encontra séria explicação naquilo que denominei de "síndrome da insegurança",[52] como forma de se proteger contra a violência, que se manifesta numa progressão inimaginável. Com efeito, não mais se distingue o rico do pobre. O velho do jovem ou da criança. Nem a mulher, do homem. Todos, indistintamente, estão na mira da arma assassina. A violência não exige motivo sério. Nem sempre é o dinheiro. Vezes há em que prepondera apenas o gosto pelo exercício da violência. A violência não escolhe locais. Pode ser na rua ou no trabalho. Na escola ou no estádio de futebol. No Metrô ou no recesso do lar. No centro urbano ou na periferia. Nas praias ou nas estradas. Não escolhe o momento, à luz do dia ou na noite fechada. A violência não é estimulada apenas pela falta de educação ou apenas produto do desemprego. É resultante – alertam estudiosos – do crescente consumo da droga. Dizem outros ser filha da impunidade e da corrupção. E há ainda os que a atribuem à falta de policiamento preventivo e repressivo.

Sejam quais forem as fatores, de maior ou menor relevância, o fato indesmentível é que a violência é produto acabado dessas causas, certamente concorrentes. Seu poder nos apavora. Somos impotentes ante seu ataque. Por isso ficamos traumatizados, como portadores da *síndrome da insegurança*. Em compensação, somos criativos. Gradeamos nossas portas e nos encarceramos em nossas casas. Trabalhamos enclausurados em nossos escritórios. Vigias estão permanentemente atentos em fábricas, supermercados e bancos. Inventamos alarmes sofisticados. Equipamos nossos prédios com circuitos eletrônicos de som e de imagem. Viajamos em carros blindados. Cercamo-nos de seguranças. E assim vivemos. Temerosos, mas vivemos.

52. *Revista do IASP* 3/121-125, janeiro-junho/1999.

No cenário acima descrito não há exagero dramático, como se depreende do v. acórdão lavrado pelo Des. Waldemar Nogueira Filho no AI 250.920-4/2, onde enfrentou os relevantes temas dos direitos fundamentais insculpidos no art. 5º, II, X e XV, da CF. A controvérsia instaurada decorreu da determinação – considerada vexatória e discriminatória – da administração de um condomínio fechado de exigir a verificação do interior dos veículos de empregados quando deixam o local. Apoiada na doutrina de constitucionalistas de renome,[53] valeu-se a v. decisão da premissa de que os direitos fundamentais não são absolutos, "dado que sofrem, além de restrições escritas na própria Constituição, também restrições não escritas, mas imanentes no sistema, já que inevitavelmente impostas pela necessidade prática de harmonizar a convivência entre direitos fundamentais eventualmente em conflito" – na lição de Teori Albino Zavascki. Lembra o citado Relator, inclusive, ensinamento de Walter Ceneviva, ao enfatizar que: "A garantia à vida é plena, irrestrita, posto que dela defluem as demais, até mesmo contra a vontade do titular, pois é contrário ao interesse social que alguém disponha da própria vida".[54] Conclui o v. julgado, para ressaltar: "Se as terras, áreas de lazer e ruas de condomínio (...) não estão liberadas ao público, em razão da cessão de direito real de uso, por parte da Municipalidade de Indaiatuba, é intuitivo que o acesso e a saída dos não moradores podem ser efetuados com restrições, desde que estas não lhes traduzam constrangimento indevido, porque o direito de ir e vir de tais pessoas não pode se sobrepor ao direito dos residentes de terem a vida, a integridade física e o patrimônio preservados" (*RT* 809/243-244).

O contrato de concessão de direito real de uso traz um equilibrado ajuste recíproco de direitos e obrigações entre as Prefeituras e os loteamentos. De um lado, o fechamento dos loteamentos possibilita o aperfeiçoamento do sistema de segurança de seus moradores. Assumem, então, os serviços de segurança, os encargos da limpeza e de conservação das áreas públicas. Recolhem o lixo diário das casas e o depositam em local próprio para remoção pela Prefeitura. Cuidam da distribuição

---

53. Canotilho e Vital Moreira, trazidos à colação por Frederico Augusto D'Ávila Riani, Teori Albino Zavascki e Sálvio Figueiredo Teixeira.
54. Walter Ceneviva, *Direito Constitucional Brasileiro*, São Paulo, Saraiva, 1989, n. 2, p. 46.

de água e da condução do esgoto. Ensejam a construção e a implantação de equipamentos sociais, esportivos e até culturais. E se desincumbem de outros serviços de interesse da coletividade. Numa palavra: os próprios moradores administram suas necessidades de vida em comum. De outro lado, a Prefeitura é aliviada de todos esses serviços. Nem por isso deixa de proceder ao lançamento dos impostos e taxas municipais. Há um equilíbrio perfeito entre os interesses das partes, como atesta essa experiência (pacífica) de várias décadas.

15.6.4 A administração dos loteamentos fechados

É intuitivo que a gestão administrativa do loteamento reclama a organização de um comando, que se apresente perante os moradores com alguma boa dose de legitimidade. Na falta de previsão legal, inventou-se a figura fictícia de *associações de amigos*, com o objetivo declarado de responder pela administração do loteamento. Imitou-se, para tanto, a estrutura legal dos condomínios edilícios. A convenção condominial foi substituída pelos *estatutos sociais*, onde vêm regulamentadas as funções do *síndico*, do *conselho consultivo* e, evidentemente, da *assembleia-geral*, órgão soberano do loteamento.

Toda essa estrutura administrativa foi arquitetada com o fim de compelir os moradores a contribuir com as taxas de administração ou de conservação, a exemplo do que ocorre com as despesas de condomínio.[55] Na falta de previsão legal em relação ao chamado *loteamento fechado*, a jurisprudência recente conseguiu a consagração de um entendimento tranquilo. Socorreu-se de princípios de ordem estritamente moral para pavimentar a tese do *enriquecimento sem causa* (*JTJ*-Lex 72/2.289; *RT* 820/233) em confronto com o direito adquirido de antigos proprietários de lotes. Impende considerar que o poder compulsório da *associação de amigos* não tem como alcançar quem não lhe seja associado. Como não se trata de obrigação *propter rem*, nem podia, como não pode, compelir alguém a se associar ou permanecer associado,[56] tem sido invocado o princípio moral do enriquecimento ilícito. Em consequência, as divergências pretorianas se avolumaram, não somente en-

---

55. Art. 1.334, I, do CC e art. 12 da Lei 4.591/1964.
56. Art. 5º, XX, da CF.

tre os eminentes julgadores do mesmo tribunal, mas até da mesma Turma Julgadora.

Posição radical de ampla receptividade sustenta que basta o fato de ser proprietário de lote para que seja obrigado a arcar com as despesas de manutenção. A simples equiparação de *condômino* a *proprietário*, na falta de regulamentação legal própria, nem sempre é admissível. O princípio da igualdade repele, em face dos *loteamentos fechados*, que todos sejam cegamente tratados como iguais. Enquanto no condomínio edilício as despesas de condomínio derivam de uma convenção na qual basta a indicação dos percentuais de rateio, exatamente por inexistirem outras diferenças entre os condôminos, essa *igualdade* não ocorre com os proprietários de lotes. Em primeiro lugar, por faltar previsão legal a regulamentar os direitos e deveres. Em segundo, porque nem todos os proprietários têm prédios construídos, não usufruindo, assim, de serviços de segurança, de correio interno, de lixo etc. E, em terceiro lugar, diante de decisões judiciais que isentaram proprietários da obrigação de pagamento das taxas, já contempladas com o trânsito em julgado, configura-se tratamento desigual em relação aos que ainda dependem de definição judicial.

Ao examinar as normas que se destinam a regular a vida em condomínio, o Min. Ruy Rosado de Aguiar examinou o preceito do ant. 115 do CC (atual art. 122), à luz do princípio da igualdade proclamada pela Carta Maior (art. 5º), para ponderar que: "(...) deve ser considerado que a Constituição Federal consagrou o princípio da igualdade de todos perante a lei, que se estende também às disposições instituídas para a regulação da vida em grupo, como ocorre no condomínio, a exigir igualdade de tratamento entre os condôminos, respeitadas as suas peculiaridades" (*RT* 756/187).

Decorre dessas observações a imperiosa necessidade de serem destacadas as seguintes peculiaridades diferenciadoras dos proprietários de lotes: (a) loteamento *antigo*, inicialmente *aberto*, mas fechado posteriormente; (b) loteamento *novo, fechado* desde sua implantação.

No caso "(a)", cumpre distinguir três hipóteses: a *primeira*, quando proprietários *antigos* (antes da existência da associação) não aderiram à *associação de amigos*, não construíram suas casas, nem são moradores do loteamento. A *segunda*, quando proprietários *novos* adquiriram lotes depois de instalada a associação, à qual não aderiram e não construíram suas casas. E a *terceira*, quando proprietários *antigos* construíram suas casas, pouco importando se aderiram, ou não, à associação. Por fim, no caso "(b)", proprietários *novos* adquiriram lotes, aceitando as disposições dos estatutos sociais.

A ausência de lei específica a regulamentar a figura híbrida do loteamento fechado fez com que a construção pretoriana invocasse como subsídio o princípio ético do enriquecimento sem causa. O raciocínio desenvolvido é de uma simplicidade contundente: se do fechamento do loteamento advém ao proprietário algum benefício, deve ser compelido a pagar as taxas de manutenção (*RT* 718/133, 739/267, 755/243; TJSP, ACi 229.606-2/3 e 275.378-2/3). Daí prevalecer o entendimento de serem isentos desse encargo os proprietários antigos (hipótese "primeira" da espécie "(a)"). Nas demais hipóteses, em que os proprietários não aceitaram expressamente a responsabilidade exigida pela associação, a obrigação moral de pagamento continua desafiando todas as inteligências. Consequentemente, na espécie "(b)" não sobra espaço para se admitir a resistência do adquirente.

Cabe, porém, admitir a controvérsia quanto ao reconhecimento da legitimidade das associações, a ponto de compelir "não associados" ao pagamento das despesas (TJSP, *JTJ*-Lex 198/139, rel. Des. Quaglia Barbosa – depois Ministro do STJ; TJSP, voto vencido do Des. Yussef Cahali na ACi 31.649-4/6; TJSP, ACi 257.090-2/7, rel. Des. Gildo dos Santos). Com efeito, quando um grupo de *amigos* se agrupa numa *associação* há plena ciência das limitações impostas pela Lei Maior (cf. art. 5º, XX). Vale dizer que os *amigos* assumem, conscientemente, o risco de apenas seus associados responderem pelas taxas de manutenção. Demais disso, impende registrar que a pretensa equiparação do *loteamento* ao *condomínio* constitui mera ficção jurídica, destinada a legitimar a representatividade da associação perante os proprietários não associados (STJ, REsp 444.931-SP, rel. Min. Ari Pargendler).

Pode-se, portanto, afirmar, com segurança, que não se pode travestir o *loteamento* em *condomínio*. A legislação condominial, de ordem substantiva, não tem como lhe possa ser ajustada, e muito menos aplicada. E com maior razão considerar a taxa de conservação como revestida de obrigação de natureza *propter rem*. Mesmo porque até a constitucionalidade da concessão de direito real de uso é de legalidade questionável,[57] por se tratar de um patrimônio público, que é bem de uso com um do povo. E é questionável porque a concessão municipal contraria o art. 17 da Lei 6.766/1979 (que proíbe a alteração da destinação das vias públicas) e o art. 180, V, da Constituição do Estado de São Paulo (no mesmo sentido), ambas hierarquicamente superiores.

Neste passo, admite o administrativista Diógenes Gasparini, diante de loteamentos regularmente implantados, poder o Município, "em benefício do interesse público, por lei, desafetar as áreas públicas (ruas, praças) e atribuir seu uso exclusivamente aos adquirentes de lotes, reunidos em associação que os represente (...)".[58] Ocorre que as concessões de direito real de uso conferidas pelos Municípios não desafetam as áreas públicas, que continuam integrando os bens públicos municipais (cf. art. 99, I, do CC). Por isso mesmo, as Prefeituras, em regra, não interrompem ou minimizam a receita derivada das taxas pagas pela população, embora deixem de recolher o lixo, deixem de conservar as ruas e praças e não prestem outros serviços à coletividade. Daí ser sustentável a arguição da ilegitimidade das associações em face de proprietários não associados.

A indecifrável discussão que a matéria provoca a cada visita que faz aos tribunais reside na inexistência de previsão legal expressa e específica. Decorridos 40 anos, cabe reconhecer que a tentativa legal consistente no Decreto-lei 271, editado em 28.2.1967, não vingou. E não vingou, certamente, porque o projeto original, de autoria do saudoso Hely Lopes Meirelles, foi infectado por deturpações que desfiguraram sua consistência jurídica. Daí ter surgido a incompatibilidade da pretensão de se equiparar o loteador ao incorporador, em vez de se reconhecer o surgimento de uma nova espécie de loteamento, com características próprias, que definem o perfil do *loteamento fechado*. A experiência haurida nesses 40 anos está a indicar que a figura do *proprietário* de lote deve ser preservada, em estrita observância do preconizado na Lei 6.766/1979. Não pode ser confundido com o *condômino edilício*, na exata medida em que se faz preciso preservar a individualidade registrária de sua propriedade, sobre a qual construirá sua edificação quando e

---

57. Cf. o artigo do promotor José Carlos de Freitas, "Da legalidade dos loteamentos fechados", *RT* 750/162, São Paulo, Ed. RT.
58. Diógenes Gasparini, *O Município e o Parcelamento do Solo*, cit., 2ª ed., p. 17.

como quiser, em conformidade com a legislação administrativa e as restrições estabelecidas pelo loteador.

Preservada a estrutura jurídica do loteamento regulado pela Lei 6.766/1979, a legislação complementar que se faz necessária haverá de se ater exclusivamente à normatização dos direitos e obrigações dos proprietários de lotes integrantes do chamado *loteamento fechado*.

Com esse pensamento, ousei submeter a discussão e deliberação do Conselho do Instituto dos Advogados de São Paulo/IASP estudo preliminar de anteprojeto de lei destinado a tratar especificamente do *loteamento fechado*. Por considerar o *loteamento fechado* uma subespécie do loteamento tradicional, entendo que a legislação complementar deve ficar necessariamente inserida na própria Lei de Parcelamento do Solo, e não como legislação autônoma. Quando aperfeiçoado for o estudo feito, sua inclusão no contexto legislativo trará a inadiável segurança jurídica aos loteadores e proprietários. É o que se pretende.

15.7 A associação de moradores de loteamento fechado (cobrança da taxa de manutenção – questão tormentosa)

[Publicado na *Tribuna do Direito* 188, dezembro/2008]

Diante de situações novas as decisões judiciais variam de entendimento. O processo de sedimentação é demorado. Lentamente, uma postura mais sólida vai se concretizando, inspirada no bom-senso e nos princípios fundamentais do ordenamento jurídico. É o caso das taxas de conservação cobradas por associações de proprietários de lotes, que transformaram loteamentos necessariamente abertos (Lei 6.766/1979) em *fechados*. No que o loteamento foi cercado, por conta e risco dos seus associados, criou-se a necessidade de conservação desse território demarcado, aparentemente de uso privado, gerado por concessão das Prefeituras.

Com a permissão de fechamento, as obrigações públicas de manutenção, conservação e limpeza dos logradouros, de segurança, de recolhimento do lixo e até de correios passam a ser prestadas pelas associações, livrando as Prefeituras desses encargos. Nem por isso estas deixam de cobrar as taxas desses serviços. É a moeda de troca pela permissão do fechamento.

As novas prestações de serviços geram despesas, que são rateadas entre os proprietários de lotes, na esteira das normas estabelecidas pelos seus estatutos. E é exatamente nessa atribuição de cotas que surge a divergência entre os proprietários associados e não associados. Há outro grupo: entre não associados que residem no loteamento e se beneficiam dos serviços da associação e não associados que adquiriram seus lotes antes do fechamento mas não aderiram à deliberação de cercamento do loteamento e não construíram suas casas. Estes últimos sequer frequentam o loteamento, não gozam de seus benefícios, mas pagam os impostos e taxas municipais. A resistência dessa última categoria, dos não associados, em pagar as taxas de administração gerou, nos últimos 20 anos, as mais contraditórias decisões judiciais, em todos os seus níveis.

Agora, finalmente, as divergências não mais existem. A pacificação teve início em 2003, quando do julgamento do REsp 444.931-SP pela 3ª Turma do STJ, ao consagrar, por unanimidade, voto do Min. Ari Pargendler, prestigiado pelos Mins. Carlos Alberto Menezes Direito, Nancy Andrighi, Castro Filho e Antônio de Pádua Ribeiro. Ressaltou o Ministro-Relator: "O fulcro da controvérsia consiste em saber se uma associação de moradores pode cobrar de proprietário de lote que a ela não se associou a quota-parte que lhe cabe no custeio das despesas de segurança, conservação e manutenção do loteamento".

Em longo e denso relatório, após contrastar as duas correntes de entendimento, o Min. Ari Pargendler concluiu: "No presente caso, o que existe é simples loteamento regularmente aprovado, não porém um condomínio legalmente constituído. Inexiste convenção, mas mero estatuto de sociedade civil. Não há, por igual, discriminação de partes comuns, do domínio de todos os proprietários do loteamento. É que, neste, as áreas destinadas eventualmente ao sistema de circulação, à implantação de equipamentos urbanos e comunitários, de educação, cultura, saúde, lazer e quejandos, se integram ao patrimônio da Edilidade, como se dessume dos arts. 4º, I, e §§ 1º e 2º do art. 22 da Lei n. 6.766/1979, de parcelamento urbano". Pondera, a seguir: "E, se inexiste convenção, não há atribuição de frações ideais do terreno comum, a indicar copropriedade, evidenciando-se, no caso, pela certidão do registro geral de imóveis de fls. 2111-22, que se cuida, apenas, de propriedade individual, com área privativa do respectivo titular". E arremata: "E a autora, a seu turno, é mera associação civil, com participação voluntária, e, embora regularmente constituída e com seus estatutos registrados no registro civil das pessoas jurídicas, não tem poder para compelir os apelantes para a ela se associarem, nem de lhes impor contribuições, a serem compulsoriamente solvidas, ainda que através deste feito. É que tal obrigação não é *propter rem*, mas de natureza estritamente pessoal, só atingindo a quem quis à autora se associar e enquanto se mantiver associado".

O entendimento da 3ª Turma destoou do da 4ª, ensejando a interposição de embargos de divergência (em sede do REsp 444.931-SP, 2ª Seção, j. 26.10.2005), relatados, em substituição ao Min. Fernando Gonçalves, pelo Min. Humberto Gomes de Barros e julgados pela 2ª Seção, que, por maioria, fez prevalecer o entendimento da 3ª Turma. No voto vencedor desses embargos, alertou seu Relator: "A questão é simples: o embargado não participou da constituição da associação embargante. Já era proprietário do imóvel antes mesmo de criada a associação. As deliberações desta, ainda que revertam em prol de todos os moradores do loteamento, não podem ser impostas ao embargado". Em reforço à sua fundamentação, enfatizou: "Em nosso ordenamento jurídico há somente três fontes de obrigações: a lei, o contrato ou o débito. No caso, não atuam qualquer dessas fontes".

Verificou-se, então, harmoniosa postura no STJ. No REsp 828.532-DF, tendo por Relatora a Min. Nancy Andrighi, julgado em 9.10.2007, foi anotado em sua ementa que a jurisprudência *foi pacificada*: "As taxas de manutenção criadas por associação de moradores não podem ser impostas a proprietário de imóvel que não é associado". Posição, essa, que foi repetida no REsp 982.597-SP, julgado em outubro/2007.

Posteriormente, em sede de agravo de instrumento, julgado em 8.2.2008 (AI 955.424-SP), o Min. Fernando Gonçalves, que até o julgamento dos referidos embargos de divergência sustentava posição contrária, aderiu à decisão da 2ª Seção, observando, em relação à obrigação de pagamento de taxa de manutenção por quem não faz parte do quadro de associados: "Tal entendimento vai de encontro à atual jurisprudência do STJ".

Vale lembrar, por oportuno, que a postura contrária, na qual se sustenta a pretensão de cobrança por associações de moradores, viola o inciso XX do art. 5º da Carta Federal, como restou proclamado pelo Min. Marco Aurélio em sede de medida cautelar agregada ao RE 432.106-RJ, onde vem proclamado o respeito ao inciso XX do art. 5º da

CF.[59] Ficou, assim, especialmente reforçado o entendimento do STJ, onde a questão não somente se pacificou, mas – pode-se afirmar – se consolidou, como atestam o REsp 1.324.107-SP, relatado pela Min. Nancy Andrighi em 13.11.2012,[60] e o REsp 1.356.554-SP, relatado pelo Min. Ricardo Villas Boas Cueva em 13.5.2014.[61]

De fato, não consta em lei alguma que a mera condição de proprietário de lote faz com que, *compulsoriamente*, passe a ser havido como titular de direitos ou de obrigações sociais da sociedade-autora. Demais disso, os não associados não reconhecem qualquer credencial à associação dos moradores como representante de um "condomínio inexistente", uma vez que o loteamento nasceu e continua sendo apenas "loteamento", regulado pela Lei 6.776, de 19.12.1979 (Lei de Parcelamento do Solo), e não pela Lei 4.591, de 16.12.1964 (Lei de Condomínio e Incorporações Imobiliárias).

Enfim, a aguardada pacificação jurisprudencial no STJ sobreveio, a não mais permitir o acolhimento de eventual divergência no deslinde dessa controvérsia, devendo persistir até que sobrevenha legislação específica a regulamentar tão "tormentosa questão" (TJSP, 10ª Câmara de Direito Privado, EI 1159.023-4/7-011).

59. "Colho da Constituição Federal que ninguém está compelido a fazer ou deixar de fazer alguma coisa senão em virtude de lei. Embora o preceito se refira à obrigação de fazer, a concretude que lhe é própria apanha, também, obrigação de dar. Esta, ou bem se submete à manifestação de vontade, ou à previsão em lei.

"Mais do que isso, a título de evitar o que se apontou como enriquecimento sem causa, esvaziou-se a regra do inciso XII do art. 5º do Diploma Maior, a revelar que ninguém poderá ser compelido a associar-se ou a permanecer associado. A garantia constitucional alcança não só a associação sob o ângulo formal, como também tudo que resulte desse fenômeno e, iniludivelmente, a satisfação de mensalidades ou de outra parcela, seja qual for a periodicidade, à associação pressupõe a vontade livre e espontânea do cidadão em associar-se. No caso, veio o recorrente a ser condenado a pagamento em contrariedade frontal a sentimento quanto à associação e às obrigações que dela decorreriam."

60. "Na esteira da jurisprudência desta Corte, as contribuições criadas por associações de moradores não podem ser equiparadas, para fins e efeitos de direito, a despesas condominiais, não sendo devido, portanto, por morador que não participada da associação o recolhimento dessa verba."

61. "Consoante entendimento firmado pela 2ª Seção desta Corte Superior, as taxas de manutenção criadas por associações de moradores não podem ser impostas ao proprietário de imóvel que não é associado, nem aderiu ao ato que instituiu o encargo."

15.8 A associação de loteamento e o Código de Defesa do Consumidor

[Publicado na *Tribuna do Direito* 209, setembro/2010]

Diante do vácuo legislativo destinado a regulamentar a forma híbrida dos chamados *loteamentos fechados*, seus empreendedores, além de obter das Prefeituras autorizações para cercamento do loteamento, instituem *associações de moradores*. As *associações* representam, apesar de sua denominação, autênticas organizações incumbidas de prestação de serviços de administração do empreendimento, especialmente os de segurança, de limpeza e conservação das ruas, de recolhimento de lixo, de correio e de outros préstimos. Ocorre que, ao adquirir o lote, o proprietário, obrigatoriamente, tem de ingressar na *associação*. Trata-se de uma imposição, que é exercida no próprio ato da outorga da escritura de venda e compra. Numa palavra: ou o comprador concorda com a condição complementar (*sine qua non*) de integrar a *associação* (a despeito do estabelecido no art. 5º, XX, da CF), ou não adquire o lote. A partir daí fica obrigado a contribuir com as "taxas de manutenção", que, sob essa denominação, se equiparam à obrigação de pagar as despesas de condomínio, prevista no art. 1.336, I, do CC.

Trata-se, portanto, de inegável contrato de adesão destinado a regulamentar uma relação de consumo entre a *associação*, como prestadora de serviços, e o proprietário do lote, como consumidor final. Neste passo enseja-se a aplicação da Lei 8.078/90 (Código de Defesa do Consumidor/CDC), especialmente do inciso IV do art. 6º, ao enaltecer os direitos básicos do consumidor. Aos juízes é, agora, permitido o intervencionismo estatal, a legitimar o "controle do conteúdo do contrato" – como alerta Cláudia Lima Marques[62] ao analisar a limitação da liberdade contratual que relativizou o clássico postulado de que os contratos só têm efeito entre as partes (*res inter alios acta*).

Diante desse cenário, mostra-se controvertida a exigência de pagamento das *taxas de manutenção*, em sua inteireza, na medida em que o estatuto da *associação* determina, indiscriminadamente, que todos os lotes, contenham ou não edificação, e independentemente de suas áreas,

---

62. Cláudia Lima Marques, *Contratos no Código de Defesa do Consumidor: o Novo Regime das Relações Contratuais*, 2ª ed., São Paulo, Ed. RT, 1995, p. 93.

paguem igual valor. Isto porque o rateio é determinado apenas pelo número de lotes, sem levar em linha de conta se o proprietário é ali morador. Trata-se, assim, de um contrato-regra, de ordem cogente, em termos de império. Nem por isso merece ser prestigiado quando adentra o território da abusividade, como alertava o Min. Ruy Rosado de Aguiar ao ressalvar expressamente os direitos individuais, "respeitadas as suas peculiaridades", em emblemático voto estampado na *RT* 756/187. Com efeito, como se sabe, no loteamento (Lei 6.766/1979) o proprietário não pode ser obrigado a construir, como se verifica na incorporação de condomínio edilício. Por isso, não se justifica a cobrança de todos os custos componentes da *taxa de manutenção*, preconizada no estatuto social, embora tenha o proprietário aceitado suas disposições por via adesiva. Assim, por exemplo, do mero proprietário, que não é morador do loteamento, não se pode exigir o pagamento de despesas geradas por sofisticada segurança (de equipamentos e serviços) para proteção de terreno nu, pela simples razão de que não necessita dessa segurança.

O TJSP, em acórdão relatado pelo Des. Luiz Gavião de Almeida (ACi 249.172.4/5-00), já teve oportunidade de admitir que há deliberações adotadas por associação, "com todo respeito a entendimento contrário", "que muito oneram uns e beneficiam outros associados". "Fazer com que não moradores respondam pelas verbas de segurança da mesma maneira que os moradores é injusto. E cobrar por lotes, quando eles são de diferentes metragens e, por isso, demandam diferentes gastos de limpeza de suas frentes, conservação de suas vias e fiscalização de seus limites, também não parece justo." E aduz: "É claro que há justificativa para tudo. Basta dizer que os serviços estão à disposição, para quem os quiser. E basta afirmar que a segurança se faz para a pessoa e não para o seu patrimônio. Mas esses argumentos não se mostram convincentes".

A matéria guarda semelhança com a questão relativa à exclusão de despesas ordinárias do condomínio no tocante à loja térrea, com acesso independente pela rua. A loja não usa o elevador, nem depende de faxina das áreas comuns. E mantém ligações próprias de fornecimento de água e de energia elétrica. Contudo, se a convenção condominial, que tem caráter normativo (ato-regra), não ressalvou essas peculiaridades, a cobrança é devida. Esse o entendimento que, embora injusto, sempre foi considerado pela jurisprudência (*RT* 819/259, 825/287 e 836/200), que recomenda a alteração da convenção para acolhimento das ressalvas.

Subsiste, contudo, sutil diferença. Enquanto a convenção condominial, por imperativo legal, não constitui exatamente um contrato e não apresentando [o condomínio] perfil de prestado de serviços, a associação, criada por mera liberalidade e conveniência de empreendedores, é, a rigor, organização constituída especificamente para prestar serviços comunitários. Cabível, assim, a apreciação dos serviços da associação à luz do Código de Defesa do Consumidor, especialmente na parte da imposição de fornecimento de serviços desnecessários.

15.9 *"Loteamento fechado": Justificativa de Projeto de Lei*

Estudo preliminar de elaboração de projeto de lei tendo por objeto regulamentar a implantação de *loteamentos fechados*, datado de 10.2.2007.[63]

JUSTIFICATIVA

1. O fechamento dos loteamentos, mediante concessão real de uso por parte de Prefeituras, foi gerado como medida de proteção dos seus moradores contra a violência que se manifesta em progressão inimaginável, quer pela constância, quer pela crueldade de seus criminosos.

2. O fechamento dos loteamentos implica, em razão do contrato municipal de concessão de uso, na assunção, pelos seus moradores, de encargos administrativos, como a segurança, o recolhimento do lixo, o correio interno, a limpeza e a conservação das ruas e áreas públicas, o suprimento e distribuição d'água, a implantação de equipamentos sociais (esportivos, de lazer e até culturais).

3. A prestação serviços implica, à obviedade, em despesas que devem, necessariamente, ser suportadas pelos seus moradores segundo contrato-regra, presidido pelo princípio da proporcionalidade e, especialmente, pelo princípio da igualdade.

---

63. A proposta foi aprovada à unanimidade, em sessão de 16.5.2007, pelo egrégio Conselho Deliberativo do Instituto dos Advogados de São Paulo/IASP, que encaminhou ao deputado Michel Temer o Projeto de Lei e respectiva "Justificativa", para fins de exame e eventual aprovação pela Câmara Federal.

4. Ocorre que muitos loteamentos, aprovados e implantados segundo o regramento da Lei n. 6.766, de 19.12.1979, foram cercados sem a prévia concordância de seus proprietários, que se reuniram em "associações de amigos", com o objetivo de estabelecer um comando administrativo único, destinado à prestação de serviços de interesse da comunidade e, na outra ponta, à arrecadação do custo dessas despesas.

5. Os proprietários de lotes que não autorizaram o cercamento ou não aderiram às associações de amigos resistem à cobrança, fazendo surgir conflitos judiciais nem sempre igualmente solucionados pelos tribunais. Se, por um lado, as Cortes judiciais tiveram de se curvar à inviabilidade de se obrigar proprietários de lotes a ingressar, compulsoriamente, na associação (cf. art. 5º, inciso XX, da CF), por outro, erigiram como obrigação moral, com efeito jurídico, o enriquecimento sem causa dos proprietários divergentes.

6. Proprietários e associações de amigos vêm debatendo, há mais de 40 anos, a obrigatoriedade do recolhimento das "taxas de administração" ou "taxas de conservação", como são denominadas as contribuições para as despesas comuns do "loteamento fechado". E não se vislumbra, no horizonte próximo, pacificação jurisprudencial. Por mais que as associações de amigos procurem estruturar sua administração à imagem da legislação condominial edilícia, fazendo com que seus estatutos sirvam de "convenção condominial", não conseguem atingir a almejada equiparação, tal a abissal diversidade de suas estruturas jurídicas.

7. Impende observar que a concessão municipal de direito real de uso é de legalidade questionável, por serem as vias de circulação e as demais áreas públicas de uso comum do povo (cf. art. 99 do CC). Daí não ser permissível a mera desafetação de áreas públicas em benefício de uso particular, por contrariar o art. 17 da Lei n. 6.766/1979 e o art. 180, inciso V, da Constituição do Estado de São Paulo.

8. Importa ainda registrar que o problema da legalização dos "loteamentos fechados" demanda um comando administrativo comunitário subordinado à observância de um contrato-regra (convenção de loteamento) a ser elaborado pelos loteadores ou, quando for o caso, pela assembleia de proprietários. Para tanto, se faz necessária a promulgação de legislação que atenda, com simplicidade e objetividade, às desavenças que pululam nos "loteamentos fechados".

9. Se a preocupante insegurança jurídica de loteadores e de proprietários advém da ausência de previsão legal específica, que a jurisprudência não consegue suprir, ou mesmo pacificar, cabe ao legislador municiar a sociedade com uma ferramenta legal capaz de propiciar a tranquilidade social. Fundamentalmente, consiste em se inserir a regulamentação de direitos e obrigações do sistema de vida comunitária na área cercada do loteamento.

10. Por essas razões, mostra-se mais adequada a inserção da legislação no âmbito da Lei n. 6.766, de 19 de dezembro de 1979, por encarar, de frente, a regularização deste novo tipo de loteamento.

São Paulo, 10 de fevereiro de 2007
NELSON KOJRANSKI – OAB/SP n. 8.302
Ex-Presidente do Instituto dos Advogados de São Paulo

15.9.1 Parecer complementar

PARECER COMPLEMENTAR

1. Há exatamente 40 anos o legislador vem tentando estabelecer uma normatização capaz de regular o fato jurídico que ficou conhecido, no mercado imobiliário, como "loteamento fechado". De fato, por inspiração do Decreto-lei n. 271, de 26 de fevereiro de 1967, especialmente do seu art. 7º, passaram algumas Municipalidades a pactuar concessão real de uso de bens públicos (ruas, praças, equipamentos sociais), conferindo a particulares o uso "quase" inteiramente privativo das áreas que passaram, automaticamente, ao patrimônio público, *ex vi* do registro imobiliário do loteamento.

2. Nem sempre as Municipalidades cuidavam de, previamente, elaborar legislação específica para tratar dessa nova modalidade de loteamento. Mais atentas à consecução da contrapartida, expediam a concessão de uso (por vezes, na forma de "permissão") a loteamentos, novos ou antigos. Em troca do fechamento do loteamento e implantação de portaria dotada de guarita para controle do movimento de pessoas e automóveis, as Municipalidades sub-rogavam nos empreendedores os encargos

de recolhimento de lixo, dos serviços de conservação das vias públicas, da segurança, dos serviços de correio, por vezes da distribuição de água e de tantos outros serviços que interessavam à comunidade cercada por muros e guardada por vigilantes.

3. Diante da crescente violência, que não escolhe lugar nem hora, que não seleciona motivos nem dimensiona a crueldade e que age sob o pálio da impunidade, os moradores desses loteamentos passaram a procurar maior segurança pessoal no fechamento dos loteamentos. É a *segurança pública* que deveria ser garantida pelo Estado, consoante é preconizado pelo art. 144 da Lei Maior, confirmando o direito fundamental do cidadão apregoado na cabeça do art. 5º. É a proteção constitucional "da incolumidade das pessoas e do patrimônio", que deveria ser conferida por todas as polícias nomeadas nos cinco incisos do citado art. 144. Deveria ser conferida, mas as Polícias não conferem. A vida dos cidadãos, a incolumidade física e seu patrimônio estão desprotegidos, exatamente porque o Estado desrespeita o *direito fundamental da segurança*.

4. Se o Estado se mostra falho, inoperante, incompetente e ineficaz no cumprimento do dever de garantir a segurança, sobra para o cidadão, movido pelo natural instinto de conservação, a adoção de medidas subsidiárias em defesa de sua vida e de seu patrimônio. Entre elas, neste parecer, merece especial destaque o cercamento dos loteamentos, mediante muros equipados com cercas eletrificadas, a implantação de portarias dotadas de câmaras eletrônicas, de guaritas e de vigilantes, enfim, erigindo um sistema de proteção particular, em substituição à obrigação estatal.

5. A implantação e a execução de todos os serviços comunitários (segurança, lixo, conservação de vias, correio etc.) somente se tornam viáveis na medida em que seus moradores concorrem com a contribuição rateada dessas despesas. Da administração desses serviços têm sido incumbidas associações criadas pelos moradores, de cujo quadro social nem sempre participam todos os proprietários dos lotes. São aqueles que adquiriram lotes quando o loteamento era ainda "aberto" e resistem à sua inclusão no quadro social da associação (cf. art. 5º, XX, da CF).

6. As circunstâncias de os proprietários serem moradores dos loteamentos ou não terem construído suas casas fomentam com frequência em nossos tribunais, que têm enaltecido o aspecto ético do enriquecimento sem causa como fato determinante da obrigação jurídica do pagamento das taxas de administração. Isto porque não existe legislação específica a

regulamentar a instituição dos chamados "loteamentos fechados" e os deveres e obrigações de seus proprietários de lotes.

7. Importa ainda considerar que o problema aqui enfocado se concentra na legalização dos "loteamentos fechados", que demandam um comando administrativo comunitário subordinado à observância de um contrato-regra (convenção de loteamento) a ser elaborado pelos loteadores ou, quando for o caso, pela assembleia de proprietários. Para tanto, se faz necessária a promulgação de legislação que atenda, com simplicidade e objetividade, às desavenças que pululam nos "loteamentos fechados".

8. Por essas razões, pareceu-me mais adequado a inserção da legislação no âmbito da Lei n. 6.766, de 19 de dezembro de 1979, por encarar, de frente, a regularização deste novo tipo de loteamento.

São Paulo, 3 de abril de 2007

NELSON KOJRANSKI

Conselheiro Nato

15.9.2 Minuta de Projeto de Lei

MINUTA DE PROJETO DE LEI

Dispõe sobre criação de "loteamento fechado" e sua regulamentação.

Inserir no art. 22 da Lei n. 6.766, de 19 de dezembro de 1979:

"**Art. 22-A**. Quando, em área de terreno, acima de 25.000m² (vinte e cinco mil metros quadrados), sem qualquer edificação, o proprietário a parcelar em lotes, na forma exigida por esta Lei (arts. 4º a 8º), o empreendimento poderá se constituir em *loteamento fechado*, mediante a aprovação pela Prefeitura Municipal:

"a) da planta de loteamento fechado;

"b) do memorial descritivo do loteamento (cf. art. 9º, § 2º);

"c) da convenção de loteamento fechado.

"Parágrafo único. Para os fins desta Lei, denomina-se *loteamento fechado* o loteamento constituído na forma desta Lei cujo perímetro é inteiramente cercado, tendo acesso por portaria controladora de ingresso e saída de pessoas e veículos.

"**Art. 22-B.** A convenção de loteamento fechado, por escritura pública ou por instrumento particular, deverá, necessariamente, conter:

"a) a descrição de cada lote, que não poderá ter área inferior a 750,00m^2 (setecentos e cinquenta metros quadrados) e testada mínima de 11,00m (onze metros);

"b) a indicação das vias e logradouros, as áreas e edificações de lazer, as portarias, as sedes da administração, os muros de cercamento, o material utilizado nos sistemas coletivos de energia elétrica, água e esgoto, telefone, assim como qualquer edificação ou melhoramento que tenha por objetivo servir à comunidade do loteamento;

"c) a discriminação dos direitos e deveres dos proprietários, e o regimento interno do loteamento, especificando o modo de usar as coisas e serviços comuns;

"d) os poderes, deveres e atribuições da administração do loteamento, que será composta: de um síndico, de um subsíndico, do conselho consultivo e da assembleia-geral.

"§ 1º. Cada lote constituirá propriedade privativa, com individualidade registrária própria; as áreas e bens públicos, já existentes e as que vierem a existir, ficarão, automaticamente, sujeitas, em caráter perpétuo, ao regime de concessão real de uso exclusivo do 'loteamento fechado', que será concedido, pela Prefeitura, desde a aprovação da planta do 'loteamento fechado'.

"§ 2º. A edificação sobre os lotes deverá obedecer, além das posturas municipais, às restrições do loteamento, que deverão, obrigatoriamente, ser integralmente reproduzidas nos contratos de compromisso e respectivas escrituras de venda e compra.

"§ 3º. Sobre cada lote somente poderá ser edificado um prédio para residência ou para atividade não residencial, que não poderá ocupar mais do que 1/3 (uma terça parte) da superfície do lote. Os recuos serão os estabelecidos pelo loteador em consonância com as posturas municipais.

"§ 4º. É vedado o desdobramento de lotes em áreas menores.

"§ 5º. A edificação de novas construções, em áreas públicas, após a aprovação da planta primitiva de loteamento fechado dependerá, necessariamente, de prévia aprovação da Prefeitura e posterior registro imobiliário.

"**Art. 22-C**. A constituição do loteamento fechado apenas será efetivada mediante seu registro imobiliário, que exigirá a apresentação simultânea:

"I – da planta de loteamento aprovada pela Prefeitura Municipal;

"II – do memorial de loteamento fechado;

"III – da convenção de loteamento;

"IV – do regimento interno;

"V – do modelo-padrão de contrato de compromisso de venda e compra.

"**Art. 22-D**. A convenção de loteamento já existentes deverá ser subscrita pelos proprietários dos lotes, cujas áreas deverão somar, no mínimo, 80% (oitenta por cento) da totalidade dos lotes, tornando-se, com o seu registro imobiliário, obrigatória para todos os demais proprietários.

"§ 1º. A convenção poderá ser feita por escritura pública ou por instrumento particular.

"§ 2º. São equiparados aos proprietários, para os fins deste artigo, os promitentes compradores e os cessionários de direitos aquisitivos dos lotes.

"§ 3º. A convenção não obrigará os proprietários que antecederam sua aquisição ao 'fechamento do loteamento' e não subscreveram a convenção, mantendo os lotes desprovidos de qualquer melhoramento ou proveito.

"§ 4º. As associações de moradores de lotes antigos deverão ser extintas, no prazo de 90 (noventa) dias da sua adesão ao disposto nesta Lei.

"§ 5º. A convenção considerará, no rateio da taxa de manutenção, a extensão das áreas dos lotes, estabelecendo um critério proporcional que distinguirá as áreas maiores das menores.

"**Art. 22-E**. O loteamento fechado, uma vez devidamente registrado, observará as disposições do condomínio edilício, contidas no Capítulo VII do Título III do Livro III do Código Civil, em tudo quanto não contrariar as disposições desta Lei.

"**Art. 22-F**. Fica acrescido ao art. 167, inciso II, da Lei n. 6.015, de 31 de dezembro de 1973, o n. 22, para registro do 'loteamento fechado'."

Índice Alfabético-Remissivo

(Os números referem-se aos itens.)

Adquirente
aquisição de apartamento por construir, **1.2**
aquisição de imóvel contíguo, **1.4**
despesas de condomínio – obrigação, **6.8**
mora – caracterização, **1.2**
notificação da comissão de representantes, **1.2**
obrigação *propter rem* das despesas, **6.8**
rescisão contratual, **1.2**

Advogado
controvérsia entre condomínio e condômino, **9.11, 9.12**
honorários do condomínio, **9.12, 9.13**

Animais
ameaça ao sossego, salubridade e segurança, **12.1**
jurisprudência mitigada, **12.2**
norma cogente da convenção, **12.3**

Área Comum
alteração – quórum, **5.4**
apartamento de cobertura, **5.1**
benfeitorias necessárias, **3.8**
benfeitorias úteis, **3.8**
benfeitorias voluptuárias, **3.8**
construção irregular, **5.8**
direito de cercar o edifício, **5.6**
embargo de obra nova, **5.8**
guarita – obra necessária, **5.7**
reforma prejudicial, **5.5**
reserva especial de uso, **5.3**
uso exclusivo, **5.2**
uso injusto por inadimplente, **5.10**
usucapião, **5.9**

Assembleia-Geral
apartamento de cobertura, **5.1**
condôminos ausentes, **3.5**
inquilino – participação, **3.6**
maioria absoluta, **3.1**
maioria simples, **3.2**
penalidades a ausentes, **3.5**
procuração
  • ao ocupante da unidade, **3.4**
  • limitação de outorgantes, **3.4**
  • representação por sub-rogação, **3.4**
quóruns condominiais, **3.3, 3.8**
voto – direito (art. 1.335 do CC), **3.9**
votos inválidos, **3.7**

Condomínio
alteração da destinação – quórum, **1.7**

aquisição de imóvel contíguo – quórum, **1.4**
benfeitorias – art. 1.341, II, do CC, **3.8**
cláusula de inalienabilidade, **1.14**
condomínio irregular, **6.13**
condomínio *versus* condômino, **9.11, 9.12**
• honorários, **9.13**
desapropriação
• posse direta, **1.15**
• posse provisória, **1.15**
destinação – alteração – quórum, **1.7**
direito de preferência, **1.12**
edilício – nova denominação, **1.1**
fechamento de vilas e ruas, **1.6**
mancomunhão, **1.16**
moralidade pública, **1.17, 1.18**
multipropriedade, **1.19**
penhora de bens comuns, **9.10**
personalidade jurídica, **2.1, 2.2, 2.3**
responsabilidade por ato ilícito, **9.9**
venda do edifício, **1.4**
vila condominial, **1.5**

Condomínio Fechado
associação de moradores, **15.7**
• e o Código de Defesa do Consumidor, **15.8**
condomínio e loteamento fechados, **15.2, 15.3**
despesas comuns, **15.4**
falta de previsão legal, **15.6**
loteamento fechado, **15.1**
• legitimidade, **15.5**
loteamento e condomínio fechados, **15.2, 15.3**
Justificativa de Projeto de Lei, **15.9**
renúncia da propriedade condominial, **1.13**

Condômino
cláusula de inalienabilidade, **1.14**
comportamento antissocial, **10.1**
conceito, **1.15.1**
dano moral, **1.21**
desapropriação – posse direta, **1.15.2, 1.15.3**
direito de preferência, **1.12**
estado de mancomunhão, **1.16**
nocivo, **10.2**

Construção
apartamento por construir, **1.2**
área descoberta, **1.9**
áreas comuns, **3.8**
demolição e reconstrução, **1.8**
irregular em área comum, **5.8**
Lei 6.709/1979, **1.4**
restauração – edifício, **1.8**

Convenção de Condomínio
comando normativo, **4.6**
direito do condômino, **4.1**
falta de registro, **5.14**
penalidades, **4.2**
princípio da igualdade, **4.3**
regimento condominial, **4.5**
restrições lícitas, **4.4**
síndico – administração abusada, **4.1**

Despesas de Condomínio
adquirente – responsabilidade, **6.8**
alteração de rateio, **6.2**
antena coletiva, **6.5**
aprovação prévia, **6.1**
arrematante assume o débito, **6.32**
assembleia-geral, **6.1**
ausência de convenção, **6.1**
bem de família, **6.6**
coisa julgada – nova cobrança, **6.29**
condomínio irregular, **6.13**
condôminos credores, **6.27**
contratação de ônibus, **6.14**

edital irregular na cobrança, **6.31**
elevador – conservação, **6.4**
fundo de reserva, **6.24**
hipoteca *versus propter rem*, **6.21**, **6.22**
inadimplência – corte de água, **6.26**
inalienabilidade e impenhorabilidade, **6.6**
indivisibilidade, **6.30**
inquilino
• obrigação, **6.16**
• verificação das contas, **6.17**, **6.18**, **6.19**
juros convencionados, **6.25**
letras de câmbio, **6.10**
lojas térreas, **6.3**
multa
• por inadimplemento, **6.20**
• 20% – convenção, **6.9**
necessidade de aprovação prévia, **6.1**
obrigação *propter rem*, **6.21**, **6.22**
prescrição da cobrança, **6.28**
protesto, **6.11**, **6.12**
rateio
• alteração, **6.33**
• proporcional ao uso, **6.15**
• quotas, **6.2**
solidariedade, **6.30**
usufrutuário convencional, **6.7**
usufruto judicial, **5.23**
usufrutuário legal, **6.7**
Direito de Preferência
bens divisíveis e indivisíveis, **1.12**
de condômino ao estranho, **1.12**
Direito de Vizinhança
comportamento antissocial, **10.1**
condômino nocivo, **10.2**
locatário nocivo, **10.5**
repúblicas de estudantes, **10.3**
vazamento no forro, **10.4**

Fachadas
alteração, **11.1**
ar-condicionado, **11.2**
benfeitorias úteis, **11.3**
sacadas e balcões, **11.3**
Flat Service
administração condominial, **7.8**
responsabilidade civil, **7.7**

Garagem
alienação de vaga, **8.9**
área de manobra, **8.4**
boxes – locação, **8.7**, **8.8**
coletiva e individual, **8.1**
falta de vagas, **8.2**
furtos, **8.2**, **8.3**
livre acesso, **8.5**
responsabilidade do condomínio, **8.3**
responsabilidade do manobrista, **8.6**
sorteio periódico, **8.3**
uso definitivo, **8.10**
vagas – legislação reguladora, **8.11**

Hidrômetros
corte do fornecimento de água, **13.1**
edifícios novos e os já construídos, **13.4**, **13.5**
individuais, **13.1**, **13.5**
projeto do deputado Freitas Nobre, **13.3**, **13.4**
viabilidade de instalação, **13.5**
Hipoteca
adjudicação pelo credor, **6.21**
propter rem prefere à hipoteca, **6.22**

Incorporação
coisa futura, **1.2**
conceito, **1.3**
fusão de terrenos, **1.3**
mora do adquirente, **1.2**
moralidade pública, **1.17**, **1.18**

Letras de Câmbio
 despesas de condomínio, **6.10**
 protesto – despesas de condomínio, **6.11, 6.12**

Loteamento Fechado, 15.1, 15.1.3, 15.2.3, 15.3.3
 administração, **15.6.4**
 associação de moradores, **15.7**
 conceito e denominações, **15.2.1, 15.3.5**
 concessão real de uso, **15.3.4**
 condomínio deitado (art. 8º da Lei 4.591/1964), **1.17, 1.18**
 condomínio fechado, **15.3.2**
 Decreto-lei 271, de 26.2.1967, **15.1.2**
 falta de legislação específica, **15.6**
 legitimidade do loteamento fechado, **15.2.3, 15.5**
 Lei 6.766, de 19.12.1979, **15.1.2, 15.2.2**
 loteamento disfarçado, **1.18, 1.19**
 parcelamento do solo urbano, **15.1.2**
 projeto de lei
  • Justificativa, **15.8**
  • Minuta, **15.9.2**
 regime jurídico, **15.3.3**
 taxas de administração – cobrança, **15.2.4, 15.4**
 uso dos bens de domínio público, **15.3.4**

Multas
 astreinte (diária), **4.2**
 condômino nocivo, **10.2**
 condômino inadimplente, **6.9**
 descumprimento reiterado, **6.34**
 despesas de condomínio, **6.20**
 previsão na convenção, **4.2**

Penalidades
 previsão na convenção, **4.2**

Posse
 legitimidade de promitentes, **1.15.1**
 posse direta na unidade, **1.15.2**

Propriedade Condominial
 registro imobiliário, **1.13**
 renúncia, **1.13**

Protesto
 despesas de condomínio, **6.11**
 letra de câmbio, **6.10**

Quórum
 alteração do uso residencial, **1.7**
 alteração em área comum, **3.3**
 benfeitorias necessárias, **3.8**
 benfeitorias úteis, **3.8**
 maioria absoluta, **3.8**
 maioria simples, **3.8**
 votos inválidos, **3.7**

Responsabilidade Civil
 acidentes no condomínio, **9.8, 9.9**
 condomínio devedor, **9.10**
 condomínio *versus* condômino, **9.11, 9.12**
 crime de dano, **9.1**
 culpa do condômino, **9.6**
 dano moral, **9.14**
 flat service – legislação, **9.7**
 furtos em condomínios e *shoppings*, **9.3**
 furtos em garagem, **9.2**
 honorários – débito do condomínio, **9.13**
 objetos lançados do prédio, **9.4, 9.5**

Seguro
 facultativo das unidades condominiais, **14.2**
 obrigatório dos edifícios, **14.1**

Síndico
administrador judicial, **7.5, 7.6**
comando exacerbado, **7.4**
condômino não pode ser obrigado a ser, **7.2**
destituição, **7.7**
flat service, **7.8, 7.9**
má gestão, **7.10**
mulher como síndico, **7.1**
síndico único, **7.3**
subsíndico: "outra pessoa", **7.11**

Unidade Condominial
alteração – quórum, **1.7**
igualdade, **4.3**
posse direta – efeitos, **1.15.2**

Usucapião
área comum, **5.9**

Usufruto
usufruto judicial, **6.23**
usufrutuário legal, **6.7**
usufrutuário convencional, **6.7**

Vila
art. 8º da Lei 4.591/1964, **1.5**
condomínio horizontal, **1.5, 15.2.1, 15.3.2**
domínio público das vias de acesso, **15.1.3**
fechamento
• natureza precária, **1.6**
• ruas sem saída, **1.6**
Lei 6.766/1979, **15.1.3**
uso comum do povo, **15.1.3, 15.2.2**

Zelador
comodato, **1.10**
moradia, **1.11**
reintegração de posse, **1.11**
relação de emprego, **1.10**
ruptura do contrato de trabalho, **1.11**

* * *

GRÁFICA PAYM
Tel. [11] 4392-3344
paym@graficapaym.com.br